채권이야기

오지용

충북대학교 출판부

채권이야기

저 자 | 오 지 용
발행처 | 충북대학교 출판부
발행인 | 김 수 갑
주 소 | 28644 충북 청주시 서원구 충대로 1
전 화 | (043) 261-2952, 3014
팩 스 | (043) 274-1256
이메일 | presscbu@chungbuk.ac.kr
등 록 | 제1983-2001-7호
초판1쇄 | 2021.02.28.
인쇄처 | 다해 (02-2266-9247)

* 이 저서는 2020학년도 충북대학교 국립대학 육성사업에 의하여 지원발행되었음.

ISBN 979-89-7295-515-3 93360

값 19,000원

채권이야기

오지용

충북대학교 출판부

목 차 Contents

머리말 13

제1장 채권의 이해

Ⅰ. 채권의 기초 17

Ⅱ. 채권의 종류 17

1. 특정물채권 17
2. 종류채권 19
3. 금전채권 21
4. 이자채권 23
5. 선택채권 26

제2장 채무불이행

Ⅰ. 채무불이행 개관 31

Ⅱ. 채무불이행 모습 32

1. 이행지체 32
2. 이행불능 39
3. 불완전이행 42

제3장 손해배상

Ⅰ. 손해 47

Ⅱ. 손해배상 49

1. 의의 49
2. 손해배상청구권 50
3. 손해배상의 범위 51
4. 손해배상액의 예정 55

제4장 채권자지체

Ⅰ. 의의 59

Ⅱ. 요건 59

Ⅲ. 효과 60

제5장 책임재산의 보전

Ⅰ. 서설 65

Ⅱ. 채권자대위권 66

1. 채권자대위권의 의의 66
2. 애권자대위권의 요건 66
3. 채권자대위권의 행사 77
4. 채권자대위권 행사의 효과 80

Ⅲ. 채권자취소권 84

1. 채권자취소권의 의의 및 성질 84
2. 채권자취소권 요건 84
3. 채권자취소권의 행사 103
4. 채권자취소권행사의 효과 110
5. 채권자취소권의 소멸 114

제6장 다수당사자 채권관계

Ⅰ. 분할채권관계 127

Ⅱ. 불가분채권관계 131

Ⅲ. 연대채무 133
1. 의의 133
2. 연대채무의 성립 134
3. 연대채무의 효력 134
Ⅳ. 부진정연대채무 138
Ⅴ. 보증채무 142
1. 의의 142
2. 성질 142
3. 보증채무의 성립 및 요건 144
4. 보증채무의 효력 145
Ⅵ. 특수한 보증 152
1. 연대보증 152
2. 공동보증 154
3. 계속적 보증계약 156

제7장 채권양도 및 채무인수

Ⅰ. 채권양도 163
1. 채권양도의 의의 163
2. 지명채권의 양도 164
3. 지시채권의 양도 175
4. 무기명채권의 양도 176
Ⅱ. 채무인수 177
1. 채무인수의 의의 177
2. 채무인수의 요건 177
3. 채무인수의 효과 178
4. 채무인수와 유사한 제도 180

제8장 채권의 소멸

Ⅰ. 변제 187

1. 변제당사자 187
2. 변제목적물 192
3. 변제의 시기와 장소 193
4. 변제비용 및 증거 194
5. 변제의 제공 194
6. 변제의 충당 197
7. 변제자 대위 201

Ⅱ. 대물변제 212

1. 의의 212
2. 요건 213
3. 효과 215

Ⅲ. 공탁 215

1. 공탁의 의의 215
2. 공탁의 요건 216
3. 공탁의 효과 219
4. 공탁물의 회수 220

Ⅳ. 상계 221

1. 상계의 의의 221
2. 상계의 요건 221
3. 상계의 방법 229
4. 상계의 효과 229

Ⅴ. 기타 230

제9장 부당이득

Ⅰ. 기초관계 235

Ⅱ. 부당이득의 성립요건 236

1. 법률상 원인 없는 이득 236
2. 수익 240
3. 손해 241

Ⅲ. 부당이득의 효과 241

1. 201조와 748조의 관계 242
2. 가액반환의 모습 242
3. 수익자의 반환범위 243

Ⅳ. 부당이득반환청구가 부정되는 특례 245

제10장 불법행위

Ⅰ. 불법행위의 기초 251

Ⅱ. 일반불법행위 254

1. 가해자의 고의 또는 과실 254
2. 위법성 255
3. 손해의 발생 및 인과관계 257
4. 책임능력 258

Ⅲ. 민법상의 특수불법행위 259

1. 특수불법행위의 의미 259
2. 타인의 행위에 대한 책임 260
   가. 책임무능력자의 감독의무자책임 260
   나. 사용자책임 262
   다. 도급인책임 266

3. 물건에 의한 특수책임 267
가. 공작물책임 267
나. 동물점유자의 책임 269
4. 공동불법행위 책임 270
Ⅳ. 특수유형 불법행위 273
1. 운행자책임 273
가. 개관 273
나. 자동차손해배상보장법상의 운행 274
다. 운행자책임 275
2. 환경침해 책임 279
가. 유지청구권 279
나. 손해배상청구 282
3. 의료과오책임 286
가. 개념 286
나. 의사의 과실 286
다. 의사의 설명의무 287
라. 증명책임 289
4. 명예훼손과 사생활침해 289
가. 명예훼손책임 289
나. 사생활침해 293
5. 제조물책임 294
가. 의의 294
나. 제조물의 결함 295
다. 제조물책임 296
6. 산업재해책임 299
가. 재해보상제도 299
나. 산재보험제도 300
다. 청구권의 조정 300
라. 불법행위책임 302

7. 국가배상책임 303
가. 공무원의 불법행위로 인한 책임 303
나. 영조물하자로 인한 책임 306

V. 손해배상의 범위 307
1. 손해배상 307
2. 소극적 손해 308
3. 적극적 손해 312
4. 위자료 313
5. 손해배상액의 제한 314
6. 손해배상청구권의 소멸 318

머리말

청운의 꿈을 이루기 위해 법학전문대학원에 진학을 하지만 공부해야 하는 엄청난 분량 때문에 당혹해 하기도 하고 법학공부의 어려움 때문에 망연자실하기도 하기도 한다. 학부과정을 졸업하고 법학전문대학원에 진학하는 것이기에 나이가 적지 않음에도 불구하고 자신의 꿈을 실현시키기 위해 그 어려운 과정을 감내하는 것인데 변호사 자격이 그러한 어려움을 감내할 정도의 가치가 있는 자격인지 다시 한 번 생각하게 한다. 과거와는 달리 지금의 변호사 자격증은 송무에 국한하지 않고 다양한 업무를 하는 자격증으로, 더 나은 발전을 위한 디딤돌로서의 역할을 하는 자격증으로 기능하기에 젊음을 투자할 만한 충분한 가치가 있는 자격증이라고 할 수 있을 것이다. 변호사 자격이 아무나 취득할 수 있는 자격이 아니라 일부에게만 허용되는 취득하기 어려운 자격이기에 그 만큼 젊음을 투자할 가치가 있다고 보는 것이다. 오늘도 그 어려운 과정을 애써 인내하며 한 걸음 한 걸음 내딛는 법학전문대학원생들 모두에게 응원의 박수를 보내며 무궁한 발전을 기원해 마지않는다.

법학전문대학원생은 변호사시험에 대비하기 위해 많은 양의 공부를 할 수밖에 없는데 민법의 영역은 그 범위가 광대하고 내용이 어렵기에 학생들이 특히 부담스러워 하는 영역이다. 학생들 사이에서 민법이 완성되면 절반은 완성한 것이라는 말이 있을 정도로 민법이 어려운 과목임에는 다언을 요하지 않을 것이다. 민법은 민법총칙, 물권법, 채권총론, 계약법, 법정채권법 영역으로 나뉘는데 '채권이야기'는 민법의 영역 중 채권총론과 법정채권법을 대상으로 한다.

평소에 법학전문대학원생을 대상으로 하여 채권법을 강의함에 있어 어떻게 하면 학생들로 하여금 좀 더 이해하기 쉽게 할 수 있을 것인가에 대한 꾸준한 고민이 있어왔다. '채권이야기'는 그 고민의 결과물이라고 하겠다. 가급적 쉽게 채권법을 접할 수 있도록 쉬운 용어로 법 이론을 설명하면서 판례를 대입시켜 이해를 돕도록 하였기에 학생들이 채권법 영역의 기초를 다지는데 보탬이 될 수 있을 것이다.

모쪼록 '채권이야기'가 학생들의 학업증진 및 변호사시험 준비에 도움이 될 수 있기를 바라며 더 나은 채권법 교재로 자리매김 할 수 있도록 간단없는 갱신작업이 이루어질 것임을 다짐해 본다.

2020. 2. 어느 날
개신벌 연구실에서
저자 씀

제1장 채권의 이해

Ⅰ. 채권의 기초

Ⅱ. 채권의 종류

1. 특정물채권
2. 종류채권
3. 금전채권
4. 이자채권
5. 선택채권

Ⅰ. 채권의 기초

채권법 : 채권관계(2인 이상의 특정인 사이에 채권·채무가 존재하는 법률관계)를 규율하는 법

- 채권 : 특정인(채권자)이 다른 특정인(채무자)에 대해 일정한 행위를 요구할 수 있는 권리
- 채권법은 계약자유의 원칙상 대체로 임의규정이 많다.

채권의 특질

- 청구권 : 채권은 채무자에게 일정한 행위를 청구할 수 있는 권리. 채권은 타인의 행위가 있어야 실현될 수 있다. 물권은 물건을 직접 지배하는 권리이므로 타인의 행위 없이도 실현된다는 점에서 채권과 구별됨.
- 상대권 : 채권은 특정인인 채무자에 대해서만 주장할 수 있는 상대권임. 채권은 원칙적으로 채무자에 의해서만 침해될 수 있으며(채무불이행), 제3자에 의한 침해가 당연히 불법행위가 되는 것은 아니다.
- 평등성 : 채권은 배타성이 없고 둘 이상 존재할 수 있으며 채권의 우열에 있어 차이가 없다.

Ⅱ. 채권의 종류

1. 특정물채권

가. 의의

특정물채권은 특정물의 인도를 목적으로 하는 채권(제374조).
특정물은 당사자가 물건의 개성을 중시하여 다른 물건으로 바꿀 수 없게 한 물건이고,

인도는 그 물건의 점유를 이전하는 것임.
특정물채권은 매매, 증여, 교환, 사용대차, 임대차, 임치와 같은 계약에 의해 발생하는 것이 보통이나 법률의 규정에 의해(법정채권) 발생할 수도 있다.[1)]

나. 선관주의 의무

1) 선량한 관리자의 주의

특정물채권의 채무자는 목적물을 인도할 때까지 선량한 관리자의 주의로 보존하여야 한다(제374조).
선량한 관리자의 주의는 거래상 일반적으로 평균인에게 요구되는 정도의 주의로서 이를 게을리 하는 것을 추상적 과실이라고 한다.[2)]

2) 보존의무

특정물채권의 채무자는 선관주의를 가지고 목적물을 보존할 의무가 있다. 여기서의 보존은 멸실·훼손으로부터 목적물을 보호하는 것을 의미.

목적물의 보존에 필요한 비용(필요비) : 원칙적으로 채무자가 부담.
선관주의의무의 존속기간 : 실제로 특정물을 인도할 때까지 보존하여야 한다.

> 임차인은 임차 목적물을 인도할 때까지는 선량한 관리자의 주의로 이를 보존할 의무가 있어, 이러한 주의의무를 위반하여 임대 목적물이 멸실, 훼손된 경우에는 그에 대한 손해를 배상할 채무가 발생하며, 임대 목적물이 멸실, 훼손된 경우 임차인이 그 책임을 면하려면 그 임차건물의 보존에 관하여 선량한 관리자의 주의의무를 다하였음을 증명하여야 할 것이다.
> 대법원 1991. 10. 25. 선고 91다22605 판결

1) 부당이득자가 금전 이외의 물건을 보유하고 있는 경우에 부당이득반환의 대상은 그 특정물이 된다.

2) 무상수치인의 보관의무(제695조), 친권자가 자의 재산관리권을 행사하는 경우(제922조), 상속인의 상속재산 관리의무(제1022조)를 해태하는 것은 구체적 과실이고, 이러한 구체적 과실에서의 주의는 '자기 재산과 동일한 주의', '고유재산에 대한 것과 동일한 주의' 등으로 표현되어 있다.

특정물의 매매에 있어서 매수인의 대금지급 채무가 이행지체에 빠졌다 하더라도 그 목적물이 매수인에게 인도될 때 까지는 매도인은 그 목적물에서 생기는 과실을 수취할 수 있는 한편 그 목적물의 관리 보존의 비용도 자기가 부담하여야 하는 것이고, 그 반면 매수인은 매매대금의 이자를 지급할 필요가 없는 것이므로 매도인은 매수인의 대금지급의무 이행의 지체를 이유로 하여 그 목적물의 인도가 이루어지기 이전의 기간 동안의 목적물의 관리보존의 비용의 상환이나 매매대금의 이자 상당액의 손해배상청구를 할 수 없다.
대법원 1981. 5. 26. 선고 80다211 판결

다. 목적물 인도의무

1) 현상인도의무

특정물의 인도가 채권의 목적인 경우 채무자는 이행기의 현상대로 그 물건을 인도하여야 한다(제462조). 여기에서의 이행기는 변제기를 의미하는 것이 아니라 실제로 이행하는 때를 의미한다. 즉 이행시를 의미한다.

2) 인도장소

특정물의 인도는 채권성립 당시에 그 물건이 있던 장소에서 하여야 한다(제467조 제1항). 지참채무(제467조 제2항)원칙의 예외를 이룬다.

3) 천연과실

채무자가 이행기까지 목적물로부터 분리된 과실을 수취할 수 있으나 이행기 이후 실제로 인도할 때까지의 과실은 채권자에게 인도하여야 한다. 다만 매매에 관한 민법 제587조는 일정한 경우 목적물인도 전까지 매도인에게 과실수취권을 인정한다.

2. 종류채권

가. 의의

종류채권은 목적물이 종류와 수량에 의하여 정해지는 채권, 즉 일정한 종류에 속하는 물건의 일정량의 급부를 목적으로 하는 채권이다.
종류채권은 매매, 증여, 교환, 소비대차, 임대차, 소비임치, 유증을 원인으로 하여 발생한다.

나. 종류채권의 특정

1) 특정의 의의

종류채권의 목적물은 종류와 수량에 의하여 추상적으로 정해져 있을 뿐이므로 채무의 이행을 위해서는 구체적인 확정이 필요한데, 이를 종류채권의 특정 또는 집중이라 한다.

2) 특정방법

<table>
<tr><td rowspan="3">변제제공에 의한 특정</td><td>지참채무</td><td>채권자 주소에서 현실의 제공을 한 때에 특정</td></tr>
<tr><td>추심채무</td><td>구두제공시, 즉 변제준비를 완료하고 수령을 최고한 때에 특정</td></tr>
<tr><td>송부채무</td><td>* 제3지가 본래의 이행장소인 경우 : 지참채무에 해당(도달시 특정)
* 제3지가 본래의 이행지가 아니나 채무자 스스로 제3지로 송부하는 경우 : 발송시 특정</td></tr>
<tr><td>채권자의 동의를 얻어 이행할 물건을 지정함에 따른 특정</td><td colspan="2">채무자가 지정권을 행사하여 목적물을 분리 · 지정한 때에 특정된다.</td></tr>
<tr><td>기타</td><td colspan="2">당사자의 계약으로 목적물을 선정·분리한 때, 당사자의 계약으로 제3자에게 지정권을 주어 그 자가 특정물을 지정한 때 등</td></tr>
</table>

제한종류채권에서 급부목적물의 특정은, 원칙적으로 종류채권의 급부목적물의 특정에 관한 민법 제375조 제2항이 적용되므로, 채무자가 이행에 필요한 행위를 완료하거나 채권자의 동의를 얻어 이행할 물건을 지정한 때에는 그 물건이 채권의 목적물이 되지만, 당사자 사이에 지정권의 부여 및 지정의 방법에 관한 합의가 없고, 채무자가 이행에 필요한 행위를 하지 아니하거나 지정권자로 된 채무자가 이행할 물건을 지정하지 아니하는 경우에는, 선택채권의 선택권 이전에 관한 민법 제381조를 준용하여, 채권의 기한이 도래한 후 채권자가 상당한 기간을 정하여 지정권이 있는 채무자에게 그 지정을 최고하여도 채무자가 이행할 물건을 지정하지 않으면 지정권이 채권자에게 이전한다.
대법원 2009. 1. 30. 선고 2006다37465 판결

3) 특정의 효과

○ **급부위험의 이전** : 동일한 종류물이나 특정물을 청구할 수 없다는 의미

종류채권의 목적물이 특정되면 그 특정된 물건이 채권의 목적물로 된다(제375조 2항). 즉 특정물채권으로 전환된다.

특정 후 목적물이 불가항력으로 멸실되는 경우 : 채무자는 급부의무를 면함.

특정 후 목적물이 채무자의 귀책사유로 인해 멸실된 경우 : 채무자는 제390조에 의해 손해배상책임을 부담.

○ **대가의 위험** : 경제적 불이익을 누가 부담하는가 하는 문제.

대가의 위험은 급부의 위험과 달리 특정에 의하여 영향을 받지 않는다. 종류채권에 있어서도 대가의 위험을 누가 부담하는가는 제537조, 제538조에 의하여 결정(채무자부담주의) 된다.

특정이 있게 되면 채무자의 채무가 불가항력으로 이행할 수 없게 되는 경우 채권자가 급부위험을 부담하고(또 다른 특정물 청구 못함), 쌍무계약의 경우 채무자는 대가를 지급받지 못하는 위험을 부담하나 매도인의 이행제공에 대하여 매수인이 수령을 지체한 경우가 생긴다면 매도인은 상대방의 이행을 청구할 수 있다(제538조 1항 후단).

○ **보존의무**

특정 이후 채무자는 조달의무를 면하고 특정된 물건을 선관주의로 보존하여야 한다.

○ **변경 및 귀속**

특정 후 채권자의 의사에 반하지 않는 한 채무자는 다른 물건을 급부할 수 있다.

특정만으로는 목적물의 소유권이 이전하지 않으므로 공시방법을 갖추어야 비로소 소유권이 이전된다.

3. 금전채권

가. 의의

금전채권은 일정액의 금전의 급부를 목적으로 하는 채권이다. 금전채권도 종류채권의 일종이지만 목적물의 특정이라는 것이 없으며 금전 자체가 모두 멸실되는 경우는 존재하지 아니하므로 이행불능이 생기는 일이 없다. 금전채권이 발생하는 원인으로서는 매매, 증여, 소비대차, 임대차, 고용, 도급, 임치 등이 있고

채무불이행이나 불법행위로 인한 손해는 금전으로 배상하는 것이 원칙이다(제394조, 제763조).

나. 금전채권의 특칙

○ 이행불능의 문제는 발생하지 않는다. 이행지체만이 문제된다.

○ 금전채무불이행의 손해배상액은 법정이율에 의한다. 그러나 법령의 제한에 위반하지 아니한 약정이율이 있으면 그 이율에 의한다(제397조 1항).

○ 손해배상에 관하여 손해의 발생 및 그 손해액을 증명할 필요가 없다. 그러므로 금전채권의 불이행은 당연히 일정한 손해가 발생하는 것으로 인정된다. 채무자는 과실 없다는 것을 가지고 항변하지 못한다(제397조 2항)

○ 손해배상액은 약정이율이 없는 경우 법정이율에 의하고 약정이율이 있는 경우에는 그에 의한다.

○ 경제적 약자인 금전채무자를 보호하기 위한 규정이 많다(가등기담보법, 대물반환예약의 제한, 이자제한법 등).

○ 채무자의 자력보전방법 : 채권자대위권, 채권자취소권, 가압류 등

> 금전채무의 불이행으로 인한 손해배상액은 달리 특별한 사정이 없는 한 민법 소정의 법정이율인 연 5푼의 비율에 의한 금원이라 할 것이고, 다만 그와 다른 이자율의 약정이 있거나 지연손해금률의 약정이 있는 경우에 한하여 그 별도의 약정에 따른 손해배상액을 인정할 수 있다.
> 대법원 1995. 10. 12. 선고 95다26797 판결
>
> 민법 제397조 제1항은 본문에서 금전채무불이행의 손해배상액을 법정이율에 의할 것을 규정하고 그 단서에서 "그러나 법령의 제한에 위반하지 아니한 약정이율이 있으면 그 이율에 의한다"고 정한다. 이 단서규정은 약정이율이 법정이율 이상인 경우에만 적용되고, 약정이율이 법정이율보다 낮은 경우에는 그 본문으로 돌아가 법정이율에 의하여 지연손해금을 정할 것이다. 우선 금전채무에 관하여 아예 이자약정이 없어서 이자청구를 전혀 할 수 없는 경우에도 채무자의 이행지체로 인한 지연손해금은 법정이율에 의하여 청구할 수 있으므로, 이자를 조금이라도 청구할 수 있었던 경우에는 더욱이나 법정이율에 의한 지연손해금을 청구할 수 있다고 하여야 한다.
> 대법원 2009. 12. 24. 선고 2009다85342 판결

> 금전채무 불이행에 관한 특칙을 규정한 민법 제397조는 그 이행지체가 있으면 지연이자 부분만큼의 손해가 있는 것으로 의제하려는 데에 그 취지가 있는 것이므로 지연이자를
> 금전채무 불이행에 관한 특칙을 규정한 민법 제397조는 그 이행지체가 있으면 지연이자 부분만큼의 손해가 있는 것으로 의제하려는 데에 그 취지가 있는 것이므로 지연이자를 청구하는 채권자는 그 만큼의 손해가 있었다는 것을 증명할 필요가 없는 것이나, 그렇다고 하더라도 채권자가 금전채무의 불이행을 원인으로 손해배상을 구할 때에 지연이자 상당의 손해가 발생하였다는 취지의 주장은 하여야 하는 것이지 주장조차 하지 아니하여 그 손해를 청구하고 있다고 볼 수 없는 경우까지 지연이자 부분만큼의 손해를 인용해 줄 수는 없는 것이다.
>
> 대법원 2000. 2. 11. 선고 99다49644 판결

다. 외화채권

외화채권은 외화로 지급하기로 한 금전채권을 말한다. 외화채권의 경우 당사자 사이에 특약이 없으면 채무자는 당해 외국의 통화로 지급하는 것 대신에 이행지의 환금시가에 의하여 환산된 우리나라 통화로 변제할 수도 있다(제378조). 환산시기는 이행기(변제기)가 아니라 현실로 이행하는 때, 즉 현실이행시라고 할 것이다.

> 채권액이 외국통화로 지정된 금전채권인 외화채권을 채무자가 우리나라 통화로 변제함에 있어서는 이행기가 아니라 현실로 이행하는 때 즉 현실이행시의 외국환시세에 의하여 환산한 우리나라 통화로 변제하여야 한다고 풀이함이 상당하다.
>
> 대법원 1991. 3. 12. 선고 90다2147 전원합의체판결

4. 이자채권

가. 의의

이자의 급부를 목적으로 하는 채권이 이자채권이다.

이자는 금전 기타 대체물의 사용의 대가로서 원본액과 사용기간에 비례하여 지급되는 법정과실이다.

이자는 이자를 발생시키기로 하는 당사자 사이의 약정이 있는 경우(약정이자) 또는

법률의 규정이[3] 있는 경우(법정이자)에 발생한다.
이자는 이율에 의해 산정 : 법정이율(민사이율 : 연5%, 상사이율 : 연 6%, 소송촉진등에관한특례법상의 이율 : 연12%)과 약정이율(당사자 사이의 약정에 의해 정해짐)

나. 이자채권

1) 의의

이자채권은 이자의 급부를 목적으로 하는 채권이다. 이자채권을 발생시키는 약정은 소비대차, 소비임치에 수반하여 행해지는 것이 일반적이나 매매대금이나 임차보증금의 전부 또는 일부의 지급을 유예하면서 이자를 지급하기로 약정하는 경우도 있다.

2) 성질

○ 부종성 : 이자채권은 원본채권의 종된 권리로서 그 성립과 존속에 있어 원본채권에 종속하게 된다 : 원본채권이 양도 또는 포기된 경우에는 이자채권도 양도 또는 포기된 것으로 보며, 원본채권이 압류되면 그 효력이 이자채권에도 미치고, 원본채권에 대하여 전부명령이 발하여지면 이자채권도 압류채권자에게 이전한다.

○ 부종성의 완화 : 이미 변제기가 된 이자채권의 경우에는 부종성이 완화된다 : 원본채권이 변제 또는 면제로 인하여 소멸되었다고 하더라도 이미 변제기가 도래한 이자채권은 당연히 소멸하지는 않는다. 원본채권의 양도 또는 포기는 특별한 의사표시가 없는 한 변제기가 된 이자채권에 대하여는 영향을 미치지 않는다. 원본채권에 대한 압류나 전부명령도 마찬가지이다.

○ 소멸시효 문제 : 원본채권이 시효로 소멸하게 되면 변제기가 된 이 자채권은 그 채권 자체의 시효가 완성되지 않았을지라도 원본채권의 시효소멸의 영향으로 소멸하게 된다.

---

3) 민법 제29조 2항, 제411조, 제425조 2항, 441조, 548조 2황, 587조, 685조, 688조 1항, 701조, 748조 2항, 958조 등.

금전채무의 이행지체로 인하여 발생하는 지연손해금은 그 성질이 손해배상금이지 이자가 아니며, 민법 제163조 제1호가 규정한 '1년 이내의 기간으로 정한 채권'도 아니므로 3년간의 단기소멸시효의 대상이 되지 아니한다.
대법원 1998. 11. 10. 선고 98다42141 판결

소송촉진등에관한특례법 제3조는 금전채무의 이행을 명하는 판결을 선고할 경우에 소장송달일 다음날부터 지연이자를 높이되 채무자가 그 소송에서 항쟁함이 상당하다고 인정되는 때에는 그렇지 않다는 내용의 규정이라고 요약할 수 있다. 민법 제397조가 규정하는 법정이율은 연 5푼으로 고정되어 있기 때문에 이자의 약정이 없는 금전채무에 관하여서는 채무자가 애써 빨리 변제하려고 하지 않는다. 그렇게 되어 채권자가 제소를 하여도 채무자는 소송의 지연을 꾀하게 되고 시일을 끌수록 채무자에게는 오히려 유리한 처지가 되는 것이 일쑤이다. 이와 같은 불합리한 현실을 타개하기 위하여 금전채무불이행으로 인한 손해배상의 기준이 되는 법정이율에 관한 민법 제397조의 특례를 인정한 것이 위 특례법의 규정취지인 것이다.
대법원 1987. 5. 26. 선고 86다카1876 전원합의체 판결

소비대차에 있어 그 변제기가 지난 후에 이자의 약정이 없는 경우 특별한 의사표시가 없는 한 당초의 계약이자를 지급하기로 한 것이라고 보는 것이 상당하다.
대법원 1970. 3. 10. 선고 69다2269 판결

다. 이자의 제한

1) 이자제한법에 의한 제한

이자제한법은 금전소비대차에 있어서의 약정이자에 적용된다(이자제한법 제2조 1항). 따라서 금전소비대차계약에 기하지 아니한 금전채권(예: 매매잔대금의 이자)에는 적용되지 아니한다.
이자제한법은 대차원금이 10만 원 미만인 대차의 이자에 관하여는 적용되지 않고(법 제2조 5항), 다른 법률에 따라 인가 · 허가 · 등록을 마친 금융업 및 대부업과 대부업법 제9조의4에 따른 미등록 대부업자에 대하여는 적용하지 아니한다(이자제한법 제7조).

2) 제한이율

금전소비대차에 관한 계약상의 최고이자율은 연 25%를 초과하지 않는 범위 안에서

대통령령으로 정하는데, 현행 법령에 의한 최고이자율은 연24%이다.[4] 이자가 제한이율에 따라 산정된 금액을 초과하는 경우에, 그 초과부분의 이자는 무효이다(법 제2조 3항).

채무자가 제한초과이자를 임의로 지급한 경우에는 초과 지급된 이자 상당액은 원본에 충당되고, 원본이 소멸한 때에는 그 반환을 청구할 수 있다(법 제2조 4항).

> 계약상의 이자로서 이자제한법 소정의 제한이율을 초과하는 부분은 무효이고 이러한 제한초과의 이자에 대하여 준소비대차계약 또는 경개계약을 체결하더라도 그 초과 부분에 대하여는 효력이 생기지 아니 한다.
> 대법원 1998. 10. 13. 선고 98다17046 판결
>
> 이식제한령 소정 범위를 초과한 이식은 무효이므로 이를 자동채권으로 하여 상계의 의사표시를 하였다 하여도 그 효력을 발생할 수 없다.
> 대법원 1963. 11. 21. 선고 63다429 판결

5. 선택채권

가. 의의

선택채권은 채권의 목적이 선택적으로 정해져 있는 채권으로서, 복수의 채권이 아니라 하나의 채권이므로 하나의 청구권만 발생한다.

선택채권은 증여, 매매, 대차와 같은 법률행위에 의해 발생할 수 있고 법률의 규정(제135조, 제203조 2항, 310조 1항, 626조 2항)에 의하여 발생할 수 있다.

나. 선택채권의 특정

선택채권의 채무가 이행되려면 급부가 하나로 특정되어 단순채권으로 변경되어야 하는데, 우리 민법은 그 특정의 방법으로 선택권의 행사에 의한 특정과 급부불능에 기한 특정을 예정하고 있다.[5]

4) 2018.2.8.부터 시행.

5) 계약자유의 원칙상 당사자의 합의(계약)에 의한 특정도 가능하다.

1) 선택에 의한 특정

선택권이란 수 개의 급부 중 하나의 급부를 선정하는 일방적 의사표시로서 형성권이라고 할 수 있다.

법률의 규정(제135조 1항, 제203조 2항), 당사자 사이의 약정이 없으면 선택권은 채무자에게 있는 것으로 본다.

가) 선택권의 이전

- 당사자의 일방이 선택권을 가지는 경우
  선택권행사의 기간이 있는 때 : 선택권은 상대방에게 이전한다 (제 381조 1항).
  선택권행사의 기간이 없는 때 : 선택권은 상대방에게 이전한다 (제 381조 2항).
- 제3자가 선택권을 가지는 경우
  제3자가 선택불능인 때 : 선택권이 채무자에게 이전(제384조 1항)
  제3자가 선택가능인 때 : 선택권이 채무자에게 이전(제384조 2항)

나) 선택권의 행사방법

- 당사자 일방이 선택권을 가지는 경우 : 상대방에 대한 의사표시로 하고(제382조 1항), 상대방의 동의가 없으면 철회할 수 없다(제382조 2항).
- 제3자의 선택권 행사 : 채무자 및 채권자에 대한 의사표시로 하고(제383조 1항) 채무자 및 채권자의 동의가 없으면 철회할 수 없다(제383조 2항).

다) 선택의 효과

선택이 행해지면 선택채권은 하나의 급부를 목적으로 하는 단순채권으로 변한다. 그렇다고 특정물채권이 되는 것은 아니고 경우에 따라 특정물채권, 종류채권, 금전채권 등이 된다.

선택은 그 채권이 발생한 때에 소급하여 효력이 생긴다(제386조).

2) 급부불능에 의한 특정

<table>
<tr><td>원시적 불능, 선택권자의 과실에 의한 후발적 불능</td><td colspan="2">잔존급부로 특정(제385조 1항)
선택권자라도 더 이상 선택권 행사 못함</td></tr>
<tr><td rowspan="2">선택권 없는 자의 과실에 의한 후발적 불능</td><td rowspan="2">선택채권의 존속에 영향 없음.
선택권자는 잔존급부 대신 불능급부도 선택할 수 있음
(제385조 2항)</td><td>잔존급부 선택 : 잔존급부로 특정</td></tr>
<tr><td>불능급부 선택 :
ⅰ) 채권자가 선택권자이면 채무자의 과실로 인해 불능으로 된 급부 선택 - 이행불능으로 인한 전보배상청구 가능.
ⅱ) 채무자가 선택권자이면 채권자의 과실로 인해 불능으로 된 급부 선택 - 자기의 귀책사유 없는 불능을 이유로 채무소멸 주장 가능.</td></tr>
</table>

제2장 채무불이행

Ⅰ. 채무불이행 개관

Ⅱ. 채무불이행 모습

1. 이행지체
2. 이행불능
3. 불완전이행

Ⅰ. 채무불이행 개관

1. 의의

채무불이행은 채무자의 귀책사유로 인해 채무의 내용에 좇은 이행이 이루어지지 않는 것을 의미한다. 이러한 채무불이행이 있게 되면 채권자는 채무자에 대해 손해배상을 청구할 수 있다(제 390조).

채무불이행은 채무자가 이행을 지체하는 모습, 채무자의 이행이 불가능하게 된 모습, 채무자가 급부를 제공하기는 했지만 그 급부제공이 불완전한 모습, 기타의 행위의무 위반의 모습으로 나타난다.

2. 채무불이행의 요건

가. 공통의 요건

채무자의 고의·과실 및 채무자의 법정대리인이나 이행보조자의 고의·과실을 통틀어서 채무자의 귀책사유라고 표현하는데, 채무불이행의 주관적 요건으로서 채무자의 귀책사유가 필요하다. 채무자의 귀책사유는 채무자의 고의·과실보다는 넓은 개념이라고 할 것이다.

채무불이행의 객관적 요건으로서 위법성이 요구되는데 이 위법성은 각각의 채무불이행에 있어서 구비하여야 하는 적극적 요건이 아니라 동시이행항변권, 유치권, 기한유예, 긴급피난 등의 위법성 조각사유가 없으면 위법하다고 평가되는 소극적 요건이다.

나. 개별적 요건

채무불이행이 성립하려면 각각의 채무불이행 유형에 따라 그 유형에 특유한 요건을 갖추어야 한다. 이행지체가 성립하려면 이행기가 도래하고 이행이 가능한데도 이행이 없어야 한다. 그리고 이행불능이 되려면 이행이 후발적으로 불능이어야 한다. 한편 불완전급부가 되려면 이행행위가 있었을 것과 그것에 하자가 있을 것이 필요하고, 기타의 행위의무 위반이 되려면 그 의무위반이 있어야 한다.

3. 채무불이행의 효과

채무불이행의 효과로는 손해배상청구권, 계약의 해제권 · 해지권을 들 수 있는데 가장 중요한 효과는 아무래도 손해배상청구권의 발생이라고 할 것이다. 그밖에 이행불능의 경우에는 대상청구권이 인정되기도 한다.

<table>
<tr><th rowspan="2">유형</th><th colspan="2">요건</th><th rowspan="2">효 과</th></tr>
<tr><th>공통요건</th><th>개별요건</th></tr>
<tr><td>이행지체</td><td rowspan="4">채무자의
귀책사유

위법성</td><td>1.이행기 도래
2.이행가능
3.미이행</td><td>손해배상청구권 : 지연배상원칙.
예외적으로 전보배상
계약해제권</td></tr>
<tr><td>이행불능</td><td>후발적 불능</td><td>손해배상청구권(전보배상)
계약해제권
대상청구권</td></tr>
<tr><td>불완전급부</td><td>1.이행행위
2.이행에 하자</td><td>손해배상청구권
계약해제권</td></tr>
<tr><td>기타 행위의
무위반</td><td>기타의
행위의무위반</td><td>손해배상청구권
계약해제권</td></tr>
</table>

II. 채무불이행 모습

1. 이행지체

가. 의의

이행지체는 채무자가 이행기에 있고, 또한 이행이 가능함에도 불구하고 채무자의 귀책사유로 인하여 위법하게 채무의 내용에 좇은 이행을 하지 않는 것을 말한다.

나. 요건

1) 이행기의 도래

가) 확정기한부 채무

○ 원칙

채무의 이행에 관하여 확정기한이 있는 때에는 그 기한이 도래한 때로부터 채무자는 이행지체의 책임을 지는 것이 원칙이다. 지체책임이 생기기 위한 전제로서의 채권자 최고는 필요 없다.

이행기가 확정일로 정해져 있으면 그 다음날부터 지체책임을 지게 된다. 따라서 지연손해금 청구는 확정일의 다음날부터 청구할 수 있는 것이다.

확정기한이 도래한 때가 소멸시효의 기산점이 되고 초일불산입원칙에 따라 확정기한의 다음날부터 기산하여 소멸시효기간이 도과되었는지 판단하여야 한다.

○ 예외

- 지시채권과 무기명채권의 경우에는 확정기한이 정해져 있는 때에도 그 기한이 도래한 후 소지인이 증서를 제시하여 이행을 청구한 때로부터 지체책임을 진다(제517조, 제524조, 상법 제65조). 면책증권[6]의 경우에도 마찬가지이다(제526조).
- 추심채무나 그밖에 채무를 이행하려면 먼저 채권자가 협력하여야 하는 경우에는 확정기한이 정하여져 있을지라도 채권자의 협력이 있어야 비로소 지체로 될 수 있다.
- 당사자 쌍방의 채무가 동시이행관계에 있는 때에는 이행기가 되었을지라도 상대방이 이행의 제공을 할 때까지는 지체책임을 지지 않는다. 이러한 효과는 채무자가 동시이행의 항변권을 행사하지 않아도 당연히 인정된다.

> 채무이행의 확정기한이 있는 경우에는 그 기한이 도래한 다음날부터 이행지체의 책임을 지고 기한의 정함이 없는 경우에는 그 이행의 청구를 받은 다음날로부터 이행지체의 책임을 진다.
>
> 대법원 1988. 11. 8. 선고 88다3253 판결

6) 채무자가 증권 소지인에게 변제하면 소지인이 정당한 권리자가 아닌 경우에도 채무자에게 고의 또는 중대한 과실이 없는 한 채무를 면할 수 있는 효력을 갖는 증서로서 휴대물예치증, 은행예금증서 등이 이에 해당한다.

쌍무계약에서 쌍방의 채무가 동시이행관계에 있는 경우 일방의 채무의 이행기가 도래하더라도 상대방 채무의 이행제공이 있을 때까지는 그 채무를 이행하지 않아도 이행지체의 책임을 지지 않는 것이며, 이와 같은 효과는 이행지체의 책임이 없다고 주장하는 자가 반드시 동시이행의 항변권을 행사하여야만 발생하는 것은 아니므로, 동시이행관계에 있는 쌍무계약상 자기채무의 이행을 제공하는 경우 그 채무를 이행함에 있어 상대방의 행위를 필요로 할 때에는 언제든지 현실로 이행을 할 수 있는 준비를 완료하고 그 뜻을 상대방에게 통지하여 그 수령을 최고하여야만 상대방으로 하여금 이행지체에 빠지게 할 수 있는 것이다.
대법원 2001. 7. 10. 선고 2001다3764 판결

매수인이 선이행의무 있는 중도금을 지급하지 않았다 하더라도 계약이 해제되지 않은 상태에서 잔대금 지급기일이 도래하여 그 때까지 중도금과 잔대금이 지급되지 아니하고 잔대금과 동시이행관계에 있는 매도인의 소유권이전등기 소요서류가 제공된 바 없이 그 기일이 도과하였다면, 특별한 사정이 없는 한 매수인의 중도금 및 잔대금의 지급과 매도인의 소유권이전등기 소요서류의 제공은 동시이행관계에 있다 할 것이어서 그 때부터는 매수인은 중도금을 지급하지 아니한 데 대한 이행지체의 책임을 지지 아니한다.
대법원 1998. 3. 13. 선고 97다54604 판결

나) 불확정기한부채무

채무이행에 관하여 불확정기한이 있는 때에는 채무자는 그 기한이 도래하였음을 안 다음날부터 지체책임이 있다(제387조 1항). 그리고 채권자의 최고가 있으면 채무자가 기한 도래 사실을 알지 못하였다고 하더라도 최고가 있은 다음날부터 지체책임을 지게 된다.
한편 불확정한 사실이 발생한 경우 뿐 만 아니라 그 사실의 발생이 불가능하게 된 때에도 마찬가지이다.

당사자가 불확정한 사실이 발생한 때를 이행기한으로 정한 경우에는 그 사실이 발생한 때는 물론 그 사실의 발생이 불가능하게 된 때에도 이행기한은 도래한 것으로 보아야 한다.
대법원 2002. 3. 29. 선고 2001다41766 판결

채무이행시기가 불확정기한으로 되어 있는 경우에는 채무자가 기한이 도래함을 안 때로부터 지체책임이 발생한다고 할 것인바, 이 사건 중도금 지급기일을 '1층 골조공사 완료시'로 정한 것은 중도금 지급의무의 이행기를 장래 도래할 시기가 확정되지 아니한 때, 즉 불확정기한으로 이행기를 정한 경우에 해당한다고 할 것이므로, 중도금 지급의무의 이행지체의 책임을 지우기 위해서는 1층 골조공사가 완료된 것만으로는 부족하고 채무자인

원고가 그 완료 사실을 알아야 한다고 할 것이다.
대법원 2005. 10. 7. 선고 2005다38546 판결

다) 기한의 정함이 없는 채무

○ 원칙

채무의 이행에 관하여 기한이 정해져 있지 아니한 경우에는 채무자는 이행청구를 받은 때로부터 지체책임이 있다(제387조 2항). 기한의 정함이 없는 채무는 발생과 동시에 이행기에 있게 되나,[7] 이행지체가 되려면 채권자의 최고가 있어야 한다. 한편 채무자가 지체책임을 지게 되는 것(지연손해금 부담)은 채권자로부터 이행청구를 받은 다음날부터이다.

기한이 없는 채무에 있어서는 이행소송의 소장의 송달은 최고와 같은 효력이 있으므로 소장이 송달된 다음날부터 지체책임이 발생한다.

○ 예외

- 소비대차에 있어서 반환시기의 약정이 없는 때에는 대주는 상당한 기간을 정하여 반환을 최고하여야 하고(제603조 2항), 그 기간이 경과하여야 채무자는 지체책임을 부담하게 된다. 채권자가 만약 상당한 기간을 정하지 않고 최고한 경우에는 최고 후 상당한 기간이 경과한 때에 지체책임을 지게 된다.
- 불법행위로 인한 손해배상채무에 있어서는 그 채무의 성립과 동시에 지체책임을 부담하게 된다. 즉 불법행위일부터 지연손해금을 부담하게 된다.
- 이행기의 정함이 없는 채권을 양수한 채권양수인이 채무자를 상대로 그 이행을 구하는 소를 제기하고 그 소송 계속 중 채무자에 대한 채권양도통지가 이루어진 경우에는 특별한 사정이 없는 한 채무자는 그 채권양도통지가 도달한 다음 날부터 이행지체의 책임을 진다.[8]

7) 소멸시효 기산점은 채권성립시가 된다.

8) 지명채권이 양도된 경우 채무자에 대한 대항요건이 갖추어질 때까지 채권양수인이 채무자에게 대항할 수 없기 때문이다; 대법원 2014. 4. 10. 선고 2012다29557 판결.

민법 제387조 제2항의 규정에서 채무이행의 기한이 없는 경우에는 채무자는 이행청구를 받은 때로부터 지체 책임이 있다고 한 취지는 채무자는 이행의 청구를 받은 날 안으로 이행을 하면 되고, 그 청구를 받은 날을 도과할 때 비로소 지체의 책임을 진다고 풀이하는 것이 상당하다.
대법원 1972. 8. 22. 선고 72다1066 판결

반환시기의 약정이 없는 소비대차의 반환을 최고할 때에 상당한 기간을 정하지 아니하면 최고로서의 효력이 없는 것은 아니고, 최고로서의 효력은 있고, 상당한 기간이 경과하여야 효력이 발생한다.
대법원 1966. 5. 31. 선고 66다663 판결

금전채무의 지연손해금채무는 금전채무의 이행지체로 인한 손해배상채무로서 이행기의 정함이 없는 채무에 해당하므로, 채무자는 확정된 지연손해금채무에 대하여 채권자로부터 이행청구를 받은 때부터 지체책임을 부담하게 된다.
대법원 2010. 12. 9. 선고 2009다59237 판결

부당이득반환의무는 이행기한의 정함이 없는 채무이므로 그 채무자는 이행청구를 받은 때에 비로소 지체책임을 진다.
대법원 2010. 1. 28. 선고 2009다24187 판결

불법행위로 인한 손해배상채무의 지연손해금의 기산일은 불법행위 성립일이다.
대법원 2010. 7. 22. 선고 2010다18829 판결

불법행위에서 위법행위 시점과 손해발생 시점 사이에 시간적 간격이 있는 경우에 불법행위로 인한 손해배상청구권의 지연손해금은 손해발생 시점을 기산일로 하여 발생한다.
대법원 2011. 7. 28. 선고 2010다76368 판결

유류분반환청구권의 행사로 인하여 생기는 원물반환의무 또는 가액반환의무는 이행기한의 정함이 없는 채무이므로, 반환의무자는 그 의무에 대한 이행청구를 받은 때에 비로소 지체책임을 진다(청구 다음날부터 지체책임 부담).
대법원 2013. 3. 14. 선고 2010다42624 판결

도급계약에 있어서 완성된 목적물에 하자가 있는 때에는 도급인은 수급인에 대하여 하자의 보수를 청구할 수 있고 그 하자보수금 채권은 수급인의 공사대금 채권과 동시이행관계에 있는 것이므로, 이와 같이 도급인이 하자보수청구권을 보유하고 이를 행사하는 한에 있어서는 도급인의 공사대금 지급채무는 이행지체에 빠지지 아니하고, 도급인이 하자보수금 채권을 자동채권으로 하고 수급인의 공사잔대금 채권을 수동채권으로 하여 상계의 의사표시를 한 다음날 비로소 지체에 빠진다.[9]
대법원 1996. 7. 12. 선고 96다7250 판결

라) 기한의 이익을 상실한 채무

기한의 이익을 상실하게 하는 사유가 있으면 채무자는 기한의 이익을 주장하지

9) 상계적상은 뒤에 이행기가 도래한 하자보수금청구시가 된다.

못하고 그 기한의 이익은 상실하게 된다. 따라서 이행기가 도래하는 것이고 채권자는 기한이 있음에도 불구하고 즉시 이행을 청구할 수 있는 것이다.

기한의 이익을 상실한 채무는 일종의 기한 없는 채무로 보아야 하며, 기한 없는 채무는 채권자의 청구를 받은 때부터 지체책임을 진다.

○ 채무자가 담보를 손상, 감소 또는 멸실하게 한 때

여기의 담보는 물적 담보뿐만 아니라 인적 담보도 포함된다.

손상, 감소, 멸실하게 하는 행위는 법률행위뿐만 아니라 사실행위도 포함될 수 있다.

○ 채무자가 담보제공의 의무를 이행하지 않은 때

물적 담보뿐만 아니라 인적 담보인 경우도 포함된다.

○ 채무자가 파산선고를 받은 때

○ 당사자가 기한의 이익에 관한 특약을 한 경우 그 특약에서 정한 사유가 발생한 때

> 계약당사자 사이에 일정한 사유가 발생하면 채무자는 기한의 이익을 잃고 채권자의 별도의 의사표시가 없더라도 바로 이행기가 도래한 것과 같은 효과를 발생케 하는 이른바 정지조건부 기한이익상실의 특약을 한 경우에는 그 특약에 정한 기한이익의 상실사유가 발생함과 동시에 기한의 이익을 상실케 하는 채권자의 의사표시가 없더라도 이행기도래의 효과가 발생하고, 채무자는 특별한 사정이 없는 한 그때부터 이행지체의 상태에 놓이게 된다.
> 대법원 1989. 9. 29. 선고 88다카14663 판결

마) 채권이 가압류된 경우

채권의 가압류는 제3채무자에 대하여 채무자에게 지급하는 것을 금지하는 데 그칠 뿐 채무 그 자체를 면하게 하는 것이 아니고, 가압류가 있다 하여도 그 채권의 이행기가 도래한 때에는 제3채무자는 그 지체책임을 면할 수 없다고 보아야 할 것이다.[10)]

10) 이러한 경우 가압류에 불구하고 제3채무자가 채무자에게 변제를 한 때에는 나중에 채권자에게 2중으로 변제하여야 할 위험을 부담하게 되므로 제3채무자로서는 민법 제487조의 규정에 의하여 공탁을 함으로써 2중변제의 위험에서 벗어나고 이행지체의 책임도 면할 수 있다고 보아야 할 것이다; 대법원 1994.12.13. 선고 93다951 판결.

2) 이행이 가능할 것

이행지체가 되려면 이행이 가능하여야 한다. 이행이 불가능하면 이행불능이 된다. 이행기에 이행이 가능하였으나 그 이후 불능이 된 경우에는 이행불능으로 다루어야 한다.

3) 이행이 없었고 채무자의 귀책사유가 있으며 위법성이 있을 것

채무가 이행되거나 이행의 제공이 있으면 이행지체가 되지 아니하므로 이러한 것이 없었어야 한다. 그리고 이행하지 아니한 데 대하여 채무자에게 귀책사유가 있어야 하며, 그 미이행이 위법한 것이어야 한다. 따라서 유치권, 동시이행의 항변권, 기한유예의 항변권이 있는 경우에는 이행지체의 위법성이 조각되므로 비록 이행을 못했다고 하더라도 이행지체 책임을 지지 않게 되는 것이다.

다. 이행지체의 효과

1) 이행의 강제

이행이 가능하므로 강제이행을 청구할 수 있고 담보권의 실행이 가능해진다. 또한 위약금약정의 효력이 발생한다.

2) 손해배상

○ 지연배상(제390조 본문)
  지연배상은 이행지체로 말미암은 손해배상을 말하며, 지연되고 있는 본래의 채무가 금전채무인 경우 약정이율이 없더라도 법정이율의 지연손해금을 지급할 의무가 발생한다.

○ 전보배상(제395조)
  채권자는 채무자의 이행지체에 대하여 계약을 해제하고 이행에 갈음하는 전보배상을 청구할 수 있다.
  계약을 해제함이 없이 지체 후의 이행이 채권자에게 이익이 없는 경우에 한하여 이행에 갈음하는 전보배상을 구할 수 있다.

3) 책임가중

채무자가 이행지체에 빠진 경우 불가항력적인 사유에 의하여 이행이 불가능하게 되었다 하더라도 이에 관한 책임을 진다. 즉 채무자는 이행기 후의 불가항력으로 대항할 수 없다. 그러나 채무자가 이행기에 이행하여도 채권자가 손해를 면할 수 없는 경우에는 그러하지 아니하다(제392조 단서).

4) 계약해제권

채권자는 이행지체를 이유로 계약을 해제할 수 있는데, 그 해제는 손해배상청구에 영향을 미치지 않는다.

2. 이행불능

가. 의의

1) 원시적 불능

원시적 객관적 전부불능(제535조) : 계약을 무효로 함. 계약체결상의 과실책임
원시적 객관적 일부불능(제574조) : 수량지정매매에 있어 수량부족의 경우 담보책임 문제가 발생
원시적 주관적 전부불능(제570조) : 타인의 권리 전부매매시 담보책임 문제가 발생
원시적 주관적 일부불능(제572조) : 타인의 권리 일부매매시 담보책임 문제가 발생

2) 후발적 불능

채무자의 귀책사유가 있는 경우 : 이행불능의 문제(제390조)
쌍무계약의 경우 귀책사유가 없는 경우 : 위험부담의 문제(제537조)

3) 이행불능의 의의

이행불능은 채권의 성립 후 채무자의 책임 있는 사유로 급부가 불가능하게 된 경우를 의미한다.

나. 이행불능의 요건

1) 후발적 불능(채권의 성립 후에 이행이 불가능하게 되었을 것)

이행불능이 성립하기 위한 불능은 후발적인 불능이어야 한다. 급부불능은 물리적 불능에 한정되지 아니하고 사회관념에 비추어 이행하는 것이 극히 곤란하게 된 사정이 있는 경우도 급부불능에 해당한다고 본다. 급부불능은 이행기를 기준으로 결정되나 이행기 전이라도 불능이 확실한 때에는 이행불능이 될 수 있다.

2) 채무자에게 귀책사유가 있어야 하고, 이행기에 이행하지 못한 것이 위법하여야 한다.

채무불이행의 요건인 이행불능은 사회의 거래통념에 따라 정할 것이며, 반드시 물리적 불능에 한할 것이 아니고 일반 거래실정에서 이행하는 것이 극히 곤란한 사정이 있다면 또한 불능이라고 할 것이다. 따라서 부동산의 매도인이 목적물을 제3자에게 양도하고 이전등기를 마친 경우, 매도인이 제3자에게 지상권을 설정하고 등기를 마치고 또 저당권을 설정하고 등기를 마친 경우에는 매도인의 채무는 이행불능에 빠졌다고 하겠다.
대법원 1974. 5. 28. 선고 73다1133 판결

부동산 매매계약이 체결된 경우에는 매도인은 특별한 사정이 없는 한 제한이나 부담이 없는 소유권이전등기의무를 지는 것이므로, 매매 목적 부동산에 처분금지가처분등기와 소유권말소예고등기가 기입되어 있는 경우에는 매도인은 이와 같은 등기를 말소하여 완전한 소유권이전등기를 해 주어야 할 의무가 있다. 즉 이행불능에 빠진 것이 아니다.
대법원 1999. 7. 9. 선고 98다13754 판결

부동산소유권이전등기 의무자가 그 부동산상에 가등기를 경료한 경우 가등기는 본등기의 순위보전의 효력을 가지는 것에 불과하고 또한 그 소유권이전등기 의무자의 처분권한이 상실되지도 아니하므로 그 가등기만으로는 소유권이전등기의무가 이행불능이 된다고 할 수 없다.
부동산소유권이전등기 의무자가 그 부동산에 관하여 제3자 앞으로 비록 채무담보를 위하여 소유권이전등기를 경료하였다고 할지라도 그 의무자가 채무를 변제할 자력이 없는 경우에는 특단의 사정이 없는 한 그 소유권이전등기의무는 이행불능이 된다.
대법원 1991. 7. 26. 선고 91다8104 판결

매매목적물에 관하여 이중으로 제3자와 매매계약을 체결하였다는 사실만 가지고는 매매계약이 법률상 이행불능이라고 할 수 없고, 채무의 이행이 불능이라는 것은 단순히 절대적, 물리적으로 불능인 경우가 아니라 사회생활에 있어서의 경험법칙 또는 거래상의 관념에 비추어 볼 때 채권자가 채무자의 이행의 실현을 기대할 수 없는 경우를 말한다.
대법원 1996. 7. 26. 선고 96다14616 판결

다. 이행불능의 효과

1) 손해배상청구권의 발생

이행불능이 채무자의 귀책사유에 의해 발생한 경우, 채권자는 채무자에 대해 손해배상을 청구할 수 있다(제390조). 이 손해배상은 그 성질상 이행에 갈음하는 손해배상, 즉 전보배상이다.

2) 계약해제권의 발생

계약에 의하여 생긴 채무가 채무자의 책임 있는 사유로 인해 이행이 불가능하게 되는 경우, 채권자는 계약을 해제할 수 있다(제546조).

> 매도인의 매매계약상의 소유권이전등기의무가 이행불능이 되어 이를 이유로 매매계약을 해제함에 있어서는 상대방의 잔대금지급의무가 매도인의 소유권이전등기의무와 동시이행관계에 있다고 하더라도 그 이행의 제공을 필요로 하는 것이 아니다.
> 대법원 2003. 1. 24. 선고 2000다22850 판결
>
> ※ 이행지체를 원인으로 하여 계약해제를 구하는 경우 동시이행의 관계에 있다면 그 이행의 제공을 필요로 한다.

3) 대상청구권의 발생

대상청구권은 급부가 불가능하게 된 경우에 채무자가 급부불능을 발생케 한 것과 동일한 원인에 의하여 수취한 물건의 인도 또는 채무자가 취득한 청구권의 양도를 청구할 수 있는 권리이다. 예컨대, 채무의 목적물이 제3자의 실화로 소실되어 이행불능이 됨과 동시에 채무자가 제3자에 대하여 불법행위로 인한 손해배상청구권 또는 보험금청구권을 취득한 경우에는 채권자는 채무자에 대하여 손해배상청구권 또는 보험금지급청구권의 이전을 청구할 권리가 있다는 것이다.

> 매도인에게 매매목적 토지가 수용됨으로써 그 보상금을 수령하였음을 이유로 그 금원의 지급을 구하는 청구를, 위 토지에 대한 소유권이전등기의무의 이행불능을 발생케 한 원인인 토지수용으로 인하여 위 토지의 대상인 보상금을 취득하였음을 이유로 그 보상금의 지급을 구하는 것으로서 이른바 대상청구권을 행사하는 취지라고 볼 수 있다.
> 우리 민법에는 이행불능의 효과로서 채권자의 전보배상청구권과 계약해제권 외에 별도로 대상청구권을 규정하고 있지 않으나 해석상 대상청구권을 부정할 이유가 없다.
> 대법원 1992. 5. 12. 선고 92다4581 판결

취득시효가 완성된 토지가 수용됨으로써 취득시효 완성을 원인으로 하는 소유권이전 등기의무가 이행불능이 된 경우에는, 그 소유권이전등기청구권자는 소위 대상청구권의 행사로서, 그 토지의 소유자가 그 토지의 대가로서 지급받은 수용보상금의 반환을 청구할 수 있다고 보아야 할 것이다.
대법원 1994. 12. 9. 선고 94다25025 판결

소유권이전등기의무의 목적 부동산이 수용되어 그 소유권이전등기의무가 이행불능이 된 경우, 등기청구권자는 등기의무자에게 대상청구권의 행사로써 등기의무자가 지급받은 수용보상금의 반환을 구하거나 또는 등기의무자가 취득한 수용보상금청구권의 양도를 구할 수 있을 뿐 그 수용보상금청구권 자체가 등기청구권자에게 귀속되는 것은 아니다.
대법원 1996. 10. 29. 선고 95다56910 판결

민법상 이행불능의 효과로서 채권자의 전보배상청구권과 계약해제권 외에 별도로 대상청구권을 규정하고 있지는 않으나 해석상 대상청구권을 부정할 이유는 없는 것이지만, 점유로 인한 부동산 소유권 취득기간 만료를 원인으로 한 등기청구권이 이행불능으로 되었다고 하여 대상청구권을 행사하기 위하여는, 그 이행불능 전에 등기명의자에 대하여 점유로 인한 부동산 소유권 취득기간이 만료되었음을 이유로 그 권리를 주장하였거나 그 취득기간 만료를 원인으로 한 등기청구권을 행사하였어야 하고, 그 이행불능 전에 그와 같은 권리의 주장이나 행사에 이르지 않았다면 대상청구권을 행사할 수 없다고 봄이 공평의 관념에 부합한다.
대법원 1996. 12. 10. 선고 94다43825 판결

3. 불완전이행

가. 의의

채무자가 채무의 이행으로서 이행을 하였으나 그것이 채무의 내용에 좇은 완전한 이행이 아니라 하자 있는 불완전한 이행이었기 때문에 채권자에게 손해가 발생한 경우를 말하고 적극적 채권침해라고도 한다.

나. 요건

1) 이행행위가 있었을 것

불완전이행이 되려면 급부의무의 이행행위가 있었어야 한다. 이행행위가 없었으면 이행지체나 이행불능이 될 것이다.

2) 이행에 하자가 있을 것

○ 주는 채무의 경우

- 특정물 인도의 경우 : 불완전이행의 문제는 원칙적으로 생기지 않고 물건의 하자담보의 문제(제580조)가 될 뿐이다. 그러나 확대손해가 발생한 경우에는 불완전이행의 문제가 발생한다.

- 불특정물 인도의 경우 : 담보책임의 문제이다(제581조)

○ 하는 채무의 경우

불완전이행의 문제가 발생할 수 있다.

○ 부수의무의 경우

급부의무는 이행했지만 급부와 관계되는 계약상의 부수의무를 이행하지 않은 경우에 불완전이행의 문제가 발생할 수 있다.

공중접객업인 숙박업을 경영하는 자가 투숙객과 체결하는 숙박계약은 숙박업자가 고객에게 숙박을 할 수 있는 객실을 제공하여 고객으로 하여금 이를 사용할 수 있도록 하고 고객으로부터 그 대가를 받는 일종의 일시사용을 위한 임대차계약으로서, 여관의 객실 및 관련시설, 공간은 오로지 숙박업자의 지배 아래 놓여 있는 것이므로 숙박업자는 통상의 임대차와 같이 단순히 여관의 객실 및 관련시설을 제공하여 고객으로 하여금 이를 사용수익하게 할 의무를 부담하는 것에서 한 걸음 더 나아가 고객에게 위험이 없는 안전하고 편안한 객실 및 관련시설을 제공함으로써 고객의 안전을 배려하여야 할 보호의무를 부담하며 이러한 의무는 숙박계약의 특수성을 고려하여 신의칙상 인정되는 부수적인 의무로서 숙박업자가 이를 위반하여 고객의 생명, 신체를 침해하여 손해를 입힌 경우 불완전이행으로 인한 채무불이행책임을 부담한다.
대법원 1994. 1. 28. 선고 93다43590 판결

토지 매도인이 성토작업을 기화로 다량의 폐기물을 은밀히 매립하고 그 위에 토사를 덮은 다음 도시계획사업을 시행하는 공공사업시행자와 사이에서 정상적인 토지임을 전제로 협의취득절차를 진행하여 이를 매도함으로써 매수자로 하여금 그 토지의 폐기물처리비용 상당의 손해를 입게 하였다면 매도인은 이른바 불완전이행으로서 채무불이행으로 인한 손해배상책임을 부담하고, 이는 하자 있는 토지의 매매로 인한 민법 제580조 소정의 하자담보책임과 경합적으로 인정된다.
대법원 2004. 7. 22. 선고 2002다51586 판결

3) 채무자의 귀책사유 및 위법성

> 매매목적물의 하자로 인한 확대손해에 대하여 매도인에게 배상책임을 지우기 위해서는 하자 없는 목적물을 인도하지 못한 의무위반 사실 외에 그러한 의무위반에 대하여 매도인에게 귀책사유가 있어야 한다.
> 대법원 2003. 7. 22. 선고 2002다35676 판결

다. 효과

○ 완전이행이 가능한 경우

채권자의 완전이행청구권, 추완청구권, 이행지체로 인한 손해배상 및 확대손해의 배상청구권이 발생할 수 있다.

○ 완전이행이 불가능한 경우

확대손해의 배상과 전보배상만을 청구할 수 있다.

○ 계약해제권

완전이행이 가능한 경우에는 채권자가 상당한 기간을 정하여 그 이행을 최고하여도 채무자가 이행을 하지 않은 때에는 채권자는 계약을 해제할 수 있다. 완전이행이 불가능하게 된 경우에는 채권자는 최고를 하지 않고 곧 계약을 해제할 수 있다.

제3장 손해배상

Ⅰ. 손해

Ⅱ. 손해배상

1. 의의
2. 손해배상청구권
3. 손해배상의 범위
4. 손해배상액의 예정

Ⅰ. 손해

1. 손해의 의의

손해는 법익에 대한 침해로 인하여 발생한 불이익을 말한다. 채무불이행에서의 손해는 채무를 이행하지 않은 데서 야기된 불이익이고, 불법행위에서의 손해는 법익침해에서 생긴 불이익이라고 할 수 있다.

손해의 개념에 대해 통설과 판례는 위법행위가 없었으면 존재하였을 이익과 위법행위가 있은 후의 현재의 이익의 차이라고 정의하는데, 이를 차액설이라고 한다. 인신손해 이외의 재산상의 손해에 대해서는 이 차액설에 기초한 정의가 일반적으로 통용되지만 인신손해에 대해서는 손해를 일실된 노동능력에 대한 경제적 평가라고 정의하는 것이 일반적으로 통용된다.[11]

2. 손해의 종류[12]

가. 재산적 손해·비재산적 손해

침해행위의 결과로서 발생하는 손해가 재산적인가 비재산적인가에 따라 전자를 재산적 손해, 후자를 비재산적 손해라고 한다. 비재산적 손해는 통상 정신적 손해라고 표현되며 이를 전보하는 배상을 위자료라고 한다.

나. 적극적 손해·소극적 손해

기존의 이익이 멸실되거나 감소됨으로 인하여 생긴 불이익이 적극적 손해이고, 장래에 얻을 수 있는 이익을 얻지 못함으로 인하여 생긴 불이익이 소극적 손해이다. 적극적 손해에는 훼손된 물건의 수리비, 치료비, 개호비 등을 들 수 있고, 소극적 손해에는 일실이익, 일실퇴직금 등을 들 수 있다.

---

11) 이를 노동능력평가설이라고 하는데 일실수익을 산정하는데 있어서는 차액설보다는 노동능력평가설의 입장에서 그 손해액을 산정하는 것이 일반적이다.

12) 오지용, 손해배상의 이론과 실무(개정판), 동방문화사, 6~11면.

다. 이행이익 손해·신뢰이익 손해

이행이익은 계약이 이행되었으면 얻을 수 있었던 이익을 의미하며 민법 제390조 소정의 채무불이행으로 인한 손해배상에서의 손해는 이행이익의 손해를 말하는 것이다.

신뢰이익 손해는 계약의 유효함을 신뢰함으로 인해 받게 되는 손해를 의미하는데, 계약체결비용이나 계약이 이행되리라고 믿고 지출한 비용 등이 이에 해당한다.

신뢰이익 손해는 이행이익 손해를 한도로 하므로 이행이익은 통상적으로 신뢰이익보다 크다고 할 것이다.

> 민법 제390조는 계약 위반에 대하여 일반적으로 손해배상을 인정하고 있는데, 이때의 손해배상은 채무자가 이행을 하였더라면 채권자가 얻을 수 있었던 이익, 즉 이행이익의 배상을 의미한다.
> 대법원 2017. 5. 18. 선고 2012다86895 전원합의체 판결
>
> 당사자 일반의 채무가 원시적 이행불능이면 계약은 무효이므로 상대방은 계약체결에 있어서의 과실을 이유로 하는 신뢰이익 손해배상을 구할 수 있을지언정 이행에 대신하는 전보배상을 구할 수는 없다.
> 대법원 1975. 2. 10. 선고 74다584 판결
>
> 채무불이행을 이유로 계약해제와 아울러 손해배상을 청구하는 경우에 그 계약이행으로 인하여 채권자가 얻을 이익 즉 이행이익의 배상을 구하는 것이 원칙이지만, 그에 갈음하여 그 계약이 이행되리라고 믿고 채권자가 지출한 비용 즉 신뢰이익의 배상을 구할 수도 있다고 할 것이고, 그 신뢰이익 중 계약의 체결과 이행을 위하여 통상적으로 지출되는 비용은 통상의 손해로서 상대방이 알았거나 알 수 있었는지의 여부와는 관계없이 그 배상을 구할 수 있고, 이를 초과하여 지출되는 비용은 특별한 사정으로 인한 손해로서 상대방이 이를 알았거나 알 수 있었던 경우에 한하여 그 배상을 구할 수 있다고 할 것이고, 다만 그 신뢰이익은 과잉배상금지의 원칙에 비추어 이행이익의 범위를 초과할 수 없다.
> 대법원 2002. 6. 11. 선고 2002다2539 판결

라. 통상손해·특별손해

법익침해가 있게 되면 통상적으로 발생하는 손해가 통상의 손해이고 특별한 사정이 있어야 발생하는 손해를 특별손해라고 한다.

채무불이행으로 인한 손해배상은 통상의 손해를 그 한도로 하고(제393조 1항), 특별한 사정으로 인한 손해는 채무자가 그러한 사정을 알았거나 알 수 있었어야 배상책임이 있게 된다(제393조 2항).

통상손해에 대한 전보청구는 채무자의 예견가능성을 요건으로 하지 않는데 비해 특별손해에 대한 전보청구는 채무자의 예견가능성을 요건으로 하게 된다. 여기서의

예견가능성 여부에 대한 판단은 이행기를 기준으로 하게 된다.

채무자의 부동산에 관한 소유권이전등기 의무가 이행불능으로 된 경우, 그 손해배상액은 원칙적으로 이행불능 당시의 목적물의 시가에 의하여야 하고, 그 후 목적물의 시가가 등귀하였다고 하더라도 그로 인한 손해는 특별한 사정에 인한 것이어서 채무자가 이행불능 당시 그와 같은 특별한 사정을 알았거나 알 수 있었을 경우에 한하여 그 등귀한 가격에 의한 손해배상을 청구할 수 있다.
대법원 1995. 10. 13. 선고 95다22337 판결

7급 지방공무원인 피해자가 사고로 사망한 이후 지방공무원법의 개정으로 그 정년이 55세에서 58세로 연장된 정년에 기한 일실이익상당의 손해는 특별손해에 해당한다.
대법원 1991. 5. 24. 선고 90다18036 판결

II. 손해배상

1. 의의

손해배상은 채무불이행으로 인해 발생한 손해를 전보하는 것을 말하는데, 다른 의사표시가 없으면 손해는 금전으로 배상한다(제394조).[13)]

손해를 금전으로 배상할 때 그 지급방법으로는 '일시금배상'과 '정기금배상' 방식이 있는데 전자는 손해배상책임 발생시 장래의 손해도 이미 발생하였다는 전제 아래 그 손해를 어느 특정 당시의 현가로 평가하여 그 배상을 하는 것을 말하고 후자는 계속적·회기적 급부의 경우에 각 기말을 기준으로 현실화된 손해를 배상하는 것을 말한다.

상해의 후유장애로 인하여 장래에 계속적으로 치료비나 개호비 등을 지출하여야 할 손해를 입은 피해자가, 그 손해의 배상을 정기금에 의한 지급과 일시금에 의한 지급 중 어느 방식에 의하여 청구할 것인지는 원칙적으로 손해배상청구권자인 그 자신이 임의로 선택할 수 있는

13) 적법한 원인으로 인해 발생한 손해에 대한 전보는 배상이라고 하지 않고 보상이라는 용어를 사용한다.

것으로서 다만 식물인간 등의 경우와 같이 그 후유장애의 계속기간이나 잔존여명이 단축된 정도 등을 확정하기 곤란하여 일시금지급방식에 의한 손해의 배상이 사회정의와 형평의 이념에 비추어 현저하게 불합리한 결과를 초래할 우려가 있다고 인정될 때에는, 손해배상청구권자가 일시금에 의한 지급을 청구하였더라도 법원이 재량에 따라 정기금에 의한 지급을 명하는 판결을 할 수 있다.
대법원 1994. 1. 25. 선고 93다48526 판결

피해자의 기대여명의 예측이 불확실한 경우에는 법원으로서는 일실수입 손해와 향후 치료비 손해 등을 산정함에 있어서 피해자가 확실히 생존하고 있으리라고 인정되는 기간 동안의 손해는 일시금의 지급을 명하고 그 이후의 기간은 피해자의 생존을 조건으로 정기금의 지급을 명할 수밖에 없으므로 그와 같은 산정방식을 두고 법원의 재량의 범위를 넘어섰다고 할 수는 없다.
대법원 2002. 11. 26. 선고 2001다72678 판결

2. 손해배상청구권

가. 손해배상청구권의 발생

채무불이행을 이유로 손해배상을 청구하려면 우선 손해가 발생하여야 하는데 손해가 현실적으로 발생하였는지 여부는 사회통념에 따라 객관적이고 합리적으로 판단하여야 한다. 따라서 아직 치료비를 지급하지 않았더라도 치료를 받아야 하는 때, 수리하기 전이라도 재물이 손괴된 때에 손해가 발생하였다고 보아야 한다.

손해배상청구권이 현실적으로 손해가 발생한 때에 성립하는 것이라 할지라도 그 현실적 손해란 비단 손해배상청구권자가 치료비 등을 직접 지급함으로써 손해가 현실적으로 발생한 때뿐만 아니라 치료비지급채무를 부담하게 된 경우에도 현실적으로 손해발생이 있다고 볼 것이다.
대법원 1965. 3. 23. 선고 64다1899 판결

재물의 손괴로 인한 손해는 그것이 수리가 가능하면 수리비 상당액, 수리가 불가능하면 그로 인한 가치감소액이고 그 손해는 손괴와 동시에 발생한 것이므로 수리가 가능한 경우 그 수리가 끝난 후에만 손해배상청구를 할 수있는 것이 아니고 수리전이라도 예상수리비에 관한 객관적이고 합리적인 평가가 있으면 그 평가액을 수리비로 청구할 수 있다.
대법원 1989. 6. 27. 선고 87다카1966 판결

나. 손해배상청구권의 성질

채무불이행으로 인한 손해배상청구권은 본래의 채권과 동일성을 가지므로 본래의 채권에 대한 담보는 손해배상청구권에도 미치고, 본래의 채권이 시효완성으로 인해 소멸되면 손해배상청구권도 소멸하며, 손해배상청구권의 시효기간은 본래의 채권

시효기간에 따른다.

손해배상청구권의 소멸시효기간은 채무불이행이 생긴 때부터 진행한다고 할 것이고, 채무불이행으로 인한 손해배상채무는 기한의 정함이 없는 채무로서 채무자는 채권자로부터 이행청구를 받은 다음날부터 지연손해금을 부담하게 된다.

> 매매로 인한 부동산소유권이전채무가 이행불능됨으로써 매수인이 매도인에 대하여 갖게 되는 손해배상채권은 그 부동산소유권의 이전채무가 이행불능된 때에 발생하는 것이고 그 계약체결일에 생기는 것은 아니므로 위 손해배상채권의 소멸시효는 계약체결일 아닌 소유권이전채무가 이행불능된 때부터 진행한다.
> 대법원 1990. 11. 9. 선고 90다카22513 판결
>
> 채무불이행으로 인한 손해배상청구권의 소멸시효는 채무불이행시로부터 진행한다.
> 대법원 1995. 6. 30. 선고 94다54269 판결

3. 손해배상의 범위

가. 배상액 산정의 시기

채무불이행으로 인한 손해가 발생하고 그 손해액에 변동이 있게 되는 경우에 어느 시점을 기준으로 손해배상액을 산정해야 할 것인지 문제가 된다.

1) 이행불능의 경우

이행불능에 의한 전보배상의 경우 이행불능이 발생한 때를 기준으로 배상액이 산정되어야 하고 배상액의 지급이 지연되면 이행불능 당시부터 배상을 받을 때까지 지연손해금(법정이자)을 청구할 수 있다.

이행불능 후에 손해액이 급등하게 된 경우 그 급등한 손해액은 특별한 사정으로 인한 것이므로 채무자가 이행불능 당시 예견가능성이 있었던 경우에만 배상을 청구할 수 있게 된다.

2) 이행지체의 경우

이행지체에 의한 전보배상의 경우는 본래의 채무이행을 최고한 후 상당한 기간이 경과한 당시의 시가를 표준으로 배상액이 산정되어야 한다. 이행지체로 인한 전보배상청구권이 최고 후 상당한 기간이 경과한 때에 생기기 때문이다(제395조).

만약 최고 후 계약해제를 하였다면 계약해제시에 손해배상청구권이 발생하므로 그 때가 기준시가 되어야 한다.

> 매도인의 매매목적물에 관한 소유권이전등기 의무가 이행불능이 됨으로 말미암아 매수인이 입는 손해액은 원칙적으로 그 이행불능이 될 당시의 목적물의 시가 상당액이고, 그 이후 목적물의 가격이 등귀하였다 하여도 그로 인한 손해는 특별한 사정으로 인한 것이어서 매도인이 이행불능 당시 그와 같은 특수한 사정을 알았거나 알 수 있었을 때에 한하여 그 등귀한 가격에 의한 손해배상을 청구할 수 있다.
> 대법원 1996. 6. 14. 선고 94다61359 판결
>
> 부동산매매에 있어서 매도인이 그 목적물을 2중으로 제3자에게 양도하여 소유권이전등기를 경유하여 주고 매수인에 대한 소유권이전등기 의무가 이행불능의 상태에 있는 경우에 매수인의 이행불능으로 인하여 통상 발생하는 손해를 청구할 수 있고 그 배상액은 특별한 사정에 인한 손해배상을 청구할 수 있는 경우를 제외하고는 제3자에게 소유권이전등기를 경유하여 준 날 현재의 부동산 가격에 의하여 정하여 지며 배상액의 지급을 지연하는 경우에는 그 이행불능케 된 당시부터 배상을 받을 때까지의 법정이자를 청구할 수 있는 것이다.
> 대법원 1975. 5. 27. 선고 74다1872 판결
>
> 이행지체에 의한 전보배상에 있어서의 손해액 산정은 본래의 의무이행을 최고한 후 상당한 기간이 경과한 당시의 시가를 표준으로 하고, 이행불능으로 인한 전보배상액은 이행불능 당시의 시가 상당액을 표준으로 할 것인바, 채무자의 이행거절로 인한 채무불이행에서의 손해액 산정은, 채무자가 이행거절의 의사를 명백히 표시하여 최고 없이 계약의 해제나 손해배상을 청구할 수 있는 경우에는 이행거절 당시의 급부목적물의 시가를 표준으로 해야 한다.
> 대법원 2007. 9. 20. 선고 2005다63337 판결

나. 금전채무불이행의 특칙

금전채권의 경우 이행불능이 있을 수 없으므로 이행지체만이 문제가 된다. 금전채무의 이행지체로 인한 손해배상과 관련해서는 민법 제397조에 특별규정을 두고 있다.

금전채무불이행에 의한 손해배상액은 법정이율에 의해 정해진다(제397조 1항 본문). 그러나 법령의 제한에 위반하지 아니한 약정이율이 있으면 그 이율에 의한다(제397조 1항 단서). 금전채무불이행에 의한 손해배상액은 원칙적으로 법정이율 또는 약정이율에 의해 산정되고 이를 통상 지연손해금, 지연이자, 연체이자라고 표현을 하는데, 그 성질은 이행기 이후에 금전채권이 변제될 때까지의 지연기간 동안 발생하게 되는 손해배상이므로 원본에 대한 이행기까지의 사용대가인 이자와는 구별된다.

금전채무불이행으로 인한 손해배상에 관하여는 채권자는 손해의 증명을 요하지

아니하고 채무자는 과실 없음을 항변하지 못한다(제397조 2항).

> 민법 제397조 제1항은 본문에서 금전채무불이행의 손해배상액을 법정이율에 의할 것을 규정하고 그 단서에서 "그러나 법령의 제한에 위반하지 아니한 약정이율이 있으면 그 이율에 의한다"고 정한다. 이 단서규정은 약정이율이 법정이율 이상인 경우에만 적용되고, 약정이율이 법정이율보다 낮은 경우에는 그 본문으로 돌아가 법정이율에 의하여 지연손해금을 정할 것이다. 우선 금전채무에 관하여 아예 이자약정이 없어서 이자청구를 전혀 할 수 없는 경우에도 채무자의 이행지체로 인한 지연손해금은 법정이율에 의하여 청구할 수 있으므로, 이자를 조금이라도 청구할 수 있었던 경우에는 더욱이나 법정이율에 의한 지연손해금을 청구할 수 있다고 하여야 한다.
> 대법원 2009. 12. 24. 선고 2009다85342 판결

다. 과실상계[14)]

1) 의의

과실상계는 손해의 발생 또는 확대에 관하여 피해자에게도 과실이 있는 경우에 손해배상의 범위를 정함에 있어 그 과실을 참작하는 제도이다.

가해자의 과실이 의무위반의 강력한 과실임에 반하여 과실상계에 있어서의 과실은 사회통념상, 신의성실의 원칙상 요구되는 약한 부주의까지를 포함하는 개념이라고 한다.

과실상계 사유에 관한 사실인정이나 그 비율을 정하는 것은 그것이 형평의 원칙에 비추어 현저히 불합리하다고 인정되지 않는 한 사실심의 전권사항에 속한다고 할 것이고, 과실상계는 사실상 손해배상액을 조절하는 기능을 한다.

2) 적용

과실상계는 채무내용에 따른 본래의 급부의 이행을 구하는 경우에는 적용될 수 없다.

과실상계는 본래 채무의 불이행 또는 불법행위로 인한 손해배상책임에 대해 인정되는 것이며 손해배상액 예정계약의 효력이 발생하는 경우나 표현대리가 성립하는 경우에는 과실상계가 적용되지 않는다.

피해자의 과실을 고의로 이용한 경우에는 과실상계를 적용할 수 없다.

과실상계와 손익상계를 적용해야 하는 경우 과실상계를 먼저 한 후 손익상계를 하여야 한다,

---

14) 오지용, 손해배상의 이론과 실무(개정판), 동방문화사, 225~257면.

가해자의 과실은 의무위반이란 강력한 과실인데 반하여 피해자의 과실을 따지는 과실상계에 있어서의 과실이란 전자의 것과는 달리 사회통념상, 신의성실의 원칙상, 공동생활상 요구되는 약한 부주의를 가리키는 것으로 보아야 할 것이다.
대법원 1983. 12. 27. 선고 83다카644 판결

과실상계는 본래 채무불이행 내지 불법행위로 인한 손해배상책임에 대해 인정되는 것이고, 채무 내용에 따른 본래의 급부의 이행을 구하는 경우에 적용될 것이 아니다.
대법원 1996. 5. 10. 선고 96다8468 판결

손실배상액을 예정한 경우에는 과실상계를 적용할 것이 아니다.
대법원 1972. 3. 31. 선고 72다108 판결

손해배상 청구소송에서 피해자에게 과실이 인정되면 법원은 손해배상의 책임 및 그 금액을 정함에 있어서 이를 참작하여야 하며, 배상의무자가 피해자의 과실에 관하여 주장하지 않는 경우에도 소송자료에 의하여 과실이 인정되는 경우에는 이를 법원이 직권으로 심리·판단하여야 할 것이지만, 피해자의 부주의를 이용하여 고의로 불법행위를 저지른 자가 바로 그 피해자의 부주의를 이유로 자신의 책임을 감하여 달라고 주장하는 것은 허용될 수 없다.
대법원 2000. 1. 21. 선고 99다50538 판결

라. 손익상계[15)]

1) 의의

손익상계는 채무불이행으로 손해를 입은 자가 같은 원인으로 이익을 얻고 있는 경우에 그의 손해배상액을 산정하는데 있어 그 이익을 공제하는 것이다.

2) 공제되는 이익

손익상계의 대상이 되는 이익, 즉 공제되는 이익은 채무불이행 등과 상당인과관계에 있는 이익만을 의미한다. 따라서 채무불이행이 아닌 다른 원인에 의해 얻은 이익은 공제되지 않는다.

손해배상액의 산정에 있어서 손익상계가 허용되기 위하여는 손해배상책임의 원인이 되는 행위로 인하여 피해자가 새로운 이득을 얻었고, 그 이득과 손해배상책임의 원인 행위 사이에 상당인과관계가 있어야 한다.
대법원 2005. 10. 28. 선고 2003다69638 판결

15) 오지용, 앞의 책, 291~292면.

> 상해보험인 해외여행보험에 의한 급부금은 이미 납입한 보험료의 대가적 성질을 가지는 것으로서 그 부상에 관하여 제3자가 불법행위 또는 채무불이행에 기한 손해배상의무를 부담하는 경우에도, 보험계약의 당사자 사이에 다른 약정이 없는 한 그 배상액의 산정에 있어서 손익상계로서 공제하여야 할 이익에 해당하지 아니한다.
> 대법원 1998. 11. 24. 선고 98다25061 판결

4. 손해배상액의 예정[16]

가. 의의

손해배상액의 예정은 채무불이행의 경우에 채무자가 지급하여야 할 손해배상액을 당사자가 미리 계약으로 정해 주는 것이다(제398조 1항).
배상액은 일정 금액으로 정하는 것이 원칙이나 채무액에 대한 일정 비율로 정할 수도 있다.
배상액을 예정해 놓으면 채무불이행이 있는 경우에 손해의 발생 및 손해액에 대한 증명이 필요하지 않으므로 증명책임에서 벗어날 수 있게 된다.

> 채무불이행으로 인한 손해배상액이 예정되어 있는 경우 채권자는 채무불이행 사실만 증명하면 손해의 발생 및 그 액수를 증명하지 아니하고 예정배상액을 청구할 수 있으나, 반면 채무자는 채권자와 채무불이행에 있어 채무자의 귀책사유를 묻지 아니한다는 약정을 하지 아니한 이상 자신의 귀책사유가 없음을 주장·증명함으로써 위 예정배상액의 지급책임을 면할 수 있다.
> 대법원 2010. 2. 25. 선고 2009다83797 판결

나. 효과

1) 채권자의 증명대상

채무불이행사실만 증명하면 족함.
손해의 발생과 손해액을 증명할 필요가 없으며 실손해가 발생하지 않았다고 하더라도 예정배상액을 청구할 수 있다.

2) 예정액이 부당한 경우

손해배상의 예정액이 부당히 과다한 경우에는 법원은 적당히 감액할 수

16) 송덕수, 신민법강의, 박영사, 1057~1061면.

있다(제398조 2항).
부당히 과소할 경우에 증액은 허용되지 않는다.

3) 위약금의 약정

위약금의 약정은 손해배상액의 예정으로 추정한다.
위약금 : 위약벌 성격 : 채무불이행시 몰수됨에 불과. 별도로 손해배상 청구할 수 있음(제398조 적용되지 않음)
손해배상액예정 성격 : 채무불이행시 손해배상액으로 취급됨. 별도로 손해배상을 청구할 수 없음(제398조가 적용됨)

4) 이행청구와 계약해제

손해배상액의 예정은 이행의 청구나 계약해제에 영향을 미치지 않는다(제398조 3항). 배상액의 예정이 이행청구나 계약해제의 포기를 의미하는 것은 아니다.

5. 손해배상자의 대위[17)]

가. 의의 및 요건

채권자가 채무자로부터 채무불이행으로 인한 손해배상으로서 그 채권의 목적인 물건 또는 권리의 가액 전부의 배상을 받은 경우에 채무자는 그 물건 또는 권리에 관하여 당연히 채권자를 대위한다(제399조).
채무자에게 손해배상자로서 채권자를 대위할 수 있는 대위권이 발생하려면 채권의 목적인 물건 또는 권리의 가액 전부를 배상하여야 한다. 일부의 배상이 있는 경우에는 손해배상자의 대위가 발생하지 않는다.

나. 효과

채권의 목적인 물건 또는 권리가 법률상 당연히, 즉 그 이전에 필요한 민법상의 요건(등기, 인도 또는 채권양도의 통지, 승낙 등)을 갖출 필요 없이 채권자로부터 배상자에게 이전한다.

17) 양형우, 민법의 세계(제9판), 피엔씨미디어, 1000~1001면.

제4장 채권자지체

Ⅰ. 의의

Ⅱ. 요건

Ⅲ. 효과

Ⅰ. 의의

채권자지체는 채무자가 이행을 지체하는 이행지체에 대응하는 개념이다.

채무자가 채무내용에 좇은 이행(변제)의 제공을 하였으나 채권자가 수령 등 이행의 완료에 필요한 협력을 하지 않은 경우 채권자가 그 수령 등 지체에 따른 일정한 불이익을 지도록 하는 제도이다.

채권자지체는 이행의 제공과 불가분의 관계가 있다. 즉 이행의 제공이 성립할 여지가 없으면 채권자지체도 생기지 않는다.

Ⅱ. 요건

○ 채권의 성질상 이행에 채권자의 협력을 필요로 할 것

부작위채무와 같이 채무의 이행에 채권자의 협력이 요구되지 않는 경우에는 채권자지체는 문제가 되지 않는다.

○ 채무의 내용에 좇은 이행의 제공이 있을 것

이행의 제공이 없거나 이행의 제공이 채무의 내용에 좇은 것이 아닐 때에는 채권자지체가 성립하지 않는다.

채무자는 원칙적으로 현실의 제공을 하여야 한다. 다만 채권자가 미리 변제받기를 거절하거나 채무의 이행에 채권자의 행위를 요하는 경우에는 구두의 제공으로 하더라도 무방하다.

○ 채권자의 수령불능 또는 수령거절

채권자지체가 되려면 채권자가 수령을 할 수 없거나 수령을 받지 않아야 한다.

> 민법 제400조 소정의 채권자지체가 성립하기 위해서는 민법 제460조 소정의 채무자의 변제 제공이 있어야 하고, 변제 제공은 원칙적으로 현실 제공으로 하여야 하며 다만 채권자가 미리 변제받기를 거절하거나 채무의 이행에 채권자의 행위를 요하는 경우에는 구두의 제공으로 하더라도 무방하고, 채권자가 변제를 받지 아니할 의사가 확고한 경우(이른바, 채권자의 영구적 불수령)에는 구두의 제공을 한다는 것조차 무의미하므로 그러한 경우에는 구두의 제공조차 필요 없다고 할 것이지만, 그러한 구두의 제공조차 필요 없는 경우라고 하더라도, 이는 그로써 채무자가 채무불이행책임을 면한다는 것에 불과하고, 민법 제538조 제1항 제2문 소정의 '채권자의 수령지체 중에 당사자 쌍방의 책임 없는 사유로 이행할 수 없게 된 때'에 해당하기 위해서는 현실 제공이나 구두 제공이 필요하다(다만, 그 제공의 정도는 그 시기와 구체적인 상황에 따라 신의성실의 원칙에 어긋나지 않게 합리적으로 정하여야 한다).
> 대법원 2004. 3. 12. 선고 2001다79013 판결

Ⅲ. 효과

○ 채무자의 주의의무 경감

채무자는 채권자지체 중에는 고의 또는 중대한 과실이 있는 때에만 책임을 지고 경과실이 있는 때에는 면책된다(제401조).

> 수치인이 적법하게 임치계약을 해지하고 임치인에게 임치물의 회수를 최고하였음에도 불구하고 임치인의 수령지체로 반환하지 못하고 있는 사이에 임치물이 멸실 또는 훼손된 경우에는 수치인에게 고의 또는 중대한 과실이 없는 한 채무불이행으로 인한 손해배상책임이 없다.
> 대법원 1983. 11. 8. 선고 83다카1476 판결

○ 이자의 지급정지

채무자는 채권자지체 중에는 채권이 이자 있는 것일지라도 이자를 지급할 의무가 없다(제402조).

○ 증가비용의 부담

채권자지체로 인하여 그 목적물의 보관 또는 변제의 비용이 증가된 때에는 그 증가액은 채권자가 부담한다(제403조).

○ 위험의 이전

쌍무계약의 당사자 일방의 채무가 채권자지체 중에 당사자 쌍방의 책임 없는 사유로 이행할 수 없게 된 때에는 채권자가 위험을 부담하게 된다. 이는 쌍무계약의 당사자 일방의 채무가 채권자지체가 아닌 때에 쌍방의 책임 없는 사유로 이행할 수 없게 된 때에 채무자가 위험을 부담하게 되는 것(제537조)과 다른 점이다.

○ 공탁권

채권자지체가 있는 때에는 채무자는 채권자를 위하여 변제의 목적물을 공탁하여 그 채무를 면할 수 있다.

제5장 책임재산의 보전

Ⅰ. 서설

Ⅱ. 채권자대위권

1. 채권자대위권의 의의
2. 애권자대위권의 요건
3. 채권자대위권의 행사
4. 채권자대위권 행사의 효과

Ⅲ. 채권자취소권

1. 채권자취소권의 의의 및 성질
2. 채권자취소권 요건
3. 채권자취소권의 행사
4. 채권자취소권행사의 효과
5. 채권자취소권의 소멸

Ⅰ. 서설

금전채권의 실현을 위한 금전은 결국 채무자의 일반재산에 의하여 확보된다. 그러므로 채무자의 일반재산은 채권에 대한 최후의 보장이라고 할 수 있다. 이와 같이 채무자의 일반재산이 최후에 책임을 진다는 의미에서 그 재산을 책임재산이라고 한다.

채무자의 책임재산이 줄어들면 채권을 변제받을 가능성은 그만큼 감소하게 된다. 따라서 변제받을 가능성을 크게 하려면 채무자의 재산이 감소되지 않도록 하여야 할 필요가 있다.

채권은 채무자의 일반재산을 직접 지배하는 권리가 아니므로 채무자의 재산감소행위를 모두 금지시킬 수는 없지만, 채무자가 그의 권리행사를 해태함으로써 그의 재산을 감소하게 하거나, 제3자와 공모하여 고의로 재산의 감소를 꾀하는 법률행위를 하는 경우에 채권자가 개입할 수 있게 된다. 전자는 채권자대위권 제도이고 후자는 채권자취소권 제도이다. 이 각 제도는 모두 채무자의 책임재산을 보전하기 위한 제도이다.

	채권자대위권	채권자취소권
성질	실체법상 권리, 소송상 행사할 필요 없다.	실체법상 권리, 소송상 행사를 요한다.
객체		예외적으로 무효인 법률행위도 대상이 됨 (ex: 가장매매)
피보전채권	원칙상 이행기에 있음을 요함 (예외:법원의 허가가 있는 경우, 보존행위의 경우)	사해행위 전에 성립된 채권임을 요함 : 이행기에 있을 필요는 없음
무자력판단 기준시기	사실심변론종결시	사해행위시 : 변론종결시까지 무자력요건 존속 필요
행사방법	채권자가 직접 자기 이름으로 행사	채권자가 직접 자기 이름으로 소제기를 통해 행사. 수익자나 전득자를 상대로만 가능하고 채무자를 피고로 할 수 없음
행사기간	특별한 제한 없음	1년, 5년의 제척기간적용(제406조 2항)
변제수령	채권자가 직접 변제수령 하여 자기 채권과 상계할 수 있음	채권자가 직접 변제수령 하는 것 가능, 다만 채무자의 책임재산에 포함됨.

효력범위	기판력은 채무자에게 미침(채무자가 소제기를 알았을 때 미침). 채무자의 제3채무자에 대한 채권의 시효중단효력 있음 채무자가 직접 등기말소청구 등 권리행사 가능함	기판력은 소송당사자에만 미치는 상대적 무효이고 채무자에게는 미치지 않음. 채무자가 직접 등기청구 등 권리행사 불가 채무자와 수익자 및 수익자와 전득자간 법률행위는 여전히 유효. 따라서 채무자에게 회복된 재산에 강제집행 후 남은 것이 있으면 수익자나 전득자에게 반환하여야 함

II. 채권자대위권

1. 채권자대위권의 의의

채권자대위권은 채권자가 자기의 채권을 보전하기 위하여 그의 채무자에게 속하는 권리를 행사할 수 있는 권리이다(제404조 1항).

2. 채권자대위권의 요건

가. 채권자가 자기의 채권을 보전할 필요가 있을 것[18]

1) 피보전채권

채권자에게 보전할 채권이 존재하여야 한다. 여기서의 채권은 넓은 의미로 해석하여 청구권을 의미하는 것으로 이해함이 타당하다.
물권적 청구권, 토지거래허가 신청절차의 협력의무의 이행청구권은 피보전권리가 될 수 있으나 이혼으로 인한 재산분할청구권은 협의 또는 재판에 의하여 그 구체적 내용이 형성되기 전에는 피보전채권이 될 수 없다.

○ 피보전채권은 대위할 권리보다 먼저 성립하고 있을 필요는 없다.

18) 김준호, 민법강의(제19판), 법문사, 1176~1180면.

○ 채권이 저당권 등의 특별담보로 보전되어 있는 경우에는 담보로부터 완전한 변제를 받기 어려운 경우에만 대위할 수 있다고 보아야 한다.

○ 채권자가 채무자를 상대로 그 보전되는 청구권에 기한 이행청구의 소를 제기하여 승소판결을 받고 그 판결이 확정되면 제3채무자는 그 청구권의 존재를 다툴 수 없다.

○ 채권자대위소송에서 채권자의 보전할 채권이 인정되지 않거나 채무자에 대한 소송에서 패소한 경우에는 채권자가 스스로 원고가 되어 채무자의 제3채무자에 대한 권리를 행사할 당사자적격이 없게 되므로 그 대위소송은 부적법하여 각하된다.

채권자는 채무자에 대한 채권을 보전하기 위하여 채무자를 대위해서 채무자의 권리를 행사할 수 있는바, 채권자가 보전하려는 권리와 대위하여 행사하려는 채무자의 권리가 밀접하게 관련되어 있고 채권자가 채무자의 권리를 대위하여 행사하지 않으면 자기 채권의 완전한 만족을 얻을 수 없게 될 위험이 있어 채무자의 권리를 대위하여 행사하는 것이 자기 채권의 현실적 이행을 유효·적절하게 확보하기 위하여 필요한 경우에는 채권자대위권의 행사가 채무자의 자유로운 재산관리행위에 대한 부당한 간섭이 된다는 등의 특별한 사정이 없는 한 채권자는 채무자의 권리를 대위하여 행사할 수 있어야 하고, 피보전채권이 특정채권이라 하여 반드시 순차매도 또는 임대차에 있어 소유권이전등기청구권이나 인도청구권 등의 보전을 위한 경우에만 한하여 채권자대위권이 인정되는 것은 아니며, 물권적 청구권에 대하여도 채권자대위권에 관한 민법 제404조의 규정과 위와 같은 법리가 적용될 수 있다.
대법원 2007. 5. 10. 선고 2006다82700 판결

부동산 거래신고 등에 관한 법률상의 허가구역에 있는 토지의 거래계약이 토지거래허가를 전제로 체결된 경우에는 유동적 무효의 상태에 있고 거래계약의 채권적 효력도 전혀 발생하지 않으므로 권리의 이전 또는 설정에 관한 어떠한 내용의 이행청구도 할 수 없지만, 계약을 체결한 당사자 사이에서는 계약이 효력 있는 것으로 완성될 수 있도록 서로 협력할 의무가 있으므로, 계약의 쌍방 당사자는 공동으로 관할 관청의 허가를 신청할 의무가 있다. 그 결과 경우에 따라서는 매수인이 토지거래허가 신청절차의 협력의무 이행청구권을 보전하기 위하여 매도인의 권리를 대위하여 행사하는 것도 허용된다.
대법원 2013. 5. 23. 선고 2010다50014 판결

이혼으로 인한 재산분할청구권은 협의 또는 심판에 의하여 그 구체적 내용이 형성되기까지는 그 범위 및 내용이 불명확·불확정하기 때문에 구체적으로 권리가 발생하였다고 할 수 없으므로 이를 보전하기 위하여 채권자대위권을 행사할 수 없다.
대법원 1999. 4. 9. 선고 98다58016 판결

민법 제404조에서 규정하고 있는 채권자대위권은 채권자가 채무자에 대한 자기의 채권을 보전하기 위하여 필요한 경우에 채무자의 제3자에 대한 권리를 대위행사할 수 있는 권리를 말하는 것으로서, 이 때 보전되는 채권은 보전의 필요성이 인정되고 이행기가 도래한 것이면 족하고, 그 채권의 발생원인이 어떠하든 대위권을 행사함에는 아무런 방해가 되지 아니하며, 또한 채무자에 대한 채권이 제3채무자에게까지 대항할 수 있는 것임을 요하는 것도 아니다.

채권자대위권을 재판상 행사하는 경우에 있어서도 채권자인 원고는 그 채권의 존재사실 및 보전의 필요성, 기한의 도래 등을 입증하면 족한 것이지, 채권의 발생원인사실 또는 그 채권이 제3채무자인 피고에게 대항할 수 있는 채권이라는 사실까지 입증할 필요는 없으며, 따라서 채권자가 채무자를 상대로 하여 그 보전되는 청구권에 기한 이행청구의 소를 제기하여 승소판결이 확정되면 제3채무자는 그 청구권의 존재를 다툴 수 없다.
대법원 2003. 4. 11. 선고 2003다1250 판결

채권자가 채무자를 상대로 소유권이전등기절차이행의 소를 제기하여 패소의 확정판결을 받게 되면 채권자는 채무자의 제3자에 대한 권리를 행사하는 채권자대위소송에서 그 확정판결의 기판력으로 말미암아 더 이상 채무자에 대하여 동일한 청구원인으로 소유권이전등기청구를 할 수 없으므로 그러한 권리를 보전하기 위한 채권자대위소송은 그 요건을 갖추지 못하여 부적법하다.
대법원 2003. 5. 13. 선고 2002다64148 판결

임대인의 동의 없는 임차권의 양도는 당사자 사이에서는 유효하다 하더라도 다른 특약이 없는 한 임대인에게는 대항할 수 없는 것이고 임대인에 대항할 수 없는 임차권의 양수인으로서는 임대인의 권한을 대위행사할 수 없다.
대법원 1985. 2. 8. 선고 84다카188 판결

2) 채권보전의 필요성

가) 피보전채권이 금전채권인 경우

○ 원칙

피보전채권이 금전채권이거나 금전채권이 아니더라도 손해배상채권으로 귀착되는 경우에는 채무자가 무자력하여 그 일반재산이 감소되는 것을 방지할 필요가 있는 경우에 보전의 필요성이 인정된다.

채무자의 무자력은 채무자의 일반재산이 대위권을 행사하는 채권자를 비롯한 총 채권자의 채권을 변제하기에 부족한 채무초과상태에 있는 것을 뜻한다.

채권의 보전이 필요한지 여부는 사실심의 구두변론종결시를 표준으로 하여 판단하여야 하며 그러한 존재사실은 채권자가 증명하여야 한다.

채권자대위권은 그 채권이 금전채권일 때에는 채무자가 채무이행의 의사가 없는 것만으로는 행사할 수 없고 채무자가 무자력하여 그 일반재산의 감소를 방지할 필요가 있는 경우에 이를 행사할 수 있는 것이다.
대법원 1969. 11. 25. 선고 69다1665 판결

채권자대위권의 행사로서 채권자가 채권을 보전하기에 필요한 여부는 변론종결당시를 표준으로 판단되어야 할 것이다.
대법원 1976. 7. 13. 선고 75다1086 판결

무자력한 채무자가 그의 유일한 재산인 부동산을 매매를 가장하여 제3자(피고)에게 이전등기 하였으므로 그 말소를 구한다는 취지의 채권자의 주장은 채권자가 채무자를 대위하여 그 말소등기청구권을 행사(채권자 대위권의 행사)하는 것으로 보아야 한다.
대법원 1989. 2. 28. 선고 87다카1489 판결

채권자는 자기의 채권을 보전하기 위하여, 일신에 전속한 권리가 아닌 한 채무자의 권리를 행사할 수 있다(민법 제404조 제1항). 공유물분할청구권은 공유관계에서 수반되는 형성권으로서 공유자의 일반재산을 구성하는 재산권의 일종이다. 공유물분할청구권이 오로지 공유자의 의사에 행사의 자유가 맡겨져 있어 공유자 본인만 행사할 수 있는 권리라고 볼 수는 없다. 따라서 공유물분할청구권도 채권자대위권의 목적이 될 수 있다.
권리의 행사 여부는 그 권리자가 자유로운 의사에 따라 결정하는 것이 원칙이다. 채무자가 스스로 권리를 행사하지 않는데도 채권자가 채무자를 대위하여 채무자의 권리를 행사할 수 있으려면 그러한 채무자의 권리 행사를 통해 채권자의 권리를 보전해야 할 필요성이 있어야 한다. 여기에서 보전의 필요성은 채권자가 보전하려는 권리의 내용, 채권자가 보전하려는 권리가 금전채권인 경우 채무자의 자력 유무, 채권자가 보전하려는 권리와 대위하여 행사하려는 권리의 관련성 등을 종합적으로 고려하여 채권자가 채무자의 권리를 대위하여 행사하지 않으면 자기 채권의 완전한 만족을 얻을 수 없게 될 위험이 있어 채무자의 권리를 대위하여 행사하는 것이 자기 채권의 현실적 이행을 유효·적절하게 확보하기 위하여 필요한지 여부를 기준으로 판단하여야 하고, 채권자대위권의 행사가 채무자의 자유로운 재산관리행위에 대한 부당한 간섭이 되는 등 특별한 사정이 있는 경우에는 보전의 필요성을 인정할 수 없다.
채권자가 자신의 '금전채권'을 보전하기 위하여 채무자를 대위하여 '부동산에 관한' 공유물분할청구권을 행사하는 것은, 책임재산의 보전과 직접적인 관련이 없어 채권의 현실적 이행을 유효·적절하게 확보하기 위하여 필요하다고 보기 어렵고 채무자의 자유로운 재산관리행위에 대한 부당한 간섭이 되므로 보전의 필요성을 인정할 수 없다. 또한 특정 분할방법을 전제하고 있지 않는 공유물분할청구권의 성격 등에 비추어 볼 때 그 대위행사를 허용하면 여러 법적 문제들이 발생한다. 따라서 극히 예외적인 경우가 아니라면 금전채권자는 부동산에 관한 공유물분할청구권을 대위행사 할 수 없다고 보아야 한다.
이는 채무자의 공유지분이 다른 공유자들의 공유지분과 함께 근저당권을 공동으로 담보하고 있고, 근저당권의 피담보채권이 채무자의 공유지분 가치를 초과하여 채무자의 공유지분만을 경매하면 남을 가망이 없어 민사집행법 제102조에 따라 경매절차가 취소될 수밖에 없는 반면, 공유물분할의 방법으로 공유부동산 전부를 경매하면 민법 제368조 제1항에 따라 각 공유지분의 경매대가에 비례해서 공동근저당권의 피담보채권을 분담하게 되어 채무자의 공유지분 경매대가에서 근저당권의 피담보채권 분담액을 변제하고 남을 가망이 있는 경우에도 마찬가지이다.
이와 달리 공유물에 근저당권 등 선순위 권리가 있어 남을 가망이 없다는 이유로 민사집행법 제102조에 따라 공유지분에 대한 경매절차가 취소된 경우에는 공유자의 금전채권자는 자신의 채권을 보전하기 위하여 공유자의 공유물분할청구권을 대위행사 할 수 있다는 취지로 판단한 대법원 2015. 12. 10. 선고 2013다56297 판결은 이 판결의 견해에 배치되는 범위에서 이를 변경하기로 한다.
대법원 2020.5.21. 선고 2018다879 판결

○ 예외

판례는 다음에서 보는 사안의 경우에는 피보전채권이 금전채권이더라도 채무자의 무자력을 요건으로 하지 않는다는 예외적 입장을 보이고 있다.

- 타인의 건물에서 유실물을 실제로 습득한 자가 법률상의 습득자(건물 등의 점유자,

유실물법 제10조 2항)를 대위하여 보상금의 반액을 청구하는 경우(대법원 1968. 6. 18. 선고 68다663 판결)

- 채권자가 채무자(상속인)를 대위하여 상속등기를 하는 경우(대법원 1964. 4. 3. 선고 63마54 판결)
- 의료인이 그의 치료비청구권을 보전하기 위하여 채무자인 환자가 국가에 대하여 가지고 있는 국가배상청구권을 대위행사 하는 경우(대법원 1981.6.23. 선고 80다1351 판결)
- 임대차보증금 반환채권을 양수한 채권자가 그 이행을 청구하기 위하여 임차인의 가옥인도가 선이행 되어야 할 필요가 있어서 임대인을 대위하여 임차인에게 가옥을 임대인에게 인도하라고 하는 경우(대법원 1989. 4. 25. 선고 88다카4253,4260 판결)
- 명의신탁자가 명의수탁자의 상속인에 대하여 명의신탁 해지를 원인으로 한 소유권이전등기청구권의 이행불능을 이유로 가지게 되는 제747조의 가액배상청구권을 보전하기 위하여 그 상속인이 자신의 상속지분에 관한 원상회복이 불가능함으로 인해 제3자에 대하여 가지고 있는 가액배상청구권을 대위행사 하는 경우(대법원 2006. 1. 27. 선고 2005다39013 판결)

나) 피보전채권이 특정채권인 경우

보전하려는 채권이 금전채권이 아닌 특정의 채권(특정물채권에 한정되지 않는다)인 때에는 채무자의 무자력은 요건이 아니라고 한다.
채권보전의 필요성은, 채권자가 보전하려는 권리와 대위하여 행사하려는 채무자의 권리가 밀접하게 관련되어 있고, 채권자가 채무자의 권리를 대위하여 행사하지 않으면 자기 채권의 완전한 만족을 얻을 수 없게 될 위험이 있어 채무자의 권리를 대위하여 행사하는 것이 자기 채권의 현실적 이행을 유효·적절하게 확보하기 위하여 필요한 것을 말하며, 채권자대위권의 행사가 채무자의 자유로운 재산관리행위에 대한 부당한 간섭이 된다는 등의 특별한 사정이 있는 경우에는 보전의 필요성을 인정할 수 없다(대법원 2013. 5. 23. 선고 2010다50014 판결).

○ 채권자가 자신의 등기청구권을 보전하기 위하여 채무자의 등기청구권, 환매권 등을 대위행사 할 수 있다. 그리고 채무자가 행사하여야 할 올바르지 못한 등기의

말소청구권도 대위행사 할 수 있다.

중간생략등기의 합의가 없다면 부동산의 전전매수인은 매도인을 대위하여 그 전매도인인 등기명의자에게 매도인 앞으로의 소유권이전등기를 구할 수는 있을지언정 직접 자기 앞으로의 소유권이전등기를 구할 수는 없다 할 것이다.
대법원 1969. 10. 28. 선고 69다1351 판결

환매권은 재산권으로서 양도 및 채권자대위권행사의 대상이 되고, 채권자는 자기의 채무자에 대한 부동산의 소유권이전등기청구권 등 특정채권을 보전하기 위하여 채무자가 방치하고 있는 그 부동산에 관한 특정권리를 대위하여 행사할 수 있고 그 경우에는 채무자의 무자력을 요건으로 하지 아니하는 것이다.
대법원 1992. 10. 27. 선고 91다483 판결

소외인으로부터 피고에게 소유권이전등기가 경료된 것이 원고에 대한 배임행위로서 반사회적 법률행위에 의한 것이라면 원고는 소외인을 대위하여 피고 앞으로 경료된 등기의 말소를 구할 수 있다.
대법원 1980. 5. 27. 선고 80다565 판결

채무담보의 목적으로 소유권이전등기가 경료된 경우 채무자는 변제기 후라도 원리금 등 채무를 변제하고 소유권이전등기의 말소를 구할 수 있다 할 것이므로 채권자의 제3자에 대한 소유권이전등기가 원인무효인 이상 채무자는 채권자를 대위하여 원인무효를 이유로 채권자의 제3자에 대한 소유권이전등기의 말소등기절차이행을 구할 수 있다.
대법원 1988. 1. 19. 선고 85다카1792 판결

명의신탁자는 수탁자에 대하여 신탁계약상의 채권이 있으므로 명의신탁의 해지 없이도 그 채권을 보전하기 위하여 수탁자가 가지고 있는 원인무효로 인한 소유권이전등기말소절차이행청구권을 대위행사 할 수 있다.
대법원 1993. 5. 11. 선고 92다52870 판결

취득시효 완성으로 인한 등기를 하기 전에 먼저 소유권이전등기를 경료하여 그 부동산소유권을 취득한 제3자에 대하여는 시효취득을 주장할 수 없지만 이는 어디까지나 그 제3자 명의의 등기가 적법, 유효함을 전제로 하는 것이므로 만일 위 제3자 명의의 등기가 원인무효의 등기라면 취득시효완성으로 인한 소유권이전등기청구권을 가진 자는 취득시효완성 당시의 소유자에 대하여 가지는 소유권이전등기청구권으로써 위 소유자를 대위하여 위 제3자 앞으로 경료된 원인무효인 등기의 말소를 구할 수 있다.
대법원 1990. 11. 27. 선고 90다6651 판결

"갑"이 그 소유부동산을 "을"에게 매도 후 등기이전 전에 "병"에 대한 채무담보의 목적으로 "병"앞으로 이전등기를 경료한 경우 "을"은 "갑"에 대한 등기청구권자로서 "갑"의 채무를 변제할 정당한 이해관계 있는 제3자이므로 특별한 사정이 없는 한 "병"에게 "갑"의 채무를 변제한 후 "갑"을 대위하여 "병" 앞으로 된 소유권이전등기의 말소청구를 할 수 있다.
대법원 1971. 10. 22. 선고 71다1888 판결

법정지상권자가 그 소유건물을 양도하는 경우에는 특별한 사정이 없는 한 건물과 함께 지상권도 양도하기로 하는 채권적 계약이 있었다고 할 것이므로 건물양수인은 채권자대위의 법리에 의하여 대지소유자 및 건물양도인에 대해 차례로 지상권설정등기 및 이전등기절차의 이행을 구할 수 있다.
대법원 1989. 5. 9. 선고 88다카15338 판결

○ 임차인과 같이 사용청구권을 가지는 자가 그의 권리를 보전하기 위하여 채무자(임대인)의 권리를 대위행사 하는 것도 인정하고 있다.

> 임대인이 그 소유 토지를 피고에게 임대하였다가 이를 해지한 뒤 다시 위 토지를 원고에게 임대한 경우에 임대인으로서는 임차인인 원고에게 임대물을 인도하여 그 사용수익에 필요한 상태를 제공유지하여야 할 의무가 있고 또 임대인은 피고와의 임대차계약을 해지함으로써 피고에게 임대물의 인도를 청구할 권리가 있다 할 것이므로 임차인인 원고는 임대인의 피고에 대한 위와 같은 권리를 대위하여 행사할 수 있다.
> 대법원 1964. 12. 29. 선고 64다804 판결
>
> 상가의 소유자 겸 관리주체인 시에 대하여 그 상가 내 각 점포의 사용을 청구할 수 있는 권리를 가지는 자는, 시에 대한 위 각 점포사용청구권을 보전하기 위하여 그 점포들의 소유자인 시가 불법점유자들에 대하여 가지는 명도청구권을 대위행사 할 수 있고, 이러한 경우 불법점유자들에 대하여 직접 자기에게 그 점포들을 명도할 것을 청구할 수도 있다.
> 대법원 1995. 5. 12. 선고 93다59502 판결

○ 등기청구권이나 임차권 이외의 권리를 보전하기 위해서도 대위행사 하는 것이 인정된다.

> 소유권을 원시취득 한 매도인을 대위하여 불법점유자에 대하여 명도청구를 할 수 있고 이때 원고는 불법점유자에 대하여 직접 자기에게 명도할 것을 청구할 수도 있다.
> 대법원 1980. 7. 8. 선고 79다1928 판결
>
> 채권자는 채무자에 대한 채권을 보전하기 위하여 채무자를 대위해서 채무자의 권리를 행사할 수 있는바 대위의 대상이 된 채무자의 권리가 제3자로부터 방해를 받아 그에 관해서 그 제3자와 채무자간에 분쟁이 생기어 그의 확정을 보지 못하고 있는 경우에는 채권자의 채무자에 대한 채권도 그 내용에 실질적인 영향을 받아 불안정한 상태에 놓이게 된다고 하여야 할 것이므로 채권자는 그 채권내용의 불안정상태를 제거하고 그를 보전하기 위하여 채무자를 대위해서 제3자에 대하여 채무자의 권리의 확인과 그 방해의 제거를 구할 수 있다고 할 것이며 필요하다면 그 권리관계의 확인을 위하여 채무자를 대위해서 제3자를 상대로 소를 제기할 수 있다고 할 것이고 이를 금할 필요는 없다고 할 것이다.
> 대법원 1976. 4. 27. 선고 73다1306 판결
>
> 망인으로부터 토지거래규제지역 내에 있는 토지로서 등기부 등 관계공부가 멸실되어 토지대장상 소유자미복구로 되어 있는 토지를 매수한 자는 망인의 상속인들에 대한 토지거래허가신청절차의 협력의무의 이행청구권을 보전하기 위하여 상속인들을 대위하여 위 토지가 상속인들 소유임의 확인을 구할 수 있다.
> 원고가 미등기 건물을 매수하였으나 소유권이전등기를 하지 못한 경우에는 위 건물의 국토이용관리법상의 신고구역에 관한 규정은 단속법규로서 신고의무에 위반한 거래계약의 사법상 효력까지 부인되는 것이 아니므로 망인으로부터 토지거래신고구역 내에 있는 토지를 매수한 자는 거래계약에 대하여 관할군수에게 신고하였는지에 관계없이 망인의

상속인들에 대하여 위 토지에 관한 소유권이전등기청구권이 있고 그 보전을 위하여 상속인들을 대위하여 위 토지가 상속인들 소유임의 확인을 구할 수 있다.
대법원 1993. 3. 9. 선고 92다56575 판결

3) 부존재의 경우

채권을 보전할 필요가 인정되지 아니한 경우에는 소가 부적법하므로 법원으로서는 소를 각하하여야 한다.

채권자가 채권자대위권의 법리에 의하여 채무자에 대한 채권을 보전하기 위하여 채무자의 제3자에 대한 권리를 대위행사하기 위하여는 채무자에 대한 채권을 보전할 필요가 있어야 하고, 그러한 보전의 필요가 인정되지 아니하는 경우에는 소가 부적법하므로 법원으로서는 이를 각하하여야 한다.
대법원 2012. 8. 30. 선고 2010다39918 판결

나. 채무자가 제3자에 대하여 대위행사에 적합한 권리를 가지고 있을 것[19)]

1) 채무자의 권리 존재

채무자가 제3자에 대하여 권리를 가지고 있어야 한다. 채무자의 제3자에 대한 권리가 존재하지 않거나 이미 소멸한 경우에는 대위권이 존재할 수 없다.

2) 채무자의 권리가 대위행사에 적합할 것

채무자가 제3자에 대해 가지는 권리는 대위행사에 적합한 것이어야 한다. 즉 채권의 공동담보에 적합한 것이어야 하고 채무자의 일신에 전속한 권리(제404조 1항 단서)나[20)] 압류가 금지되는 권리는 제외된다.[21)] 행정처분적인 성질을 갖는 것도 제외된다.

채권적 청구권에 한하지 않으며 물권적 청구권, 형성권, 채권자대위권, 채권자취소권

19) 양형우, 앞의 책, 1015~1016면.

20) 임대인의 임대차계약에 대한 해지권은 행사상의 일신전속권이라고 할 수 없다; 대법원 2007. 5. 10. 선고 2006다82700, 82717 판결.

21) 대법원은 '피해자를 치료한 의료인이 동 피해자에 대한 치료비청구권을 보전하기 위하여 피해자의 국가에 대한 국가배상(치료비) 청구권을 압류하거나 대위행사하는 것은 국가배상법 제4조에 위반되지 아니한다.'고 판시하여 예외를 인정하고 있다; 대법원 1981. 6. 23. 선고 80다1351 판결.

이라도 대위권의 목적이 될 수 있다. 뿐만 아니라 토지거래허가 신청절차 협력의무의 이행청구권도 대위권의 목적이 될 수 있고, 채무자의 재산인 조합원 지분을 압류한 채권자는 당해 채무자가 속한 조합에 존속기간이 정해져 있다거나 기타 채무자 본인의 조합탈퇴가 허용되지 않는 것과 같은 특별한 사유가 없는 한 채무자의 조합 탈퇴의 의사표시를 대위행사할 수 있다.

한편 채권자는 실체법상의 권리를 주장하는 방법으로 소송상의 행위를 대위할 수는 있으나, 채무자와 제3자 사이에 소송이 계속된 후 그 소송을 수행하기 위한 개개의 행위는 대위하지 못한다. 그리고 상소의 제기 및 재심의 소제기는 채권자대위권의 목적이 될 수 없다.

채권자가 대위행사 할 수 있는 채무자의 권리에는 물권적인 청구권도 포함된다.
대법원 1966. 9. 27. 선고 66다1334 판결

채권자취소권도 채권자가 채무자를 대위하여 행사하는 것이 가능하다.
대법원 2001. 12. 27. 선고 2000다73049 판결

이행인수는 인수인이 채무자에 대하여 그 채무를 이행할 것을 약정하는 채무자와 인수인 간의 계약으로서, 인수인은 채무자와 사이에 채권자에게 채무를 이행할 의무를 부담하는 데 그치고 직접 채권자에 대하여 채무를 부담하는 것이 아니므로 채권자는 직접 인수인에게 채무를 이행할 것을 청구할 수 없으나, 채무자는 인수인이 그 채무를 이행하지 아니하는 경우 인수인에 대하여 채권자에게 이행할 것을 청구할 수 있고, 그에 관한 승소의 판결을 받은 때에는 금전채권의 집행에 관한 규정을 준용하여 강제집행을 할 수도 있다. 이러한 채무자의 인수인에 대한 청구권은 그 성질상 재산권의 일종으로서 일신전속적 권리라고 할 수는 없으므로, 채권자는 채권자대위권에 의하여 채무자의 인수인에 대한 청구권을 대위행사 할 수 있다.
대법원 2009. 6. 11. 선고 2008다75072 판결

토지거래규제구역 내의 토지에 대하여 갑과 을 사이에 권리이전 약정을 포함한 토지매수 위임계약이 이루어지고 그 수임인인 을과 토지 소유자 병 사이에 매수인을 을로 한 토지 매매계약이 체결된 경우, 갑은 을에 대하여 그 위임계약이 효력이 있는 것으로 완성될 수 있도록 토지거래허가 신청절차에 협력할 것을 청구할 권리가 있고 그와 같은 토지거래허가 신청절차의 협력의무 이행청구권을 보전하기 위하여 을을 대위하여 그에게 토지를 매도한 병을 상대로 을과 병 사이의 토지 매매에 대한 토지거래허가 신청절차에 협력할 것을 청구할 수 있다.
대법원 1996. 10. 25. 선고 96다23825 판결

구 토지구획정리사업법(2000. 1. 28. 법률 제6252호로 폐지) 제28조에 의한 조합의 조합원에 대한 경비부과징수권은 행정처분적인 성질을 가지는 것이어서 채권자대위권을 행사할 피대위채권으로 적합하지 아니한 것이라고 보아야 한다.
대법원 2002. 5. 28. 선고 2000다5817 판결

후견인이 민법 제950조 제1항 각호의 행위를 하면서 친족회의 동의를 얻지 아니한 경우, 제2항의 규정에 의하여 피후견인 또는 친족회가 그 후견인의 행위를 취소할 수 있는 권리(취소권)는 행사상의 일신전속권이므로 채권자대위권의 목적이 될 수 없다.
대법원 1996. 5. 31. 선고 94다35985 판결

민법상 조합원은 조합의 존속기간이 정해져 있는 경우 등을 제외하고는 원칙적으로 언제든지 조합에서 탈퇴할 수 있고(민법 제716조 참조), 조합원이 탈퇴하면 그 당시의 조합재산상태에 따라 다른 조합원과 사이에 지분의 계산을 하여 지분환급청구권을 가지게 되는바(민법 제719조 참조), 조합원이 조합을 탈퇴할 권리는 그 성질상 조합계약의 해지권으로서 그의 일반재산을 구성하는 재산권의 일종이라 할 것이고 채권자대위가 허용되지 않는 일신전속적 권리라고는 할 수 없다. 따라서 채무자의 재산인 조합원 지분을 압류한 채권자는, 당해 채무자가 속한 조합에 존속기간이 정하여져 있다거나 기타 채무자 본인의 조합탈퇴가 허용되지 아니하는 것과 같은 특별한 사유가 있지 않은 한, 채권자대위권에 의하여 채무자의 조합 탈퇴의 의사표시를 대위행사할 수 있다 할 것이다.
대법원 2007. 11. 30. 자 2005마1130 결정

민사소송법 제715조에 의하여 가처분절차에도 준용되는 같은 법 제705조 제1항에 따라 가압류·가처분결정에 대한 본안의 제소명령을 신청할 수 있는 권리나 같은 조 제2항에 따라 제소기간의 도과에 의한 가압류·가처분의 취소를 신청할 수 있는 권리는 / 가압류·가처분신청에 기한 소송을 수행하기 위한 소송절차상의 개개의 권리가 아니라, 제소기간의 도과에 의한 가압류·가처분의 취소신청권은 가압류·가처분신청에 기한 소송절차와는 별개의 독립된 소송절차를 개시하게 하는 권리이고, 본안제소명령의 신청권은 제소기간의 도과에 의한 가압류·가처분의 취소신청권을 행사하기 위한 전제요건으로 인정된 독립된 권리이므로, 본안제소명령의 신청권이나 제소기간의 도과에 의한 가압류·가처분의 취소신청권은 채권자대위권의 목적이 될 수 있는 권리라고 봄이 상당하다.
대법원 1993. 12. 27. 자 93마1655 결정

채권을 보전하기 위하여 대위행사가 필요한 경우는 실체법상 권리뿐만 아니라 소송법상 권리에 대하여서도 대위가 허용되나, 채무자와 제3채무자 사이의 소송이 계속된 이후의 소송수행과 관련한 개개의 소송상 행위는 그 권리의 행사를 소송당사자인 채무자의 의사에 맡기는 것이 타당하므로 채권자대위가 허용될 수 없다. 같은 취지에서 볼 때 상소의 제기와 마찬가지로 종전 재심대상판결에 대하여 불복하여 종전 소송절차의 재개, 속행 및 재심판을 구하는 재심의 소 제기는 채권자대위권의 목적이 될 수 없다.
대법원 2012. 12. 27. 선고 2012다75239 판결

채권자는 자기의 채권을 보전하기 위하여, 일신에 전속한 권리가 아닌 한 채무자의 권리를 행사할 수 있다(민법 제404조 제1항). 공유물분할청구권은 공유관계에서 수반되는 형성권으로서 공유자의 일반재산을 구성하는 재산권의 일종이다. 공유물분할청구권의 행사가 오로지 공유자의 자유로운 의사에 맡겨져 있어 공유자 본인만 행사할 수 있는 권리라고 볼 수는 없다. 따라서 공유물분할청구권도 채권자대위권의 목적이 될 수 있다. 권리의 행사 여부는 그 권리자가 자유로운 의사에 따라 결정하는 것이 원칙이다. 채무자가 스스로 권리를 행사하지 않는데도 채권자가 채무자를 대위하여 채무자의 권리를 행사할 수 있으려면 그러한 채무자의 권리를 행사함으로써 채권자의 권리를 보전해야 할 필요성이 있어야 한다. 여기에서 보전의 필요성은 채권자가 보전하려는 권리의 내용, 채권자가 보전하려는 권리가 금전채권인 경우 채무자의 자력 유무, 채권자가 보전하려는 권리와 대위하여 행사하려는 권리의 관련성 등을 종합적으로 고려하여 채권자가 채무자의 권리를 대위하여 행사하지 않으면 자기 채권의 완전한 만족을 얻을 수 없게 될 위험이 있어 채무자의 권리를 대위하여 행사하는 것이 자기 채권의 현실적 이행을 유효·적절하게 확보하기 위하여 필요한지 여부를 기준으로 판단하여야 하고, 채권자대위권의 행사가 채무자의 자유로운 재산관리행위에 대한 부당한 간섭이 되는 등 특별한 사정이 있는 경우에는 보전의 필요성을 인정할 수 없다. 채권자가 자신의 금전채권을 보전하기 위하여 채무자를 대위하여 부동산에 관한 공유물분할청구권을 행사하는 것은, 책임재산의 보전과 직접적인 관련이 없어 채권의 현실적 이행을 유효·적절하게 확보하기 위하여 필요하다고 보기

어렵고 채무자의 자유로운 재산관리행위에 대한 부당한 간섭이 되므로 보전의 필요성을 인정할 수 없다. 또한 특정 분할 방법을 전제하고 있지 않는 공유물분할청구권의 성격 등에 비추어 볼 때 그 대위행사를 허용하면 여러 법적 문제들이 발생한다. 따라서 극히 예외적인 경우가 아니라면 금전채권자는 부동산에 관한 공유물분할청구권을 대위행사 할 수 없다고 보아야 한다.
이는 채무자의 공유지분이 다른 공유자들의 공유지분과 함께 근저당권을 공동으로 담보하고 있고, 근저당권의 피담보채권이 채무자의 공유지분 가치를 초과하여 채무자의 공유지분만을 경매하면 남을 가망이 없어 민사집행법 제102조에 따라 경매절차가 취소될 수밖에 없는 반면, 공유물분할의 방법으로 공유부동산 전부를 경매하면 민법 제368조 제1항에 따라 각 공유지분의 경매대가에 비례해서 공동근저당권의 피담보채권을 분담하게 되어 채무자의 공유지분 경매대가에서 근저당권의 피담보채권 분담액을 변제하고 남을 가망이 있는 경우에도 마찬가지이다.
대법원 2020. 5. 21. 선고 2018다879 전원합의체 판결

다. 채무자가 스스로 그의 권리를 행사하지 않을 것

채무자가 스스로 그의 권리를 행사하고 있는데도 대위를 허용하는 것은 채무자에 대한 부당한 간섭이 되기 때문에 대위권행사의 요건으로서 채무자가 스스로 그의 권리를 행사하지 않을 것임이 요구되는 것이다.
채무자가 제3자에 대한 권리를 스스로 행사하는 경우에는 그 방법이나 결과가 나쁘더라도 채권자가 대위권을 행사할 수 없는 것이다.

채권자대위권의 행사는 채무자가 그 행사를 반대하는 경우에도 가능하다.
대법원 1963. 11. 21. 선고 63다634 판결

채권자대위권은 채무자가 제3채무자에 대한 권리를 행사하지 아니하는 경우에 한하여 채권자가 자기의 채권을 보전하기 위하여 행사할 수 있는 것이어서, 채권자가 대위권을 행사할 당시에 이미 채무자가 그 권리를 재판상 행사하였을 때에는 채권자는 채무자를 대위하여 채무자의 권리를 행사할 수 없다.
대법원 2009. 3. 12. 선고 2008다65839 판결

채권자대위권 행사의 요건인 '채무자가 스스로 그 권리를 행사하지 않을 것'이라 함은 채무자의 제3채무자에 대한 권리가 존재하고 채무자가 그 권리를 행사할 수 있는 상태에 있으나 스스로 그 권리를 행사하고 있지 아니하는 것을 의미하고, 여기서 권리를 행사할 수 있는 상태에 있다는 뜻은 권리 행사를 할 수 없게 하는 법률적 장애가 없어야 한다는 뜻이며 채무자 자신에 관한 현실적인 장애까지 없어야 한다는 뜻은 아니고 채무자가 그 권리를 행사하지 않는 이유를 묻지 아니하므로 미등기 토지에 대한 시효취득자가 제3자 명의의 소유권보존등기가 원인무효라 하여 그 등기의 말소를 구하는 경우에 있어 채무자인 진정한 소유자가 성명불상자라 하여도 그가 위 등기의 말소를 구하는 데 어떤 법률적 장애가 있다고 할 수는 없어 그 채권자대위권 행사에 어떤 법률적 장애가 될 수 없다.
대법원 1992. 2. 25. 선고 91다9312 판결

채권자대위권은 채무자가 제3채무자에 대한 권리를 행사하지 아니하는경우에 한하여 채권자가 자기의 채권을 보전하기 위하여 행사할 수 있는 것이기 때문에 채권자가 대위권을 행사할 당시 이미 채무자가 그 권리를 재판상 행사하였을 때에는 설사 패소의 확정판결을 받았더라도 채권자는 채무자를 대위하여 채무자의 권리를 행사할 당사자적격이 없다.
대법원 1993. 3. 26. 선고 92다32876 판결

채무자가 제3채무자를 상대로 소를 제기하고 그 권리를 행사한 경우에는 그 결과 여하를 가릴 것 없이 채권자는 다시 소를 제기하고 그 권리를 대위행사 할 수 없다 할 것이다.
대법원 1970. 4. 28. 선고 69다1311 판결

채권자대위권은 채무자가 스스로 제3채무자에 대한 권리를 행사하지 아니하는 경우에 한하여 채권자가 자기의 채권을 보전하기 위하여 행사할 수 있는 것이어서, 채권자가 대위권을 행사할 당시에 이미 채무자가 그 권리를 재판상 행사하였을 때에는 채권자는 채무자를 대위하여 채무자의 권리를 행사할 수 없다. 그런데 비법인사단이 사원총회의 결의 없이 제기한 소는 소제기에 관한 특별수권을 결하여 부적법하고, 그 경우 소제기에 관한 비법인사단의 의사결정이 있었다고 할 수 없다. 따라서 비법인사단인 채무자 명의로 제3채무자를 상대로 한 소가 제기되었으나 사원총회의 결의 없이 총유재산에 관한 소가 제기되었다는 이유로 각하판결을 받고 그 판결이 확정된 경우에는 채무자가 스스로 제3채무자에 대한 권리를 행사한 것으로 볼 수 없다.
대법원 2018. 10. 25. 선고 2018다210539 판결

라. 채권자의 채권이 이행기에 있을 것

채권자대위권을 행사하기 위해서는 채권자의 채무자에 대한 채권이 이행기에 있어야 한다. 다만 민법 제404조 2항은 법원의 허가가 있는 경우나 보전행위의 경우에는 채권자의 이행기가 도래하기 전이라도 채권자대위권을 행사할 수 있음을 명기하고 있다.

3. 채권자대위권의 행사

가. 행사의 방법

채권자는 채무자의 이름으로가 아니라 자기 이름으로 대위권을 행사하는데, 채권자취소권과는 달리 반드시 재판상 행사할 필요는 없다.

채권자는 채무자에게 인도할 것을 청구할 수 있음은 물론이나, 직접 자기에게 인도할 것을 청구할 수도 있다. 이를 인정하지 않으면 채무자가 수령을 거부할 때 대위권의 목적을 달성할 수 없게 되고, 또 채권을 행사하는 권한에는 당연히 수령권한도 포함된다고 해석해야 하기 때문이다. 그러나 채권자 명의로 등기가 회복되거나 그의 명의로 이전등기가 된다는 의미는 아니다.

채권자대위권은 관리행위만 가능하고 처분행위는 허용되지 않는다. 따라서 단순한 채무의 면제, 권리의 포기, 기한의 유예 등은 처분행위로서 대위가 허용되지 않는다. 취소권, 해제권, 환매권의 행사나 상계 등의 이익교환행위는 보전행위로 볼 수 있는 경우에는 대위행사가 허용된다.

> 소유자 겸 관리주체인 시에 대하여 그 상가 내 각 점포의 사용을 청구할 수 있는 권리를 가지는 자는, 시에 대한 위 각 점포사용청구권을 보전하기 위하여 그 점포들의 소유자인 시가 불법점유자들에 대하여 가지는 명도청구권을 대위행사 할 수 있고, 이러한 경우 불법점유자들에 대하여 직접 자기에게 그 점포들을 명도 할 것을 청구할 수도 있다.
> 대법원 1995. 5. 12. 선고 93다59502 판결
>
> 원고가 미등기 건물을 매수하였으나 소유권이전등기를 하지 못한 경우에는 위 건물의 소유권을 원시취득 한 매도인을 대위하여 불법점유자에 대하여 명도청구를 할 수 있고 이때 원고는 불법점유자에 대하여 직접 자기에게 명도 할 것을 청구할 수도 있다.
> 대법원 1980. 7. 8. 선고 79다1928 판결
>
> 집행채무자의 채권자가 그 집행채권자를 상대로 부당이득금 반환채권을 대위행사 하는 경우 집행채무자에게 그 반환의무를 이행하도록 청구할 수도 있지만, 직접 대위채권자에게 이행하도록 청구할 수도 있다고 보아야 하는데, 이와 같이 채권자대위권을 행사하는 채권자에게 변제수령의 권한을 인정하더라도 그것이 채권자 평등의 원칙에 어긋난다거나 제3채무자를 이중 변제의 위험에 빠뜨리게 하는 것이라고 할 수 없다.
> 대법원 2005. 4. 15. 선고 2004다70024 판결
>
> 채권자대위권을 행사함에 있어서 채권자가 제3채무자에 대하여 자기에게 직접 급부를 요구하여도 상관없는 것이고 자기에게 급부를 요구하여도 어차피 그 효과는 채무자에게 귀속되는 것이므로, 채권자대위권을 행사하여 채권자가 제3채무자에게 그 명의의 소유권보존등기나 소유권이전등기의 말소절차를 직접 자기에게 이행할 것을 청구하여 승소하였다고 하여도 그 효과는 원래의 소유자인 채무자에게 귀속되는 것이니, 법원이 채권자대위권을 행사하는 채권자에게 직접 말소등기 절차를 이행할 것을 명하였다고 하여 무슨 위법이 있다고 할 수 없다.
> 대법원 1996. 2. 9. 선고 95다27998 판결
>
> 채권자대위소송이 이미 법원에 계속 중에 있을 때 같은 채무자의 다른 채권자가 동일한 소송물에 대하여 채권자대위권에 기한 소를 제기한 경우 시간적으로 나중에 계속하게 된 소송은 중복제소금지의 원칙에 위배되어 제기된 부적법한 소송이 된다. 이 경우 전소, 후소의 판별기준은 소송계속의 발생시기 즉 소장이 피고에게 송달된 때의 선후에 의할 것이며, 비록 소제기에 앞서 가압류, 가처분 등의 보전절차가 경료되어 있다 하더라도 이를 기준으로 전소, 후소 여부를 결정할 것은 아니다.
> 대법원 1990. 4. 27. 선고 88다카25274 판결

나. 행사의 효력

1) 채무자의 처분권 제한

채권자가 보존행위 이외의 권리를 행사한 때에는 채무자에게 이를 통지해야

하고(제405조 1항), 채무자가 그 통지를 받은 후에는 그 권리를 처분하여도 채권자에게 대항하지 못한다(제405조 2항). 보존행위를 대위하는 경우에는 통지조차 필요하지 않은데 이는 보존행위가 언제나 채무자의 이익에 부합하기 때문이다.
비록 통지가 없었다고 하더라도 채무자가 대위권 행사사실을 안 때에는 통지가 있었던 때와 마찬가지라고 할 것이다.
채무자가 통지를 받거나 그러한 사실을 안 경우에는 채무자의 처분행위는 금지된다. 따라서 관리행위나 보존행위는 채무자가 할 수 있다고 할 것이다.

채권자가 채권자대위권에 기하여 채무자의 권리를 행사하고 있는 경우에, 그 사실을 채무자에게 통지하였거나 채무자가 그 사실을 알고 있었던 때에는, 채무자가 그 권리를 처분하여도 이로써 채권자에게 대항하지 못한다.
대법원 2003. 1. 10. 선고 2000다27343 판결

채권자가 채무자를 대위하여 채무자의 제3채무자에 대한 권리를 행사하고 채무자에게 통지를 하거나 채무자가 채권자의 대위권 행사사실을 안 후에는 채무자는 그 권리에 대한 처분권을 상실하여 그 권리의 양도나 포기 등 처분행위를 할 수 없고 채무자의 처분행위에 기하여 취득한 권리로서는 채권자에게 대항할 수 없으나, 채무자의 변제수령은 처분행위라 할 수 없고 같은 이치에서 채무자가 그 명의로 소유권이전등기를 경료하는 것 역시 처분행위라고 할 수 없으므로 소유권이전등기청구권의 대위행사 후에도 채무자는 그 명의로 소유권이전등기를 경료하는 데 아무런 지장이 없다.
대법원 1991. 4. 12. 선고 90다9407 판결

채권자가 대위권행사에 간주하고 본조 제 1항에 의하여 채무자에게 그 통지를 하거나 또는 채무자가 그 사실을 안 때에는 채무자는 그 권리의 처분을 할 수 없으며 따라서 채권자가 채무자의 권리를 대위행사 하는 방법으로 소송을 제기한 경우에 채권자가 그 사실을 채무자에게 통지하거나 채무자가 그 사실을 알게 된 때에는 채무자는 같은 권리의 행사로서 같은 피고에게 대하여 같은 내용의 소송을 제기할 수 없는 것이다
대법원 1962. 5. 24. 선고 4294민상251 판결

채권자가 채권자대위권에 기하여 채무자의 권리를 행사하고 있다는 사실을 채무자가 알게 된 후에는 채무자가 그 권리를 처분하여도 이로써 채권자에게 대항하지 못하는 것인바, 채권자가 채무자와 제3채무자 사이에 체결된 부동산매매계약에 기한 소유권이전등기청구권을 보전하기 위해 채무자를 대위하여 제3채무자의 부동산에 대한 처분금지가처분을 신청하여 가처분결정을 받은 경우에는 피보전권리인 소유권이전등기청구권을 행사한 것과 같이 볼 수 있으므로, 채무자가 그러한 채권자대위권 행사 사실을 알게 된 후에 그 매매계약을 합의해제 함으로써 채권자대위권의 객체인 부동산 소유권이전등기청구권을 소멸시켰다 하더라도 이로써 채권자에게 대항할 수 없고, 그 결과 제3채무자 또한 그 계약해제로써 채권자에게 대항할 수 없다.
대법원 2007. 6. 28. 선고 2006다85921 판결

채무자가 채권자대위권행사의 통지를 받은 후에 채무를 불이행함으로써 통지 전에 체결된 약정에 따라 매매계약이 자동적으로 해제되거나, 채권자대위권행사의 통지를 받은 후에 채무자의 채무불이행을 이유로 제3채무자가 매매계약을 해제한 경우 제3채무자는

> 계약해제로써 대위권을 행사하는 채권자에게 대항할 수 있다. 다만 형식적으로는 채무자의 채무불이행을 이유로 한 계약해제인 것처럼 보이지만 실질적으로는 채무자와 제3채무자 사이의 합의에 따라 계약을 해제한 것으로 볼 수 있거나, 채무자와 제3채무자가 단지 대위채권자에게 대항할 수 있도록 채무자의 채무불이행을 이유로 하는 계약해제인 것처럼 외관을 갖춘 것이라는 등의 특별한 사정이 있는 경우에는 채무자가 피대위채권을 처분한 것으로 보아 제3채무자는 계약해제로써 대위권을 행사하는 채권자에게 대항할 수 없다.
> 대법원 2012. 5. 17. 선고 2011다87235 전원합의체 판결

2) 제3자의 항변권

채권자가 대위권을 행사한 경우 제3채무자는 채무자에 대해 가지는 모든 항변(ex : 권리소멸, 상계, 동시이행, 무효의 항변 등)으로 채권자에게 대항할 수 있다.

그러나 제3채무자는 채무자가 채권자에게 주장할 수 있는 사유(ex : 소멸시효 항변 등)를 주장할 수는 없다.

대위권행사의 통지 후에는(채무자가 대위권행사 사실을 안 경우 포함) 채무자의 처분행위가 금지되므로 채무자가 권리를 소멸시키는 행위를 하더라도 제3채무자가 이를 가지고 채권자에게 대항할 수 없다.

> 채권자 대위권을 행사하는 사건에 있어서, 제3채무자는 채무자가 채권자에게 주장할 수 있는 사유를 원용할 수 있는 것이 아니다.
> 대법원 1995. 5. 12. 선고 93다59502 판결
>
> 채권자가 채권자대위권을 행사하여 제3자에 대하여 하는 청구에 있어서, 제3채무자는 채무자가 채권자에 대하여 가지는 항변으로 대항할 수 없고, 채권의 소멸시효가 완성된 경우 이를 원용할 수 있는 자는 원칙적으로는 시효이익을 직접 받는 자뿐이고, 채권자대위소송의 제3채무자는 이를 행사할 수 없다.
> 대법원 2004. 2. 12. 선고 2001다10151 판결

4. 채권자대위권 행사의 효과[22)]

가. 효과의 귀속

채권자대위권 행사의 효과는 직접 채무자에게 귀속한다. 따라서 채무자에게로 귀속하게 되는 재산은 모든 채권자를 위하여 공동담보가 된다.

---

22) 김준호, 앞의 책, 1186~1188면.

채권자가 비록 제3채무자로부터 직접 목적물을 급부 받았다고 하더라도 우선변제권을 갖는 것은 아니고, 채권변제를 받으려면 채무자로부터 임의변제를 받거나 강제집행절차를 밟아야 한다. 다만 상계의 요건이 갖추어진 때에는 상계함으로써 사실상 우선변제를 받을 수는 있을 것이다.

> 채권자대위권 행사의 효과는 채무자에게 귀속되는 것이므로 채권자대위소송의 제기로 인한 소멸시효 중단의 효과 역시 채무자에게 생긴다.
> 대법원 2011. 10. 13. 선고 2010다80930 판결

나. 대위소송 판결의 효과

대위소송의 당사자는 채권자와 제3채무자이다. 따라서 대위소송 판결의 효력이 소송당사자가 아닌 채무자에게도 미치는지에 대해 살펴볼 필요가 있다.

민사소송법 제218조 제3항은 '다른 사람을 위하여 원고나 피고가 된 사람에 대한 확정판결은 그 다른 사람에 대하여도 효력이 미친다.'고 규정하고 있으므로, 채권자가 채권자대위권을 행사하는 방법으로 제3채무자를 상대로 소송을 제기하고 판결을 받은 경우 채권자가 채무자에 대하여 민법 제405조 제1항에 의한 보존행위 이외의 권리행사의 통지, 또는 민사소송법 제84조에 의한 소송고지 혹은 비송사건절차법 제49조 제1항에 의한 법원에 의한 재판상 대위의 허가를 고지하는 방법 등 어떠한 사유로 인하였든 적어도 채권자대위권에 의한 소송이 제기된 사실을 채무자가 알았을 때에는 그 판결의 효력이 채무자에게 미친다고 보아야 한다(대법원 2014. 1. 23. 선고 2011다108095 판결).

이때 채무자에게도 기판력이 미친다는 의미는 채권자대위소송의 소송물인 피대위채권의 존부에 관하여 채무자에게도 기판력이 인정된다는 것이고, 채권자대위소송의 소송요건인 피보전채권의 존부에 관하여 당해 소송의 당사자가 아닌 채무자에게 기판력이 인정된다는 것은 아니다. 따라서 채권자가 채권자대위권을 행사하는 방법으로 제3채무자를 상대로 소송을 제기하였다가 채무자를 대위할 피보전채권이 인정되지 않는다는 이유로 소각하 판결을 받아 확정된 경우 그 판결의 기판력이 채권자가 채무자를 상대로 피보전채권의 이행을 구하는 소송에 미치는 것은 아니다(대법원 2014. 1. 23. 선고 2011다108095 판결).

채권자가 채권자대위권을 행사하는 방법으로 제3채무자를 상대로 소송을 제기하고 판결을 받은 경우에는 채권자가 채무자에 대하여 민법 405조 1항에 의한 보존행위 이외의 권리행사의 통지, 또는 민사소송법 77조에 의한 소송고지 혹은 비송사건절차법 84조 1항에 의한 법원에 의한 재판상 대위의 허가를 고지하는 방법 등을 위시하여 어떠한 사유로 인하였던 적어도 채권자대위권에 의한 소송이 제기된 사실을 채무자가 알았을 경우에는 그 판결의 효력은 채무자에게 미친다고 보는 것이 상당하다 할 것이다. 왜냐하면 민법 405조에 의하여 채권자가 대위권을 행사한 경우에는 채무자에게 그 통지를 하여야 하고 이 통지를 받은 후에는 채무자가 그 권리를 처분하여도 이로써 채권자에게 대항하지 못한다고 규정하고 있고, 또 이보다 직접적인 규정이라고 볼 수 있는 위 비송사건절차법 84조는 채권자대위신청의 허가는 직권으로 채무자에게 고지하여야 하고 이 고지를 받은 채무자는 그 권리를 처분할 수 없다고 규정하고 있다. 즉, 이 대위권에 의한 제소의 고지는 채무자에게 그 권리의 처분행위를 금하고 있다. 그러므로 이 경우에 비록 채권자는 채무자의 대리인 자격으로가 아니고 자기이름으로 원고가 되어 제소한다고 하여도 채무자의 권리를 관리 처분할 권능을 갖고 소송을 수행하므로 이는 흡사 파산재단에 관한 소송에 있어서의 파산관재인 또는 추심명령을 받고 채무자의 채권의 추심소송을 하는 채권자의 경우와 같아서 타인의 권리에 관하여 그 자를 위하여 당사자가 되는 소위 소송신탁의 경우에 해당한다고 보아 그 판결의 효력은 채무자에게도 있다고 보아야 함이 우리 민사소송법 204조 3항의 규정에 비추어 정당한 해석이라고 할 것이다.
대법원 1975. 5. 13. 선고 74다1664 전원합의체판결

(채권자대위권 정리)[23]

1. 채권자대위권의 요건
   - 피보전채권의 존재 (변제기 도래가 필요함)
   - 보전의 필요성 존재
   - 채무자의 권리불행사
   - 피대위채권의 존재

2. 피보전채권의 존재
   - 前訴의 승소판결 확정시 : 피보전채권의 존부에 대해서는 제3채무자가 다툴 수 없음.
   - 前訴의 패소판결 확정시 : 피보전채권이 부존재하므로 보전의 필요성 없음.

   ※ 前訴가 피대위채권에 대한 것으로서 패소한 경우 : 채무자가 소송 제기로서 권리를 행사한 것이므로 채무자의 권리불행사 요건을 흠결한 것임.

   - 피보전채권이 유효요건, 대항요건을 갖추지 못한 경우
   피보전채권의 양수인이 채권자대위권을 행사하려면 그 전제로서 유효·대항요건을 갖추어야 한다.

     * 임차권 양도의 대항요건(임대인의 동의)을 갖추지 못한 양수인; 임대인의 동의 없는 임차권의 양도는 당사자 사이에서 유효하다 하더라도 다른 특약이 없는 한 임대인에게는 대항할 수 없는 것이고 임대인에 대항할 수 없는 임차권의 양수인은 임대인의 권한을 대위행사 할 수 없다 (대법원 1985.02.08. 선고 84다카188 판결).
     * 조합재산 양도계약이 과반수 요건을 갖추지 못하여 무효인 경우의 조합재산 양수인은 양도인의 권한을 대위행사 할 수 없다(민법 706조 제2항 참조).

23) 사법연수원의 민사재판실무수습기록을 가공하여 요약하고 정리한 것이다.

3. 보전의 필요성

- 피보전채권이 금전채권 : 채무자의 무자력이 필요함

  예외 : 채권자가 자기채권을 보전하기 위하여 채무자의 권리를 행사하려면 채무자의 무자력을 요건으로 하는 것이 통상이지만 임대차보증금반환채권을 양수한 채권자가 그 이행을 청구하기 위하여 임차인의 가옥명도가 선 이행되어야 할 필요가 있어서 그 명도를 구하는 경우에는 그 채권의 보전과 채무자인 임대인의 자력유무는 관계가 없는 일이므로 무자력을 요건으로 한다고 할 수 없다(대법원 1989.04.25. 선고 88다카4253 판결).

- 피보전채권이 특정채권 : 무자력 불요.

4. 채무자의 권리불행사

채무자가 권리를 행사하였으면 비록 잘못 행사하였어도 채권자대위권 행사를 못함.

채권자대위권은 채무자가 제3채무자에 대한 권리를 행사하지 아니 하는 경우에 한하여 채권자가 자기의 채권을 보전하기 위하여 행사할 수 있는 것이기 때문에 채권자가 대위권을 행사할 당시 이미 채무자가 그 권리를 재판상 행사하였을 때에는 설사 패소의 확정판결을 받았더라도 채권자는 채무자를 대위하여 채무자의 권리를 행사할 당사자적격이 없다(대법원 1993.03.26. 선고 92다 32876 판결).

5. 피보전채권 · 피대위채권의 다양화 (채권적 청구권에 한정되지 않음)

피보전채권이 물권적 청구권(건물철거청구권) - 피대위채권이 물권적 청구권(건물인도청구권)도 가능함.

토지소유자(채권자, 대위권자)가 건물철거청구권을 피보전채권으로 하여 건물소유자(채무자)를 대위하여, 건물의 현재 점유자(제3채무자)를 상대로 건물의 인도청구권을 행사하는 경우

6. 채권자대위소송과 중복제소 (중복 제소된 소송은 각하 사유)

- 채무자 제소 후 대위소송 제기 : 後訴는 중복제소임.

  대위소송 후 채무자 제소 : 後訴는 중복제소임.

  대위소송 후 다른 채권자의 대위소송 제기 : 後訴는 중복제소임.

- 중복제소는 소송계속(소장부본 송달일)의 선후를 기준으로 판별함.

  채권자대위소송의 계속중 다른 채권자가 같은 채무자를 대위하여 같은 제3채무자를 상대로 법원에 출소한 경우 두 개 소송의 소송물이 같다면 나중에 계속된 소는 중복제소금지의 원칙에 위배하여 제기된 부적법한 소가 된다 할 것이고, 이 경우 전소와 후소의 판별기준은 소송계속의 발생시기 즉 소장이 피고에게 송달된 때의 선후에 의할 것이며, 비록 소제기에 앞서 가압류, 가처분 등의 보전절차가 선행되어 있다 하더라도 이를 기준으로 가릴 것은 아니다 (대법원 1994.11.25. 선고 94다12517 판결).

Ⅲ. 채권자취소권

1. 채권자취소권의 의의 및 성질

가. 의의

채무자가 채권자를 해하는 법률행위를 함으로써 무자력이 되어 채권을 만족시킬 수 없게 되는 경우에 채권자가 법원에 그 법률행위의 취소를 구하고 원상회복을 구하는 청구를 할 수 있는 권리이다.
채권자취소권은 채권자대위권과 더불어 채무자의 책임재산의 보전을 위하여 채권자에게 인정된 권리이다.

나. 성질[24)]

채권자취소권은 채무자의 사해행위를 채권자와 수익자 또는 전득자 사이에서 상대적으로 취소하고 채무자의 책임재산에서 일탈한 재산을 회복하여 채권자의 강제집행이 가능하도록 하는 것을 본질로 하는 권리이다(대법원 2008. 4. 24. 선고 2007다84352 판결). 사해행위의 취소는 수익자 또는 전득자로부터 재산의 반환을 청구하는데 필요한 범위에서만 상대적으로 효력이 생기게 된다.
채권자취소권 행사의 경우 소의 성질은 형성의 소와 이행의 소의 결합이고, 소송의 당사자는 채권자와 수익자 또는 전득자이며 채무자는 소송의 당사자에 포함되지 않는다.

2. 채권자취소권의 요건

가. 피보전채권의 존재

1) 피보전채권이 될 수 있는 채권

가) 금전채권

금전채권은 가장 전형적인 피보전채권이다.

---

24) 소성규, 채권총론(제2판), 동방문화사, 293면.

나) 금전채권 이외의 채권

채권자취소권은 특정채권의 보전을 목적으로 하는 것이 아니므로 특정채권을 보전하기 위한 채권자취소권은 인정되지 않는다.

채권자의 채권이 특정채권이든 불특정채권이든 그것이 후에 채무불이행, 특히 이행불능에 의하여 손해배상채권으로 변한 때에는 그것 자체가 금전채권으로서 피보전채권이 될 수 있다. 다만 그 경우에는 손해배상채권이 발생한 이후에 행해진 행위만 취소될 수 있다.

> 채권자취소권은 채무자가 채권자를 해함을 알면서 자기의 일반재산을 감소시키는 행위를 한 경우에 그 행위를 취소하여 채무자의 재산을 원상회복시킴으로써 모든 채권자를 위하여 채무자의 책임재산을 보전하는 권리로서, 특정물 채권을 보전하기 위하여 행사하는 것은 허용되지 않는다.
> 대법원 1995. 2. 10. 선고 94다2534 판결
>
> 채권자취소권을 특정물에 대한 소유권이전등기청구권을 보전하기 위하여 행사하는 것은 허용되지 않으므로, 부동산의 제1양수인은 자신의 소유권이전등기청구권 보전을 위하여 양도인과 제3자 사이에서 이루어진 이중양도행위에 대하여 채권자취소권을 행사할 수 없다.
> 대법원 1999. 4. 27. 선고 98다56690 판결
>
> 부동산을 양도받아 소유권이전등기청구권을 가지고 있는 자가 양도인이 제3자에게 이를 이중으로 양도하여 소유권이전등기를 경료하여 줌으로써 취득하는 부동산 가액 상당의 손해배상채권은 이중양도행위에 대한 사해행위취소권을 행사할 수 있는 피보전채권에 해당한다고 할 수 없다.
> 대법원 1999. 4. 27. 선고 98다56690 판결

다) 물적담보를 수반하는 채권

저당권과 같은 물적 담보에 의하여 담보되는 채권은 우선변제를 받지 못하는 범위에서만 피보전채권이 될 수 있다.

물적 담보에 의해 담보되는 채권의 경우 채권자에게 우선변제권이 확보되어 있으므로 그 범위 내에서의 채무자의 재산처분행위는 채권자를 해하지 아니하고, 따라서 그 담보물로부터 우선변제 받을 액을 공제한 나머지 채권액에 대하여만 채권자취소권이 인정된다.

> 주채무자 또는 제3자 소유의 부동산에 관하여 채권자 앞으로 근저당권이 설정되어 있고, 그 부동산의 가액 및 채권최고액이 당해 채무액을 초과하여 채무 전액에 대하여 채권자에게 우선변제권이 확보되어 있다면 그 범위 내에서는 채무자의 재산처분행위가 채권자를 해하지 아니하므로, 연대보증인이 비록 유일한 재산을 처분하는 법률행위를 하더라도 채권자에 대하여 사해행위가 성립하지 않는다고 보아야 하고, 그 채무액이 부동산의 가액 및 채권최고액을 초과하는 경우에는 그 담보물로부터 우선변제 받을 액을 공제한 나머지 채권액에 대하여만 채권자취소권이 인정된다.
> 대법원 2010. 1. 28. 선고 2009다30823 판결
>
> 채무자 또는 제3자 소유의 부동산에 대하여 채권자 앞으로 근저당권이 설정되어 채권자에게 우선변제권이 확보되어 있다면 그 범위 내에서는 채무자의 재산처분행위가 채권자를 해하지 아니하므로 그 담보부동산으로부터 우선변제 받을 금액을 공제한 나머지 채권액에 대하여만 채권자취소권이 인정된다. 그리고 이와 같이 채권자의 채권원리금이 우선변제권에 의하여 전액 담보되지 아니하는 경우에는 변제충당의 법리를 유추적용하여 이자가 원금에 우선하여 담보된다고 보아야 하므로 사해행위의 시점에서 담보되지 아니하는 부분에는 원금에 해당하는 금원이 포함되어 남아 있게 되고, 따라서 채권자가 채권자취소권을 행사할 수 있는 피보전채권의 범위는 사해행위 당시 담보부동산의 가액과 채권최고액 중 적은 금액을 초과하는 부분에 해당하는 채권원리금 및 그 중 원금 부분에 대하여 그 후 사실심 변론종결시점까지 발생한 지연이자 상당의 금원이 된다.
> 대법원 2010. 2. 11. 선고 2009다81616 판결

라) 인적담보를 수반하는 채권

보증채무, 연대채무와 같은 인적담보를 수반하는 채권은 우선변제가 보장되는 것은 아니므로 그 보전을 위하여 채권자취소권을 행사할 수 있다.

마) 재산분할청구권

부부의 일방이 다른 일방의 재산분할청구권 행사를 해함을 알면서도 재산권을 목적으로 하는 법률행위를 한 때에는, 다른 일방은 그 취소 및 원상회복을 가정법원에 청구할 수 있다(제839조의3).

2) 피보전채권의 성립시기

채권자의 채무자에 대한 채권은 사해행위가 있기 전에 발생한 것이어야 한다.
다만, 사해행위 당시에 이미 채권 성립의 기초가 되는 법률관계가 발생되어 있고 가까운 장래에 그 법률관계에 기하여 채권이 성립하리라는 개연성이 있으며 실제로 그 개연성이 현실화되어 채권이 성립한 경우에는 그 채권도 채권자취소권의 피보전채권이 될 수 있다고 한다.

사해행위로 인하여 사해행위 이후에 권리를 취득한 채권자를 해친다고 할 수 없으므로 취소채권자의 채권은 사해행위가 있기 이전에 발생하고 있어야 함은 채권자취소권의 성질상 당연한 요건이다.
대법원 1995. 2. 10. 선고 94다2534 판결

법률행위의 이행으로서 가등기를 경료하는 경우에 그 채무의 원인되는 법률행위가 취소권을 행사하려는 채권자의 채권보다 앞서 발생한 경우에는 특별한 사정이 없는 한 그 가등기는 채권자취소권의 대상이 될 수 없다.
대법원 2002. 4. 12. 선고 2000다43352 판결

채권자의 채권이 사해행위 이전에 성립되어 있는 이상 그 채권이 양도된 경우에도 그 양수인이 채권자취소권을 행사할 수 있고, 이 경우 채권양도의 대항요건을 사해행위 이후에 갖추었더라도 채권양수인이 채권자취소권을 행사하는 데 아무런 장애사유가 될 수 없다 할 것이다.
대법원 2006. 6. 29. 선고 2004다5822 판결

사해행위라고 볼 수 있는 행위가 행하여지기 전에 발생한 채권은 원칙적으로 채권자취소권에 의하여 보호될 수 있는 채권이 될 수 있고, 채권자의 채권이 사해행위 이전에 성립한 이상 사해행위 이후에 양도되었다고 하더라도 양수인은 채권자취소권을 행사할 수 있으며, 채권 양수일에 채권자취소권의 피보전채권이 새로이 발생되었다고 할 수 없다.
대법원 2012. 2. 9. 선고 2011다77146 판결

채권자취소권에 의하여 보호될 수 있는 채권은 원칙적으로 사해행위라고 볼 수 있는 행위가 행하여지기 전에 발생된 것임을 요하지만 그 사해행위 당시에 이미 채권 성립의 기초가 되는 법률관계가 발생되어 있고 가까운 장래에 그 법률관계에 터잡아 채권이 성립되리라는 점에 대한 고도의 개연성이 있으며, 실제로 가까운 장래에 그 개연성이 현실화되어 채권이 성립된 경우에는 그 채권도 채권자취소권의 피보전채권이 될 수 있다.
대법원 2005. 8. 19. 선고 2004다53173 판결

3) 이행기 도래 여부

채권자취소권의 경우 채권자대위권과는 달리 피보전채권이 이행기에 있을 것을 요구하지 않는다. 따라서 채권의 이행기가 되기 전에도 취소권은 행사할 수 있다.

채권자취소권 행사는 채무 이행을 구하는 것이 아니라 총채권자를 위하여 이행기에 채무 이행을 위태롭게 하는 채무자의 자력 감소를 방지하는 데 목적이 있는 점과 민법이 제148조, 제149조에서 조건부권리의 보호에 관한 규정을 두고 있는 점을 종합해 볼 때, 취소채권자의 채권이 정지조건부채권이라 하더라도 장래에 정지조건이 성취되기 어려울 것으로 보이는 등 특별한 사정이 없는 한, 이를 피보전채권으로 하여 채권자취소권을 행사할 수 있다.
대법원 2011. 12. 8. 선고 2011다55542 판결

나. 사해행위[25)]

1) 채무자의 법률행위

채권자취소권의 대상이 되는 것은 채무자가 행한 법률행위로서 채권자를 해함을 알고 재산권을 목적으로 하는 사해행위이어야 한다. 채무자가 행한 법률행위가 사해행위로 될 수 있는 것인데, 그 법률행위의 종류는 묻지 않는다. 따라서 계약뿐만 아니라 단독행위, 합동행위라도 사해행위가 될 수 있다.

무효인 법률행위가 채권자취소권 행사의 대상이 될 수 있는지 여부와 관련하여, 채무자의 법률행위가 통정허위표시인 경우에도 채권자취소권의 대상이 된다고 한다.

> 채무자의 법률행위가 통정허위표시인 경우에도 채권자취소권의 대상이 되고, 한편 채권자취소권의 대상으로 된 채무자의 법률행위라도 통정허위표시의 요건을 갖춘 경우에는 무효라고 할 것이다.
> 대법원 1998. 2. 27. 선고 97다50985 판결

2) 재산권을 목적으로 하는 법률행위

취소의 대상이 되는 사해행위는 재산권을 목적으로 한 법률행위이어야 한다(제406조 1항).

혼인, 이혼 등과 같이 재산권을 목적으로 하지 않는 신분상의 행위는 취소할 수 없다.

재산권을 목적으로 하는 법률행위라도 그 재산권이 법률상 압류하지 못하는 것일 때에는 강제집행을 전제로 한 책임재산의 보전과는 무관한 것이므로 취소할 수 없다.

재산권을 목적으로 하는 법률행위이거나 또는 간접적으로 재산상의 이익에 영향을 미치는 것이라도 채무자의 자유의사에 맡겨야 하는 경우에는 취소의 대상이 되지 않는다. 즉 채무자의 부작위나 노무를 목적으로 하는 법률행위, 증여 또는 유증을 거절하는 행위, 상속의 승인이나 포기는 채무자의 재산상태를 악화시키는 것이라고 하더라도 사해행위가 되지 않는다.

> 상속의 포기는 비록 포기자의 재산에 영향을 미치는 바가 없지 아니하나 상속인으로서의 지위 자체를 소멸하게 하는 행위로서 순전한 재산법적 행위와 같이 볼 것이 아니다. 오히려 상속의 포기는 1차적으로 피상속인 또는 후순위상속인을 포함하여 다른 상속인 등과의 인격적 관계를 전체적으로 판단하여 행하여지는 '인적 결단'으로서의 성질을 가진다.

25) 지원림, 민법원론(2판), 홍문사, 891~895면.

그러한 행위에 대하여 비록 상속인인 채무자가 무자력 상태에 있다고 하여서 그로 하여금 상속포기를 하지 못하게 하는 결과가 될 수 있는 채권자의 사해행위취소를 쉽사리 인정할 것이 아니다. 그리고 상속은 피상속인이 사망 당시에 가지던 모든 재산적 권리 및 의무·부담을 포함하는 총체재산이 한꺼번에 포괄적으로 승계되는 것으로서 다수의 관련자가 이해관계를 가지는데, 위와 같이 상속인으로서의 자격 자체를 좌우하는 상속포기의 의사표시에 사해행위에 해당하는 법률행위에 대하여 채권자 자신과 수익자 또는 전득자 사이에서만 상대적으로 그 효력이 없는 것으로 하는 채권자취소권의 적용이 있다고 하면, 상속을 둘러싼 법률관계는 그 법적 처리의 출발점이 되는 상속인 확정의 단계에서부터 복잡하게 얽히게 되는 것을 면할 수 없다. 또한 상속인의 채권자의 입장에서는 상속의 포기가 그의 기대를 저버리는 측면이 있다고 하더라도 채무자인 상속인의 재산을 현재의 상태보다 악화시키지 아니한다. 이러한 점들을 종합적으로 고려하여 보면, 상속의 포기는 민법 제406조 제1항에서 정하는 "재산권에 관한 법률행위"에 해당하지 아니하여 사해행위취소의 대상이 되지 못한다.
대법원 2011. 6. 9. 선고 2011다29307 판결

이혼에 있어서 재산분할은 부부가 혼인 중에 가지고 있었던 실질상의 공동재산을 청산하여 분배함과 동시에 이혼 후에 상대방의 생활유지에 이바지하는 데 있지만, 분할자의 유책행위에 의하여 이혼함으로 인하여 입게 되는 정신적 손해(위자료)를 배상하기 위한 급부로서의 성질까지 포함하여 분할할 수도 있다고 할 것인바, 재산분할의 액수와 방법을 정함에 있어서는 당사자 쌍방의 협력으로 이룩한 재산의 액수 기타 사정을 참작하여야 하는 것이 민법 제839조의2 제2항의 규정상 명백하므로 재산분할자가 이미 채무초과의 상태에 있다거나 또는 어떤 재산을 분할한다면 무자력이 되는 경우에도 분할자가 부담하는 채무액 및 그것이 공동재산의 형성에 어느 정도 기여하고 있는지 여부를 포함하여 재산분할의 액수와 방법을 정할 수 있다고 할 것이고, 재산분할자가 당해 재산분할에 의하여 무자력이 되어 일반채권자에 대한 공동담보를 감소시키는 결과가 된다고 하더라도 그러한 재산분할이 민법 제839조의2 제2항의 규정 취지에 반하여 상당하다고 할 수 없을 정도로 과대하고, 재산분할을 구실로 이루어진 재산처분이라고 인정할 만한 특별한 사정이 없는 한 사해행위로서 채권자취소권의 대상이 되지 아니하고, 위와 같은 특별한 사정이 있어 사해행위로서 채권자취소권의 대상이 되는 경우에도 취소되는 범위는 그 상당한 부분을 초과하는 부분에 한정된다고 할 것이다.
대법원 2005. 1. 28. 선고 2004다58963 판결

상속재산의 분할협의는 상속이 개시되어 공동상속인 사이에 잠정적 공유가 된 상속재산에 대하여 그 전부 또는 일부를 각 상속인의 단독소유로 하거나 새로운 공유관계로 이행시킴으로써 상속재산의 귀속을 확정시키는 것으로 그 성질상 재산권을 목적으로 하는 법률행위이므로 사해행위취소권 행사의 대상이 될 수 있고, 한편 채무자가 자기의 유일한 재산인 부동산을 매각하여 소비하기 쉬운 금전으로 바꾸거나 타인에게 무상으로 이전하여 주는 행위는 특별한 사정이 없는 한 채권자에 대하여 사해행위가 되는 것이므로, 이미 채무초과 상태에 있는 채무자가 상속재산의 분할협의를 하면서 자신의 상속분에 관한 권리를 포기함으로써 일반 채권자에 대한 공동담보가 감소한 경우에도 원칙적으로 채권자에 대한 사해행위에 해당한다.
대법원 2007. 7. 26. 선고 2007다29119 판결

사해행위취소권은 채무자와 수익자 간의 사해행위를 취소함으로써 채무자의 책임재산을 보전하는데 그 목적이 있으므로, 공법상의 허가권 등의 양도행위가 사해행위로서 채권자취소권의 대상이 되기 위해서는, 행정관청의 허가 없이 그 허가권 등을 자유로이 양도할 수 있는 등으로 그 허가권 등이 독립한 재산적 가치를 가지고 있어 민사집행법 제251조 소정의 '그 밖의 재산권'에 대한 집행방법에 의하여 강제집행 할 수 있어야 할 것이다. 그런데 구 수산업법 제43조는 허가어업을 하려는 자는 어선 또는 어구마다 행정관청의 허가를 받아야 한다고 규정하고 있고, 위 법 제48조는 어업면허권의 이전 등에 관한 제18조, 제19조, 제21조, 제28조의 어업허가에 대한 준용을 제외하는 등으로

제1장 제2장 제3장 제4장 제5장 제6장 제7장 제8장 제9장 제10장

어업허가의 양도·양수에 관한 규정을 따로 두고 있지 않을 뿐만 아니라 수산업법의 위임에 의한 농림수산식품부령인 '어업허가 및 신고 등에 관한 규칙'은 허가받은 어선의 소유권을 양도하는 등의 경우, 양도인은 종전의 허가어업에 대한 폐지신고를 하고 양수인은 새로운 어업허가를 받아야 함을 전제로 하는 여러 규정들을 두고 있으며, 위 법 제48조는 제37조 제4호를 어업허가에도 준용하여 어업허가를 받은 자 이외의 자가 실질상 당해 어업의 경영을 지배하는 경우에는 어업허가를 취소할 수 있도록 규정하고 있는 점 등에 비추어 보면, 위 법 제43조에서 규정하는 어업허가의 양도는 허용되지 않는다고 할 것이므로, (다만 현행 수산업법 제44조는 어업허가를 받은 자로부터 어선 등을 매입한 자는 그 어업허가를 받은 자의 지위를 승계한다고 규정함으로써 어업허가를 포함한 어선 등의 양도는 허용하고 있다), 결국 민사집행법 제251조 소정의 강제집행의 대상이 될 수 없는 어업허가를 양도한 행위는 채권자취소권의 대상이 될 수 없다.
대법원 2010. 4. 29. 선고 2009다105734 판결

공유수면관리법 제11조 제1항, 제2항, 같은 법 시행령 제19조 제1항의 각 규정에 의하면, 공유수면점용허가권은 공법상의 권리라고 하더라도 허가를 받은 자가 관할 관청의 허가 없이 그 점용허가권을 자유로이 양도할 수 있으므로 독립한 재산적 가치를 가지고 있고, 법률상 압류가 금지된 권리도 아니어서 민사집행법 제251조 소정의 '그 밖의 재산권'에 대한 집행방법에 의하여 강제집행을 할 수 있고, 사해행위로서 이를 양도한 경우에는 채권자취소권의 대상이 된다.
대법원 2005. 11. 10. 선고 2004다7873 판결

채무자가 소멸시효 완성 후에 한 소멸시효이익의 포기행위는 소멸하였던 채무가 소멸하지 않았던 것으로 되어 결과적으로 채무자가 부담하지 않아도 되는 채무를 새롭게 부담하게 되는 것이므로 채권자취소권의 대상인 사해행위가 될 수 있다.
대법원 2013. 5. 31. 자 2012마712 결정

이혼으로 인한 재산분할청구권은 이혼을 한 당사자의 일방이 다른 일방에 대하여 재산분할을 청구할 수 있는 권리로서 이혼이 성립한 때에 그 법적 효과로서 비로소 발생하는 것일 뿐만 아니라, 협의 또는 심판에 의하여 구체적 내용이 형성되기까지는 그 범위 및 내용이 불명확·불확정하기 때문에 구체적으로 권리가 발생하였다고 할 수 없으므로 협의 또는 심판에 의하여 구체화되지 않은 재산분할청구권은 채무자의 책임재산에 해당하지 아니하고, 이를 포기하는 행위 또한 채권자취소권의 대상이 될 수 없다.
대법원 2013. 10. 11. 선고 2013다7936 판결

상속재산의 분할협의는 상속이 개시되어 공동상속인 사이에 잠정적 공유가 된 상속재산에 대하여 그 전부 또는 일부를 각 상속인의 단독소유로 하거나 새로운 공유관계로 이행시킴으로써 상속재산의 귀속을 확정시키는 것으로 그 성질상 재산권을 목적으로 하는 법률행위이므로 사해행위취소권 행사의 대상이 될 수 있다.
대법원 2001. 2. 9. 선고 2000다51797 판결

부동산의 명의수탁자가 신탁행위에 기한 반환의무의 이행으로서 신탁부동산의 소유권이전등기를 경료하는 행위는 기존채무의 이행으로서 사해행위를 구성하지 아니한다.
대법원 2007. 4. 26. 선고 2006다79704 판결

3) 채권자를 해하는 법률행위일 것

가) 의미 이해

채권자를 해한다는 것은 채무자의 법률행위로 말미암아 채무자의 적극재산이

소극재산보다 적게 되는 경우, 즉 채무초과로 인한 무자력 상태가 되는 것을 의미한다. 채무자의 무자력 여부는 사해행위 당시를 기준으로 판단하여야 한다. 따라서 법률행위 당시에 무자력이 아니었다면 그 이후에 무자력이 되었다고 하더라도 사해행위로 되는 것은 아니다. 그리고 채무자의 무자력은 사실심의 변론종결시까지 유지되어야 한다.

채권자 취소권의 대상이 되는 사해행위는 채무자의 총재산에 감소를 초래함으로써 채권자를 해하는 채무자의 재산적 법률행위를 말하므로 채무자의 총재산에 감소를 초래하지 않는 경우에는 사해행위라 할 수 없다.
대법원 1982. 5. 25. 선고 80다1403 판결

채무자가 책임재산을 감소시키는 행위를 함으로써 일반채권자들을 위한 공동담보의 부족상태를 유발 또는 심화시킨 경우에 그 행위가 채권자취소의 대상인 사해행위에 해당하는지는, 그 목적물이 채무자의 전체 책임재산 가운데에서 차지하는 비중, 무자력의 정도, 법률행위의 경제적 목적이 가지는 정당성 및 그 실현수단인 당해 행위의 상당성, 행위의 의무성 또는 상황의 불가피성, 공동담보의 부족 위험에 대한 채무자와 수익자의 인식의 정도 등 그 행위에 나타난 여러 사정을 종합적으로 고려하여, 그 행위가 궁극적으로 일반채권자를 해하는 행위라고 볼 수 있는지 여부에 따라 최종 판단하여야 한다. 그리고 채무초과의 상태에 있는 채무자가 여러 채권자 중 일부에게만 채무의 이행과 관련하여 그 채무의 본래 목적이 아닌 다른 채권을 양도하는 경우에도, 그 행위가 사해행위가 되는지는 위에서 본 바와 같은 일반적인 판단 기준에 비추어 그 행위를 궁극적으로 일반채권자를 해하는 행위로 볼 수 있는지 여부에 따라 판단하여야 한다.
대법원 2014. 3. 27. 선고 2011다107818 판결

채권자취소의 대상인 사해행위에 해당하는지를 판단할 때 채무자 소유의 재산이 다른 채권자의 채권에 물상담보로 제공되어 있다면, 물상담보로 제공된 부분은 채무자의 일반채권자들을 위한 채무자의 책임재산이라고 할 수 없으므로 물상담보에 제공된 재산의 가액에서 다른 채권자가 가지는 피담보채권액을 공제한 잔액만을 채무자의 적극재산으로 평가하여야 한다. 한편 사해행위취소소송에서 채무자의 무자력 여부는 사해행위 당시를 기준으로 판단하여야 한다.
대법원 2012. 1. 12. 선고 2010다64792 판결

처분행위 당시에는 채권자를 해하는 것이었다고 하더라도 그 후 채무자가 자력을 회복하여 사해행위취소권을 행사하는 사실심의 변론종결시에는 채권자를 해하지 않게 된 경우에는 책임재산 보전의 필요성이 없어지게 되어 채권자취소권이 소멸하는 것으로 보아야 할 것인바, 그러한 사정변경이 있다는 사실은 채권자취소소송의 상대방이 증명하여야 한다.
대법원 2007. 11. 29. 선고 2007다54849 판결

건축 중인 건물 외에 별다른 재산이 없는 채무자가 수익자에게 책임재산인 위 건물을 양도하기 위해 수익자 앞으로 건축주명의를 변경해주기로 약정하였다면 위 양도 약정이 포함되어 있다고 볼 수 있는 건축주명의변경 약정은 채무자의 재산감소 효과를 가져오는 행위로서 다른 일반채권자의 이익을 해하는 사해행위가 될 수 있다.
대법원 2017. 4. 27. 선고 2016다279206 판결

나) 자력산정

채무자의 자력을 산정함에 있어서는 조건부채권, 기한부채권도 평가하여 포함시켜야하지만 용이하게 변제받을 수 있는 채권만 포함시켜야 한다. 그리고 압류금지재산은 공동담보가 될 수 없으므로 이를 적극재산에 포함시켜서는 아니 된다.

채권자가 물적 담보를 가지고 있는 경우에는 우선변제가 확보된 범위 내에서 그 채무를 소극재산에서 제외하고, 그 범위 내에서 담보재산도 적극재산에서 제외하여야 한다.

채무자 소유 부동산에 제3자의 담보권이 설정되어 있는 경우에도 그 담보권으로 담보된 채권액을 제외한 나머지 부분만이 일반채권자들의 공동담보로 되는 책임재산이 되는 것이므로 그 부분만이 적극재산이 되는 것이다.

채무자의 무자력 여부는 사해행위 당시를 기준으로 판단하여야 한다. 채무자가 연속하여 여러 개의 재산처분행위를 한 경우에는 전체로서가 아니고 각 행위에 대하여 무자력을 초래하였는지 검토하여야 한다.

사해행위취소의 요건으로서의 무자력이란 채무자의 변제자력이 없음을 뜻하는 것이고 특히 임의 변제를 기대할 수 없는 경우에는 강제집행을 통한 변제가 고려되어야 하므로, 소극재산이든 적극재산이든 위와 같은 목적에 부합할 수 있는 재산인지 여부가 변제자력 유무 판단의 중요한 고려요소가 되어야 하는데, 채무자의 소극재산은 실질적으로 변제의무를 지는 채무를 기준으로 하여야 할 것이므로 처분행위 당시에 가집행선고 있는 판결상의 채무가 존재하고 있었다고 하더라도 그것이 나중에 상급심의 판결에 의하여 감액된 경우에는 그 감액된 판결상의 채무만이 소극재산이라 할 것이고, 한편 채무자의 적극재산을 산정함에 있어서는 다른 특별한 사정이 없는 한 실질적으로 재산적 가치가 없어 채권의 공동담보로서의 역할을 할 수 없는 재산은 제외하여야 할 것이고, 특히 그 재산이 채권인 경우에는 그것이 용이하게 변제를 받을 수 있는 것인지 여부를 합리적으로 판정하여 그것이 긍정되는 경우에 한하여 적극재산에 포함시켜야 한다.
대법원 2006. 2. 10. 선고 2004다2564 판결

압류금지재산은 공동담보가 될 수 없으므로 이를 적극재산에 포함시켜서는 아니 된다.
대법원 2005. 1. 28. 선고 2004다58963 판결

채권자취소의 대상인 사해행위에 해당하는지를 판단할 때 채무자 소유의 재산이 다른 채권자의 채권에 물상담보로 제공되어 있다면, 물상담보로 제공된 부분은 채무자의 일반 채권자들을 위한 채무자의 책임재산이라고 할 수 없으므로 물상담보에 제공된 재산의 가액에서 다른 채권자가 가지는 피담보채권액을 공제한 잔액만을 채무자의 적극재산으로 평가하여야 한다. 한편 사해행위취소소송에서 채무자의 무자력 여부는 사해행위 당시를 기준으로 판단하여야 한다.
대법원 2012. 1. 12. 선고 2010다64792 판결

사해행위취소의 소에서 채무자가 수익자에게 양도한 목적물에 저당권이 설정되어 있는 경우라면 그 목적물 중에서 일반채권자들의 공동담보에 제공되는 책임재산은 피담보채권액을 공제한 나머지 부분만이라고 할 것이고 그 피담보채권액이 목적물의 가액을 초과할 때는 당해 목적물의 양도는 사해행위에 해당한다고 할 수 없다. 그런데 수 개의 부동산에 공동저당권이 설정되어 있는 경우 책임재산을 산정함에 있어 각 부동산이 부담하는 피담보채권액은 특별한 사정이 없는 한 민법 제368조의 규정 취지에 비추어 공동저당권의 목적으로 된 각 부동산의 가액에 비례하여 공동저당권의 피담보채권액을 안분한 금액이라고 보아야 한다. 그러나 그 수 개의 부동산 중 일부는 채무자의 소유이고 다른 일부는 물상보증인의 소유인 경우에는, 물상보증인이 민법 제481조, 제482조의 규정에 따른 변제자대위에 의하여 채무자 소유의 부동산에 대하여 저당권을 행사할 수 있는 지위에 있는 점 등을 고려할 때, 그 물상보증인이 채무자에 대하여 구상권을 행사할 수 없는 특별한 사정이 없는 한 채무자 소유의 부동산에 관한 피담보채권액은 공동저당권의 피담보채권액 전액으로 봄이 상당하다. 이러한 법리는 하나의 공유부동산 중 일부 지분이 채무자의 소유이고, 다른 일부 지분이 물상보증인의 소유인 경우에도 마찬가지로 적용된다.
대법원 2013. 7. 18. 선고 2012다5643 전원합의체 판결

채무자가 양도한 목적물에 저당권이 설정되어 있는 경우라면 그 목적물 중에서 일반채권자들의 공동담보에 제공되는 책임재산은 피담보채권액을 공제한 나머지 부분만이고 그 피담보채권액이 목적물의 가격을 초과하고 있는 때에는 당해 목적물의 양도는 사해행위에 해당하지 않는다. 그런데 수개의 부동산에 공동저당권이 설정되어 있는 경우 위 책임재산을 산정함에 있어 각 부동산이 부담하는 피담보채권액은 특별한 사정이 없는 한 민법 제368조의 규정 취지에 비추어 공동저당권의 목적으로 된 각 부동산의 가액에 비례하여 공동저당권의 피담보채권액을 안분한 금액이다. 그러나 그 수 개의 부동산 중 일부는 채무자의 소유이고 일부는 공동저당권이 설정된 상태에서 이를 취득한 제3취득자의 소유로서 그 제3취득자가 민법 제481조, 제482조의 규정에 정한 변제자대위에 의하여 채무자 소유의 부동산에 대하여 저당권을 행사할 수 있는 지위에 있는 경우라면 채무자 소유 부동산에 관한 피담보채권액은 공동저당권의 피담보채권액 전액으로 보아야 한다. 이러한 법리는 한 개의 공유부동산 중 일부 지분이 채무자의 소유이고 일부는 제3취득자의 소유인 경우에도 마찬가지로 적용된다.
대법원 2010. 12. 23. 선고 2008다25671 판결

민법 제406조에서 정하는 채권자취소권의 대상인 '사해행위'란 채무자가 적극재산을 감소시키거나 소극재산을 증가시킴으로써 채무초과상태에 이르거나 이미 채무초과상태에 있는 것을 심화시킴으로써 채권자를 해하는 행위를 가리킨다. 그리고 사해행위취소소송에서 채무자가 그와 같이 채무초과상태에 있는지 여부는 사해행위 당시를 기준으로 판단된다. 한편 채무자가 위와 같이 채무초과상태에 있는지 여부를 판단함에 있어서 사해행위 당시 존속하고 있는 임대차관계에서의 임차인의 보증금반환채권은 장차 임대차관계가 종료되는 등으로 그 권리가 실제로 성립하는 때에 선순위권리의 존재 또는 임차인의 차임지급의무 불이행 등으로 임차인이 이를 현실적으로 반환받을 가능성이 없거나 제한되는 것으로 합리적으로 예측되는 등의 특별한 사정이 없는 한 이를 애초의 보증금액 상당의 가치대로 적극재산에 포함된다고 평가하는 것이 그 권리의 성질이나 내용 등에 부합한다.
대법원 2013. 4. 26. 선고 2012다118334 판결

가등기에 기하여 본등기가 경료된 경우, 가등기의 원인인 법률행위와 본등기의 원인인 법률행위가 명백히 다른 것이 아닌 한 사해행위의 요건의 구비 여부는 가등기의 원인된 법률행위 당시를 기준으로 하여 판단하여야 한다.
대법원 1998. 3. 10. 선고 97다51919 판결

채무자의 재산처분행위가 사해행위가 되는지 여부는 처분행위 당시를 기준으로 판단하여야 하므로 담보로 제공된 부동산이 사해성 여부가 문제되는 재산처분행위가 있은 후에 임의경매 등 절차에서 환가가 진행된 경우에는 그 재산처분행위의 사해성 여부를 판단하기 위한 부동산 가액의 평가는 부동산 가액의 하락이 예상되는 등 특별한 사정이 없는 한 사후에 환가된 가액을 기준으로 할 것이 아니라 사해성 여부가 문제되는 재산처분행위 당시의 시가를 기준으로 하여야 한다.
대법원 2002. 11. 8. 선고 2002다41589 판결

채무자가 연속하여 수개의 재산처분행위를 한 경우에는 원칙으로 각 행위별로 그로 인하여 무자력이 초래되었는지 여부에 따라 사해성 여부를 판단하여야 하는 것이지만, 일련의 행위를 하나의 행위로 볼만한 특별한 사정이 있는 경우에는 이를 일괄하여 전체적으로 사해성이 있는지 여부를 판단하여야 하고, 그러한 특별 사정이 있는지 여부는 처분의 상대방이 동일한지, 각 처분이 시간적으로 근접한지, 상대방과 채무자가 특별한 관계가 있는지, 각 처분의 동기 내지 기회가 동일한지 등을 종합적으로 고려하여 판단할 것이다.
대법원 2014. 3. 27. 선고 2012다34740 판결

처분행위 당시에는 채권자를 해하는 것이었다고 하더라도 그 후 채무자가 자력을 회복하여 사해행위취소권을 행사하는 사실심의 변론종결시에는 채권자를 해하지 않게 된 경우에는 책임재산 보전의 필요성이 없어지게 되어 채권자취소권이 소멸하는 것으로 보아야 할 것인바, 그러한 사정변경이 있다는 사실은 채권자취소소송의 상대방이 증명하여야 한다.
대법원 2007. 11. 29. 선고 2007다54849 판결

사해행위취소의 소에서 채무자가 수익자에게 양도한 목적물에 저당권이 설정되어 있는 경우에 목적물 중에서 일반채권자들의 공동담보에 제공되는 책임재산은 피담보채권액을 공제한 나머지 부분만이므로, 피담보채권액이 목적물의 가액을 초과할 때의 목적물 양도는 사해행위에 해당하지 않는다. 그러나 저당권의 피담보채권액이 목적물의 가액을 초과하였더라도 채무자가 목적물을 양도하기에 앞서 자신의 출재로 피담보채무의 일부를 변제하여 잔존 피담보채권액이 목적물의 가액을 초과하지 않게 되었다면 목적물의 양도로 목적물의 가액에서 잔존 피담보채권액을 공제한 잔액의 범위 내에서 사해행위가 성립하고, 이는 채무자의 출재에 의한 피담보채무의 일부 변제가 양도계약 체결 후 이에 따른 소유권이전등기 등이 마쳐지는 과정에서 이루어진 경우에도 마찬가지로 보아야 한다.
대법원 2017. 1. 12. 선고 2016다208792 판결

다) 구체적 경우

○ 변제 및 대물변제

변제는 채무자가 일부의 채권자와 통모하여 다른 채권자를 해할 의사를 가지고 변제를 한 경우를 제외하고는 원칙적으로 사해행위가 되지 않는다. 적극재산 뿐만 아니라 소극재산도 감소하게 되어 채무자의 책임재산에 변동을 가져오지 않기 때문이다.

대물변제도 상당한 가격으로 행해진 경우에는 사해행위가 아니다.
그러나 채무초과 상태에 있는 채무자가 여러 채권자 중 일부에게만 채무의 이행과 관련하여 그 채무의 본래 목적이 아닌 다른 채권 기타 적극재산을 양도하는

행위는 다른 채권자 등에 대한 관계에서 사해행위가 될 수 있지만, 우선변제권 있는 채권자들에 대한 대물변제는 특별한 사정이 없는 한 다른 채권자들의 이익을 해한다고 할 수 없으므로 사해행위가 되지 않는다고 할 것이다.

> 채무자가 채무초과의 상태에서 특정채권자에게 채무의 본지에 따른 변제를 함으로써 다른 채권자의 공동담보가 감소하는 결과가 되는 경우에도 그 변제는 채무자가 특히 일부의 채권자와 통모하여 다른 채권자를 해할 의사를 가지고 변제를 한 경우가 아닌 한 원칙적으로 사해행위가 되는 것은 아니라고 할 것인바, 기존 금전채무의 변제에 갈음하여 다른 금전채권을 양도하는 경우에도 이와 마찬가지이다.
> 대법원 2003. 6. 24. 선고 2003다1205 판결
>
> 채무자의 재산이 채무의 전부를 변제하기에 부족한 경우에 채무자가 그의 유일한 재산을 어느 특정 채권자에게 대물변제로 제공하여 양도하였다면 그 채권자는 다른 채권자에 우선하여 채권의 만족을 얻는 반면 그 범위 내에서 공동담보가 감소됨에 따라 다른 채권자는 종전보다 더 불리한 지위에 놓이게 되므로 이는 곧 다른 채권자의 이익을 해하는 것이라고 보아야 하고, 따라서 채무자가 그의 유일한 재산을 채권자들 가운데 어느 한 사람에게 대물변제로 제공하는 행위는 다른 특별한 사정이 없는 한 다른 채권자들에 대한 관계에서 사해행위가 된다.
> 대법원 2005. 11. 10. 선고 2004다7873 판결
>
> 채무자의 재산이 채무의 전부를 변제하기에 부족한 경우에 채무자가 그의 재산을 어느 특정 채권자에게 대물변제나 담보조로 제공하였다면 특별한 사정이 없는 한 이는 곧 다른 채권자의 이익을 해하는 것으로서 다른 채권자들에 대한 관계에서 사해행위가 되는 것이고, 위와 같이 대물변제나 담보조로 제공된 재산이 채무자의 유일한 재산이 아니라거나 그 가치가 채권액에 미달한다고 하여도 마찬가지라고 할 것이다.
> 대법원 2009. 9. 10. 선고 2008다85161 판결
>
> 채무자의 재산이 채무의 전부를 변제하기에 부족한 경우에 채무자가 그의 유일한 재산을 어느 특정 채권자에게 대물변제로 제공하는 행위는 다른 특별한 사정이 없는 한 다른 채권자들에 대한 관계에서 사해행위가 되지만, 채권자들의 공동담보가 되는 채무자의 총재산에 대하여 다른 채권자에 우선하여 변제를 받을 수 있는 권리를 가지는 채권자는 처음부터 채무자의 재산에 대한 환가절차에서 다른 채권자에 우선하여 배당을 받을 수 있는 지위에 있으므로, 그와 같은 우선변제권 있는 채권자에 대한 대물변제의 제공행위는 특별한 사정이 없는 한 다른 채권자들의 이익을 해한다고 볼 수 없어 사해행위가 되지 않는다.
> 대법원 2008. 2. 14. 선고 2006다33357 판결

○ 채무의 이행

부동산의 명의수탁자가 신탁행위에 기한 반환의무의 이행으로서 신탁부동산의 소유권이전등기를 경료하는 행위는 기존채무의 이행으로서 사해행위를 구성하지 아니한다(대법원 2007. 4. 26. 선고 2006다79704 판결).

채권자가 채무의 변제를 구하는 것은 그의 당연한 권리행사로서 다른 채권자가 존재한다는 이유로 이것이 방해받아서는 아니 되고, 채무자도 채무의 본지에 따라

채무를 이행할 의무를 부담하고 있어 다른 채권자가 있다는 이유로 그 채무이행을 거절하지는 못하므로, 채무자가 채무초과의 상태에서 특정채권자에게 채무의 본지에 따른 변제를 함으로써 다른 채권자의 공동담보가 감소하는 결과가 되는 경우에도 그 변제는 채무자가 특히 일부의 채권자와 통모하여 다른 채권자를 해할 의사를 가지고 변제를 한 경우가 아닌 한 원칙적으로 사해행위가 되는 것은 아니다(대법원 2005. 3. 25. 선고 2004다10985, 10992 판결).

○ 물적 담보의 제공

일부의 채권자를 위하여 저당권의 설정과 같은 물적 담보를 제공하는 것은 원칙적으로 사해행위가 아니지만 이미 채무초과의 상태에 빠져 있는 채무자가 그의 유일한 재산인 부동산을 채권자 중의 어느 한 사람에게 담보로 제공한 행위는 원칙적으로 다른 채권자들에 대한 관계에서 사해행위가 된다고 본다.

이미 채무초과의 상태에 빠져 있는 채무자가 그의 유일한 재산인 부동산을 채권자 중의 어느 한 사람에게 채권담보로 제공하는 행위는 다른 특별한 사정이 없는 한 다른 채권자들에 대한 관계에서 채권자취소권의 대상이 되는 사해행위가 된다고 봄이 상당하고, 이는 이미 채무초과의 상태에 빠져 있는 채무자가 그의 유일한 재산인 채권을 채권자 중의 어느 한 사람에게 채권담보로 제공하는 경우에도 마찬가지이다.
대법원 2007. 2. 23. 선고 2006다47301 판결

채무자가 계속적인 거래관계에 있는 구입처로부터 외상매입대금채무에 대한 담보를 제공하지 않으면 사업에 필요한 물품의 공급을 중단하겠다는 통보를 받고 물품을 공급받아 사업을 계속 추진하는 것이 채무 변제력을 갖게 되는 최선의 방법이라고 생각하고 물품을 공급받기 위하여 채무초과 상태에 있으면서도 부득이 채무자 소유의 부동산을 특정 채권자에게 담보로 제공하고 그로부터 물품을 공급받았다면 특별한 사정이 없는 한 채무자의 담보권설정행위는 사해행위에 해당하지 아니하나, 이러한 예외적인 경우 등이 아니면 채무초과 상태에 있는 채무자가 그 소유의 부동산을 채권자 중의 어느 한 사람에게 채권담보로 제공하는 행위는 다른 채권자들에 대한 관계에서 사해행위가 될 수 있다.
대법원 2011. 1. 13. 선고 2010다68084 판결

채무자가 신규자금의 융통 없이 단지 기존채무의 이행을 유예받기 위하여 채권자 중 한 사람에게 담보를 제공하는 행위는, 그것이 비록 사업의 갱생이나 계속 추진의 의도에서 비롯된 것이라 할지라도, 다른 채권자들에 대한 관계에서 사해행위에 해당한다.
대법원 2009. 3. 12. 선고 2008다29215 판결

어느 특정 채권자에 대한 담보제공행위가 사해행위가 되기 위하여는 채무자가 이미 채무초과 상태에 있을 것과 그 채권자에게만 다른 채권자에 비하여 우선변제를 받을 수 있도록 하여 다른 일반 채권자의 공동담보를 감소시키는 결과를 초래할 것을 그 요건으로 하며, 특정 채권자에게 부동산을 담보로 제공한 경우 그 담보물이 채무자 소유의 유일한 부동산인 경우에 한하여만 사해행위가 성립한다고 볼 수는 없다.
대법원 2008. 2. 14. 선고 2005다47106 판결

수익자가 채무초과상태에 있는 채무자의 부동산에 관하여 설정된 선순위 담보가등기의 피담보채무를 변제하여 그 가등기를 말소하는 대신 동일한 금액을 피담보채무로 하는 새로운 담보가등기를 설정하는 것은 채무자의 공동담보를 부족하게 하는 것이라고 볼 수 없어 사해행위가 성립한다고 할 수 없지만, 선순위 담보가등기를 말소시킨 후 그 부동산에 관하여 매매예약을 하고, 그에 기하여 소유권이전등기청구권 보전의 가등기를 경료한 경우에는 그 부동산의 가액, 즉 시가에서 피담보채무액을 공제한 잔액의 범위 내에서 사해행위가 성립한다.
대법원 2003. 7. 11. 선고 2003다19435 판결

채무자가 3자간 등기명의신탁 약정에 따라 명의수탁자로서 부동산에 관하여 그 명의로 소유권이전등기를 마쳤다면 채무자 명의의 위 소유권이전등기는 무효이므로 위 부동산은 채무자의 소유가 아니기 때문에 이를 채무자의 일반 채권자들의 공동담보에 공하여지는 책임재산이라고 볼 수 없고, 채무자가 위 부동산에 관하여 제3자와 매매계약을 체결하고 그에게 소유권이전등기를 마쳐주었다 하더라도 그로써 채무자의 책임재산에 감소를 초래한 것이라고 할 수 없으므로 이를 들어 채무자의 일반 채권자들을 해하는 사해행위에 해당한다고 할 수 없다.
대법원 2008. 9. 25. 선고 2008다41635 판결

주택임대차보호법 제8조의 소액보증금 최우선변제권은 임차목적 주택에 대하여 저당권에 의하여 담보된 채권, 조세 등에 우선하여 변제받을 수 있는 일종의 법정담보물권을 부여한 것이므로, 채무자가 채무초과상태에서 채무자 소유의 유일한 주택에 대하여 위 법조 소정의 임차권을 설정해 준 행위는 채무초과상태에서의 담보제공행위로서 채무자의 총재산의 감소를 초래하는 행위가 되는 것이고, 따라서 그 임차권설정행위는 사해행위취소의 대상이 된다고 할 것이다.
대법원 2005. 5. 13. 선고 2003다50771 판결

○ 인적 담보의 제공과 약속어음의 발행

채무자가 보증채무나 연대채무를 부담하는 행위는 소극재산을 증가시키는 것이므로 사해행위가 된다.

기존 채무의 지급을 위하여 약속어음이 발행된 경우에는 채무자의 소극재산이 증가한 것이 아니므로 사해행위가 되지 않는다. 그러나 약속어음을 발행함으로써 새로운 채무를 부담하게 되는 경우에는 사해행위에 해당한다고 할 것이다.

연대보증인의 법률행위가 사해행위에 해당하는지 여부를 판단함에 있어서, 주채무에 관하여 주채무자 또는 제3자 소유의 부동산에 대하여 채권자 앞으로 근저당권이 설정되어 있는 등으로 채권자에게 우선변제권이 확보되어 있는 경우가 아닌 이상, 주채무자의 일반적인 자력은 고려할 요소가 아니라고 할 것이다.
대법원 2003. 7. 8. 선고 2003다13246 판결

채권자취소권의 대상이 되는 채권자를 해하는 행위라 함은 재산권을 목적으로 한 법률행위로서 그로 인하여 채무자의 소극재산이 적극재산을 초과하게 되거나 채무초과상태가 더 나빠지게 하는 행위를 뜻하고, 따라서 채무자가 이전부터 있는 채무의

변제를 위하여 약속어음을 발행하는 행위는 소극재산을 증가시키는 행위가 아니므로 그것만으로는 다른 채권자를 해하는 행위라고 보기 어렵다.
대법원 2002. 8. 27. 선고 2002다27903 판결

기존 채무의 지급을 위하여 약속어음이 발행된 경우에는 특별한 사정이 없는 한 그 약속어음의 발행으로 인하여 채무자의 채무가 새로이 증가되는 것이 아니므로 그 약속어음의 발행이 사해행위에 해당한다고 할 수 없지만, 채무자가 약속어음을 발행함으로써 새로운 채무를 부담하게 되는 경우에 있어서는 그 채무부담으로 인하여 채무자가 채무초과상태에 빠지거나 이미 빠져 있던 채무초과상태가 더욱 악화·심화된다면 그 약속어음의 발행은 다른 채권자를 해하는 것으로서 사해행위에 해당한다.
대법원 2002. 10. 25. 선고 2000다64441 판결

○ 매각 기타 양도

부동산을 타인에게 무상으로 양도하는 행위는 당연히 사해행위가 된다.
재산의 매각이 일부 채권자들에 대한 정당한 변제에 충당하기 위하여 상당한 가격으로 이루러졌다는 특별한 사정이 없는 한, 재산을 매각하여 소비하기 쉬운 금전으로 바꾸는 행위는 원칙적으로 사해행위에 해당한다고 한다.

채무초과의 상태에서 채권자 1인과 통모하여 그에게 부동산을 매각 한 뒤 그의 매매대금채권과 그 채권자의 채권을 상계한 것은 사해행위라고 할 것이다(실질적으로는 대물변제임).

채무자가 채무초과 상태에서 근저당권이 설정된 부동산을 매도하는 경우에는 부동산의 가액에서 피담보채권액을 공제한 잔액의 범위 내에서 사해행위가 된다. 그러나 피담보채권액이 부동산가액을 초과한 때에는 사해행위로 되지 않는다.

채무자가 자기의 유일한 재산인 부동산을 매각하여 소비하기 쉬운 금전으로 바꾸는 행위는 특별한 사정이 없는 한 항상 채권자에 대하여 사해행위가 된다고 볼 것이므로 채무자의 사해의 의사는 추정되는 것이고, 이를 매수한 자가 악의가 없었다는 입증책임은 수익자에게 있다.
대법원 1998. 4. 14. 선고 97다54420 판결

채무자가 채무가 재산을 초과하는 상태에서 채권자 중 한 사람과 통모하여, 그 채권자만 우선적으로 채권의 만족을 얻도록 할 의도로, 채무자 소유의 부동산을 그 채권자에게 매각하고 위 매매대금채권과 그 채권자의 채무자에 대한 채권을 상계하는 약정을 하였다면, 가사 매매가격이 상당한 가격이거나 상당한 가격을 초과한다고 할지라도, 채무자의 매각행위는 다른 채권자를 해할 의사로 한 법률행위에 해당한다.
대법원 1994. 6. 14. 선고 94다2961 판결

저당권이 설정되어 있는 재산이 사해행위로 양도된 경우에 그 사해행위는 그 재산의 가액, 즉 시가에서 저당권의 피담보채권액을 공제한 잔액의 범위 내에서 성립하고, 피담보채권액이 그 재산의 가액을 초과하는 때에는 당해 재산의 양도는 사해행위에 해당한다고 할 수 없다.
대법원 2008. 2. 14. 선고 2006다33357 판결

'부동산 실권리자명의 등기에 관한 법률'의 시행 후에 부동산의 소유자가 등기명의를 수탁자에게 이전하는 이른바 양자간 명의신탁의 경우 명의신탁약정에 의하여 이루어진 수탁자 명의의 소유권이전등기는 원인무효로서 말소되어야 하고, 부동산은 여전히 신탁자의 소유로서 신탁자의 일반채권자들의 공동담보에 제공되는 책임재산이 된다. 따라서 신탁자의 일반채권자들의 공동담보에 제공되는 책임재산인 신탁부동산에 관하여 채무자인 신탁자가 직접 자신의 명의 또는 수탁자의 명의로 제3자와 매매계약을 체결하는 등 신탁자가 실질적 당사자가 되어 법률행위를 하는 경우 이로 인하여 신탁자의 소극재산이 적극재산을 초과하게 되거나 채무초과상태가 더 나빠지게 되고 신탁자도 그러한 사실을 인식하고 있었다면 이러한 신탁자의 법률행위는 신탁자의 일반채권자들을 해하는 행위로서 사해행위에 해당할 수 있다.
대법원 2012. 10. 25. 선고 2011다107382 판결

부동산에 관하여 부동산 실권리자명의 등기에 관한 법률 제4조 제2항 본문이 적용되어 명의수탁자인 채무자 명의의 소유권이전등기가 무효인 경우에는 그 부동산은 채무자의 소유가 아니기 때문에 이를 채무자의 일반 채권자들의 공동담보에 제공되는 책임재산이라고 볼 수 없고, 채무자가 위 부동산에 관하여 제3자와 매매계약을 체결하고 그에게 소유권이전등기를 마쳐주었다고 하더라도 그로써 채무자의 책임재산에 감소를 초래한 것이라고 할 수 없으므로 이를 들어 채무자의 일반 채권자들을 해하는 사해행위라고 할 수 없으며, 채무자에게 사해의 의사가 있다고 볼 수도 없다. 그러나 명의신탁자와 명의수탁자가 이른바 계약명의신탁 약정을 맺고 명의수탁자가 당사자가 되어 명의신탁 약정이 있다는 사실을 알지 못하는 소유자와 부동산에 관한 매매계약을 체결한 후 그 매매계약에 따라 당해 부동산의 소유권이전등기를 명의수탁자 명의로 마친 경우에는, 명의신탁자와 명의수탁자 사이의 명의신탁 약정의 무효에도 불구하고 부동산 실권리자명의 등기에 관한 법률 제4조 제2항 단서에 의하여 그 명의수탁자는 당해 부동산의 완전한 소유권을 취득하게 되고, 다만 명의신탁자에 대하여 그로부터 제공받은 매수자금 상당액의 부당이득반환의무를 부담하게 되는바, 위와 같은 경우에 명의수탁자가 취득한 부동산은 채무자인 명의수탁자의 일반 채권자들의 공동담보에 제공되는 책임재산이 되고, 명의신탁자는 명의수탁자에 대한 관계에서 금전채권자 중 한 명에 지나지 않으므로, 명의수탁자의 재산이 채무의 전부를 변제하기에 부족한 경우 명의수탁자가 위 부동산을 명의신탁자 또는 그가 지정하는 자에게 양도하는 행위는 특별한 사정이 없는 한 다른 채권자의 이익을 해하는 것으로서 다른 채권자들에 대한 관계에서 사해행위가 된다.
대법원 2008. 9. 25. 선고 2007다74874 판결

부동산 실권리자명의 등기에 관한 법률 제4조 제1항, 제2항에 의하면 이른바 계약명의신탁약정에 따라 수탁자가 당사자가 되어 명의신탁약정이 있다는 사실을 알지 못하는 소유자와 사이에 부동산에 관한 매매계약을 체결한 후 그 매매계약에 따라 수탁자 명의로 소유권이전등기를 마친 경우에는 신탁자와 수탁자 사이의 명의신탁약정의 무효에도 불구하고 수탁자는 당해 부동산의 완전한 소유권을 취득하게 되고, 다만 수탁자는 신탁자에 대하여 매수대금 상당의 부당이득반환의무를 부담하게 된다. 또한 신탁자와 수탁자 사이에 신탁자의 지시에 따라 부동산의 소유 명의를 이전하기로 약정하였더라도 이는 명의신탁약정이 유효함을 전제로 명의신탁 부동산 자체의 반환을 구하는 범주에 속하는 것에 해당하여 역시 무효이다. 그리고 이와 같이 신탁자가 수탁자에 대하여 부당이득반환채권만을 가지는 경우에는 그 부동산은 신탁자의 일반채권자들의 공동담보에 제공되는 책임재산이라고 볼 수 없고, 신탁자가 위 부동산에 관하여 제3자와 매매계약을

체결하는 등 신탁자가 실질적인 당사자가 되어 처분행위를 하고 소유권이전등기를 마쳐주었다고 하더라도 그로써 신탁자의 책임재산에 감소를 초래한 것이라고 할 수 없으므로, 이를 들어 신탁자의 일반채권자들을 해하는 사해행위라고 할 수 없다.
대법원 2013. 9. 12. 선고 2011다89903 판결

채권자취소권은 채무자가 채권자에 대한 책임재산을 감소시키는 행위를 한 경우 이를 취소하고 원상회복을 하여 공동담보를 보전하는 권리이고, 채권양도의 경우 권리이전의 효과는 원칙적으로 당사자 사이의 양도계약 체결과 동시에 발생하며 채무자에 대한 통지 등은 채무자를 보호하기 위한 대항요건일 뿐이므로, 채권양도행위가 사해행위에 해당하지 않는 경우에 양도통지가 따로 채권자취소권 행사의 대상이 될 수는 없다.
대법원 2012. 8. 30. 선고 2011다32785 판결

※양도통지는 법률행위가 아니므로 사해행위가 될 수 없고 채권양도약정이 사해행위가 되는 것임

부부간의 명의신탁약정은 특별한 사정이 없는 한 유효하고(부동산 실권리자명의 등기에 관한 법률 제8조 참조), 이때 명의신탁자는 명의수탁자에 대하여 신탁해지를 하고 신탁관계의 종료 그것만을 이유로 하여 소유 명의의 이전등기절차의 이행을 청구할 수 있음은 물론, 신탁해지를 원인으로 하고 소유권에 기해서도 그와 같은 청구를 할 수 있는데, 이와 같이 명의신탁관계가 종료된 경우 신탁자의 수탁자에 대한 소유권이전등기청구권은 신탁자의 일반채권자들에게 공동담보로 제공되는 책임재산이 된다.
그런데 신탁자가 유효한 명의신탁약정을 해지함을 전제로 신탁된 부동산을 제3자에게 직접 처분하면서 수탁자 및 제3자와의 합의 아래 중간등기를 생략하고 수탁자에게서 곧바로 제3자 앞으로 소유권이전등기를 마쳐 준 경우 이로 인하여 신탁자의 책임재산인 수탁자에 대한 소유권이전등기청구권이 소멸하게 되므로, 이로써 신탁자의 소극재산이 적극재산을 초과하게 되거나 채무초과상태가 더 나빠지게 되고 신탁자도 그러한 사실을 인식하고 있었다면 이러한 신탁자의 법률행위는 신탁자의 일반채권자들을 해하는 행위로서 사해행위에 해당한다.
대법원 2016. 7. 29. 선고 2015다56086 판결

민법 제564조가 정하고 있는 매매예약에서 예약자의 상대방이 매매예약 완결의 의사표시를 하여 매매의 효력을 생기게 하는 권리, 즉 매매예약의 완결권은 일종의 형성권으로서 당사자 사이에 행사기간을 약정한 때에는 그 기간 내에, 약정이 없는 때에는 예약이 성립한 때부터 10년 내에 이를 행사하여야 하고, 그 기간이 지난 때에는 예약완결권은 제척기간의 경과로 소멸한다.
채무자가 유일한 재산인 그 소유의 부동산에 관한 매매예약에 따른 예약완결권이 제척기간 경과가 임박하여 소멸할 예정인 상태에서 제척기간을 연장하기 위하여 새로 매매예약을 하는 행위는 채무자가 부담하지 않아도 될 채무를 새롭게 부담하게 되는 결과가 되므로 채권자취소권의 대상인 사해행위가 될 수 있다.
대법원 2018. 11. 29. 선고 2017다247190 판결

민법 제666조는 "부동산공사의 수급인은 보수에 관한 채권을 담보하기 위하여 그 부동산을 목적으로 한 저당권의 설정을 청구할 수 있다."라고 규정하고 있는바, 이는 부동산공사에서 그 목적물이 보통 수급인의 자재와 노력으로 완성되는 점을 감안하여 그 목적물의 소유권이 원시적으로 도급인에게 귀속되는 경우 수급인에게 목적물에 대한 저당권설정청구권을 부여함으로써 수급인이 사실상 목적물로부터 공사대금을 우선적으로 변제받을 수 있도록 하는 데 그 취지가 있고, 이러한 수급인의 지위가 목적물에 대하여 유치권을 행사하는 지위보다 더 강화되는 것은 아니어서 도급인의 일반 채권자들에게 부당하게 불리해지는 것도 아닌 점 등에 비추어, 신축건물의 도급인이 민법 제666조가 정한 수급인의 저당권설정청구권의 행사에 따라 공사대금채무의 담보로 그 건물에 저당권을 설정하는 행위는 특별한 사정이 없는 한 사해행위에 해당하지 아니한다.
대법원 2018. 11. 29. 선고 2015다19827 판결

채무초과 상태에 있는 채무자가 그 소유의 부동산을 채권자 중의 어느 한 사람에게 채권담보로 제공하는 행위는 특별한 사정이 없는 한 다른 채권자들에 대한 관계에서 사해행위에 해당한다. 그러나 채무자의 재산처분행위가 사해행위가 되려면 그 행위로 채무자의 총재산이 감소되어 채권의 공동담보가 부족한 상태를 유발 또는 심화시켜야 하는 것이므로, 채무자가 제3자로부터 자금을 차용하여 부동산을 매수하고 해당 부동산을 차용금채무에 대한 담보로 제공하거나, 채무자가 제3자로부터 부동산을 매수하여 매매대금을 지급하기 전에 소유권이전등기를 마치고 해당 부동산을 매매대금채무에 대한 담보로 제공한 경우와 같이 기존 채권자들의 공동담보가 감소되었다고 볼 수 없는 경우에는 담보제공행위를 사해행위라고 할 수 없다. 나아가 위와 같은 부동산매수행위와 담보제공행위가 한꺼번에 이루어지지 않고 단기간 내에 순차로 이루어졌다고 하더라도 다른 특별한 사정이 없는 한 일련의 행위 전후를 통하여 기존 채권자들의 공동담보에 증감이 있었다고 평가할 것도 아니므로, 담보제공행위만을 분리하여 사해행위에 해당한다고 할 수 없다.
대법원 2018. 12. 28. 선고 2018다272261 판결

유증을 받을 자는 유언자의 사망 후에 언제든지 유증을 승인 또는 포기할 수 있고, 그 효력은 유언자가 사망한 때에 소급하여 발생하므로(민법 제1074조), 채무초과 상태에 있는 채무자라도 자유롭게 유증을 받을 것을 포기할 수 있다. 또한 채무자의 유증 포기가 직접적으로 채무자의 일반재산을 감소시켜 채무자의 재산을 유증 이전의 상태보다 악화시킨다고 볼 수도 없다. 따라서 유증을 받을 자가 이를 포기하는 것은 사해행위 취소의 대상이 되지 않는다고 보는 것이 옳다.
대법원 2019. 1. 17. 선고 2018다260855 판결

다. 사해의사[26)]

1) 채무자의 악의

채무자가 사해행위에 의하여 채권자를 해함을 알고 있어야 하는데, 이를 사해의사라고 한다. 여기서의 사해의사는 채권자들의 공동담보에 부족이 생긴다는 것을 인식하는 것을 의미하고 그 인식의 기준시기는 사해행위가 행하여진 때라고 할 것이다.

채무자의 악의의 증명책임은 취소채권자에게 있다. 그러나 자신의 유일한 재산을 처분하는 경우에 채무자의 사해의사는 추정되는 것이므로 수익자가 채무자에게 사해의사 없었음을 증명하여야 한다.

26) 김준호, 앞의 책, 1205~1208면.

채권자취소권의 주관적 요건인 채무자가 채권자를 해함을 안다는 이른바 채무자의 악의, 즉 사해의사는 채무자의 재산처분 행위에 의하여 그 재산이 감소되어 채권의 공동담보에 부족이 생기거나 이미 부족 상태에 있는 공동담보가 한층 더 부족하게 됨으로써 채권자의 채권을 완전하게 만족시킬 수 없게 된다는 사실을 인식하는 것을 의미하고, 그러한 인식은 일반 채권자에 대한 관계에서 있으면 충분하고 특정의 채권자를 해한다는 인식이 있어야 하는 것은 아니다.
대법원 1998. 5. 12. 선고 97다57320 판결

채무자가 자기의 유일한 재산인 부동산을 매각하여 소비하기 쉬운 금전으로 바꾸는 행위는 특별한 사정이 없는 한 항상 채권자에 대하여 사해행위가 된다고 볼 것이므로 채무자의 사해의 의사는 추정되는 것이고, 이를 매수한 자가 악의가 없었다는 입증책임은 수익자에게 있다.
대법원 1998. 4. 14. 선고 97다54420 판결

2) 수익자 또는 전득자의 악의

채권자취소가 가능하려면 사해행위로 인하여 이익을 얻은 수익자나 그로부터 전득한 전득자가 그 행위 또는 전득 당시에 채권자를 해함을 알고 있었어야 한다. 수익자만이 있을 때는 그가 악의이어야 하고 수익자와 전득자가 있을 때는 그들 중 적어도 어느 일방은 악의이어야 한다.

수익자 또는 전득자의 악의는 채권자가 증명할 필요가 없고 책임을 면하려는 수익자 또는 전득자가 그들의 선의를 증명하여야 한다.

채권자가 사해행위 취소와 함께 수익자 또는 전득자로부터 책임재산의 회복을 구하는 사해행위취소의 소를 제기한 경우 취소의 효과는 채권자와 수익자 또는 전득자 사이의 관계에서만 생긴다. 그리고 채권자가 사해행위 취소로써 전득자를 상대로 채무자와 수익자 사이의 법률행위 취소를 구하는 경우, 전득자의 악의는 전득행위 당시 취소를 구하는 법률행위가 채권자를 해한다는 사실, 즉 사해행위의 객관적 요건을 구비하였다는 것에 대한 인식을 의미하므로, 전득자의 악의 판단에서는 전득자가 전득행위 당시 채무자와 수익자 사이의 법률행위의 사해성을 인식하였는지만이 문제가 될 뿐이고, 수익자가 채무자와 수익자 사이 법률행위의 사해성을 인식하였는지는 원칙적으로 문제가 되지 않는다.
대법원 2012. 8. 17. 선고 2010다87672 판결

채권자가 사해행위의 취소로서 수익자를 상대로 채무자와의 법률행위의 취소를 구함과 아울러 전득자를 상대로도 전득행위의 취소를 구함에 있어서, 전득자의 악의는 전득행위 당시 그 행위가 채권자를 해한다는 사실, 즉 사해행위의 객관적 요건을 구비하였다는 것에 대한 인식을 의미하므로, 전득자의 악의를 판단함에 있어서는 단지 전득자가 전득행위 당시 채무자와 수익자 사이의 법률행위의 사해성을 인식하였는지 여부만이 문제가 될 뿐이지, 수익자와 전득자 사이의 전득행위가 다시 채권자를 해하는 행위로서 사해행위의 요건을 갖추어야 하는 것은 아니다.
대법원 2006. 7. 4. 선고 2004다61280 판결

채무자가 자기의 유일한 재산인 부동산을 매각하여 소비하기 쉬운 금전으로 바꾸는 행위는 특별한 사정이 없는 한 항상 채권자에 대하여 사해행위가 된다고 볼 것이므로 채무자의 사해의 의사는 추정되는 것이고, 이를 매수한 자가 악의가 없었다는 입증책임은 수익자에게 있다.
대법원 1998. 4. 14. 선고 97다54420 판결

사해행위취소소송에 있어서 수익자가 사해행위임을 몰랐다는 사실은 그 수익자 자신에게 입증책임이 있다고 할 것이지만, 수익자의 선의에 과실이 있는지 여부는 문제되지 아니한다.
대법원 2007. 11. 29. 선고 2007다52430 판결

3. 채권자취소권의 행사[27]

가. 행사의 방법

1) 채권자 이름으로 행사

채권자취소권은 채권자가 원고가 되어 수익자를 피고로 하는 사해행위취소소송을 제기하는 방법으로 행사된다. 채권자대위권과는 달리 채무자의 권리를 대신 행사하는 것이 아니라 채권자 자신의 이름으로 자신의 권리를 행사하는 것이다.

2) 재판상 행사

채권자취소권은 반드시 법원에 소송을 제기하는 방법으로 행사하여야 한다. 이와 같이 소송제기를 통해서만 채권자취소권을 행사하도록 한 것은 채권자취소권이 제3자의 이해관계에 크게 영향을 미치기 때문이다.

3) 상대방

채권자취소권 행사의 상대방, 즉 취소소송의 피고는 수익자 또는 전득자이다. 그러므로 채무자만을 피고로 하여 취소소송을 제기할 수 없다.
수익자만이 있는 경우에는 수익자가 피고로 지정되겠지만, 수익자 외에 전득자가 있는 경우에는 그들 모두가 악의인지 여부에 따라 둘 다 악의인 때에는 채권자는 전득자를 상대로 재산반환을 구할 수 있고 수익자를 상대로 이익반환을 청구할 수도 있다. 그러나 수익자만이 악의인 때에는 수익자를 상대로 이익반환청구를 하여야

27) 김준호, 앞의 책, 1206~1211면.

하고, 전득자만이 악의인 때에는 전득자를 상대로 재산의 반환을 청구하여야 한다.

> 채권자가 사해행위의 취소와 함께 책임재산의 회복을 구하는 사해행위취소의 소에 있어서는 수익자 또는 전득자에게만 피고적격이 있고 채무자에게는 피고적격이 없는 것이다.
> 대법원 2009. 1. 15. 선고 2008다72394 판결

나. 행사의 범위

취소의 범위는 취소채권자의 채권액을 표준으로 하므로 다른 채권자가 있더라도 원칙적으로 자신의 채권액을 넘어서 취소하지는 못한다. 따라서 사해행위가 가분(可分)이면 채권보전에 필요한 범위에서 일부취소를 하여야 한다. 그러나 목적물이 불가분이거나 다른 채권자가 배당참가를 신청할 것이 분명한 경우에는 그의 채권액을 넘어서도 취소권을 행사할 수 있다.

> 사해행위취소로 인한 원상회복으로서 가액배상을 명하는 경우에는, 취소채권자는 직접 자기에게 가액배상금을 지급할 것을 청구할 수 있고, 위 지급받은 가액배상금을 분배하는 방법이나 절차 등에 관한 아무런 규정이 없는 현행법 아래에서 다른 채권자들이 위 가액배상금에 대하여 배당요구를 할 수도 없으므로, 결국 채권자는 자신의 채권액을 초과하여 가액배상을 구할 수는 없다.
> 대법원 2008. 11. 13. 선고 2006다1442 판결
>
> 채권자는 자신의 채권원금에 사해행위 이후 사실심 변론종결시까지의 이자나 지연손해금을 더한 금액의 범위 내에서 채권자취소권을 행사할 수 있지만, 그 채권액을 초과하여 취소권을 행사할 수는 없다.
> 대법원 2002. 10. 25. 선고 2000다64441 판결
>
> 사해행위취소권은 채권의 공동담보를 보전하는 것을 목적으로 하므로, 그 취소의 범위는 공동담보의 보전에 필요하고 충분한 범위에 한정된다. 따라서 채무자가 사해행위에 의하여 비로소 채무초과상태에 이르게 되는 경우에, 채권자는 사해행위가 가분(가분)인 한 그 중 채권의 공동담보로 부족하게 되는 부분만을 자신의 채권액을 한도로 취소하면 족하고, 그 행위 전부를 취소할 수는 없다.
> 대법원 2010. 8. 19. 선고 2010다36209 판결
>
> 채권자취소권의 요건을 갖춘 각 채권자는 고유의 권리로서 채무자의 재산처분 행위를 취소하고 그 원상회복을 구할 수 있는 것이므로 여러 명의 채권자가 동시에 또는 시기를 달리하여 사해행위취소 및 원상회복청구의 소를 제기한 경우 이들 소가 중복제소에 해당하지 아니할 뿐만 아니라, 어느 한 채권자가 동일한 사해행위에 관하여 사해행위취소 및 원상회복청구를 하여 승소판결을 받아 그 판결이 확정되었다는 것만으로는 그 후에 제기된 다른 채권자의 동일한 청구가 권리보호의 이익이 없게 되는 것은 아니고, 그에 기하여 재산이나 가액의 회복을 마친 경우에 비로소 다른 채권자의 사해행위취소 및 원상회복청구는 그와 중첩되는 범위 내에서 권리보호의 이익이 없게 된다.

여러 명의 채권자가 사해행위취소 및 원상회복청구의 소를 제기하여 여러 개의 소송이 계속중인 경우에는 각 소송에서 채권자의 청구에 따라 사해행위의 취소 및 원상회복을 명하는 판결을 선고하여야 하고, 수익자(전득자를 포함한다.)가 가액배상을 하여야 할 경우에도 수익자가 반환하여야 할 가액을 채권자의 채권액에 비례하여 채권자별로 안분한 범위 내에서 반환을 명할 것이 아니라, 수익자가 반환하여야 할 가액 범위 내에서 각 채권자의 피보전채권액 전액의 반환을 명하여야 한다.
대법원 2005. 11. 25. 선고 2005다51457 판결

1) 취소의 범위

취소의 범위는 취소권을 행사하는 채권자의 채권액을 표준으로 한다. 그 채권액은 사해행위 당시를 표준으로 하고 사해행위 이후 사실심 변론종결시까지 발생한 이자나 지연손해금은 포함된다.

사해행위의 목적물이 가분이면 취소채권자의 채권액의 범위에서 일부취소를 하여야 한다.

채권자가 채권자취소권을 행사할 때에는 원칙적으로 자신의 채권액을 초과하여 취소권을 행사할 수는 없지만, 이 때 채권자의 채권액에는 사해행위 이후 사실심 변론종결시까지 발생한 이자나 지연손해금이 포함된다.
대법원 2001. 12. 11. 선고 2001다64547 판결

사해행위 취소의 범위는 다른 채권자가 배당요구를 할 것이 명백하거나 목적물이 불가분인 경우와 같이 특별한 사정이 있는 경우에는 취소채권자의 채권액을 넘어서까지도 취소를 구할 수 있다.
대법원 1997. 9. 9. 선고 97다10864 판결

2) 원상회복

가) 원물반환

채권자취소권은 채권자가 사해행위를 취소하고 원상회복을 청구하는 것을 내용으로 하므로(제406조 1항) 부동산에 관한 법률행위가 사해행위에 해당하는 경우에는 그 사해행위를 취소하고 소유권이전등기말소 등 부동산 자체의 원상회복을 명하는 것이 원칙이다.

채권자는 사해행위의 취소로 인한 원상회복 방법으로 수익자 명의의 등기의 말소를 구하는 대신 수익자를 상대로 채무자 앞으로 직접 소유권이전등기절차를 이행할 것을 구할 수도 있다.
대법원 2000. 2. 25. 선고 99다53704 판결

소유권이전등기청구권보전을 위한 가등기가 사해행위로서 이루어진 경우 그 매매예약을 취소하고 원상회복으로서 가등기를 말소하면 족한 것이고, 가등기 후에 저당권이 말소되었다거나 그 피담보채무가 일부 변제된 점 또는 그 가등기가 사실상 담보가등기라는 점 등은 그와 같은 원상회복의 방법에 아무런 영향을 주지 않는다.
대법원 2003. 7. 11. 선고 2003다19435 판결

공유물분할은 형식적으로는 공유자 상호 간의 지분의 교환 또는 매매이나 실질적으로는 공유물에 분산되어 있는 지분을 분할로 인하여 취득하는 특정 부분에 집중시켜 소유형태를 변경한 것에 불과하다. 그러므로 공유지분에 관하여 담보가등기를 설정하였다가 공유물분할로 단독소유가 된 부동산에 전사된 담보가등기에 관하여 사해행위를 이유로 채권자취소권을 행사할 경우에는 특별한 사정이 없는 한 공유지분에 대한 담보가등기 설정 당시를 기준으로 사해행위에 해당하는지를 판단하여야 한다.
공유물분할 이후 당초 공유지분에 담보가등기를 설정한 공유자의 단독소유로 귀속된 부동산에 종전의 담보가등기를 대체하는 새로운 담보가등기를 설정하고 다른 공유자의 소유로 분할된 부동산에 전사된 담보가등기는 모두 말소한 경우에 담보권설정자에 대한 채권자가 채권자취소권을 행사할 때에는 공유물분할 자체가 불공정하게 이루어져 사해행위에 해당한다는 등 특별한 사정이 없는 한 공유물분할이 되어 단독소유로 된 부동산에 설정된 담보가등기 설정계약의 취소와 담보가등기의 말소를 구하는 방법으로 할 수 있다.
대법원 2016. 5. 27. 선고 2014다230894 판결

출연자와 예금주인 명의인 사이의 예금주 명의신탁계약이 사해행위에 해당하여 취소되는 경우 취소에 따른 원상회복은 수탁자인 명의인이 금융회사에 대한 예금채권을 출연자에게 양도하고 아울러 금융회사에 대하여 양도통지를 하도록 명하는 방법으로 이루어져야 한다.
대법원 2018. 12. 27. 선고 2017다290057 판결

채권자의 사해행위취소 및 원상회복청구가 인정되면, 수익자는 원상회복으로서 사해행위의 목적물을 채무자에게 반환할 의무를 진다. 만일 원물반환이 불가능하거나 현저히 곤란한 경우에는 원상회복의무 이행으로서 사해행위 목적물의 가액 상당을 배상하여야 하는데, 여기서 원물반환이 불가능하거나 현저히 곤란한 경우는 원물반환이 단순히 절대적, 물리적으로 불가능한 경우가 아니라 사회생활상 경험법칙 또는 거래 관념에 비추어 채권자가 수익자나 전득자로부터 이행의 실현을 기대할 수 없는 경우를 말한다. 따라서 사해행위로 부동산 소유권이 이전된 후 그 부동산에 관하여 제3자가 저당권이나 지상권 등의 권리를 취득한 경우에는 수익자가 부동산을 저당권 등의 제한이 없는 상태로 회복하여 채무자에게 이전하여 줄 수 있다는 등의 특별한 사정이 없는 한 채권자는 수익자를 상대로 원물반환 대신 가액 상당의 배상을 구할 수 있지만, 그렇다고 하여 채권자가 스스로 위험이나 불이익을 감수하면서 원물반환을 구하는 것까지 허용되지 않는 것은 아니다. 채권자는 원상회복 방법으로 가액배상 대신 수익자 명의 등기의 말소를 구하거나 수익자를 상대로 채무자 앞으로 직접 소유권이전등기절차를 이행할 것을 구할 수도 있다. 이 경우 원상회복청구권은 사실심 변론종결 당시 채권자의 선택에 따라 원물반환과 가액배상 중 어느 하나로 확정된다. 채권자가 일단 사해행위취소 및 원상회복으로서 수익자 명의 등기의 말소를 청구하여 승소판결이 확정되었다면, 어떠한 사유로 수익자 명의 등기를 말소하는 것이 불가능하게 되었다고 하더라도 다시 수익자를 상대로 원상회복청구권을 행사하여 가액배상을 청구하거나 원물반환으로서 채무자 앞으로 직접 소유권이전등기절차를 이행할 것을 청구할 수는 없으므로, 그러한 청구는 권리보호의 이익이 없어 허용되지 않는다.
대법원 2018. 12. 28. 선고 2017다265815 판결

나) 가액반환

원물반환이 불가능하거나 현저히 곤란한 경우라면, 예컨대 목적물이 선의의 전득자에게 이전된 경우에는 수익자는 가액배상을 할 수밖에 없다.

그리고 사해행위가 저당권이 설정되어 있는 부동산에 관하여 당해 저당권자 이외의 자와의 사이에 이루어지고 그 후 변제 등에 의하여 저당권설정등기가 말소된 때에는, 매매계약 전부를 취소하여 그 부동산 자체의 회복을 명하는 것은 당초 일반채권자들 공동담보로 되어 있지 아니하던 부분까지 회복시키는 것이 되어 공평에 반하는 결과가 되므로, 가액의 배상을 구할 수 있을 뿐 부동산 자체의 회복을 구할 수는 없게 된다.

채권자가 민법 제406조 제1항에 따라 사해행위의 취소와 원상회복을 청구함에 있어 사해행위의 취소만을 먼저 청구한 다음 원상회복을 나중에 청구할 수 있으며, 이 경우 사해행위 취소 청구가 민법 제406조 제2항에 정하여진 기간 안에 제기되었다면 원상회복의 청구는 그 기간이 지난 뒤에도 할 수 있다. 한편 원상회복의 전제가 되는 사해행위의 취소가 없는 이상 원상회복청구권은 인정되지 않으므로 사해행위의 취소를 구함이 없이 원상회복만을 구할 수는 없는 것이다.

> 어느 부동산에 관한 법률행위가 사해행위에 해당하는 경우에는 원칙적으로 그 사해행위를 취소하고 소유권이전등기의 말소 등 부동산 자체의 회복을 명하여야 하는 것이나, 저당권이 설정되어 있는 부동산에 관하여 사해행위가 이루어진 경우에 그 사해행위는 부동산의 가액에서 저당권의 피담보채권액을 공제한 잔액의 범위 내에서만 성립한다고 보아야 하므로 사해행위 후 변제 등에 의하여 저당권설정등기가 말소된 경우, 사해행위를 취소하여 그 부동산 자체의 회복을 명하는 것은 당초 일반 채권자들의 공동담보로 되어 있지 아니하던 부분까지 회복시키는 것이 되어 공평에 반하는 결과가 되어, 그 부동산의 가액에서 저당권의 피담보채권액을 공제한 잔액의 한도에서 사해행위를 취소하고 그 가액의 배상을 명할 수 있을 뿐이므로, 사해행위의 목적인 부동산에 수 개의 저당권이 설정되어 있다가 사해행위 후 그 중 일부의 저당권만이 말소된 경우에도 사해행위의 취소에 따른 원상회복은 가액배상의 방법에 의할 수밖에 없을 것이고, 그 경우 배상하여야 할 가액은 사해행위 취소시인 사실심 변론종결시를 기준으로 하여 그 부동산의 가액에서 말소된 저당권의 피담보채권액과 말소되지 아니한 저당권의 피담보채권액을 모두 공제하여 산정하여야 한다.
> 대법원 1998. 2. 13. 선고 97다6711 판결
>
> 어느 부동산의 매매계약이 사해행위에 해당하는 경우에는 원칙적으로 그 매매계약을 취소하고 그 소유권이전등기의 말소 등 부동산 자체의 회복을 명하여야 하지만, 그 사해행위가 저당권이 설정되어 있는 부동산에 관하여 당해 저당권자 이외의 자와의 사이에 이루어지고 그 후 변제 등에 의하여 저당권설정등기가 말소된 때에는, 매매계약 전부를 취소하여 그 부동산 자체의 회복을 명하는 것은 당초 담보로 되어 있지 아니하던 부분까지 회복시키는 것이 되어 공평에 반하는 결과가 되므로, 그 부동산의 가액에서 저당권의 피담보채권액을 공제한 잔액의 한도에서 그 매매계약의 일부 취소와 그 가액의 배상을 구할

수 있을 뿐 부동산 자체의 회복을 구할 수는 없다.
대법원 1996. 10. 29. 선고 96다23207 판결

채권자의 사해행위취소 및 원상회복청구가 인정되면, 수익자는 원상회복으로서 사해행위의 목적물을 채무자에게 반환할 의무를 지게 되고, 만일 원물반환이 불가능하거나 현저히 곤란한 경우에는 원상회복의무의 이행으로서 사해행위 목적물의 가액 상당을 배상하여야 하는바, 여기에서 원물반환이 불가능하거나 현저히 곤란한 경우라 함은 원물반환이 단순히 절대적, 물리적으로 불능인 경우가 아니라 사회생활상의 경험법칙 또는 거래상의 관념에 비추어 그 이행의 실현을 기대할 수 없는 경우를 말하는 것이므로, 사해행위 후 그 목적물에 관하여 제3자가 저당권이나 지상권 등의 권리를 취득한 경우에는 수익자가 목적물을 저당권 등의 제한이 없는 상태로 회복하여 이전하여 줄 수 있다는 등의 특별한 사정이 없는 한 채권자는 수익자를 상대로 원물반환 대신 그 가액 상당의 배상을 구할 수도 있다고 할 것이나, 그렇다고 하여 채권자가 스스로 위험이나 불이익을 감수하면서 원물반환을 구하는 것까지 허용되지 아니하는 것으로 볼 것은 아니고, 그 경우 채권자는 원상회복 방법으로 가액배상 대신 수익자 명의의 등기의 말소를 구하거나 수익자를 상대로 채무자 앞으로 직접 소유권이전등기절차를 이행할 것을 구할 수 있다.
대법원 2001. 2. 9. 선고 2000다57139 판결

어느 부동산에 관한 법률행위가 사해행위에 해당하는 경우에는 원칙적으로 그 사해행위를 취소하고 소유권이전등기의 말소 등 부동산 자체의 회복을 명하여야 하는 것이나, 다만 원물반환이 불가능하거나 현저히 곤란한 경우에는 원상회복의무의 이행으로서 사해행위 목적물의 가액 상당의 배상을 명하여야 하는 것이고, 이러한 가액배상에 있어서는 일반 채권자들의 공동담보로 되어 있어 사해행위가 성립하는 범위 내의 가액의 배상을 명하여야 하는 것이므로, 사해행위 후 그 목적물에 관하여 선의의 제3자가 저당권을 취득하였음을 이유로 가액배상을 명하는 경우에는 사해행위 당시 일반 채권자들의 공동담보로 되어 있었던 부동산 가액 전부의 배상을 명하여야 할 것이고, 그 가액에서 제3자가 취득한 저당권의 피담보채권액을 공제할 것은 아니고, 증여의 형식으로 이루어진 사해행위를 취소하고 원물반환에 갈음하여 그 목적물 가액의 배상을 명함에 있어서는 수익자에게 부과된 증여세액과 취득세액을 공제하여 가액배상액을 산정할 것도 아니다.
대법원 2003. 12. 12. 선고 2003다40286 판결

부동산에 대한 매매계약이 사해행위임을 이유로 이를 취소함과 아울러 원상회복으로 가액배상을 명하는 경우, 주택임대차보호법 제3조 제1항이 정한 대항력을 갖추었으나 그전에 이미 선순위 근저당권이 마쳐져 있어 부동산이 경락되는 경우 소멸할 운명에 놓인 임차권의 임차보증금반환채권은, 임대차계약서에서 확정일자를 받아 우선변제권을 가지고 있다거나 주택임대차보호법상의 소액임차인에 해당한다는 등의 특별한 사정이 없는 한 수익자가 배상할 부동산의 가액에서 공제할 것은 아니다.
대법원 2001. 6. 12. 선고 99다51197 판결

어느 부동산의 매매계약이 사해행위에 해당하는 경우에는 원칙적으로 그 매매계약을 취소하고 그 소유권이전등기의 말소 등 부동산 자체의 회복을 명하여야 하지만, 그 사해행위가 저당권이 설정되어 있는 부동산에 관하여 당해 저당권자 이외의 자와의 사이에 이루어지고 그 후 변제 등에 의하여 저당권설정등기가 말소된 때에는, 매매계약 전부를 취소하여 그 부동산 자체의 회복을 명하는 것은 당초 담보로 되어 있지 아니하던 부분까지 회복시키는 것이 되어 공평에 반하는 결과가 되므로, 그 부동산의 가액에서 저당권의 피담보채권액을 공제한 잔액의 한도에서 그 매매계약의 일부 취소와 그 가액의 배상을 구할 수 있을 뿐 부동산 자체의 회복을 구할 수는 없다.
대법원 1996. 10. 29. 선고 96다23207 판결

사해행위 당시 어느 부동산이 가압류되어 있다는 사정은 채권자 평등의 원칙상 채권자의 공동담보로서 그 부동산의 가치에 아무런 영향을 미치지 아니하므로, 가압류가 된 여부나 그 청구채권액의 다과에 관계없이 그 부동산 전부에 대하여 사해행위가 성립하고, 따라서 사해행위 후 수익자 또는 전득자가 그 가압류 청구채권을 변제하거나 채권액 상당을 해방공탁하여 가압류를 해제시키거나 또는 그 집행을 취소시켰다 하더라도, 법원이 사해행위를 취소하면서 원상회복으로 원물반환 대신 가액배상을 명하여야 하거나, 다른 사정으로 가액배상을 명하는 경우에도 그 변제액을 공제할 것은 아니다.
대법원 2003. 2. 11. 선고 2002다37474 판결

공동저당권이 설정된 수개의 부동산 전부의 매매계약이 사해행위에 해당하고 사해행위의 목적 부동산 전부가 하나의 계약으로 동일인에게 일괄 양도된 경우에는 사해행위로 되는 매매계약이 공동저당 부동산의 일부를 목적으로 할 때처럼 부동산 가액에서 공제하여야 할 피담보채권액의 산정이 문제 되지 아니하므로 특별한 사정이 없는 한 취소에 따른 배상액의 산정은 목적 부동산 전체의 가액에서 공동저당권의 피담보채권 총액을 공제하는 방식으로 함이 취소채권자의 의사에도 부합하는 상당한 방법이고, 특별한 사정이 없는 한 목적물 전부를 사해행위로 취소하는 경우와 그중 일부를 개별적으로 취소하는 경우 사이에 취소에 따른 배상액 산정기준이 달라져야 할 이유가 없으므로 사해행위인 매매계약의 목적물 중 일부 목적물만을 사해행위로 취소하는 경우 일부 목적물의 사실심 변론종결 당시 가액에서 공제되어야 할 피담보채권액은 공동저당권의 피담보채권총액을 사실심 변론종결 당시를 기준으로 한 공동저당 목적물의 가액에 비례하여 안분한 금액이라고 보아야 한다.
대법원 2014. 6. 26. 선고 2012다77891 판결

저당권이 설정되어 있는 부동산에 관하여 사해행위에 의하여 수익자가 새로 저당권을 취득하였는데 선행 저당권의 실행으로 사해의 저당권이 말소되고 수익자에게 돌아갈 배당금이 배당금지급금지가처분 등으로 인하여 지급되지 못한 경우에는, 사해행위인 저당권 취득의 원인행위를 취소한 후 수익자가 취득한 배당금청구권을 채무자에게 양도하는 방법으로 원상회복이 이루어져야 하고, 이는 결국 배당금채권의 양도와 그 채권양도의 통지를 배당금채권의 채무자에게 할 것을 명하는 형태가 될 것이다.
대법원 2013. 9. 13. 선고 2013다34945 판결

사해행위인 매매예약에 기하여 수익자 앞으로 가등기를 마친 후 전득자 앞으로 가등기 이전의 부기등기를 마치고 나아가 가등기에 기한 본등기까지 마쳤다 하더라도, 위 부기등기는 사해행위인 매매예약에 기초한 수익자의 권리의 이전을 나타내는 것으로서 부기등기에 의하여 수익자로서의 지위가 소멸하지는 아니하며, 채권자는 수익자를 상대로 사해행위인 매매예약의 취소를 청구할 수 있다. 그리고 설령 부기등기의 결과 가등기 및 본등기에 대한 말소청구소송에서 수익자의 피고적격이 부정되는 등의 사유로 인하여 수익자의 원물반환의무인 가등기말소의무의 이행이 불가능하게 된다 하더라도 달리 볼 수 없으며, 특별한 사정이 없는 한 수익자는 가등기 및 본등기에 의하여 발생된 채권자들의 공동담보 부족에 관하여 원상회복의무로서 가액을 배상할 의무를 진다.
채권자가 채무자의 부동산에 관한 사해행위를 이유로 수익자를 상대로 사해행위의 취소 및 원상회복을 구하는 소송을 제기한 후 소송계속 중에 사해행위가 해제 또는 해지되고 채권자가 사해행위의 취소에 의해 복귀를 구하는 재산이 벌써 채무자에게 복귀한 경우에는, 특별한 사정이 없는 한 사해행위취소소송의 목적은 이미 실현되어 더 이상 소에 의해 확보할 권리보호의 이익이 없어진다. 그리고 이러한 법리는 사해행위취소소송이 제기되기 전에 사해행위의 취소에 의해 복귀를 구하는 재산이 채무자에게 복귀한 경우에도 마찬가지로 타당하다.
대법원 2015. 5. 21. 선고 2012다952 전원합의체판결

근저당권이 설정되어 있는 부동산에 관하여 사해행위가 이루어진 후 근저당권이 말소되어 그 부동산의 가액에서 근저당권 피담보채무액을 공제한 나머지 금액의 한도에서 사해행위를 취소하고 가액의 배상을 명하는 경우 그 가액의 산정은 사실심 변론종결 시를 기준으로 하여야 하고, 이 경우 사해행위가 있은 후 그 부동산에 관한 권리를 취득한 전득자에 대하여는 사실심 변론종결 시의 부동산 가액에서 말소된 근저당권 피담보채무액을 공제한 금액과 사실심 변론종결 시를 기준으로 한 취소채권자의 채권액 중 적은 금액의 한도 내에서 그가 취득한 이익에 대해서만 가액배상을 명할 수 있다.
대법원 2019. 4. 11 선고 2018다203715 판결

부동산에 저당권 이외에 우선변제권 있는 임차인이 있는 경우에는 임대차계약의 체결시기 등에 따라 임차보증금 공제 여부가 달라질 수 있다. 가령 사해행위 이전에 임대차계약이 체결되었고 임차인에게 임차보증금에 대해 우선변제권이 있다면, 부동산 가액 중 임차보증금에 해당하는 부분이 일반 채권자의 공동담보에 제공되었다고 볼 수 없으므로 수익자가 반환할 부동산 가액에서 우선변제권 있는 임차보증금 반환채권액을 공제하여야 한다. 그러나 부동산에 관한 사해행위 이후에 비로소 채무자가 부동산을 임대한 경우에는 그 임차보증금을 가액반환의 범위에서 공제할 이유가 없다. 이러한 경우에는 부동산 가액 중 임차보증금에 해당하는 부분도 일반 채권자의 공동담보에 제공되어 있음이 분명하기 때문이다.
대법원 2018. 9. 13. 선고 2018다215756 판결

4. 채권자취소권행사의 효과[28)]

가. 채무자 일반재산으로 회복

사해행위가 취소되고 수익자 또는 전득자로부터 받은 재산이나 이익은 채무자의 일반재산으로 회복되고 모든 채권자를 위하여 공동담보가 된다. 따라서 취소채권자가 자기에게 인도하도록 한 경우에도 그것으로부터 우선변제를 받는 것을 의미하는 것은 아니다. 취소채권자가 변제를 받기 위해서는 다시 집행권원에 기하여 강제집행을 하여야 한다. 다만 상계를 할 수 있는 때에는 상계를 함으로써 사실상 우선변제를 받을 수 있다.

사해행위취소란 채권의 보전을 위하여 일반 채권자들의 공동담보에 제공되고 있는 채무자의 재산이 그의 처분행위로 감소되는 경우, 채권자의 청구에 의해 이를 취소하고, 일탈된 재산을 채무자의 책임재산으로 환원시키는 제도로서, 사해행위의 취소와 원상회복은 모든 채권자의 이익을 위하여 효력이 있으므로(민법 제407조), 취소채권자가 자신이 회복해 온 재산에 대하여 우선권을 가지는 것은 아니라고 할 것이므로, 사해행위의 수익자 소유의 부동산에 대한 경매절차에서 취소채권자가 수익자에 대한 가액배상판결에

28) 송덕수, 앞의 책, 1112~1114면.

기하여 배당을 요구하여 배당을 받은 경우, 그 배당액은 배당요구를 한 취소채권자에게 그대로 귀속되는 것이 아니라 채무자의 책임재산으로 회복되는 것이며, 이에 대하여 채무자에 대한 채권자들은 채권만족에 관한 일반원칙에 따라 채권 내용을 실현할 수 있는 것이다.
대법원 2005. 8. 25. 선고 2005다14595 판결

채권자취소권은 채무자가 채권자를 해함을 알면서 자기의 일반재산을 감소시키는 행위를 한 경우에 그 행위를 취소하여 채무자의 재산을 원상회복시킴으로써 모든 채권자를 위하여 채무자의 책임재산을 보전하는 권리이나, 사해행위 이후에 채권을 취득한 채권자는 채권의 취득 당시에 사해행위취소에 의하여 회복되는 재산을 채권자의 공동담보로 파악하지 아니한 자로서 민법 제407조에 정한 사해행위취소와 원상회복의 효력을 받는 채권자에 포함되지 아니한다.
대법원 2009. 6. 23. 선고 2009다18502 판결

나. 상대적 효력

취소의 효력은 채권자와 수익자 사이 또는 채권자와 전득자 사이에만 발생하며 채무자나 제3자에게는 미치지 않는다.

취소의 효력은 채무자와 수익자 사이의 또는 수익자와 전득자 사이의 법률관계에도 미치지 않는다. 그러므로 채무자는 취소판결에 기하여 아무런 권리도 취득하지 못한다. 그리고 채권자가 변제받은 나머지는 수익자나 전득자에게 귀속한다.

채무자는 수익자나 전득자의 손실로 부당이득을 한 것이 되므로 수익자나 전득자는 채무자에 대하여 부당이득의 반환을 청구할 수 있다.

※ 채권자와 수익자의 관계는 채권자취소권 규정에 기초한 법정채권관계이다. 수익자가 채무자에게 말소등기를 하였어도 채권자 이외의 관계에서는 수익자가 소유자이다. 수익자가 채무자에게 말소등기절차를 이행하자 채무자가 제3자에게 소유권을 이전하였으면 수익자가 물권적 청구권을 행사할 수 있다. 그리고 법정채권관계에 기해 채권자가 수익자를 대위하여 물권적 청구권을 행사할 수 있다.

사해행위취소판결의 기판력은 그 취소권을 행사한 채권자와 그 상대방인 수익자 또는 전득자와의 상대적인 관계에서만 미칠 뿐 그 소송에 참가하지 아니한 채무자 또는 채무자와 수익자 사이의 법률관계에는 미치지 아니한다.
대법원 1988. 2. 23. 선고 87다카1989 판결

사해행위의 취소는 취소소송의 당사자 사이에서 상대적으로 취소의 효력이 있는 것으로 당사자 이외의 제3자는 다른 특별한 사정이 없는 이상 취소로 인하여 그 법률관계에 영향을 받지 않는다.

사해행위의 목적부동산 등을 새로운 법률관계에 의하여 취득한 전득자 등은 민법 제406조 제1항 단서에 의하여 보호되므로, 사해행위의 취소에 상대적 효력만을 인정하는 것은 사해행위 취소채권자와 수익자 그리고 제3자의 이익을 조정하기 위한 것으로 그 취소의 효력이 미치지 아니하는 제3자의 범위를 사해행위를 기초로 목적부동산에 관하여 새롭게 법률행위를 한 그 목적부동산의 전득자 등만으로 한정할 것은 아니다.
근저당권이 설정되어 있는 채무자의 부동산을 매수한 수익자의 채권을 담보하기 위하여 수익자의 채권자들이 부동산에 대해 압류 등을 하여 부동산에 관한 근저당권에 의한 경매절차에서 배당받은 후 사해행위 취소채권자가 수익자를 상대로 사해행위취소소송을 제기하여 가액배상의 확정판결을 받은 경우, 수익자의 채권자들이 수익자와 새로운 법률관계를 맺은 것이 아니라 수익자의 채권자로서 이미 가지고 있던 채권확보를 위하여 부동산을 압류 또는 가압류한 자에 불과하더라도 목적부동산의 매각대금에 대하여 사해행위 취소채권자에게 수익자의 채권자들에 우선하여 변제받을 수 있는 권리를 부여하여 사해행위취소판결의 실효성을 확보하여야 할 아무런 근거가 없으므로 수익자의 채권자들에게 사해행위취소판결의 효력이 미친다고는 볼 수 없다.
대법원 2005. 11. 10. 선고 2004다49532 판결

채권자취소권은 채권의 공동담보인 채무자의 책임재산을 보전하기 위하여 채무자와 수익자 사이의 사해행위를 취소하고 채무자의 일반재산으로부터 일탈된 재산을 모든 채권자를 위하여 수익자 또는 전득자로부터 환원시키는 제도이므로, 수익자인 채권자로 하여금 안분액의 반환을 거절하도록 하는 것은 자신의 채권에 대하여 변제를 받은 수익자를 보호하고 다른 채권자의 이익을 무시하는 결과가 되어 제도의 취지에 반하게 되므로, 수익자가 채무자의 채권자인 경우 수익자가 가액배상을 할 때에 수익자 자신도 사해행위취소의 효력을 받는 채권자 중의 1인이라는 이유로 취소채권자에 대하여 총채권액 중 자기의 채권에 대한 안분액의 분배를 청구하거나, 수익자가 취소채권자의 원상회복에 대하여 총채권액 중 자기의 채권에 해당하는 안분액의 배당요구권으로써 원상회복청구와의 상계를 주장하여 그 안분액의 지급을 거절할 수는 없다.
대법원 2001. 2. 27. 선고 2000다44348 판결

민법 제406조에 의한 채권자취소와 원상회복은 모든 채권자의 이익을 위하여 그 효력이 있는 것인바, 채무자가 다수의 채권자들 중 1인(수익자)에게 담보를 제공하거나 대물변제를 한 것이 다른 채권자들에 대한 사해행위가 되어 채권자들 중 1인의 사해행위 취소소송 제기에 의하여 그 취소와 원상회복이 확정된 경우에, 사해행위의 상대방인 수익자는 그의 채권이 사해행위 당시에 그대로 존재하고 있었거나 또는 사해행위가 취소되면서 그의 채권이 부활하게 되는 결과 본래의 채권자로서의 지위를 회복하게 되는 것이므로, 다른 채권자들과 함께 민법 제407조에 의하여 그 취소 및 원상회복의 효력을 받게 되는 채권자에 포함된다고 할 것이고, 따라서 취소소송을 제기한 채권자 등이 원상회복된 채무자의 재산에 대한 강제집행을 신청하여 그 절차가 개시되면 수익자인 채권자도 그 집행권원을 갖추어 강제집행절차에서 배당을 요구할 권리가 있다.
대법원 2003. 6. 27. 선고 2003다15907 판결

부동산에 관한 소유권이전의 원인행위가 사해행위로 인정되어 취소되더라도, 사해행위취소의 효과는 채권자와 수익자 사이에서 상대적으로 생길 뿐이다. 따라서 사해행위가 취소되더라도 부동산은 여전히 수익자의 소유이고, 다만 채권자에 대한 관계에서 채무자의 책임재산으로 환원되어 강제집행을 당할 수 있는 부담을 지고 있는 데 지나지 않는다.
그러므로 수익자의 등기부취득시효가 인정되려면, 자기 소유 부동산에 대한 취득시효가 인정될 수 있다는 것이 전제되어야 한다. 그러나 부동산에 관하여 적법·유효한 등기를 하여 소유권을 취득한 사람이 당해 부동산을 점유하는 경우에는 특별한 사정이 없는 한 사실상태를 권리관계로 높여 보호할 필요가 없고, 부동산의 소유명의자는 부동산에 대한 소유권을 적법하게 보유하는 것으로 추정되어 소유권에 대한 증명의 곤란을 구제할 필요

역시 없으므로, 그러한 점유는 취득시효의 기초가 되는 점유라고 할 수 없다.
대법원 2016. 11. 25. 선고 2013다206313 판결

사해행위의 취소는 채권자와 수익자의 관계에서 상대적으로 채무자와 수익자 사이의 법률행위를 무효로 하는 데에 그치고 채무자와 수익자 사이의 법률관계에는 영향을 미치지 아니하므로, 채무자와 수익자 사이의 부동산매매계약이 사해행위로 취소되고 그에 따른 원상회복으로 수익자 명의의 소유권이전등기가 말소되어 채무자의 등기명의가 회복되더라도, 그 부동산은 취소채권자나 민법 제407조에 따라 사해행위 취소와 원상회복의 효력을 받는 채권자와 수익자 사이에서 채무자의 책임재산으로 취급될 뿐, 채무자가 직접 부동산을 취득하여 권리자가 되는 것은 아니다.
채무자가 사해행위 취소로 등기명의를 회복한 부동산을 제3자에게 처분하더라도 이는 무권리자의 처분에 불과하여 효력이 없으므로, 채무자로부터 제3자에게 마쳐진 소유권이전등기나 이에 기초하여 순차로 마쳐진 소유권이전등기 등은 모두 원인무효의 등기로서 말소되어야 한다. 이 경우 취소채권자나 민법 제407조에 따라 사해행위 취소와 원상회복의 효력을 받는 채권자는 채무자의 책임재산으로 취급되는 부동산에 대한 강제집행을 위하여 원인무효 등기의 명의인을 상대로 등기의 말소를 청구할 수 있다.
대법원 2017. 3. 9. 선고 2015다217980 판결

채무자의 수익자에 대한 채권양도가 사해행위로 취소되는 경우, 수익자가 제3채무자에게서 아직 채권을 추심하지 아니한 때에는, 채권자는 사해행위취소에 따른 원상회복으로서 수익자가 제3채무자에게 채권양도가 취소되었다는 취지의 통지를 하도록 청구할 수 있다.
사해행위의 취소는 채권자와 수익자의 관계에서 상대적으로 채무자와 수익자 사이의 법률행위를 무효로 하는 데에 그치고, 채무자와 수익자 사이의 법률관계에는 영향을 미치지 아니한다. 따라서 채무자의 수익자에 대한 채권양도가 사해행위로 취소되고, 그에 따른 원상회복으로서 제3채무자에게 채권양도가 취소되었다는 취지의 통지가 이루어지더라도, 채권자와 수익자의 관계에서 채권이 채무자의 책임재산으로 취급될 뿐, 채무자가 직접 채권을 취득하여 권리자로 되는 것은 아니므로, 채권자는 채무자를 대위하여 제3채무자에게 채권에 관한 지급을 청구할 수 없다.
대법원 2015. 11. 17. 선고 2012다2743 판결

저당권이 설정되어 있는 부동산이 사해행위로 양도된 경우에 사해행위는 부동산의 가액에서 저당권의 피담보채무액을 공제한 잔액의 범위 내에서만 성립한다고 보아야 하므로, 사해행위 후 변제 등에 의하여 저당권설정등기가 말소되었다면 부동산의 가액에서 저당권의 피담보채무액을 공제한 잔액의 한도에서 사해행위를 취소하고 가액의 배상을 구할 수 있을 뿐이다. 한편 사해행위의 취소는 취소소송의 당사자 사이에서 상대적으로 취소의 효력이 있는 것으로 당사자 이외의 제3자는 다른 특별한 사정이 없는 이상 취소로 인하여 그 법률관계에 영향을 받지 아니한다. 저당권설정행위 등이 사해행위에 해당하여 채권자가 저당권설정자를 상대로 제기한 사해행위 취소소송에서 채권자의 청구를 인용하는 판결이 선고되었다고 하더라도 이러한 사해행위 취소판결의 효력은 해당 부동산의 소유권을 이전받은 자에게 미치지 아니하므로, 저당권이 설정되어 있는 부동산이 사해행위로 양도된 경우 부동산의 가액에서 저당권의 피담보채무액을 공제한 잔액의 한도에서 양도행위를 사해행위로 취소하고 가액의 배상을 구할 수 있다는 앞서 본 법리는 저당권설정행위 등이 사해행위로 인정되어 취소된 때에도 마찬가지로 적용된다.
대법원 2018. 6. 28. 선고 2018다214319 판결

※ 사해행위취소소송이 2개인 경우임.

5. 채권자취소권의 소멸

채권자취소권은 채권자가 취소원인을 안 날로부터 1년, 법률행위가 있은 날로부터 5년 내에 행사하여야 한다(제406조 2항). 이 기간은 소멸시효기간이 아니라 제척기간으로서 출소기간이라고 할 것이다. 이 두 기간 중 어느 하나가 만료하면 채권자취소권은 소멸한다.

- 단기 제척기간의 기산점
  채권자가 취소원인을 안 날 : 채무자가 채권자를 해함을 알면서 법률 행위를 한 사실을 채권자가 안 때를 의미함

- 장기 제척기간의 기산점
  법률행위가 있은 날 : 사해행위에 해당하는 법률행위가 실제로 이루어진 날을 의미함

사해행위 취소청구가 제척기간 내에 행하여졌으면 원상회복청구는 그 기간이 경과한 뒤에도 할 수 있다.
채권자취소권도 대위행사 할 수 있는데, 이 경우 제척기간의 준수여부는 대위채권자가 아니라 대위의 목적이 되는 권리의 채권자인 채무자를 기준으로 판단하여야 한다.

채권자취소권 행사에 있어서 제척기간의 기산점인 채권자가 '취소원인을 안 날'이라 함은 채권자가 채권자취소권의 요건을 안 날, 즉 채무자가 채권자를 해함을 알면서 사해행위를 하였다는 사실을 알게 된 날을 의미한다고 할 것이므로, 단순히 채무자가 재산의 처분행위를 하였다는 사실을 아는 것만으로는 부족하고, 그 법률행위가 채권자를 해하는 행위라는 것 즉, 그에 의하여 채권의 공동담보에 부족이 생기거나 이미 부족상태에 있는 공동담보가 한층 더 부족하게 되어 채권을 완전하게 만족시킬 수 없게 되었으며 나아가 채무자에게 사해의 의사가 있었다는 사실까지 알 것을 요한다.
대법원 2003. 12. 12. 선고 2003다40286 판결

채권자취소권 행사에 있어서 제척기간의 기산점인 채권자가 '취소원인을 안 날'이라 함은 채권자가 채권자취소권의 요건을 안 날, 즉 채무자가 채권자를 해함을 알면서 사해행위를 하였다는 사실을 알게 된 날을 의미한다.
채권자취소권 행사에 있어서 채권자가 취소원인을 알았다고 하기 위하여서는 단순히 채무자가 재산의 처분행위를 하였다는 사실을 아는 것만으로는 부족하고 구체적인 사해행위의 존재를 알고 나아가 채무자에게 사해의 의사가 있었다는 사실까지 알 것을 요하나, 나아가 채권자가 수익자나 전득자의 악의까지 알아야 하는 것은 아니다.
대법원 2000. 9. 29. 선고 2000다3262 판결

사해행위에 해당하는 법률행위가 언제 있었는가는 실제로 그러한 사해행위가 이루어진 날을 표준으로 판정할 것이되, 이를 판정하기 곤란한 경우 등에는 처분문서에 기초한 것으로 보이는 등기부상 등기원인일자를 중심으로 그러한 사해행위가 실제로 이루어졌는지 여부를 판정할 수 있다.
대법원 2010. 2. 25. 선고 2007다28819 판결

가등기의 등기원인인 법률행위와 본등기의 등기원인인 법률행위가 명백히 다른 것이 아닌 한, 가등기 및 본등기의 원인행위에 대한 사해행위 취소 등 청구의 제척기간의 기산일은 가등기의 원인행위가 사해행위임을 안 때라고 할 것인바, 채권자가 가등기의 원인행위가 사해행위임을 안 때부터 1년 내에 가등기의 원인행위에 대하여 취소의 소를 제기하였다면 본등기의 원인행위에 대한 취소 청구는 그 원인행위에 대한 제척기간이 경과한 후 제기하더라도 적법하다.
대법원 2006. 12. 21. 선고 2004다24960 판결

채권자취소권의 행사에서 제척기간의 기산점인 채권자가 '취소원인을 안 날'이라고 함은 채무자가 채권자를 해함을 알면서 사해행위를 하였다는 사실을 알게 된 날을 의미한다. 이는 단순히 채무자가 재산의 처분행위를 한 사실을 아는 것만으로는 부족하고, 구체적인 사해행위의 존재를 알고 나아가 채무자에게 사해의 의사가 있었다는 사실까지 알아야 한다. 그런데 국가가 조세채권을 피보전채권으로 하여 체납자의 법률행위를 대상으로 채권자취소권을 행사할 때에, 제척기간의 기산점과 관련하여 국가가 취소원인을 알았는지는 특별한 사정이 없는 한 조세채권의 추심 및 보전 등에 관한 업무를 담당하는 세무공무원의 인식을 기준으로 판단하여야 하고, 체납자의 재산 처분에 관한 등기·등록 업무를 담당하는 다른 공무원의 인식을 기준으로 판단하여서는 아니 된다. 따라서 위와 같은 세무공무원이 체납자의 재산 처분행위 사실뿐만 아니라 구체적인 사해행위의 존재와 체납자에게 사해의 의사가 있었다는 사실까지 인식할 때 이로써 국가도 그 시점에 취소원인을 알았다고 볼 수 있다.
대법원 2017. 6. 15. 선고 2015다247707 판결

채권자가 전득자를 상대로 민법 제406조 제1항에 의한 채권자취소권을 행사하기 위하여는 같은 조 제2항에서 정한 기간 안에 채무자와 수익자 사이의 사해행위취소를 법원에 소를 제기하는 방법으로 청구하여야 하는 것이고, 채권자가 수익자를 상대로 사해행위취소를 구하는 소를 제기하여 채무자와 수익자 사이의 법률행위를 취소하는 내용의 판결이 선고되어 확정되었더라도 판결의 효력은 그 소송의 피고가 아닌 전득자에게는 미치지 아니하므로, 채권자가 전득자에 대하여 채권자취소권을 행사하여 원상회복을 구하기 위하여는 민법 제406조 제2항에서 정한 기간 안에 별도로 전득자에 대한 관계에서 채무자와 수익자 사이의 사해행위를 취소하는 청구를 하여야 한다. 이는 기존 전득자 명의의 등기가 말소된 후 다시 새로운 전득자 명의의 등기가 경료되어 새로운 전득자에 대한 관계에서 채무자와 수익자 사이의 사해행위를 취소하는 청구를 하는 경우에도 마찬가지이다.
대법원 2014. 2. 13. 선고 2012다204013 판결

채권자가 민법 제406조 제1항에 따라 사해행위의 취소와 원상회복을 청구함에 있어 사해행위의 취소만을 먼저 청구한 다음 원상회복을 나중에 청구할 수 있으며, 이 경우 사해행위 취소 청구가 민법 제406조 제2항에 정하여진 기간 안에 제기되었다면 원상회복의 청구는 그 기간이 지난 뒤에도 할 수 있다.
대법원 2001. 9. 4. 선고 2001다14108 판결

채권자취소권 행사는 채무 이행을 구하는 것이 아니라 총채권자를 위하여 채무자의 자력 감소를 방지하고, 일탈된 채무자의 책임재산을 회수하여 채권의 실효성을 확보하는 데 목적이 있으므로, 피보전채권이 사해행위 이전에 성립되어 있는 이상 액수나 범위가

구체적으로 확정되지 않은 경우라고 하더라도 채권자취소권의 피보전채권이 된다.
대법원 2018. 6. 28. 선고 2016다1045 판결

채권자가 사해행위의 취소와 함께 수익자 또는 전득자로부터 책임재산의 회복을 명하는 사해행위취소의 판결을 받은 경우 수익자 또는 전득자가 채권자에 대하여 사해행위의 취소로 인한 원상회복 의무를 부담하게 될 뿐, 채권자와 채무자 사이에서 취소로 인한 법률관계가 형성되는 것은 아니다. 따라서 위와 같이 채무자와 수익자 사이의 소송절차에서 확정판결 등을 통해 마쳐진 소유권이전등기가 사해행위취소로 인한 원상회복으로써 말소된다고 하더라도, 그것이 확정판결 등의 효력에 반하거나 모순되는 것이라고는 할 수 없다.
대법원 2017. 4. 7. 선고 2016다204783 판결

(채권자취소권 정리)[29]

1. 채권자취소권의 요건
   - 객관적 요건 : 피보전채권의 존재 및 사해행위
   - 주관적 요건 : 채무자의 사해의사 및 수익자 또는 전득자의 악의 (추정되는 경우 주장만 하면 됨)
   - 소극적 요건 : 제척기간의 준수 (상대방이 제척기간 도래에 대한 주장 및 증명을 하여야 함)

2. 피고적격 (상대방)
   - 수익자 또는 전득자 (채무자는 피고적격이 없음)
     채무자를 상대로는 본래의 급부이행청구 (피보전채권에 기초한 이행청구)를 하여야 함(사해행위취소 소송을 제기하면서 채무자에 대한 이행청구소송(피보전채권)을 누락하는 경우가 있는데 주의해야 할 것임)
   - 수익자와 전득자 모두 악의인데, 수익자를 상대로 할 경우는 가액배상청구 (전득자를 상대로 할 경우에는 원물반환)
   - 수익자가 악의이고 전득자가 선의인 경우는 수익자를 상대로 가액배상청구.
   - 수익자가 선의이고 전득자가 악의인 경우 전득자를 상대로 원물반환청구.

3. 행사방법
   - 사해행위의 취소(형성의 소)를 구하고 원상회복(이행의 소)을 구함
   - 원상회복만을 구하는 청구는 불가하나, 사해행위 취소만 먼저 청구하는 것은 가능.
   - 사해행위취소청구가 제소기간 내에 제기되었다면 원상회복청구는 그 기간 도과 후에도 가능.
   - 전득자에 대한 별도 소송의 경우 제척기간 안에 전득자에 대한 관계에서 채무자와 수익자 사이의 사해행위취소를 청구하여야 함 (대법원 2004다17535 판결) : 사해행위 취소를 청구하는 것이지 전득행위 취소를 청구하는 것이 아님.

29) 사법연수원의 민사재판실무수습기록을 가공하여 요약하고 정리한 것이다.

- 중복제소와 관련
  * 각 채권자가 동시 또는 이시에 채권자취소소송을 제기하는 것은 중복제소 아님.
  * 어느 채권자가 승소확정판결에 따라 재산의 회복(채무자의 책임재산 회복)을 마친 후에는 다른 채권자가 취소소송을 제기할 수 없음(중첩되는 범위 내에서 권리보호의 이익이 없어 각하됨)
  * 선행소송에 따른 가액반환 종료 후 동일부동산에 대한 증가된 시가 상당의 가액배상을 구하는 후행소송은 권리보호의 이익이 없어 각하됨.

4. 행사의 범위
- 취소채권자 자신의 채권액(피보전채권) 한도에서 취소 : 수익자에 대해 가액반환을 구하는 경우 피보전채권액과 수익액을 비교하여 적은 금액 범위에서 취소청구를 하여야 함.

  다만, 목적물이 불가분이거나 다른 채권자가 배당요구를 할 것이 명백한 경우에는 취소채권자의 채권액을 초과하여 취소 가능(대법원 97다10864 판결)
- 피보전채권액의 산정시기 : 원본채권은 사해행위당시의 채권만 포함.
  사해행위 이후 변론종결시까지 발생한 이자 및 지연손해금은 포함됨.

5. 행사의 효과
- 원상회복된 재산은 채무자의 책임재산(채권자들을 위한 공동담보)이 됨 : 채권자들의 강제집행 대상이 되는 책임재산에 포함됨.

  다만, 사해행위 이후 발생한 채권의 채권자는 포함되지 않음
- 사해행위 목적물을 압류 또는 가압류한 수익자의 채권자들에게 사해행위취소판결의 효력이 미치지 않는다(대법원 2004다49532 판결) : 사해행위취소는 채권자와 수익자 사이에서 효과가 발생함.
- 수익자는 가액배상시 채무자에 대한 자신의 채권으로 상계주장을 할 수 없음.
- 다른 채권자는 취소채권자가 직접 수령한 가액배상금에 대하여 채권액에 따른 안분액의 지급청구를 할 수 없음 : 취소채권자의 사실상 우선변제효력

6. 피보전채권
- 피보전채권(채권자의 채무자에 대한 금전채권)의 존재
  * 사해행위 당시 이미 발생한 채권이어야 함.
  * 예외 : 사해행위 당시 이미 채권성립의 기초가 되는 법률관계가 발생했고 가까운 장래에 그 법률관계에 기하여 채권이 성립하리라는 점에 대한 고도의 개연성이 있으면 사해행위 당시 미발생 채권도 피보전채권이 될 수 있음
- 특정채권
  * 특정물채권(소유권이전등기청구권 등) : 그 자체의 보전을 위한 채권자취소권 행사는 인정되지 않음
  * 이중양도로 취득하는 부동산 가액상당의 손해배상채권은 이중양도행위에 대한 사해행위취소권을 행사할 수 있는 피보전채권에 해당하지 않음 : 사해행위 당시에 피보전채권(손해배상채권)이 발생하지 않음.
- 피보전채권의 소멸
  * 수익자는 피보전채권의 시효소멸 주장이 가능함
    채권자대위소송에서의 제3채무자는 채무자의 항변사유 원용이 불가함.
  * 피보전채권이 인정되지 않는 경우: 소각하설과 청구기각설 대립
    대법원은 청구기각한 원심판결을 유지함(채권자대위소송의 경우에는 소각하)

7. 사해행위

적극재산 < 소극재산
무자력

- 채무자의 재산권을 목적으로 한 법률행위
  * 취소의 대상 : 채무자와 수익자 사이의 법률행위(사해행위)
    수익자와 전득자 사이의 법률행위(전득행위)는 취소 대상이 아님.
- 채권자를 해하는 법률행위
  * 공동담보의 부족 또는 부족상태의 심화를 초래하는 행위
    무자력에 빠지게 하거나 무자력 상태를 심화시키는 행위
  * 채무자의 수 개의 재산감소행위 : 각 행위시마다 사해성 여부를 판단.
- 사해성 판단시기
  * 사해행위당시 + 취소권 행사시(사실심 변론종결시) 사해성이 있어야 함.
    처분행위시 사해성이 없었다면 그 후 재산상태 악화되었어도 사해성 없음.
    처분행위시 사해성이 있었어도 사실심변론종결시 사해성이 없으면 사해성 인정 안됨.
  * 부동산 가액평가 : 재산처분 당시(사해행위시의 시가 기준)

8. 사해행위 여부 판단
- 부동산의 매매 또는 증여
  * 무상양도, 염가매각 : 사해행위 성립
  * 통모하여 특정채권자에게 우선적 만족을 줄 의도로 부동산을 매각한 경우 그 매매가격이 상당한 가격이라도 사해행위 성립
  * 통모하지 않아도 유일한 재산인 부동산을 매각하여 소비하기 쉬운 금전으로 바꾸는 행위는 사해행위 성립(대물변제나 담보제공을 하는 경우와는 달리 매도당시 채무자가 채무초과 상태에 있었음을 필요로 하지 않음에 유의)
- 변제
  * 채권자와 통모하거나 변제기 미도래의 채권을 변제하는 행위를 제외하고 일반적인 변제의 경우 사해행위는 성립하지 않음.
  * 기존 금전채무의 변제에 갈음하여 다른 금전채권을 양도한 경우 통모, 사해의사가 없는 한 사해행위 불성립.
- 채무의 이행
  * 채무자가 채무초과의 상태에서 특정채권자에게 채무의 본지에 따른 변제를 함으로써 다른 채권자의 공동담보가 감소하는 결과가 되는 경우에도 사해행위 불성립
  * 부동산의 명의수탁자가 신탁행위에 기한 반환의무의 이행으로서신탁부동산의 소유권이전등기를 경료하는 행위는 사해행위에 해당하는지 않음
- 대물변제
  * 채무초과 상태에서 특정채권자와 통모하여 대물변제 한 경우, 그 매매가격이 상당한 가격이거나 그를 초과하여도 사해행위 성립
  * 채무자의 재산이 채무의 전부를 변제하기에 부족한 상태에서유일한 재산이 부동산을 특정 채권자에게 대물변제 한 경우 사해 행위 성립함
  * 매매와 다른 점은 채무초과 상태에 있어야 사해행위가 성립함.

- 물적담보의 제공
  * 특정채권자에 대한 담보제공행위는 채무초과상태에 있을 경우를 요건으로 하여 사해행위 성립
  * 사업을 계속 추진하기 위하여 부득이 특정채권자에게 담보를 제공하고 신규자금을 추가로 융통한 경우 사해행위 불성립.
  * 가압류등기 후에 근저당권설정등기가 경료된 경우 가압류채권자는 근저당권설정행위에 대하여 채권자취소권을 행사할 수 없음 : 경매절차의 배당관계에서 근저당권자는 선순위 가압류채권자에 대하여는 우선변제권을 주장할 수 없으므로 가압류채권자는 채무자의 근저당권설정행위로 인하여 아무런 불이익을 입지 않으므로 채권자취소권을 행사할 수 없음.

9. 사해의사
- 사해의사의 판단기준시는 법률행위(사해행위) 당시.
- 사해의사는 채권자가 입증
  다만, 유일한 재산인 부동산을 매각하는 행위는 사해의사 추정됨.

10. 수익자 · 전득자의 악의
- 악의 : 사해행위의 객관적 요인을 구비하였다는 것에 대한 인식이 있음.
- 채무자의 행위가 사해행위에 해당하는 경우 수익자 등의 악의는 추정됨.
- 판단기준시 : 수익자의 경우 : 채무자와의 법률행위 당시
  전득자의 경우 : 전득 당시 : 전득행위가 아니라 사해행위에 대한 악의

11. 원상회복의 방법
- 원물반환원칙 : 원물반환 가능시 가액배상불허
  원물반환이 불가능하거나 현저히 곤란한 경우 또는 원물반환이 공평하지 않은 경우에는 예외적으로 가액배상 허용.
- 가액배상이 인정되는 경우라도 채권자가 스스로 위험이나 불이익을 감수하고 원물반환을 구하는 것은 허용됨 : 사해행위 후 제3자(선의의 전득자)가 근저당권이나 지상권을 취득한 경우 가액배상이 가능하나 채권자가 근저당권이나 지상권으로 인한 불이익을 감수하며 원물반환을 구하는 경우에는 허용됨.
- 원물반환이 불가능하거나 현저히 곤란한 경우
  * 사실상 불가능한 경우 : 목적물의 멸실
  * 법률상 불가능한 경우 : 수익자가 선의의 전득자에게 양도
  * 공평의 관념에서 원상회복이 불가능한 경우 : 저당권의 소멸
- 원물반환의 구체적 모습
  * 목적물이 동산 또는 금전인 경우 : 직접 채권자에게 인도 또는 지급하여 줄 것을 청구.
  * 목적물이 채권인 경우 : 수익자가 취득한 채권을 채무자에게 양도하고 제3채무자에게 양도통지 할 것을 청구.
  * 목적물이 부동산인 경우 : 말소등기의 방법에 의한 것이 원칙.
    수익자 또는 전득자를 상대로 채무자 앞으로 직접 소유권이 전등기절차이행청구가 가능함(등기원인은 진정명의회복이 될 것임)
  * 가압류된 부동산을 사해행위로 취득한 수익자 또는 전득자가 그 가압류청구채권을 변제하거나 채권액 상당을 해방공탁하여 가압류의 집행을 취소시킨 경우 사해행위를 취소하고 원상회복으로 원물반환을 하여야 함(가액배상은 허용되지 않음).
    사해행위 당시 어느 부동산이 가압류되어 있다는 사정은 채권자 평등의 원칙상 채권자의 공동담보로서 그 부동산의 가치에 아무런 영향을 미치지 아니하므로, 가압류가 된 여부나 그 청구채권액의 다과에 관계없이 그 부동산 전부에 대하여 사해행위가 성립하고, 따라서 사해행위 후 수익자 또는 전득자가 그 가압류

청구채권을 변제하거나 채권액 상당을 해방 공탁하여 가압류를 해제시키거나 또는 그 집행을 취소시켰다 하더라도, 법원이 사해행위를 취소하면서 원상회복으로 원물반환 대신 가액배상을 명하여야 하거나, 다른 사정으로 가액배상을 명하는 경우에도 그 변제액을 공제할 것은 아니다 (대법원 2003.02.11. 선고 2002다37474 판결).

* 소유권이전등기청구권보전을 위한 가등기가 사해행위로 이루어진 경우 : 매매예약을 취소(사해행위 취소)하고 그 가등기의 말소를 구하면 됨

  소유권이전등기청구권보전을 위한 가등기가 사해행위로서 이루어진 경우 그 매매예약을 취소하고 원상회복으로서 가등기를 말소하면 족한 것이고, 가등기 후에 저당권이 말소되었다거나 그 피담보채무가 일부 변제된 점 또는 그 가등기가 사실상 담보가등기라는 점 등은 그와 같은 원상회복의 방법에 아무런 영향을 주지 않는다(대법원 2003.07.11. 선고 2003다 19435 판결).

- 가액배상
  * 원물반환이 불가할 시 예외적으로 가액배상 인정.
  * 저당권이 설정된 부동산이 사해행위로 양도된 경우
    o 저당권자 이외의 자에게 양도되어 저당권이 존속하는 경우에는 사해행위 전부를 취소하고 원물반환의 형식으로 원상회복.
    o 저당권자 이외의 자에게 양도되어 그 후 변제 등으로 저당권이 소멸한 경우에는 공평의 견지에서 가액배상만을 인정.
      저당권이 소멸하면 족하고 채무자나 수익자 중 누가 변제하여도 무방함.
    o 목적물 가액 중에서 일반 채권자를 위한 공동담보로 환원시켜야 할 금액의 한도 내에서 사해행위를 취소하고 그 가액의 배상을 명함.
- 가액배상시 공제대상
  * 사해행위 목적 부동산에 수개의 저당권이 설정되어 있다가 사해행위 후 그 중 일부 저당권만 말소된 경우 사실심 변론 종결시를 기준으로 그 부동산 가액에서 말소된 저당권의 실제 피담보채권액, 말소되지 않은 저당권의 실제 피담보채권액 모두 공제됨.
  * 근저당권의 피담보채권액이 사해행위시를 기준으로 증감한 경우
    o 피담보채권액 증가 : 채권최고액 범위 내에서 증가한 전액 공제.
    o 피담보채권액 감소(수익자의 대위변제) : 사해행위 당시의 피담보채권액 공제.
  * 대항력 갖추고 확정일자를 받은 임차인 또는 소액임차인의 우선변제권 있는 임대차보증금은 공제됨.

    부동산에 대한 매매계약이 사해행위임을 이유로 이를 취소함과 아울러 원상회복으로 가액배상을 명하는 경우, 주택임대차보호법 제3조 제1항이 정한 대항력을 갖추었으나 그전에 이미 선순위 근저당권이 마쳐져 있어 부동산이 경락되는 경우 소멸할 운명에 놓인 임차권의 임차보증금반환채권은, 임대차계약서에서 확정일자를 받아 우선변제권을 가지고 있다거나 주택임대차보호법상의 소액임차인에 해당한다는 등의 특별한 사정이 없는 한 수익자가 배상할 부동산의 가액에서 공제할 것은 아니다(대법원 2001.06.12. 선고 99다51197 판결).
- 가액배상의 범위
  * 사실심 변론종결시를 기준으로 취소채권자의 채권액 범위 내에서 사해행위 목적물이 가지는 공동담보가액이 가액배상의 범위임.
    o 취소채권자의 채권액 : 피보전채권 : 사해행위 당시 가지의 채권과 이에 대한 변론종결시까지의 이자 및 지연손해금
    o 사해행위 목적물의 가액산정 기준시점 : 사실심 변론종결시.
  * 저당권 말소 등으로 사해행위의 일부를 취소하고 가액배상을 할 경우

    그 취소 및 가액배상 범위는 ① 사해행위 목적물이 가지는 공동담보가액, ② 취소채권자의 피보전채권액, ③ 수익자나 전득자가 취득한 이득 중 가장 적은 금액을 한도로 한다.
- 가액배상의 사례
  o 저당권이 설정되어 있는 부동산이 사해행위로 이전된 후 그 저당권설정등기가 말소된 경우 : 그 부동산가액에서 저당권의 피담보채무액을 공제한 잔액의 한도에서 사해행위를 취소하고 가액배상.

o 사해행위의 목적 부동산에 수개의 저당권이 설정되어 있다가 사해행위 후 일부의 저당권만이 말소된 경우 : 부동산 가액에서 말소된 저당권의 피담보채권액과 말소되지 아니한 저당권의 피담보채권액 모두 공제하여 산정.

o 근저당권의 피담보채권액이 사해행위시를 기준으로 하여 증감한 경우 : 피담보채권액이 증가한 경우에는 채권최고액 범위 내에서 증가한 전액 공제하고, 피담보채권액이 감소한 경우(수익자가 대위변제)에는 사해행위 당시의 피담보채권액을 공제하여 산정.

o 사해행위 후 그 목적물에 관하여 선의의 제3자가 저당권을 취득한 경우 : 사해행위 당시 일반 채권자들의 공동담보로 되어 있었던 부동산가액 전부의 배상을 명할 것이고, 그 가액에서 제3자가 취득한 저당권의 피담보채권액을 공제할 것이 아님.

o 대항력을 갖추고 확정일자를 받은 임차인 또는 소액임차인의 우선변제권이 있는 임차보증금은 공제하여 산정함. 대항력만 있는 임차인은 사해행위 당시까지 확정일자를 받아야 공제가 가능함.

o 저당권자의 신청에 의하여 담보권 실행을 위한 경매절차가 진행 중인 물건이 사해행위로 이전되고 그 후 변제 등에 의하여 저당권설정등기가 말소되어 그 경매신청이 취하된 경우에는, 그 물건의 가액에서 저당권의 피담보채권액분만 아니라 그 경매절차에서 우선적으로 변상 받을 수 있었던 집행비용액도 공제하여야 함.

o 요건을 갖춘 수인의 채권자가 각각 구하는 경우 수익자의 배상방식

각 채권자의 채권액 합계가 배상할 가액보다 다액인 경우, 수익자는 반환할 가액범위 내에서 각 채권자의 피보전채권액 전액의 반환을 명함. 즉 수익자가 반환하여야 할 가액을 채권자의 채권액에 비례하여 채권자별로 안분한 범위 내에서 반환을 명할 것이 아님.

ex : 채권자 갑의 채권이 1억 원, 채권자 을의 채권이 3억 원이고, 수익자의 수익액이 2억 원인 경우, 수익자는 채권자 갑에게 1억원, 채권자 을에게 2억 원을 가액배상 해야 함.

o 채권자가 여러 수익자들을 상대로 사해행위취소소송을 제기하여 여러 개의 소송이 계속 중인 경우 : 각 수익자가 반환 하여야 할 가액범위 내에서 채권자의 피보전채권 전액의 반환을 명함. 채무자가 동시에 여러 부동산을 수인의 수익자들에게 처분한 사해행위에 대하여 채권자가 그 수익자들을 공동피고로 하여 소송제기한 경우도 동일함.

수익자와 전득자가 공동피고가 되어 가액배상을 하는 경우 (수익자와 전득자 모두가 악의인 경우) 그 배상의무는 부진 정연대관계임.

ex : 채권자(갑), 채무자(을), 수익자(병), 전득자(정)인 경우

1. 을과 병 사이의 ......계약을 금 000원의 한도 내에서 취소하고,
2. 병, 정은 공동하여 원고에게 금 000원 및 이에 대한 이 건 판결 확정일의 다음날부터 다 갚는 날까지 연 5%의 비율에 의한 돈을 지급하라.

o 지연손해금 기산점 : 판결확정일 다음날부터 지연손해금 발생 (다 갚는 날까지 연 5%)

지연손해금 이율 : 가액배상청구는 장래이행을 구하는 소이므로 민법상의 법정이율인 5% 적용.

가액배상부분에 대해 가집행 선고를 구하지 못함.

(사해행위취소소송 분석)[30]

1. 피보전채권의 존재(부존재는 기각사유, 채권자대위소송의 경우에는 각하사유)
   - 원칙적으로 사해행위가 행해지기 전에 존재해야 함.
   - 예외적으로 사해행위 당시 기초적 법률관계가 존재하고, 가까운 장래에 채권이 실제로 성립할 고도의 개연성이 있으며, 그 개연성이 현실화된 경우 장래의 채권도 가능함.

2. 사해행위
   - 수익자의 법률행위로서 채권자를 해하는 행위
   - 채권자가 담보권을 설정 받은 경우 : 부동산의 가액 및 채권최고액이 피보전채권액을 초과하는 경우(우선변제 받아 채권만족을 기할 수 있음 : 채무자의 책임재산에 대한 강제집행 불요한 상태임)에는 사해행위가 안됨.
   - 채권자는 담보가 없고, 채무자 소유의 재산이 다른 채권자의 채권에 담보로 제공되어 있는 상태에서 그 재산이 사해행위로 처분될 경우, 부동산가액에서 다른 채권자의 담보권의 피담보채권액을 공제한 범위 내에서 사해행위 성립함.
   - 사해행위시는 물론 변론종결시에도 사해성을 갖추고 있어야 함 : 처분행위시에 사해행위가 성립하지 않으면 변론종결시에 재산상태가 악화되더라도 사해행위가 안됨.

3. 채무자의 사해의사
   - 법률행위 당시를 기준으로 공동담보에 부족이 생기거나 이미 부족한 공동담보가 더욱 부족하게 됨으로써 채권자의 채권을 완전하게 만족시킬 수 없으리라는 것을 인식함으로써 충분함. 유일한 부동산을 매각하거나 무상으로 이전하는 경우 사해의사가 추정됨 : 추정되는 경우에는 증명불요.

4. 피고적격 및 행사방법
   - 수익자, 전득자만을 피고로 할 수 있고, 채무자를 피고로 할 수 없음.
   - 전득자가 있는데도 수익자만을 상대로 하는 경우에는 원칙적으로 가액배상만 가능함.
   - 채권자대위에 의해서도 소제기 가능함(2000다773049 판결).
   - 동시 또는 異時에 각 채권자가 별소로 제기할 수 있음.
   - 어느 채권자가 승소판결 후 원상회복까지 마친 경우에는 다른 채권자는 사해행위취소송을 제기하지 못함.

5. 제척기간
   - 취소원인을 안 날로부터 1년, 법률행위(사해행위)가 있은 날로부터 5년.
   - 사해행위취소만 제소기간 내에 제기되면 충분. 원상회복은 제소기간 경과 후에도 청구가 가능함.
   - 가등기에 기하여 본등기가 경료된 경우, 가등기의 원인인 법률행위와 본등기의 원인인 법률행위가 명백히 다른 것이 아닌 한 제척기간의 준수여부는 가등기의 원인인 법률행위시(매매예약시)를 기준으로 함.
   - 전득자에 대한 사해행위취소 소송시 이미 수익자에 대한 소송에서 채무자와 수익자 사이의 법률행위를 취소하는 판결을 받아 확정되었다고 하더라도 전득자에 대한 관계에서는 다시 민법 제406조 2항의 기간 내에 채무자와 수익자 사이의 법률행위(사해행위)를 취소해야 함.

30) 사법연수원의 민사재판실무수습기록을 가공하여 요약하고 정리한 것이다.

6. 취소채권의 범위

- 취소채권자 자신의 채권액(피보전채권액)을 초과하여 청구할 수 없음.
- 다른 채권자가 배당요구를 할 것이 명백한 경우이거나 목적물이 불가분일 경우에는 초과청구가 가능함.
- 변론종결시까지 발생한 이자 및 지연손해금은 취소채권의 범위에 포함됨.

7. 원상회복방법

- 채무자와 수익자 사이에 매매(사해행위)가 있고 수익자에게로 소유권이전등기가 있은 경우 : 원물반환(매매계약 취소 및 소유권이전등기말소)
- 저당권설정 후 매매예약(사해행위) 및 가등기가 있고 나중에 저당권이 말소된 경우 소유권이전등기청구권보전을 위한 가등기가 사해행위로서 이루어진 경우 그 매매예약을 취소하고 원상회복으로서 가등기를 말소하면 족한 것이고, 가등기 후에 저당권이 말소되었다거나 그 피담보채무가 일부 변제된 점 또는 그 가등기가 사실상 담보가등기라는 점 등은 그와 같은 원상회복의 방법에 아무런 영향을 주지 않는다(대법원 2001.06.12. 선고 99다20612 판결).
- 저당권이 설정 된 후 제3에게 매매(사해행위) 및 소유권이전등기가 있었고 그 후 저당권이 말소된 경우(변제자가 누구인지 불문) : 저당권이 설정되어 있는 부동산이 사해행위로 이전된 경우에 그 사해행위는 부동산의 가액에서 저당권의 피담보채권액을 공제한 잔액의 범위 내에서만 성립한다고 보아야 하므로, 사해행위 후 변제 등에 의하여 저당권설정등기가 말소된 경우 그 부동산의 가액에서 저당권의 피담보채무액을 공제한 잔액의 한도에서 사해행위를 취소하고 그 가액의 배상을 구할 수 있을 뿐이고, 변제자가 누구인지에 따라 그 방법을 달리한다고 볼 수는 없는 것임(대법원 2001.06.12. 선고 99다20612 판결).
- (선)근저당권설정 → (후)근저당권설정계약(사해행위) 및 (후)근저당권설정등기 → (선)근저당권말소된 경우 : 원물반환으로서 근저당권설정계약취소 및 (후)근저당권말소

8. 전득자에 대한 청구

- 수익자, 전득자 모두 악의

  수익자와 전득자를 상대로 원물반환을 구할 수 있고, 수익자만을 상대로 할 경우에는 가액배상을 구해야 함(97다58316 판결).
- 수익자는 선의, 전득자는 악의인 경우

  전득자를 상대로 원물반환청구 가능.
- 수익자는 악의, 전득자는 선의인 경우

  수익자를 상대로 가액배상을 구해야 함

※ 법률행위의 유형에 따른 사해행위 해당여부

<table>
<tr><td>변제</td><td colspan="2">사해행위 아님(채무자의 총재산에 변동이 없으므로 = 적극재산이 감소되지만 동시에 소극재산도 감소되므로). 변제의 방법으로 하는 등기와 채권양도 등도 사해행위 아님. 채무본지에 따른 변제행위는 사해행위가 아닌 것임</td></tr>
<tr><td>대물변제</td><td colspan="2">원칙: 상당한 가액으로 행해진 때에는 사해행위 아님
예외: 통모한 경우와 채권액을 초과하는 내용의 대물변제는 사해행위임, 이미 채무초과 상태에 빠진 채무자가 그의 유일한 재산인 부동산을 채권자 중 1인에게 대물변제로 제공하는 행위는 다른 채권자에 대한 관계에서 사해행위에 해당.</td></tr>
<tr><td rowspan="3">부동산 기타 재산의 처분담보 제공</td><td>무상양도 부당한 염가처분</td><td>부동산 기타 재산을 무상으로 타인에게 양도하거나 부당하게 염가로 매각하는 행위와 채무초과 상태의 채무자가 한 통모행위는 사해행위임</td></tr>
<tr><td>상당한 가격으로 매각한 경우 물적 담보제공</td><td>채무자가 유일한 재산인 부동산을 매각하여 소비하기 쉬운 금전으로 바꾸는 행위는 그 매각이 일부 채권자에 대한 정당한 변제에 충당하기 위하여 상당한 가격으로 이루어졌다던가 하는 특별한 사정이 없는 한 채권자에 대하여 사해행위가 됨.
채무초과상태의 채무자가 유일한 재산인 토지를 제3자에게 매도 또는 신탁하고 소유권이전등기를 해준 것은 특별한 사정이 없는 한 채권자를 해한다는 사정을 알고서 한 사해행위에 해당.
매매예약에 기한 가등기를 경료해 주거나 그 가등기에 기한 본등기를 경료한 때에는 특별한 사정이 없는 한 그 채권자는 다른 채권자보다 우선하여 피담보채권을 변제받을 수 있게 되어 그 범위 내에서 다른 채권자의 공동담보는 감소되므로 다른 채권자들에 대한 관계에서 사해행위가 된다. 이러한 법리는 담보채권자가 최고액 채권자이고 부동산의 시가가 담보채권자의 채권액에 미치지 못하는 경우에도 마찬가지임.
※ 채무초과상태의 채무자가 유일한 재산인 부동산을 채권자 중의 어느 한 사람에게 채권담보로 제공하는 행위는 사해행위 임.
※ 특별한 사정이 인정되는 경우 : 자금난으로 사업을 계속 추진하기 어려운 상황에 처한 채무자가 자금을 융통하여 사업을 계속 추진하는 것이 채무변제력을 갖게 되는 최선의 방법이라고 생각하고 자금을 융통하기 위하여 부득이 부동산을 특정채권자에게 담보로 제공하고 그로부터 신규자금을 추가로 융통받았다면 특별한 사정이 없는 한 채무자의 담보권설정행위는 사해행위에 해당하지 않음.</td></tr>
<tr><td>인적 담보제공</td><td>채무자가 타인을 위하여 연대채무 또는 연대보증채무를 부담하는 경우 사해행위임 : 이들 채무는 최고검색의 항변권이 없어서 주채무와 동일한 채무를 부담하기 때문임.
채무자가 타인을 위하여 보증채무를 부담하는 경우 주채무자에게 충분한 자력이 있다면 사해행위 아님</td></tr>
</table>

제6장 다수당사자 채권관계

Ⅰ. 분할채권관계

Ⅱ. 불가분채권관계

Ⅲ. 연대채무

1. 의의
2. 연대채무의 성립
3. 연대채무의 효력

Ⅳ. 부진정연대채무

Ⅴ. 보증채무

1. 의의
2. 성질
3. 보증채무의 성립 및 요건
4. 보증채무의 효력

Ⅵ. 특수한 보증

1. 연대보증
2. 공동보증
3. 계속적 보증계약

Ⅰ. 분할채권관계

1. 분할채권관계의 의의

하나의 가분적 급부에 대하여 채권자 및 채무자가 수인인 경우에 각 채권자가 급부의 일부에 대해서만 권리를 가지거나(ex: 3인이 공유하던 승용차를 600만 원에 매각하여 복수의 채권자 3인이 각 200만 원씩 분할된 대금채권을 취득하는 경우) 또는 각 채무자가 급부의 일부만을 부담하는 경우(ex: 3인이 공동으로 승용차를 600만 원에 구입하면서 각 200만 원식 분할 된 대금채무를 부담하는 경우)와 같이 각 채권자 또는 각 채무자가 균등한 비율로 채권을 가지는, 또는 채무를 부담하는 다수당사자의 채권관계이다.

피고 갑, 을, 병은 원고에게 각 100만 원을 지급하라.

2. 분할채권과 분할채무의 성립

가. 성립요건

(1) 급부가 가분성을 가져야 함. 금전급부가 대표적임.

(2) 수인의 채권자 또는 채무자가 있어야 함.

(3) 당사자 사이에 분할채권관계를 배제하는 특별한 의사표시가 없어야 함.

민법상 다수당사자의 채권관계는 원칙적으로 분할채권관계이고 채권의 성질상 또는 당사자의 약정에 기하여 특히 불가분으로 하는 경우에 한하여 불가분채권관계로 되는 것이다.
대법원 1992. 10. 27. 선고 90다13628 판결

금전소비대차에 있어 수인의 채무자가 각기 일정한 돈을 빌리는 경우에 특별한 의사표시가 없으면 이 채무는 분할채무라 할 것이고 이와 같은 특별한 의사표시가 있거나 채권의 목적이 그 성질상 불가분인 경우에 한하여 불가분채권이 성립되는 것이며 이와 같은 법리는 수인의 채무자가 채무 전부를 각자 이행할 의무가 있는 경우에도 또한 같다.
대법원 1985. 4. 23. 선고 84다카2159 판결

나. 예외

(1) **민법** : 사용대차 및 임대차에서 수인이 공동으로 물건을 차용 또는 임차한 때에는 연대하여 그 의무를 진다(616조, 654조).
공동불법행위의 경우에는 연대하여 그 손해를 배상할 책임을 진다(760조).
부부의 일방이 일상가사로 인해 부담한 채무에 대해서는 부부가 연대책임을 진다(832조).

(2) **상법** : 수인이 그 1인 또는 전원에게 상행위가 되는 행위로 인하여 채무를 부담한 때에는 연대하여 변제할 책임이 있다(상법 57조 1항).

3. 분할채권으로 인정한 사례 (판례)

가. 공유물에 대한 제3자의 불법행위로 인한 손해배상청구권

공유물에 끼친 불법행위를 이유로 하는 손해배상청구권은 특별한 사유가 없는 한 각 공유자는 그 지분에 대응하는 비율의 한도 내에서만 이를 행사할 수 있다.
대법원 1970. 4. 14. 선고 70다171 판결

나. 공유물에 대한 제3자의 무단 사용에 따른 부당이득반환청구권

토지공유자는 특별한 사정이 없는 한 그 지분에 대응하는 비율의 범위 내에서만 그 차임상당의 부당이득금반환의 청구권을 행사할 수 있다.
대법원 1979. 1. 30. 선고 78다2088 판결

다. 2인이 공동 매수한 부동산에 관하여 지분에 대한 소유권이전등기청구권

토지의 매도인은 2인의 공동매수인에게 특별한 사정이 없는 한 각 1/2씩의 지분권에 관하여 각 소유권이전등기절차를 이행할 의무가 있는 것인바 잔대금 지급을 지체하고 있던 위 공동매수인 중의 1인이 잔대금 전액을 지급하였다고 하더라도 그러한 사정만으로는 동인에게 다른 공동매수인의 지분부분에 관해서까지 소유권이전등기 소요서류를 교부할 수 있는 특별한 사정이 있다고 할 수 없다.
대법원 1981. 2. 24. 선고 79다14 판결

4. 분할채무로 인정한 사례

가. 공동당사자로 변호사를 선임한 경우

변호사에게 공동당사자로서 소송대리를 위임한 소송사건의 결과에 따라 경제적 이익을 불가분적으로 향유하게 되거나 패소할 경우 소송 상대방에 대하여 부진정연대관계의 채무를 부담하게 된다 하더라도, 이러한 사정만으로 곧바로 공동당사자들의 변호사에 대한 소송대리위임에 따른 보수금지급채무가 연대 또는 불가분채무에 해당하는 것으로 단정할 수 없다.
대법원 1993. 2. 12. 선고 92다42941 판결

나. 공동매수인의 계약금반환의무

채권자나 채무자가 여러 사람인 경우에 특별한 의사표시가 없으면 각 채권자 또는 각 채무자는 균등한 비율로 권리가 있고 의무를 부담한다고 할 것이므로, 피고를 포함한 4인의 매도인이 원고를 포함한 4인의 매수인에게 임야를 매도하기로 하는 계약을 체결한 경우 매매계약의 무효를 원인으로 부당이득으로서 계약금의 반환을 구하는 채권은 특별한 사정이 없으면 불가분채권채무관계가 될 수 없으므로 매도인 중의 1인에 불과한 피고가 매수인 중의 1인에 불과한 원고에게 위 계약금 전액을 반환할 의무가 있다고 할 수 없다.
대법원 1993. 8. 14. 선고 91다41316 판결

※ 이 사건 매매계약 당시 특약사항으로 분묘의 이장과 같은 여러 가지 불가분채무를 부담하였을 뿐만 아니라 피고들 상호간에 밀접한 신분관계를 가지고 있어 그 계약 이행에 관하여 전원의 의사나 능력이 일체로서 고려되었다고 할 것이므로 이 사건 매매계약이 확정적으로 무효로 되면서 발생한 피고들의 원고들에 대한 부당이득반환채무도 성질상 불가분채무라고 봄이 상당하다.(대법원 1997. 5. 16. 선고 97다7356 판결)

다. 공동으로 금전대차 한 경우

금전소비대차에 있어 수인의 채무자가 각기 일정한 돈을 빌리는 경우에 특별한 의사표시가 없으면 이 채무는 분할채무라 할 것이고 이와 같은 특별한 의사표시가 있거나 채권의 목적이 그 성질상 불가분인 경우에 한하여 불가분채권이 성립되는 것이며 이와 같은 법리는 수인의 채무자가 채무 전부를 각자 이행할 의무가 있는 경우에도 또한 같다고 할 것이므로 수인의 골재운송업자들이 그 운임합계액으로 소외회사로부터 약속어음 1매를 발행받아 그 어음을 각자 받을 몫의 금액으로 나눈 수매의 어음으로 할인받은 것이라면 위 소비대차관계는 그 성질상 불가분채무 또는 연대채무라고 볼 수 없어 당사자 간에 특별한 의사표시가 없는 한 채무자 각자가 각각 자기 몫으로 받은 어음액면금액 상당의 채무변제 책임만 지는 분할채무라고 함이 상당하다.
대법원 1985. 4. 23. 선고 84다카2159 판결

5. 분할채권관계의 효력

가. 대외적 효력

(1) 절대적 효력은 없다.

한 사람의 채권자 또는 채무자에 대하여 생긴 사유(ex: 이행지체, 이행불능, 경개, 면제, 혼동, 시효 등)는 다른 채권자나 채무자에게 영향을 미치지 않는다.

(2) 균등간주

분할되는 채권 및 채무의 비율은 특별한 약정이 없는 한 균등한 것으로 본다(408조).

(3) 해제권 : 불가분의 원칙(전원이 전원에 대해 해제하여야 한다: 547조)

분할채무자 중 1인이 채무불이행한 경우 전부에 대하여 계약해제를 하여야 한다. 다만, 판례는 공유물의 매매, 공동명의신탁의 경우에 일부 당사자에 대한 계약의 해제·해지를 인정한다.

> 하나의 부동산을 수인이 공유하는 경우 각 공유자는 각 그 소유의 지분을 자유로이 처분할 수 있으므로, 공유자 전원이 공유물에 대한 각 그 소유지분 전부를 형식상 하나의 매매계약에 의하여 동일한 매수인에게 매도하는 경우라도 당사자들의 의사표시에 의하여 각 지분에 관한 소유권이전의무, 대금지급의무를 불가분으로 하는 특별한 사정이 없는 한 실질상 각 공유지분별로 별개의 매매계약이 성립되었다고 할 것이고, 일부 공유자가 매수인의 매매대금지급의무불이행을 원인으로 한 그 공유지분에 대한 매매계약을 해제하는 것은 가능하다고 할 것이다. ※ 판례는 공유의 경우 해제권의 불가분성에 대한 예외를 인정한다.
> 대법원 1995. 3. 28. 선고 94다59745 판결

(4) 동시이행의 항변권 : 전부에 대한 이행과 동시이행 주장이 가능한 것이 원칙이다. 즉, 일부 채무자의 불이행의 경우에도 전부에 대한 이행거절이 가능하다.

나. 대내적 효력

(1) 분할채권인 경우 지분을 초과하여 수령하면 부당이득이 된다.

(2) 분할채무인 경우 부담부분을 초과하여 변제해도 구상권은 없다. 타인의 채무를 변제한 것이다.

II. 불가분채권관계

1. 불가분채권관계의 의의

급부의 목적물이 불가분인 경우(성질상 불가분인 경우: 주택의 인도 등, 당사자의 의사표시로 불가분인 경우: 연대채무와 본질적인 차이는 없으나 절대적 효력이 인정되는 범위에서 차이가 있을 뿐임)에 다수당사자 사이에 있게 되는 채권관계를 말한다.

피고 갑, 을, 병은 공동하여 원고에게 100만 원을 지급하라. 피고 갑, 을, 병은 각자 원고에게 100만 원을 지급하라.

2. 불가분채권관계의 성립

가. 불가분채권의 성립

채권의 목적이 성질상 불가분이거나, 가분인 경우에도 당사자의 의사표시로 불가분인 것으로 한 때에 불가분채권이 된다(409조 본문).
ex : A와 B가 甲 소유의 자동차를 매수하여 그 인도청구권을 가지는 경우

나. 불가분채무의 성립

급부가 불가분인 경우에 불가분채무가 성립한다. 불가분급부에는 성질상의 불가분급부와 본래는 가분 급부이지만 당사자의 의사표시에 의하여 불가분급부로 되는 것이 있다(411조).
당사자의 의사표시에 의하여 불가분채무로 만들면 채권이 전 채무자의 자력에 의하여 담보되므로 채권의 효력이 강화된다.

공유자가 공유물에 대한 관계에서 법률상 원인 없이 이득을 하고 그로 인하여 제3자에게 손해를 입게 한 경우에 그 이득을 상환하는 의무는 불가분적 채무라고 보아야 한다.(ex: 공유 토지에 타인이 식재한 수목이 부합된 경우의 부당이득반환청구권)
대법원 1980. 7. 22. 선고 80다649 판결

국토이용관리법상 토지거래허가지역 내에 있는 토지에 관한 매매계약을 체결함에 있어서 매도인들이 매매계약 당시 특약사항으로 분묘의 이장과 같은 여러 가지 불가분채무를 부담하였을 뿐만 아니라 매도인들 상호간에 밀접한 신분관계를 가지고 있어 계약 이행에 관하여 전원의 의사나 능력이 일체로서 고려되었다고 할 것이므로 매매계약이 확정적으로 무효로 되면서 발생한 매도인들의 매수인들에 대한 부당이득반환채무도 성질상 불가분채무라고 보아야 한다.
대법원 1997. 5. 16. 선고 97다7356 판결

건물의 공유자가 공동으로 건물을 임대하고 보증금을 수령한 경우, 특별한 사정이 없는 한 그 임대는 각자 공유지분을 임대한 것이 아니고 임대목적물을 다수의 당사자로서 공동으로 임대한 것이고 그 보증금 반환채무는 성질상 불가분채무에 해당된다고 보아야 할 것이다.
대법원 2017. 5. 30. 선고 2017다205073 판결; 대법원 1998. 12. 8. 선고 98다43137 판결.

여러 사람이 공동으로 법률상 원인 없이 타인의 재산을 사용한 경우의 부당이득 반환채무는 특별한 사정이 없는 한 불가분적 이득의 반환으로서 불가분채무이다.
대법원 2001. 12. 11. 선고 2000다13948 판결

공동상속인들의 건물철거의무는 그 성질상 불가분채무라고 할 것이고 각자 그 지분의 한도 내에서 건물 전체에 대한 철거의무를 지는 것이다.
대법원 1980. 6. 24. 선고 80다756 판결

※ 다만, 소유권이전등기의무는 분할채무이다.

3. 불가분채권관계의 효력

가. 불가분채권(채권자가 수인인 경우)의 효력

(1) 대외적 효력

이행청구의 절대효: 채권자 각자가 단독으로 전부의 이행을 청구할 수 있다.

변제의 절대효: 채무자는 채권자 중 1인에게 전부를 변제할 수 있다.

(2) 채권자 1인에게 생긴 사유의 효력

절대적 효력: 이행청구(이행청구에 따른 이행지체, 시효중단), 변제(변제의 제공, 채권자지체, 공탁)

상대적 효력: 대물변제, 상계, 경개, 면제, 소멸시효완성, 청구 이외의 사유(압류 등)로 인한 시효중단 등 : 다른 채권자는 채권 전부의 이행을 청구할 수 있다.

(3) 대내적 효력

채권 전부의 변제를 받은 채권자는 다른 채권자에게 내부관계의 비율에 따라 그의 이익을 분급하여야 한다(410조 2항); 내부관계는 균등한 것으로 추정.

나. 불가분채무(채무자가 수인인 경우)의 효력

(1) 대외적 효력

채권자는 어느 불가분채무자에 대하여 또는 동시나 순차로 모든 불가분채무자에 대하여 채무의 전부이행을 청구할 수 있다. 채무자 1인은 채권자에게 전부를 변제할 책임을 진다.

(2) 1인에게 생긴 사유의 효력

절대적 효력 : 변제, 대물변제, 변제의 제공, 채권자지체, 공탁

상대적 효력 : 상계, 이행청구, 경개, 면제, 혼동, 소멸시효의 완성(연대채무에서 절대적 효력이 있지만 불가분채무에서는 상대적 효력만이 있다)

※ 채권자와 채무자 중의 1인 사이에 경개 또는 면제가 있었던 경우 다른 채무자는 채무 전부를 이행하여야 하지만, 채권자는 면제를 받거나 경개를 한 채무자가 부담하였을 부분을 전부의 변제를 한 채무자에게 상환하여야 한다.

(3) 대내적 효력

변제를 한 채무자는 다른 채무자의 부담부분에 대하여 구상권을 행사할 수 있다.

Ⅲ. 연대채무

1. 의의

수인이 채무자가 채무 전부를 각자 이행할 의무가 있고 채무자 1인의 이행으로 다른 채무자도 그 의무를 면하게 되는 경우의 채무를 연대채무라고 한다.

연대채무는 불가분채무와 비교할 때 절대적 효력이 있는 사유가 넓다.

피고 갑, 을, 병은 연대하여 원고에게 100만 원을 지급하라.

2. 연대채무의 성립

가. 법률행위

채무자 수인이 채권자와의 계약으로 연대채무를 성립시킬 수 있다.
계약이 아닌 유언과 같은 단독행위에 의해서도 연대채무가 성립할 수 있다(ex: 유증을 하면서 연대채무의 부담을 지우는 경우(1088조)

나. 법률의 규정

법인의 목적범위외의 행위로 인하여 타인에게 손해를 가한 때에는 그 사항의 의결에 찬성하거나 그 의결을 집행한 사원, 이사 및 기타 대표자가 연대하여 배상하여야 한다(35조 2항) : 부진정연대채무
이사가 그 임무를 해태한 때에는 그 이사는 법인에 대하여 연대하여 손해배상의 책임이 있다(65조) : 부진정연대채무
사용대차 또는 임대차에서 발생하는 채무에서 공동차주 또는 공동임차인의 연대채무(616조, 654조) : 진정연대채무
공동불법행위자의 연대책임(760조) : 부진정연대채무
일상가사로 인한 채무에 대한 부부의 연대책임(832조) : 진정연대채무

3. 연대채무의 효력

가. 대외적 효력

(1) 이행의 청구

채권자는 어느 연대채무자에 대하여 채무의 전부나 일부의 이행을 청구할 수 있다(414조). 채권자가 급부를 받은 한도에서는 다른 채무자의 채무도 소멸하므로 채권자는 채무의 잔액에 대해서만 청구할 수 있다.

A의 1천원 금전채권에 대해 B는 1천원을, C는 500원을 한도로 하는 연대채무를 부담하기로 한 경우에 B가 500원을 일부변제 하더라도 C는 면책되는 것이 아니라 여전히 500원에 대해 연대채무를 부담한다.

(2) 특수한 문제

○ 채권자취소권 : 연대채무는 모든 채무자의 일반재산을 책임재산으로 한다는 점에서 어느 연대채무자가 그의 재산을 감소시켜 무자력이 되는 경우에는 다른 채무자의 자력에 관계없이 채권자취소권을 행사할 수 있다.

○ 채권양도 : A가 B와 C에 대한 채권을 D에게 양도하는 경우에 종전의 연대채무는 그대로 유지된다. 다만 채권양도통지를 B에 대해서만 한 경우에 D는 C에 대해 그 채무의 이행을 청구할 수 없다.

나. 1인의 채무자에게 생긴 사유의 효력

(1) 절대적 효력

○ 이행청구 : 이행청구에 따른 시효중단 및 이행청구에 의해 이행지체를 발생시키는 것은 절대효가 있다. 따라서 이행청구를 받지 못한 연대채무자에 대해서도 시효중단의 효과 및 이행지체로 인한 효과를 주장할 수 있다.

※ 청구 이외의 시효중단 사유의 경우에는 절대효가 없다.

○ 변제 : 변제의 제공 및 채권자지체도 절대효가 있다.

○ 대물변제, 공탁, 상계, 경개도 급부의 실현이라는 점에서 절대효가 있다. ※ 어느 연대채무자가 채권자에 대하여 채권이 있는 경우에 그 채무자가 상계한 때에는 채권은 모든 연대채무자의 이익을 위하여 소멸한다(418조 1항). 상계할 채권이 있는 연대채무자가 상계하지 아니한 때에는 그 채무자의 부담부분에 한하여 다른 연대채무자가 상계할 수 있다(418조 2항).

○ 면제, 혼동, 소멸시효도 절대효가 있다. 다만, 이는 부담부분의 범위 내에서만 다른 연대채무자를 면책시키는 이른바 부담부분형 절대효가 있는 사유이다. ※ 어느 연대채무자에 대한 채무면제는 그 채무자의 부담부분에 한하여 다른 연대채무자의 이익을 위하여 효력이 있다(419조). 어느 연대채무자에 대하여 소멸시효가 완성한 때에는 그 부담부분에 한하여 다른 연대채무자도 이무를 면한다(421조).

민법 제419조는 "어느 연대채무자에 대한 채무면제는 그 채무자의 부담부분에 한하여 다른 연대채무자의 이익을 위하여 효력이 있다."라고 정하여 면제의 절대적 효력을 인정한다. 이는 당사자들 사이에 구상의 순환을 피하여 구상에 관한 법률관계를 간략히 하려는 데 취지가 있는바, 채권자가 연대채무자 중 1인에 대하여 채무를 일부 면제하는 경우에도 그와 같은 취지는 존중되어야 한다. 따라서 연대채무자 중 1인에 대한 채무의 일부 면제에 상대적 효력만 있다고 볼 특별한 사정이 없는 한 일부 면제의 경우에도 면제된 부담부분에 한하여 면제의 절대적 효력이 인정된다고 보아야 한다.
구체적으로 연대채무자 중 1인이 채무 일부를 면제받는 경우에 그 연대채무자가 지급해야 할 잔존 채무액이 부담부분을 초과하는 경우에는 그 연대채무자의 부담부분이 감소한 것은 아니므로 다른 연대채무자의 채무에도 영향을 주지 않아 다른 연대채무자는 채무 전액을 부담하여야 한다. 반대로 일부 면제에 의한 피면제자의 잔존 채무액이 부담부분보다 적은 경우에는 차액(부담부분 - 잔존 채무액)만큼 피면제자의 부담부분이 감소하였으므로, 차액의 범위에서 면제의 절대적 효력이 발생하여 다른 연대채무자의 채무도 차액만큼 감소한다.
대법원 2019. 8. 14 선고 2019다216435 판결

(2) 상대적 효력

○ 어느 연대채무자에 대한 승인·압류·가압류·가처분에 의한 시효중단의 경우에 다른 연대채무자에게 효력이 없다. 그리고 시효이익의 포기, 판결에 의한 시효기간의 연장도 상대적 효력이 있을 뿐이다.

○ 어느 연대채무자에 대한 채권양도통지나 승낙, 확정판결의 기판력 등은 다른 연대채무자에게 그 효력이 미치지 않는다.

중첩적 채무인수인이 채권자에 대한 손해배상채권을 자동채권으로 하여 채권자의 자신에 대한 그 채권에 대하여 대등액에서 상계의 의사표시를 하였다면, 연대채무자 1인이 한 상계의 절대적 효력을 규정하고 있는 민법 제418조 제1항의 규정에 의하여, 다른 연대채무자인 원채무자의 채권자에 대한 채무도 상계에 의하여 소멸되었다고 보아야 한다.
대법원 1997. 4. 22. 선고 96다56443 판결

채권자의 신청에 의한 경매개시결정에 따라 연대채무자 1인의 소유 부동산이 압류된 경우, 이로써 위 채무자에 대한 채권의 소멸시효는 중단되지만, 압류에 의한 시효중단의 효력은 다른 연대채무자에게 미치지 아니하므로, 경매개시결정에 의한 시효중단의 효력을 다른 연대채무자에 대하여 주장할 수 없다.
채권자가 연대채무자 1인의 소유 부동산에 대하여 경매신청을 한 경우, 이는 최고로서의 효력을 가지고 있고, 연대채무자에 대한 이행청구는 다른 연대채무자에게도 효력이 있으므로, 채권자가 6월 내에 다른 연대채무자를 상대로 재판상 청구를 하였다면 그 다른 연대채무자에 대한 채권의 소멸시효가 중단되지만, 이로 인하여 중단된 시효는 위 경매절차가 종료된 때가 아니라 재판이 확정된 때로부터 새로 진행된다.
대법원 2001. 8. 21. 선고 2001다22840 판결

다. 대내적 효력

○ 구상권 발생 : 어느 연대채무자가 변제 기타 자기의 출재로 공동면책 된 때에는 다른 연대채무자의 부담부분에 대하여 구상권을 행사할 수 있다(제425조). 부담부분은 연대채무자간의 특약이 있으면 그에 의하고 그러한 특약이 없으면 균등한 것으로 추정한다(제424조).

> 부담부분은 채무자들 사이의 내부관계에서 구상금액을 결정하는 표준이 되기도 하지만, 절대적 효력이 미치는 범위와 관련한 기준이 되기도 한다. 즉, 어느 연대채무자에 대한 채무면제가 있는 경우 또는 어느 연대채무자에 대해 소멸시효가 완성된 경우에는 그 채무자의 부담부분에 한하여 다른 채무자들도 채무를 면하게 된다(419,421조).

○ 구상권의 범위 : 구상권이 성립하려면 어느 연대채무자가 자기 부담부분을 넘어 출재하여야 할 것인지 여부에 대해 논란이 있을 수 있는데, 부담부분의 초과 여부를 묻지 않고 자기의 출재에 의한 공동면책이 있으면 그 비율에 따라 구상할 수 있다고 보는 것이 타당하다.

> ① A,B,C가 균등부담으로 90원의 연대채무를 부담한 경우에 A가 60원을 일부변제하게 되면 각자의 부담비율 1/3을 곱한 20원씩을 B와 C에게 각 구상할 수 있다.
> ② A,B,C가 균등부담으로 90원의 연대채무를 부담한 경우에 A가 20원을 일부변제하게 되면 각자의 부담비율 1/3을 곱한 20원/3씩을 B와 C에게 각 구상할 수 있다.

○ 구상권의 제한 : 어느 연대채무자가 다른 연대채무자에게 통지하지 아니하고 변제 기타 자기의 출재로 공동면책이 된 경우에 다른 연대채무자가 채권자에게 대항할 수 있는 사유가 있었을 때에는 그 부담부분에 한하여 이 사유로 면책행위를 한 연대채무자에게 대항할 수 있고 그 대항사유가 상계인 때에는 상계로 소멸할 채권은 그 연대채무자에게 이전(법정채권양도라고 할 수 있음)된다(426조 1항).

어느 연대채무자가 변제 기타 자기의 출재로 공동면책 되었음을 다른 연대채무자에게 통지하지 아니한 경우에 다른 연대채무자가 선의로 채권자에게 변제 기타 유상의 면책행위를 한 때에는 그 연대채무자는 자기의 면책행위의 유효를 주장할 수 있다(426조 2항).

연대채무자 중에 상환할 자력이 없는 자가 있는 때에는 그 채무자의 부담부분은 구상권자 및 다른 자력이 있는 채무자가 그 부담부분에 비례하여 분담한다. 그러나 구상권자에게 과실이 있는 때에는 다른 연대채무자에 대하여 분담을 청구하지 못한다(427조 1항).

상환할 자력이 없는 채무자의 부담부분을 분담할 다른 채무자가 채권자로부터 연대의 면제를 받은 때에는 그 채무자의 분담할 부분은 채권자의 부담으로 한다(427조 2항).

Ⅳ. 부진정연대채무

1. 의의

수인의 채무자 각자가 채무 전부를 이행할 의무를 지는 점에서는 연대채무와 같지만 그 수인의 채무자 사이에 채무를 공동으로 부담한다고 하는 주관적 공동관계가 없다는 점에서 연대채무와 구별된다.

⊙ 부진정연대채무와 연대채무의 비교

	연대채무	부진정연대채무
성립	연대의 약정에 의해 설립 법률의 규정에 의해 성립 * 35조 2항 * 616조 * 654조 * 832조	각 채무는 별개의 원인으로 성립
채무자 사이의 대내적 결합관계	합의를 통한 주관적인 공동관계가 있다. 따라서 부담부분이 있고 구상권이 인정된다.	합의를 통한 주관적 공동관계가 없고, 단지 채권만족이라는 목적만을 공통으로 한다. 따라서 부담부분이 없고 부담부분을 전제로 하는 구상권이 원칙적으로 없다. 판례는 과실비율 등을 근거로 하여 사안에 따라 구상권을 인정한다.

절대적 효력사유	채권목적의 도달 및 민법이 인정하는 사유에 대해서도 절대적 효력이 있다(416조 내지 422조). 넓은 절대효 인정.	주관적 공동관계가 없으므로 급부의 실현을 가져오는 사항인 변제, 대물변제, 공탁, 상계의 4가지 사유만이 절대적 효력 사유이다.

> 피고 갑, 을, 병은 공동하여 원고에게 100만 원을 지급하라.
> 피고 갑, 을, 병은 각자 원고에게 100만 원을 지급하라.

2. 부진정연대채무의 성립

○ 타인 주택을 소실케 한 경우에 실화자의 불법행위에 의한 손해배상의무와 보험회사의 보험금지급의무

○ 임치물을 도난당한 경우에 수치인의 채무불이행에 의한 손해배상의무와 절도범의 불법행위에 의한 손해배상의무

○ 법인의 불법행위 책임과 대표기관 개인의 배상책임(35조 1항)

○ 법인의 목적범위 외의 행위로 타인에게 손해를 가한 경우의 대표기관 등의 책임(35조 2항)

○ 임무를 해태한 이사의 연대책임(65조)

○ 피용자의 불법행위로 인한 배상의무와 사용자의 배상의무(750,756조)

○ 책임무능력자의 불법행위에 대한 감독의무자와 대리감독자의 배상의무(755조)

○ 동물의 가해행위에 대한 점유자와 보관자의 배상의무(759조)

○ 공동불법행위자의 배상의무(760조)

3. 부진정연대채무의 효력

가. 대외적 효력

연대채무의 대외적 효력에 관한 제414조 유추 적용. 채권자는 채무자 1인에 대하여 또는 동시나 순차로 모든 채무자에 대하여 채무의 전부나 일부의 이행을 청구할 수 있다.

나. 1인의 채무자에게 생긴 사유의 효력

(1) **절대적 효력** : 변제, 대물변제, 공탁, 상계 : 급부의 실현을 가져오는 사유는 절대적 효력이 있다.

(2) **상대적 효력** : 경개, 면제, 혼동, 채무면제, 소멸시효, 이행청구, 변제의 제공, 채권자지체

> 피해자가 부진정연대채무자 중 1인에 대하여 손해배상에 관한 권리를 포기하거나 채무를 면제하는 의사표시를 하였다 하더라도 다른 채무자에 대하여 그 효력이 미친다고 볼 수는 없다.
> 대법원 1997. 12. 12. 선고 96다50896 판결
>
> 연대채무에 있어서 소멸시효의 절대적 효력에 관한 민법 제421조의 규정은 공동불법행위자 상호간의 부진정연대채무에 대하여는 그 적용이 없으므로, 공동불법행위자 중 1인의 손해배상채무가 시효로 소멸한 후에 다른 공동불법행위자 1인이 피해자에게 자기의 부담 부분을 넘는 손해를 배상하였을 경우에도, 그 공동불법행위자는 다른 공동불법행위자에게 구상권을 행사할 수 있다.
> 대법원 1997. 12. 23. 선고 97다42830 판결
>
> 공동불법행위자 중 1인의 손해배상채무가 시효로 소멸한 후 다른 공동불법행위자가 피해자에게 자기의 부담 부분을 넘는 손해를 배상한 경우, 손해를 배상한 공동불법행위자는 손해배상채무가 시효로 소멸한 다른 공동불법행위자에게 구상권을 행사할 수 있다.
> 대법원 2010. 12. 23. 선고 2010다52225 판결
>
> 부진정연대채무에 있어 채무자 1인에 대한 이행의 청구는 타 채무자에 대하여 그 효력이 미치지 않으므로, 하천구역으로 편입된 토지의 소유자가 서울특별시장에게 보상금지급청구를 하였다 하더라도 부진정연대채무관계에 있는 국가에 대하여 시효중단의 효과가 발생한다고 할 수 없다.
> 대법원 1997. 9. 12. 선고 95다42027 판결
>
> 금액이 다른 채무가 서로 부진정연대의 관계에 있을 때 금액이 많은 채무의 일부가 변제 등으로 소멸하는 경우 그 중 먼저 소멸하는 부분은 당사자의 의사와 채무 전액의 지급을 확실히 확보하려는 부진정연대채무 제도의 취지에 비추어 볼 때 다른 채무자와 공동으로 채무를 부담하는 부분이 아니라 단독으로 채무를 부담하는 부분으로 보아야 한다.
> 대법원 2000. 3. 14. 선고 99다67376 판결; 대법원 2010. 2. 25. 선고 2009다87621 판결
>
> 부진정연대채무자 중 1인이 자신의 채권자에 대한 반대채권으로 상계를 한 경우에도 채권은 변제, 대물변제, 또는 공탁이 행하여진 경우와 동일하게 현실적으로 만족을 얻어 그 목적을 달성하는 것이므로, 그 상계로 인한 채무소멸의 효력은 소멸한 채무 전액에 관하여 다른 부진정연대채무자에 대하여도 미친다고 보아야 한다. 이는 부진정연대채무자 중 1인이 채권자와 상계계약을 체결한 경우에도 마찬가지이다. 나아가 이러한 법리는 채권자가 상계 내지 상계계약이 이루어질 당시 다른 부진정연대채무자의 존재를 알았는지 여부에 의하여 좌우되지 아니한다.
> 대법원 2010. 9. 16. 선고 2008다97218 전원합의체 판결

부진정연대채무에 있어서 부진정연대채무자 1인이 한 상계가 다른 부진정연대채무자에 대한 관계에 있어서도 공동면책의 효력 내지 절대적 효력이 있는 것인지는 별론으로하더라도, 부진정연대채무자 사이에는 고유의 의미에 있어서의 부담부분이 존재하지 아니하므로 위와 같은 고유의 의미의 부담부분의 존재를 전제로 하는 민법 제418조 제2항은 부진정연대채무에는 적용되지 아니하는 것으로 봄이 상당하고, 따라서 부진정연대채무에 있어서는 한 부진정연대채무자가 채권자에 대하여 상계할 채권을 가지고 있음에도 상계를 하지 않고 있다 하더라도 다른 부진정연대채무자가 그 채권을 가지고 상계를 할 수는 없는 것으로 보아야 한다.
대법원 1994. 5. 27. 선고 93다21521 판결

금액이 다른 채무가 서로 부진정연대 관계에 있을 때 다액채무자가 일부 변제를 하는 경우 변제로 인하여 먼저 소멸하는 부분은 당사자의 의사와 채무 전액의 지급을 확실히 확보하려는 부진정연대채무 제도의 취지에 비추어 볼 때 다액채무자가 단독으로 채무를 부담하는 부분으로 보아야 한다. 이러한 법리는 사용자의 손해배상액이 피해자의 과실을 참작하여 과실상계를 한 결과 타인에게 직접 손해를 가한 피용자 자신의 손해배상액과 달라졌는데 다액채무자인 피용자가 손해배상액의 일부를 변제한 경우에 적용되고, 공동불법행위자들의 피해자에 대한 과실비율이 달라 손해배상액이 달라졌는데 다액채무자인 공동불법행위자가 손해배상액의 일부를 변제한 경우에도 적용된다. 또한 중개보조원을 고용한 개업공인중개사의 공인중개사법 제30조 제1항에 따른 손해배상액이 과실상계를 한 결과 거래당사자에게 직접 손해를 가한 중개보조원 자신의 손해배상액과 달라졌는데 다액채무자인 중개보조원이 손해배상액의 일부를 변제한 경우에도 마찬가지이다.
대법원 2018. 3. 22. 선고 2012다74236 전원합의체 판결

다. 대내적 효력

부진정연대채무자 사이에는 채무를 공동으로 부담한다고 하는 주관적 공동관계가 없고, 따라서 부담부분도 없기 때문에 연대채무에서와 같은 구상관계는 발생하지 않는다. 다만, 법률의 규정 또는 판례이론을 통해 구상권과 유사한 법률관계가 성립하는 수가 있다.

이른바 부진정연대채무의 관계에 있는 복수의 책임주체 내부관계에 있어서는 형평의 원칙상 일정한 부담 부분이 있을 수 있으며, 그 부담 부분은 각자의 고의 및 과실의 정도에 따라 정하여지는 것으로서 부진정연대채무자 중 1인이 자기의 부담 부분 이상을 변제하여 공동의 면책을 얻게 하였을 때에는 다른 부진정연대채무자에게 그 부담 부분의 비율에 따라 구상권을 행사할 수 있다.
부진정연대채무자 상호간에 있어서 채권의 목적을 달성시키는 변제와 같은 사유는 채무자 전원에 대하여 절대적 효력을 발생하지만 그 밖의 사유는 상대적 효력을 발생하는 데에 그치는 것이므로 피해자가 채무자 중의 1인에 대하여 손해배상에 관한 권리를 포기하거나 채무를 면제하는 의사표시를 하였다 하더라도 다른 채무자에 대하여 그 효력이 미친다고 볼 수는 없다 할 것이고, 이러한 법리는 채무자들 사이의 내부관계에 있어 1인이 피해자로부터 합의에 의하여 손해배상채무의 일부를 면제받고도 사후에 면제받은 채무액을 자신의 출재로 변제한 다른 채무자에 대하여 다시 그 부담 부분에 따라 구상의무를 부담하게 된다 하여 달리 볼 것은 아니다.
대법원 2006. 1. 27. 선고 2005다19378 판결

V. 보증채무

1. 의의

보증채무는 주된 채무와 동일한 내용의 급부를 내용으로 하며 주된 급부의 이행이 없으면 그것을 이행함으로써 주된 채무를 담보하는 채무를 말한다.

2. 성질

가. 물상보증인과 차이

보증인은 채무(보증채무)도 있고 책임도 있으나, 물상보증인은 채무는 없이 책임만 있다.

나. 독립성 : 보증채무는 주채무와는 별개의 독립된 채무

주채무가 민사채무이고 보증채무는 상사채무인 것이 가능하다(소멸시효 기간이 다르다).

다. 내용의 동일성 : 보증채무는 주채무와 동일한 내용의 급부이어야 함

주채무는 보증인도 이행할 수 있는 대체적 급부이어야 한다.

라. 부종성 : 보증채무는 주채무에 종속

주채무의 내용이 감경되면 보증채무는 감경되나, 주채무가 가중되도 보증채무는 가중되지 않는다.

(1) **성립상의 부종성** : 보증채무의 성립 및 소멸은 주채무와 그 운명을 같이한다. 주채무가 무효, 취소, 소멸한 때에는 보증채무도 무효가 되고 소멸한다.

> 보증채무는 주채무와 동일한 내용의 급부를 목적으로 함이 원칙이지만 주채무와는 별개 독립의 채무이고, 한편 보증채무자가 주채무를 소멸시키는 행위는 주채무의 존재를 전제로 하므로, 보증인의 출연행위 당시에는 주채무가 유효하게 존속하고 있었다 하더라도 그 후 주계약이 해제되어 소급적으로 소멸하는 경우에는 보증인은 변제를 수령한 채권자를 상대로 이미 이행한 급부를 부당이득으로 반환청구 할 수 있다.
> 대법원 2004. 12. 24. 선고 2004다20265 판결

(2) 내용상의 부종성

○ 보증인의 부담이 주채무의 목적이나 형태보다 중한 때에는 주채무의 한도로 감축한다(430조).

○ 보증인은 주채무자의 항변으로 채권자에게 대항할 수 있고 주채무자의 항변포기는 보증인에게 효력이 없다(433조).

○ 보증인은 주채무자의 채권에 의한 상계로 채권자에게 대항할 수 있다(434조).

○ 주채무자가 채권자에 대하여 취소권, 해제권, 해지권이 있는 동안은 보증인은 채권자에 대하여 채무의 이행을 거절할 수 있다(435조).

> 민법 제165조가 판결에 의하여 확정된 채권, 판결과 동일한 효력이 있는 것에 의하여 확정된 채권은 단기의 소멸시효에 해당한 것이라도 그 소멸시효는 10년으로 한다고 규정하는 것은 당해 판결 등의 당사자 사이에 한하여 발생하는 효력에 관한 것이고 채권자와 주채무자 사이의 판결 등에 의해 채권이 확정되어 그 소멸시효가 10년으로 되었다 할지라도 위 당사자 이외의 채권자와 연대보증인 사이에 있어서는 위 확정판결 등은 그 시효기간에 대하여는 아무런 영향도 없고 채권자의 연대보증인의 연대보증채권의 소멸시효기간은 여전히 종전의 소멸시효기간에 따른다.
> 보증채무가 주채무에 부종한다 할지라도 보증채무는 주채무와는 별개의 독립된 채무의 성질이 있고 민법 제440조가 주채무자에 대한 시효의 중단은 보증인에 대하여 그 효력이 있다 라고 규정하고 있으나 이는 보증채무의 부종성에 기한 것이라기보다는 채권자보호 내지 채권담보의 확보를 위한 특별규정으로서 이 규정은 주채무자에 대한 시효중단의 사유가 발생 하였을 때는 그 보증인에 대한 별도의 중단조치가 이루어지지 아니하여도 동시에 시효중단의 효력이 생기도록 한 것에 불과하고 중단된 이후의 시효기간까지가 당연히 보증인에게도 그 효력을 미치는 것은 아니다.
> 대법원 1986. 11. 25. 선고 86다카1569 판결

마. 수반성

주채무자에 대한 채권이 이전하면 보증인에 대한 채권도 당연히 함께 이전한다.

주채무를 제3자가 인수하여 채무자가 변경되는 경우, 보증인이 동의하

지 않으면 보증채무는 소멸한다(459조).

채권양도에 있어서 주채무자에 대하여 채권양도통지 등 대항요건을 갖추었으면 보증인에 대하여도 그 효력이 미친다.
대법원 1976. 4. 13. 선고 75다1100 판결

보증채무는 주채무에 대한 부종성 또는 수반성이 있어서 주채무자에 대한 채권이 이전되면 당사자 사이에 별도의 특약이 없는 한 보증인에 대한 채권도 함께 이전하고, 이 경우 채권양도의 대항요건도 주채권의 이전에 관하여 구비하면 족하고, 별도로 보증채권에 관하여 대항요건을 갖출 필요는 없다.
주채권과 보증인에 대한 채권의 귀속주체를 달리하는 것은, 주채무자의 항변권으로 채권자에게 대항할 수 있는 보증인의 권리가 침해되는 등 보증채무의 부종성에 반하고, 주채권을 가지지 않는 자에게 보증채권만을 인정할 실익도 없기 때문에 주채권과 분리하여 보증채권만을 양도하기로 하는 약정은 그 효력이 없다.
대법원 2002. 9. 10. 선고 2002다21509 판결

바. 보충성

주채무자가 1차적으로 급부의무를 지고, 그 이행이 없을 경우에 보증인이 2차적으로 이행의무를 부담하는 보충성이 있다.

3. 보증채무의 성립 및 요건

가. 보증계약

보증채무는 채권자와 보증인간의 보증계약에 의하여 성립한다.

연대채무와는 달리 법률의 규정에 의해 보증채무가 성립하는 경우는 없다.

나. 주채무에 대한 요건

(1) 원칙

보증채무가 성립하기 위해서는 주채무가 유효하게 성립하여야 한다(부종성). 주채무가 무효·취소 등의 사유로 소멸한 때에는 보증채무도 소멸한다.

(2) 예외

장래의 채무에 대한 보증 : 보증은 장래의 채무에 대하여도 할 수 있다(428조 2항).

주채무 발생의 원인이 되는 기본계약이 반드시 보증계약보다 먼저 체결되어야만 하는 것은 아니고, 보증계약 체결 당시 보증의 대상이 될 주채무의 발생원인과 그 내용이 어느 정도 확정되어 있다면 장래의 채무에 대해서도 유효하게 보증계약을 체결할 수 있다 할 것이다.
대법원 2006. 6. 27. 선고 2005다50041 판결

4. 보증채무의 효력

가. 대외적 효력

(1) 채권자의 권리

채권자는 변제기가 도래하면 주채무자와 보증인에게 동시에 또는 순차적으로 채무의 이행을 청구할 수 있다. 다만, 채권자가 보증인에게 먼저 채무의 이행을 청구하면 보증인은 보충성에서 기한 항변권(최고 · 검색의 항변권)을 행사할 수 있다.

(2) 보증인의 권리

(가) 부종성에 기한 권리

○ 보증인은 주채무자가 채권자에 대해 가지는 항변사유(ex : 주채무의 무효·취소·동시이행관계·변제기의 미도래·변제)로 인한 주채무의 소멸 등의 사유를 채권자에게 주장할 수 있다.

주채무자의 항변포기는 보증인에게 효력이 없다(433조 2항). 즉, 주채무자가 기한의 이익을 포기하거나 시효이익을 포기하더라도 보증인은 변제기의 미도래 및 주채무의 시효소멸에 따른 보증채무의 소멸을 주장할 수 있다.

보증채무에 대한 소멸시효가 중단되더라도 주채무에 대한 소멸시효가 완성된 경우 보증채무도 소멸한다.

보증채무에 대한 소멸시효가 중단되는 등의 사유로 완성되지 아니하였다고 하더라도 주채무에 대한 소멸시효가 완성된 경우에는 시효완성 사실로써 주채무가 당연히 소멸되므로 보증채무의 부종성에 따라 보증채무 역시 당연히 소멸된다. 그리고 주채무에 대한 소멸시효가 완성되어 보증채무가 소멸된 상태에서 보증인이 보증채무를 이행하거나 승인하였다고 하더라도, 주채무자가 아닌 보증인의 행위에 의하여 주채무에 대한 소멸시효 이익의 포기 효과가 발생된다고 할 수 없으며, 주채무의 시효소멸에도 불구하고 보증채무를 이행하겠다는 의사를 표시한 경우 등과 같이 부종성을 부정하여야 할 다른 특별한 사정이

> 없는 한 보증인은 여전히 주채무의 시효소멸을 이유로 보증채무의 소멸을 주장할 수 있다고 보아야 한다.
> 대법원 2012. 7. 12. 선고 2010다51192 판결
>
> 보증채무에 대한 소멸시효가 중단되는 등의 사유로 완성되지 아니하였다고 하더라도 주채무에 대한 소멸시효가 완성된 경우에는 시효완성의 사실로 주채무가 소멸되므로 보증채무의 부종성에 따라 보증채무 역시 당연히 소멸되는 것이 원칙이다.
> 다만 보증채무의 부종성을 부정하여야 할 특별한 사정이 있는 경우에는 예외적으로 보증인은 주채무의 시효소멸을 이유로 보증채무의 소멸을 주장할 수 없으나, 특별한 사정을 인정하여 보증채무의 본질적인 속성에 해당하는 부종성을 부정하려면 보증인이 주채무의 시효소멸에도 불구하고 보증채무를 이행하겠다는 의사를 표시하거나 채권자와 그러한 내용의 약정을 하였어야 하고, 단지 보증인이 주채무의 시효소멸에 원인을 제공하였다는 것만으로는 보증채무의 부종성을 부정할 수 없다.
> 대법원 2018. 5. 15. 선고 2016다211620 판결

○ 보증인은 주채무자의 채권에 의한 상계로 채권자에게 대항할 수 있다(434조).

○ 주채무자가 채권자에 대하여 취소권 또는 해제권이나 해지권이 있는 동안은 보증인은 채권자에 대하여 채무의 이행을 거절할 수 있다(435조).

(나) 보충성에 기한 권리

○ 채권자가 보증인에게 채무의 이행을 청구한 때에는 보증인은 주채무자의 변제자력이 있는 사실 및 그 집행이 용이할 것을 증명하여 먼저 주채무자에게 청구할 것과 그 재산에 대하여 집행할 것을 항변할 수 있다(437조) : 최고 · 검색의 항변권 : 연대보증의 경우에는 적용되지 않는다.

최고 · 검색의 항변권은 연기적 항변권이므로 이행기가 경과하더라도 보증인은 이행지체책임을 부담하지 않는다.

보증인이 최고 · 검색의 항변권을 가지는 동안 채권자는 보증인에 대해 부담하는 자신의 채무와 보증채무를 상계하지 못한다.

나. 주채무자에게 생긴 사유의 효력

(1) 주채무의 사후적 변경

보증채무가 성립한 후 채권자와 주채무자 사이에 주채무를 변경한 경우에 그것이 종전의 보증채무보다 부담이 감축된 때에는 부종성에 의해 보증채무도 감축되지만, 부담을 가중시키는 것일 때에는 보증채무에 그 효력을 미치지 않는다.

채권자와 채무자사이에 채무변제에 관하여 어떠한 특약을 하고 그러한 변제의 특약아래 채무를 연대보증 한 경우에 채권자와 채무자는 연대보증인의 동의 없이 특약을 변경할 수 없고 마음대로 특약을 변경하여도 연대보증인에게 효력이 없다.
대법원 1974. 11. 12. 선고 74다533 판결

보증계약이 성립한 후에 보증인이 알지도 못하는 사이에 주채무의 목적이나 형태가 변경되었다면, 그 변경으로 인하여 주채무의 실질적 동일성이 상실된 경우에는 당초의 주채무는 경개로 인하여 소멸하였다고 보아야 할 것이므로 보증채무도 당연히 소멸하고, 그 변경으로 인하여 주채무의 실질적 동일성이 상실되지 아니하고 동시에 주채무의 부담내용이 축소·감경된 경우에는 보증인은 그와 같이 축소·감경된 주채무의 내용에 따라 보증책임을 질 것이지만, 그 변경으로 인하여 주채무의 실질적 동일성이 상실되지는 아니하고 주채무의 부담내용이 확장·가중된 경우에는 보증인은 그와 같이 확장·가중된 주채무의 내용에 따른 보증책임은 지지 아니하고, 다만 변경되기 전의 주채무의 내용에 따른 보증책임만을 진다.
대법원 2000. 1. 21. 선고 97다1013 판결

(2) 주채무의 시효중단

주채무자에 대한 시효의 중단은 보증인에 대하여 그 효력이 있다(440조).

주채무의 시효중단을 가져오는 사유에는 아무런 제한이 없으므로 청구, 압류(가압류, 가처분), 승인이 있으면 보증채무의 소멸시효도 중단된다.

보증채무가 주채무에 부종한다 할지라도 보증채무는 주채무와는 별개의 독립된 채무의 성질이 있고 민법 제440조가 주채무자에 대한 시효의 중단은 보증인에 대하여 그 효력이 있다 라고 규정하고 있으나 이는 보증채무의 부종성에 기한 것이라기보다는 채권자보호 내지 채권담보의 확보를 위한 특별규정으로서 이 규정은 주채무자에 대한 시효중단의 사유가 발생 하였을 때는 그 보증인에 대한 별도의 중단조치가 이루어지지 아니하여도 동시에 시효중단의 효력이 생기도록 한 것에 불과하고 중단된 이후의 시효기간까지가 당연히 보증인에게도 그 효력을 미치는 것은 아니다.
민법 제165조가 판결에 의하여 확정된 채권, 판결과 동일한 효력이 있는 것에 의하여 확정된 채권은 단기의 소멸시효에 해당한 것이라도 그 소멸시효는 10년으로 한다고 규정하는 것은 당해 판결 등의 당사자 사이에 한하여 발생하는 효력에 관한 것이고 채권자와 주채무자 사이의 판결 등에 의해 채권이 확정되어 그 소멸시효가 10년으로 되었다 할지라도 위 당사자 이외의 채권자와 연대보증인 사이에 있어서는 위 확정판결 등은 그 시효기간에 대하여는 아무런 영향도 없고 채권자의 연대보증인의 연대보증채권의 소멸시효기간은 여전히 종전의 소멸시효기간에 따른다.
대법원 1986. 11. 25. 선고 86다카1569 판결

채권자와 주채무자 사이의 확정판결에 의하여 주채무가 확정되어 그 소멸시효기간이 10년으로 연장되었다 할지라도 그 보증채무까지 당연히 단기소멸시효의 적용이 배제되어 10년의 소멸시효기간이 적용되는 것은 아니고, 채권자와 연대보증인 사이에 있어서 연대보증채무의 소멸시효기간은 여전히 종전의 소멸시효기간에 따른다.
대법원 2006. 8. 24. 선고 2004다26287, 26294 판결

다. 보증인에게 생긴 사유의 효력

보증인에게 생긴 사유는 주채무자에게 그 효력이 없다(상대효).
보증인에게 시효중단사유가 있어도 주채무의 소멸시효는 중단되지 않는다.
변제(대물변제, 공탁, 상계 포함)처럼 채권을 만족시킨 사유는 주채무자에게도 그 효력이 미친다.

라. 대내적 효력 : 보증인의 구상권 문제

(1) 수탁보증인의 구상권

(가) 구상권의 성립 및 범위

주채무자의 부탁으로 보증인이 된 자가 과실 없이 변제 기타의 출재로 주채무를 소멸하게 한 때에는 주채무자에 대하여 구상권이 있다(441조 1항).
구상권의 범위는 주채무를 한도로 한 출재액 이외에 면책된 날 이후의 법정이자 및 피할 수 없는 비용과 손해배상을 포함한다.

(나) 구상권의 행사

사후구상이 원칙 : 주채무를 소멸하게 한 후에 구상하는 사후구상이 원칙.
사전구상 : 민법은 일정한 사유가 있는 경우에 미리 구상권을 행사할 수 있도록 함(442조 1항)

- ○ 보증인이 과실 없이 채권자에게 변제할 재판을 받은 때
- ○ 주채무자가 파산선고를 받은 경우에 채권자가 파산재단에 가입하지 아니한 때
- ○ 채무의 이행기가 확정되지 아니하고 그 최장기도 확정할 수 없는 경우에 보증계약 후 5년을 경과한 때
- ○ 채무의 이행기가 도래한 때

> 수탁보증인이 사전구상권을 행사하는 경우 보증인은 자신이 부담할 것이 확정된 채무 전액에 대하여 구상권을 행사할 수 있지만, 면책비용에 대한 법정이자나 채무의 원본에 대한 장래 도래할 이행기까지의 이자 등을 청구하는 것은 사전구상권의 성질상 허용될 수 없다.
> 대법원 2005. 11. 25. 선고 2004다66834, 66841 판결

수탁보증인의 사전구상권과 사후구상권은 종국적 목적과 사회적 효용을 같이하는 공통성을 가지고 있으나, 사후구상권은 보증인이 채무자에 갈음하여 변제 등 자신의 출연으로 채무를 소멸시켰다고 하는 사실에 의하여 발생하는 것이고, 이에 대하여 사전구상권은 그 외의 민법 제442조 제1항 소정의 사유나 약정으로 정한 일정한 사실에 의하여 발생하는 등 발생원인을 달리하고 법적 성질도 달리하는 별개의 독립된 권리이므로, 사후구상권이 발생한 이후에도 사전구상권은 소멸하지 아니하고 병존하며, 다만 목적달성으로 일방이 소멸하면 타방도 소멸하는 관계에 있을 뿐이다.
대법원 2019. 2. 14. 선고 2017다274703 판결

(2) 부탁 없는 보증인의 구상권

(가) 주채무자의 부탁이 없는 경우

주채무자의 부탁 없이 보증인이 된 자가 변제 기타 자기의 출재로 주채무를 소멸하게 한 때에는 주채무자는 그 당시에 이익을 받은 한도에서 구상에 응하여야 한다(444조 1항). 수탁보증인과는 달리 면책일 이후의 법정이자와 손해배상은 구상액에 포함되지 않는다.

(나) 주채무자의 의사에 반하는 경우

주채무자의 의사에 반하여 보증인이 된 자가 변제 기타 자기의 출재로 주채무를 소멸하게 한 때에는 주채무자는 현존이익의 한도에서 구상에 응하여야 한다(444조 2항).

(3) 구상권의 제한

(가) 보증인의 통지의무

○ 사전통지의무 : 보증인이 주채무자에게 통지하지 아니하고 변제 기타 자기의 출재로 주채무를 소멸하게 한 경우에 주채무자가 채권자에게 대항할 수 있는 사유가 있었을 때에는 이 사유로 보증인에게 대항할 수 있고 그 대항사유가 상계인 때에는 상계로 소멸할 채권은 보증인에게 이전된다(445조 1항).

○ 사후통지의무 : 보증인이 변제 기타 자기의 출재로 면책되었음을 주채무자에게 통지하지 아니한 경우에 주채무자가 선의로 채권자에게 변제 기타 유상의 면책행위를 한 때에는 주채무자는 자기의 면책행위의 유효를 주장할 수 있다.

수탁보증인은 특별한 사정이 없는 한 그 주채무의 변제기 연장이 언제 이루어졌던지 간에 본래의 변제기가 도래한 후에는 민법 제442조 제1항 제4호에 의하여 주채무자에 대하여 사전구상권을 행사할 수 있고, 이 경우에는 민법 제442조 제2항에 따라 보증계약 후에 채권자가 주채무자에게 허여한 기한으로 보증인에게 대항하지 못할 뿐만 아니라, 수탁보증인이 본래의 변제기가 도래한 후 과실 없이 변제 기타의 출재로 주채무를 소멸하게 한 후 이를 주채무자에게 통지하였다면, 민법 제445조 제1항에 의하여 주채무자는 위 통지를 받은 후 채권자와 사이에 이루어진 변제기 연장에 관한 합의로서 사후구상권을 행사하는 수탁보증인에게 대항할 수는 없다고 할 것이다.
대법원 2007. 4. 26. 선고 2006다22715 판결

(나) 주채무자의 통지의무

보증인과는 달리 사전통지의무는 없고 사후통지의무만을 부담한다.

주채무자가 자기의 행위로 면책하였음을 그 부탁으로 보증인이 된 자에게 통지하지 아니한 경우에 보증인이 선의로 채권자에게 변제 기타 유상의 면책행위를 한 때에는 보증인은 자기의 면책행위의 유효를 주장할 수 있다(446조).

(4) 주채무가 불가분채무나 연대채무인 경우

어느 연대채무자나 어느 불가분채무자를 위하여 보증인이 된 자는 다른 연대채무자나 다른 불가분채무자에 대하여 그 부담부분에 한하여 구상권이 있다(447조).

※ 보증인의 구상권 정리

<table>
<tr><td rowspan="2" colspan="2"></td><td rowspan="2">수탁보증인</td><td colspan="2">부탁받지 않은 보증인</td></tr>
<tr><td>주채무자의 의사에 반하지 않는 경우</td><td>주채무자의 의사에 반하는 경우</td></tr>
<tr><td colspan="2">사전구상권</td><td>*인정되는 경우*
1.보증인이 과실 없이 채권자에게 변제할 재판을 받은 때
2.주채무자가 파산선고를 받은 경우에 채권자가 파산재단에 가입하지 아니한 때
3.채무의 이행기가 확정되지 아니하고 그 최장기도 확정할 수 없는 경우에 보증계약 후 5년을 경과한 때
4.채무의 이행기가 도래한 때

사전구상의 범위
채무의 원본, 이미 발생한 이자 및 지연손해금, 피할 수 없는 비용, 기타 손해배상</td><td colspan="2">없음.</td></tr>
<tr><td rowspan="4">사후구상권</td><td>요건</td><td>과실 없이 변제 기타의 출재로 주채무를 전부 또는 일부 소멸시킨 때</td><td colspan="2">변제 기타의 출재로 주채무를 소멸시킨 때</td></tr>
<tr><td>범위</td><td>연대채무와 동일 : 출재액, 면책된 날 이후의 법정이자, 피할 수 없는 비용, 기타 손해배상</td><td>출재당시 주채무자가 받은 이익의 한도
(444조 1항)</td><td>구상권 행사당시 현존이익의 한도
(444조2항)</td></tr>
<tr><td>제한</td><td>*보증인은 주채무자에게 사전, 사후통지의무를 짐
*주채무자는 수탁보증인에게 사후통지의무를 짐</td><td colspan="2">*보증인은 주채무자에게 사전, 사후 통지의무를 짐
*주채무자는 보증인에게 통지의무가 없음</td></tr>
<tr><td>공동보증인사이</td><td>* 분별의 이익이 없는 경우*
그 중 어느 보증인이 자기의 부담부분을 넘어 변제를 한 때에는 연대채무자의 구상권 규정인 425조 내지 427조를 준용함.</td><td colspan="2">*분별의 이익이 있는 경우*
그 중 어느 보증인이 자기의 부담부분을 넘은 변제를 한 때에는 부탁 없는 보증인의 구상권 규정인 444조를 준용</td></tr>
</table>

Ⅵ. 특수한 보증

1. 연대보증

가. 의의

연대보증은 보증인이 채권자와의 보증계약에서 주채무자와 연대하여 채무를 부담하기로 하는 보증채무이다.

연대보증은 보충성이 인정되지 않으므로 최고 · 검색의 항변권을 갖지 못한다.

연대보증인이 수인 있는 경우에도 공동보증에서의 분별의 이익을 갖지 못하고 각자 주채무 전액을 지급할 의무를 진다.

나. 연대보증과 연대채무의 비교

○ 연대보증은 본질이 보증이므로 주채무에 부종, 따라서 주채무가 무효나 취소 등으로 소멸하면 연대보증채무도 원칙상 소멸한다.

연대채무는 독립성이 있어서 연대채무자 중 일부의 채무가 무효나 취소되더라도 다른 연대채무자의 채무는 존속한다.

○ 연대보증은 보증이므로 주채무에 존재하는 모든 사유는 연대보증인에게 효력이 있으나(ex: 주채무가 시효로 소멸하면 연대보증인은 전액책임을 면하고, 주채무자에 대한 시효중단의 사유는 연대보증인에 대해서도 시효중단이 되며, 채권양도의 경우 주채무자에게만 채권양도의 대항요건을 갖추면 연대보증인에게는 별도의 대항요건을 갖출 필요 없이 대항할 수 있다), 반대로 연대보증인에 대한 사유는 채권의 현실적인 만족을 주는 사유(변제, 대물변제, 공탁, 상계)에 한하여 주채무자에게 효력이 미친다.

연대채무는 연대채무자 1인의 시효소멸은 그 부담부분에 한하여 다른 연대채무자에게 효력이 있고(부담부분형 절대효), 시효중단의 경우 연대채무자 1인에 대한 이행청구에 의한 시효중단만이 다른 연대채무자에게도 시효중단이 될 뿐이고, 다른 시효중단사유(압류, 가압류, 가처분, 승인)는 다른 연대채무자에게는 시효중단이 되지 않는다.

채권양도의 대항요건은 상대효밖에 없어서 각 연대채무자에게 대항요건을 모두 갖추어야 한다.

다. 연대보증과 보증연대의 비교

○ 연대보증과 보증연대는 모두 보증채무라는 점에서는 공통되나, 보충성 부분에서는 차이가 있다.

연대보증은 주채무와 보증인이 연대하여 채무를 부담하는 것이므로 보충성이 없어서 연대보증인에게 최고 · 검색의 항변권이 인정되지 않는다.

보증연대는 수인의 보증인이 연대하여 보증채무를 부담하는 것이므로 보충성이 있어서 보증인에게 최고 · 검색의 항변권이 인정된다.

○ 연대보증은 보증인이 1인일 수도 있으나 보증연대는 보증인이 2인 이상이어야 한다.

○ 보증인이 수인인 경우 일반 공동보증에서는 분별의 이익이 있으나 연대보증이나 보증연대는 모두 분별의 이익이 없어서 보증인 각자 전액의 지급책임을 지게 된다.

라. 연대보증에서 1인에 대한 사유의 효력

○ 연대보증인에 대한 면제의 상대효

> 연대보증인 1인에 대한 채권포기는 주채무자나 다른 연대보증인에게는 효력이 미치지 아니한다.
> 대법원 1994. 11. 8. 선고 94다37202 판결
>
> 연대보증인이라고 할지라도 주채무자에 대하여는 보증인에 불과하므로 연대채무에 관한 면제의 절대적 효력을 규정한 민법 제419조의 규정은 주채무자와 보증인 사이에는 적용되지 아니하는 것이니, 채권자가 연대보증인에 대하여 그 채무의 일부 또는 전부를 면제하였다 하더라도 그 면제의 효력은 주채무자에 대하여 미치지 아니한다.
> 수인의 연대보증인이 있는 경우, 연대보증인들 사이에 연대관계의 특약이 있는 경우가 아니면 채권자가 연대보증인의 1인에 대하여 채무의 전부 또는 일부를 면제하더라도 다른 연대보증인에 대하여는 그 효력이 미치지 아니한다 할 것이다.
> 대법원 1992. 9. 25. 선고 91다37553 판결

○ 연대보증에서 시효중단의 효력

> 시효의 중단은 시효중단행위에 관여한 당사자 및 그 승계인 사이에 효력이 있는 것이므로 연대보증인 겸 물상보증인은 보증채무의 부종성에 따라 주채무가 시효로 소멸되었음을 주장할 수는 있는 것으로서, 주채무자에 대한 시효중단의 사유가 없는 이상 연대보증인 겸 물상보증인에 대한 시효중단의 사유가 있다 하여 주채무까지 시효중단 되었다고 할 수는 없다.
> 대법원 1994. 1. 11. 선고 93다21477 판결

○ 연대보증의 구상권 제한

> 수인의 보증인이 있는 경우에는 그 사이에 분별의 이익이 있는 것이 원칙이지만, 그 수인이 연대보증인일 때에는 각자가 별개의 법률행위로 보증인이 되었으므로 보증인 상호간에 연대의 특약(보증연대)이 없었더라도 채권자에 대하여는 분별의 이익을 갖지 못하고 각자의 채무 전액을 변제하여야 하고, 다만 보증인들 상호간의 내부관계에 있어서는 일정한 부담부분이 있고 그 부담부분의 비율에 관하여는 특약이 없는 한 각자 평등한 비율로 부담한다.
> 연대보증인 가운데 한 사람이 채무의 전액이나 자기의 부담부분 이상을 변제하였을 때에는 다른 보증인에 대하여 구상을 할 수 있고 다만 다른 보증인 가운데 이미 자기의 부담부분을 변제한 사람에 대하여는 구상을 할 수 없다.
> 대법원 1993. 5. 27. 선고 93다4656 판결

2. 공동보증

가. 의의

동일한 주채무에 대하여 수인이 보증채무를 부담하는 것이 공동보증이다.

공동보증의 모습에는 수인의 보증인이 ①보통의 보증인, ②연대보증인, ③보증연대의 세 모습을 갖는다.

나. 분별의 이익

수인의 각 보증인은 주채무를 균등한 비율로 분할한 부분에 대해서만 보증채무를 부담하는데 이를 분별의 이익이라고 한다.

연대보증, 보증연대 및 주채무의 내용이 성질상 또는 당사자의 의사표시에 의해 불가분적 급부를 목적으로 하는 경우에는 공동보증인간에 분별의 이익이 존재하지

않는다.

다. 구상권

분별의 이익이 있는 경우 : 분별의 이익을 가지는 공동보증인이 자기의 분담액을 넘어 변제한 때에는 채무자의 부탁 없는 보증인의 변제와 유사하므로 구상권에 관한 444조를 준용한다.

분별의 이익이 없는 경우 : 공동보증인간의 관계는 연대채무자 사이의 관계와 유사하다. 따라서 어느 보증인이 자기의 부담부분을 넘은 변제를 한 때에는 연대채무의 구상권에 관한 425 내지 427조를 준용한다.

> 수인의 보증인이 각자 채무자와 연대하여 채무를 부담하는 경우에 있어서는 보증인 상호간에 연대의 특약이 없는 경우에도 채권자에 대하여 분별의 이익이 없는 것이므로 각자 채무전액 또는 각자가 약정한 보증한도액 전액을 변제할 책임이 있는 것이라 하겠으나 보증인 상호간의 내부관계에 있어서는 일정한 부담부분이 있고 일정한 분할액에 한정하여 보증인의 지위에 놓이게 된다.
> 연대보증인 중의 한 사람이 채무를 변제하고 다른 연대보증인에게 구상권을 행사하려면 자기의 부담부분을 초과하여 변제를 하여 공동의 면책을 얻은 경우라야 가능한 것이므로 다른 보증인 중 이미 자기의 부담부분을 변제한 사람에 대해서는 구상을 할 수 없다.
> 대법원 1988. 10. 25. 선고 86다카1729 판결
>
> 공동연대보증인 중 1인이 채무 전액을 대위변제한 후 주채무자로부터 구상금의 일부를 변제받은 경우, 대위변제를 한 연대보증인은 자기의 부담 부분에 관하여는 다른 연대보증인들로부터는 구상을 받을 수 없고 오로지 주채무자로부터만 구상을 받아야 하므로 주채무자의 변제액을 자기의 부담 부분에 상응하는 주채무자의 구상채무에 먼저 충당할 정당한 이익이 있는 점, 대위변제를 한 연대보증인이 다른 연대보증인들에 대하여 각자의 부담 부분을 한도로 갖는 구상권은 주채무자의 무자력 위험을 감수하고 먼저 대위변제를 한 연대보증인의 구상권 실현을 확보하고 공동연대보증인들 간의 공평을 기하기 위하여 민법 제448조 제2항에 의하여 인정된 권리이므로, 다른 연대보증인들로서는 주채무자의 무자력시 주채무자에 대한 재구상권 행사가 곤란해질 위험이 있다는 사정을 내세워 대위변제를 한 연대보증인에 대한 구상채무의 감면을 주장하거나 이행을 거절할 수 없는 점 등을 고려하면, 주채무자의 구상금 일부 변제는 특별한 사정이 없는 한 대위변제를 한 연대보증인의 부담 부분에 상응하는 주채무자의 구상채무를 먼저 감소시키고 이 부분 구상채무가 전부 소멸되기 전까지는 다른 연대보증인들이 부담하는 구상채무의 범위에는 아무런 영향을 미치지 않는다고 보아야 한다. 그러나 주채무자의 구상금 일부 변제 금액이 대위변제를 한 연대보증인의 부담 부분을 넘는 경우에는 그 넘는 변제 금액은 주채무자의 구상채무를 감소시킴과 동시에 다른 연대보증인들의 구상채무도 각자의 부담비율에 상응하여 감소시킨다.
> 대법원 2010. 9. 30. 선고 2009다46873 판결

3. 계속적 보증계약

계속적 채권관계에서 발생하는 장래의 불확정채무를 보증하는 것을 근보증이라고 하는데 이에는 보증한도액이나 보증기간을 정하고 있는 한정근보증과 이에 대한 제한이 없는 포괄근보증이 있다.

보증인 보호를 위한 특별법에서는 포괄근보증을 불허하고, 주채무의 범위를 한정하고 보증의 한도액을 정한 것만 효력이 있는 것으로 규정하고 있다.

피용자가 직장에 근무하는 동안 직장에 부담하게 될지도 모르는 채무를 보증하는 것을 신원보증이라고 한다.

사정변경을 이유로 보증계약을 해지할 수 있는 것은 포괄근보증이나 한정근보증과 같이 채무액이 불확정적이고 계속적인 거래로 인한 채무에 대하여 보증한 경우에 한하고, 회사의 이사로 재직하면서 보증 당시 그 채무가 특정되어 있는 확정채무에 대하여 보증을 한 후 이사직을 사임하였다 하더라도 사정변경을 이유로 보증계약을 해지할 수 없는 것이다.
대법원 1994. 12. 27. 선고 94다46008 판결

계속적 보증계약에 있어서 보증인의 부담으로 돌아갈 주채무의 액수가 보증인이 보증 당시에 예상하였거나 예상할 수 있었던 범위를 훨씬 상회하고, 그 같은 주채무 과다 발생의 원인이 채권자가 주채무자의 자산상태가 현저히 악화된 사실을 익히 알거나 중대한 과실로 알지 못한 탓으로 이를 알지 못하는 보증인에게 아무런 통보나 의사타진도 없이 고의로 거래규모를 확대함에 비롯되는 등 신의칙에 반하는 사정이 인정되는 경우에 한하여 보증인의 책임을 합리적인 범위 내로 제한할 수 있다.
계속적 보증계약에서 미리 보증한도액이 정하여져 있는 경우에는, 특별한 사정이 없는 한 보증인은 채권자와 주채무자 사이의 거래액 중 보증한도액의 범위 내에서 보증책임을 질 것을 예상하였다 할 것이므로, 주채무가 과다하게 발생하였다고 하여 바로 보증책임이 그 예상액을 훨씬 넘어 가중되었다고 보기 어렵다.
계속적 보증계약에 보증한도액의 정함이 있는 경우, 그 한도액을 주채무의 원본총액만을 기준으로 할 것인지 그 한도액에 이자, 지연손해금 등의 부수채무까지도 포함될 것으로 할 것인지는 먼저 계약당사자의 의사에 따라야하나, 특약이 없는 한 한도액 내에는 이자 등 부수채무도 포함되는 것으로 해석하여야 한다.
계속적 보증책임의 한도액이 있는 경우에는 그 보증한 한도 내의 채무가 잔존하고 있는 이상, 그 잔존채무가 위 한도액 범위 내의 거래로 인하여 발생한 채무이든 또는 그 한도액을 초과한 거래로 인하여 발생한 채무 중 주채무자로부터 일부 변제되고 잔존한 채무이든 불문하고 그 보증한도에서 책임을 진다.
대법원 1995. 6. 30. 선고 94다40444 판결

보증한도액이 정해진 계속적 보증계약의 경우 보증인이 사망하였다 하더라도 보증계약이 당연히 종료되는 것은 아니고 특별한 사정이 없는 한 상속인들이 보증인의 지위를 승계한다고 보아야 할 것이나, 보증기간과 보증한도액의 정함이 없는 계속적 보증계약의 경우에는 보증인이 사망하면 보증인의 지위가 상속인에게 상속된다고 할 수 없고 다만, 기왕에 발생된 보증채무만이 상속된다.
대법원 2001. 6. 12. 선고 2000다47187 판결

계속적 보증계약에 있어서 보증인의 주채무자에 대한 신뢰가 깨어지는 등 보증인으로서 보증계약을 해지할 만한 상당한 이유가 있는 경우에 보증인으로 하여금 그 보증계약을 그대로 유지존속케 하는 것은 사회통념상 바람직하지 못하므로 그 계약해지로 인하여 상대방인 채권자에게 신의칙상 묵과할 수 없는 손해를 입게 하는 등 특단의 사정이 있는 경우를 제외하고 보증인은 일방적으로 이를 해지할 수 있다고 할 것이고, 계속적 보증계약을 해지할 만한 상당한 이유가 있는지 여부는 보증을 하게 된 경위, 주채무자와 보증인간의 관계, 보증계약의 내용, 채무증가의 구체적 경과와 채무의 규모, 주채무자의 신뢰상실 여부와 그 정도, 보증인의 지위변화, 주채무자의 자력에 관한 채권자나 보증인의 인식 등 제반 사정을 종합적으로 고려하여 판단하여야 할 것이다.
대법원 2003. 1. 24. 선고 2000다37937 판결

회사의 임원이나 직원의 지위에 있기 때문에 회사의 요구로 부득이 회사와 제3자 사이의 계속적 거래로 인한 회사의 채무에 대하여 보증인이 된 자가 그 후 회사로부터 퇴사하여 임원이나 직원의 지위를 떠난 때에는 보증계약성립 당시의 사정에 현저한 변경이 생긴 경우에 해당하므로 사정변경을 이유로 보증계약을 해지할 수 있다고 보아야 하며, 위 계속적 보증계약에서 보증기간을 정하였다고 하더라도 그것이 특히 퇴사 후에도 보증채무를 부담키로 특약한 취지라고 인정되지 않는 한 위와 같은 해지권의 발생에 영향이 없다.
대법원 1990. 2. 27. 선고 89다카1381 판결

계속적 거래관계로 인하여 발생하는 불확정한 채무를 보증하기 위한 이른바 계속적 보증에 있어서는 보증계약 성립 당시의 사정에 현저한 변경이 생겨 보증인에게 계속하여 보증책임을 지우는 것이 당사자의 의사해석 내지 신의칙에 비추어 상당하지 못하다고 인정되는 경우에는, 상대방인 채권자에게 신의칙상 묵과할 수 없는 손해를 입게 하는 등의 특별한 사정이 없는 한 보증인은 일방적인 보증계약해지의 의사표시에 의하여 보증계약을 해지할 수 있다고 보아야 할 것이고, 회사의 이사라는 지위에 있었기 때문에 부득이 회사와 은행 사이의 계속적 거래로 인한 회사의 채무에 연대보증인이 된 자가 그 후 회사로부터 퇴직하여 이사의 지위를 상실하게 된 때에는 사회통념상 계속 보증인의 지위를 유지케 하는 것이 부당하므로, 연대보증계약 성립 당시의 사정에 현저한 변경이 생긴 것을 이유로 그 보증계약을 일방적으로 해지할 수 있다.
대법원 2000. 3. 10. 선고 99다61750 판결

회사의 임원이나 직원의 지위에 있었기 때문에 부득이 회사와 제3자 사이의 계속적 거래에서 발생하는 회사의 채무를 연대보증한 사람이 그 후 회사에서 퇴직하여 임직원의 지위에서 떠난 때에는 연대보증계약의 기초가 된 사정이 현저히 변경되어 그가 계속 연대보증인의 지위를 유지하도록 하는 것이 사회통념상 부당하다고 볼 수 있다. 이러한 경우 연대보증인은 특별한 사정이 없는 한 연대보증계약을 일방적으로 해지할 수 있다고 보아야 한다.
보험자가 보험계약자와 현재 또는 장래에 체결하는 보증보험계약에 관하여 보증기간과 보증한도액을 정하여 보증보험 한도거래 약정을 하면서 보험계약자의 채무불이행 등 보험사고 발생으로 보험금을 지급할 경우, 보험계약자가 보험자에게 부담하게 될 불확정한 구상채무를 보증한 사람도 위와 같은 사정이 있는 경우에는 마찬가지로 해지권을 행사할 수 있다고 보아야 한다.
보증보험계약에서 이행을 담보하는 주계약상의 채무가 확정되기 전에 구상채무의 보증인이 적법하게 보증계약을 해지하면 구체적인 보증채무가 발생하기 전에 보증계약관계가 종료된다. 따라서 그 이후 보험사고가 발생하여 보험자의 보험금지급채무가 확정되고 나아가 보험계약자의 구상채무까지 확정되더라도 구상채무의 보증인은 그에 관하여 보증책임을 지지 않는다.
대법원 2018. 3. 27. 선고 2015다12130 판결

※ 다수당사자 채권관계의 비교

	대외적 효력	1인에게 발생한 사유의 효력	대내적 효력
분할 채권 채무	각 채권·채무는 상호 독립한 것이므로, 상호 영향을 받지 않고, 단독으로 변제 또는 변제수령 가능	각 채권과 각 채무는 독립한 것이기 때문에, 1인의 채권자 또는 채무자에게 발생한 사유는 다른 채권자나 채무자에게 영향을 주지 않음	-원칙: 균등한 비율의 채권·채무임. 구상의 문제는 발생하지 않음. -내부관계 불균등시 : 부담부분 이상 변제 시 구상, 취득비율 이상 취득 시 분급.
불가분 채권	채권자 1인은 전원을 위하여 이행을 청구 또는 변제수령가능(§409)	-절대적 효력 사유: ①채권자 1인에 대한 변제·변제의 제공과 이로 인한 채권자 지체의 효과. ②채권자 1인의 이행청구와 이로 인한 시효중단·이행지체의 효과(§410) -상대적 효력 사유: 대물변제, 상계, 혼동, 시효의 완성	변제받은 채권자는 그 급부 이익을 분급해야 한다. 그 내부관계의 비율은 균등한 것으로 추정
불가분 채무	연대채무와 동일함(§411)	-절대적 효력 사유: 채무자가 1인의 변제, 변제의 제공과 이로 인한 채권자지체의 효과. ※ 채권자가 1인이므로 채권만족사유인 대물변제, 공탁도 절대효 있음. 상계의 경우 대립함. -채무자 1인에 대한 이행청구 및 이에 따른 효과에 관한 학설의 대립: ①제411조가 연대채무에서 이행청구에 절대적 효력을 인정하는 제416조를 준용하지 않으므로 연대채무와 달리 상대적 효력을 가진다(다수설) ②제411조가 제410조를 준용하므로, 제410조를 제409조와 연계하여 이행한다면 이행청구는 절대적 효력을 가진다.	연대채무와 동일함(§411)

연대 채무	채권자 1인 또는 수인의 채무자에 대해 동시 또는 순차로 채무의 전부 또는 일부의 이행을 청구할 수 있다 (§414)	-절대적 효력 사유: ①일체형 절대적 효력사유: 채무자 1인의 변제, 대물변제, 공탁, 경개, 상계, 채무자 1인에 대한 이행청구와 이로 인한 시효중단, 이행지체, 채권자지체 ②부담부분형 절대적 효력사유: 제418조2항의 상계와 면제, 혼동, 소멸시효의 완성 -상대적 효력 사유: 위의 사유 이외	부담부분은 균등하다고 추정되고(§424), 공동면책케한 연대채무자는 다른 연대채무자에게 구상가능(§425~§427)
보증 채무	보증인은 ①부종성에 기해 주채무자의 항변권을,②보충성에 기해 최고·검색의 항변권을 행사 가능(§433).	주채무자에게 발생한 사유 (예: 시효중단사유, §440)는 모두 보증인에게 절대적 효력사유임. 그러나 보증인에게 발생한 사유는 변제, 대물변제, 공탁, 상계와 같이 채권을 만족시키는 사유만이 주채무자에게 절대적 효력을 가짐.	보증인은 주채무자에게 구상가능, 수탁의 여부에 따라 구상범위가 결정됨(§441~§448)

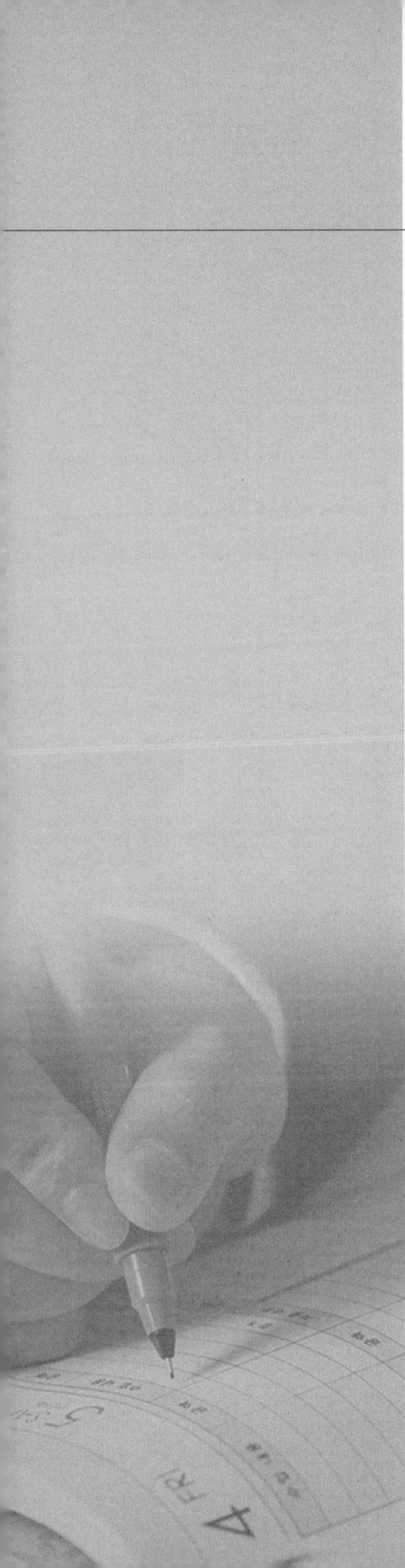

제7장 채권양도 및 채무인수

Ⅰ. 채권양도

1. 채권양도의 의의
2. 지명채권의 양도
3. 지시채권의 양도
4. 무기명채권의 양도

Ⅱ. 채무인수

1. 채무인수의 의의
2. 채무인수의 요건
3. 채무인수의 효과
4. 채무인수와 유사한 제도

Ⅰ. 채권양도

1. 채권양도의 의의[31)]

채권양도는 양도인과 양수인의 계약으로 채권의 동일성을 유지하면서 양도인의 채권을 양수인에게 이전하는 것을 말한다.

지명채권 양도는 원칙적으로 원인행위인 채권행위와 함께 행해진 것으로 보아야하며 그 원인행위가 부존재, 무효, 취소, 해제 등으로 효력을 잃게 되면 그에 따라 채권양도도 무효로 된다고 본다.

지시채권이나 무기명채권과 같은 증권적 채권의 경우에는 채권의 양도는 증서의 배서 및 교부 또는 증서의 교부가 있는 때에 있게 되고, 채권행위가 실효되어도 채권양도는 영향을 받지 않는다.

채권양도가 있으면 채권은 동일성을 유지하면서 양수인에게 이전되고 채권에 붙어 있는 각종의 항변권도 그대로 존속한다.

> 지명채권의 양도라 함은 채권의 귀속주체가 법률행위에 의하여 변경되는 것, 즉 법률행위에 의한 이전을 의미한다. 여기서 '법률행위'란 유언 외에는 통상 채권이 양도인에게서 양수인으로 이전하는 것 자체를 내용으로 하는 그들 사이의 합의를 가리키고, 이는 이른바 준물권행위 또는 처분행위로서의 성질을 가진다.
> 종전의 채권자가 채권의 추심 기타 행사를 위임하여 채권을 양도하였으나 양도의 '원인'이 되는 그 위임이 해지 등으로 효력이 소멸한 경우에 이로써 채권은 양도인에게 복귀하게 되고, 나아가 양수인은 그 원인행위의 해지로 인하여 양도인에 대하여 부담하는 원상회복의무(이는 계약의 효력불발생에서의 원상회복의무 일반과 마찬가지로 부당이득반환의무의 성질을 가진다)의 한 내용으로 채무자에게 이를 통지할 의무를 부담한다.
> 대법원 2011. 3. 24. 선고 2010다100711 판결
>
> 지명채권의 양도란 채권의 귀속주체가 법률행위에 의하여 변경되는 것으로서 이른바 준물권행위 내지 처분행위의 성질을 가지므로, 그것이 유효하기 위하여는 양도인이 채권을 처분할 수 있는 권한을 가지고 있어야 한다. 처분권한 없는 자가 지명채권을 양도한 경우 특별한 사정이 없는 한 채권양도로서 효력을 가질 수 없으므로 양수인은 채권을 취득하지 못한다.
> 대법원 2016. 7. 14. 선고 2015다46119 판결

31) 지원림, 앞의 책, 955면.

2. 지명채권의 양도

가. 지명채권의 양도성

1) 지명채권의 의의

지명채권은 채권자가 특정되어 있는 채권이다. 일반적으로 채권이라고 하면 지명채권을 의미한다.

지명채권의 경우에는 채권의 성립, 존속, 행사, 양도를 함에 있어 증서의 작성, 교부 등이 필요하지 않다.[32)]

2) 지명채권의 양도성

지명채권은 원칙적으로 양도성을 갖는다(제449조 1항).

채권양도 당시 양도목적 채권의 채권액이 확정되어 있지 않았더라도 채무의 이행기까지 이를 확정할 수 있는 기준이 설정되어 있으면 그 채권의 양도는 유효한 것이고, 가압류된 채권도 양도하는데 있어 문제가 없다고 본다.

> 장래의 채권도 양도 당시 기본적 채권관계가 어느 정도 확정되어 있어 그 권리의 특정이 가능하고 가까운 장래에 발생할 것임이 상당 정도 기대되는 경우에는 이를 양도할 수 있는 것이다.
> 대법원 2010. 4. 8. 선고 2009다96069 판결
>
> 일반적으로 채권에 대한 가압류가 있더라도 이는 가압류채무자가 제3채무자로부터 현실로 급부를 추심하는 것만을 금지하는 것이므로 가압류채무자는 제3채무자를 상대로 그 이행을 구하는 소송을 제기할 수 있고, 법원은 가압류가 되어 있음을 이유로 이를 배척할 수 없는 것이며, 채권양도는 구 채권자인 양도인과 신 채권자인 양수인 사이에 채권을 그 동일성을 유지하면서 전자로부터 후자에게로 이전시킬 것을 목적으로 하는 계약을 말한다 할 것이고, 채권양도에 의하여 채권은 그 동일성을 잃지 않고 양도인으로부터 양수인에게 이전된다 할 것이며, 가압류된 채권도 이를 양도하는 데 아무런 제한이 없으나, 다만 가압류된 채권을 양수받은 양수인은 그러한 가압류에 의하여 권리가 제한된 상태의 채권을 양수받는다고 보아야 할 것이다.
> 대법원 2000. 4. 11. 선고 99다23888 판결

32) 증서가 작성되었다고 하더라도 그 증서는 증거방법에 불과함.

3) 양도의 제한[33]

가) 채권성질에 의한 제한

채권의 성질이 양도를 허용하지 않는 경우에 그 채권은 양도할 수 없다.

- 채권자가 변경되면 급부의 내용이 전혀 달라지는 채권
  특정인의 초상을 그리게 하는 채권, 부작위채권
- 채권자가 변경되면 권리의 행사가 크게 달라지는 채권
  임차권(제629조)
- 특정의 채권자와의 사이에서 결제되어야 하는 채권
  상호계산(상법 제72조 이하)에 산입된 채권, 당좌대월계약상의 채권
- 주된 채권에 종된 채권
  보증채권
- 전세금반환청구권은 전세권과 분리하여 양도할 수 없음 : 전세권 종료시 반환을 조건으로 한 양도는 가능함 : 임차보증금반환채권도 동일함.
- 매매로 인한 소유권이전등기청구권은 양도가 제한됨

주채권과 보증인에 대한 채권의 귀속주체를 달리하는 것은, 주채무자의 항변권으로 채권자에게 대항할 수 있는 보증인의 권리가 침해되는 등 보증채무의 부종성에 반하고, 주채권을 가지지 않는 자에게 보증채권만을 인정할 실익도 없기 때문에 주채권과 분리하여 보증채권만을 양도하기로 하는 약정은 그 효력이 없다.
보증채무는 주채무에 대한 부종성 또는 수반성이 있어서 주채무자에 대한 채권이 이전되면 당사자 사이에 별도의 특약이 없는 한 보증인에 대한 채권도 함께 이전하고, 이 경우 채권양도의 대항요건도 주채권의 이전에 관하여 구비하면 족하고, 별도로 보증채권에 관하여 대항요건을 갖출 필요는 없다.
대법원 2002. 9. 10. 선고 2002다21509 판결

부동산의 매매로 인한 소유권이전등기청구권은 물권의 이전을 목적으로 하는 매매의 효과로서 매도인이 부담하는 재산권이전의무의 한 내용을 이루는 것이고, 매도인이 물권행위의 성립요건을 갖추도록 의무를 부담하는 경우에 발생하는 채권적 청구권으로 그 이행과정에 신뢰관계가 따르므로, 소유권이전등기청구권을 매수인으로부터 양도받은 양수인은 매도인이 그 양도에 대하여 동의하지 않고 있다면 매도인에 대하여 채권양도를 원인으로 하여 소유권이전등기절차의 이행을 청구할 수 없고, 따라서 매매로 인한 소유권이전등기청구권은 특별한 사정이 없는 이상 그 권리의 성질상 양도가 제한되고 그

33) 김준호, 앞의 책, 1232~1237면.

양도에 채무자의 승낙이나 동의를 요한다고 할 것이므로 통상의 채권양도와 달리 양도인의 채무자에 대한 통지만으로는 채무자에 대한 대항력이 생기지 않으며 반드시 채무자의 동의나 승낙을 받아야 대항력이 생긴다.
대법원 2005. 3. 10. 선고 2004다67653 판결 : 중간생략등기 문제임

근로자의 임금채권은 그 양도를 금지하는 법률의 규정이 없으므로 이를 양도할 수 있다. 근로기준법 제36조 제1항에서 임금직접지급의 원칙을 규정하는 한편 동법 제109조에서 그에 위반하는 자는 처벌을 하도록 하는 규정을 두어 그 이행을 강제하고 있는 취지가 임금이 확실하게 근로자 본인의 수중에 들어가게 하여 그의 자유로운 처분에 맡기고 나아가 근로자의 생활을 보호하고자 하는데 있는 점에 비추어 보면 근로자가 그 임금채권을 양도한 경우라 할지라도 그 임금의 지급에 관하여는 같은 원칙이 적용되어 사용자는 직접 근로자에게 임금을 지급하지 아니하면 안되는 것이고 그 결과 비록 양수인이라고 할지라도 스스로 사용자에 대하여 임금의 지급을 청구할 수는 없다.
대법원 1988. 12. 13. 선고 87다카2803 전원합의체 판결

나) 당사자의 의사표시에 의한 제한

채권은 당사자가 반대의 의사를 표시한 경우에는 양도하지 못한다. 그러나 그 의사표시로써 선의의 제3자에게 대항하지 못한다(제449조 2항).
양도금지의 의사표시는 채권성립시에 할 수도 있으나 채권성립 후에 하여도 무방하다.
채권의 양도성은 원칙적으로 허용되는 것이므로 대항할 수 없는 제3자로서 보호받기 위해서는 선의의 조건 외에 따로 무과실을 요구하지는 않지만 중대한 과실은 악의와 동일하게 취급되어야 할 것이다.
당사자의 의사표시에 의하여 양도가 금지되더라도 압류까지 금지되는 것은 아니다.

채무자는 제3자가 채권자로부터 채권을 양수한 경우 채권양도금지 특약의 존재를 알고 있는 양수인이나 그 특약의 존재를 알지 못함에 중대한 과실이 있는 양수인에게 그 특약으로써 대항할 수 있고, 여기서 말하는 중과실이란 통상인에게 요구되는 정도의 상당한 주의를 하지 않더라도 약간의 주의를 한다면 손쉽게 그 특약의 존재를 알 수 있음에도 불구하고 그러한 주의조차 기울이지 아니하여 특약의 존재를 알지 못한 것을 말하며, 제3자의 악의 내지 중과실은 채권양도 금지의 특약으로 양수인에게 대항하려는 자가 이를 주장·입증하여야 한다.
대법원 2003. 1. 24. 선고 2000다5336 판결

당사자 사이에 양도금지의 특약이 있는 채권이라도 압류 및 전부명령에 따라 이전될 수 있고, 양도금지의 특약이 있는 사실에 관하여 압류채권자가 선의인가 악의인가는 전부명령의 효력에 영향이 없다.
대법원 2002. 8. 27. 선고 2001다71699 판결

당사자 사이에 양도금지의 특약이 있는 채권이더라도 전부명령에 의하여 전부되는 데에는 지장이 없고, 양도금지의 특약이 있는 사실에 관하여 집행채권자가 선의인가 악의인가는 전부명령의 효력에 영향을 미치지 못하는 것인바, 이와 같이 양도금지특약부 채권에 대한 전부명령이 유효한 이상, 그 전부채권자로부터 다시 그 채권을 양수한 자가 그 특약의 존재를 알았거나 중대한 과실로 알지 못하였다고 하더라도 채무자는 위 특약을 근거로 삼아 채권양도의 무효를 주장할 수 없다.
대법원 2003. 12. 11. 선고 2001다3771 판결

당사자의 의사표시에 의한 채권양도금지 특약은 제3자가 악의인 경우는 물론 제3자가 채권양도금지 특약을 알지 못한 데에 중대한 과실이 있는 경우에도 채권양도금지 특약으로써 대항할 수 있고, 제3자의 악의 내지 중과실은 채권양도금지 특약으로 양수인에게 대항하려는 자가 이를 주장·증명하여야 한다. 그리고 민법 제449조 제2항 단서는 채권양도금지 특약으로써 대항할 수 없는 자를 '선의의 제3자'라고만 규정하고 있어 채권자로부터 직접 양수한 자만을 가리키는 것으로 해석할 이유는 없으므로, 악의의 양수인으로부터 다시 선의로 양수한 전득자도 위 조항에서의 선의의 제3자에 해당한다. 또한 선의의 양수인을 보호하고자 하는 위 조항의 입법 취지에 비추어 볼 때, 이러한 선의의 양수인으로부터 다시 채권을 양수한 전득자는 선의·악의를 불문하고 채권을 유효하게 취득한다.
대법원 2015. 4. 9. 선고 2012다118020 판결

채권은 양도할 수 있다. 그러나 채권의 성질이 양도를 허용하지 아니하는 때에는 그러하지 아니하다(민법 제449조 제1항). 그리고 채권은 당사자가 반대의 의사를 표시한 경우에는 양도하지 못한다. 그러나 그 의사표시로써 선의의 제3자에게 대항하지 못한다(민법 제449조 제2항).
이처럼 당사자가 양도를 반대하는 의사를 표시(이하 '양도금지특약'이라고 한다)한 경우 채권은 양도성을 상실한다. 양도금지특약을 위반하여 채권을 제3자에게 양도한 경우에 채권양수인이 양도금지특약이 있음을 알았거나 중대한 과실로 알지 못하였다면 채권 이전의 효과가 생기지 아니한다. 반대로 양수인이 중대한 과실 없이 양도금지특약의 존재를 알지 못하였다면 채권양도는 유효하게 되어 채무자는 양수인에게 양도금지특약을 가지고 그 채무 이행을 거절할 수 없다. 채권양수인의 악의 내지 중과실은 양도금지특약으로 양수인에게 대항하려는 자가 주장 · 증명하여야 한다(대법원 1999. 12. 28. 선고 99다8834 판결, 대법원 2000. 12. 22. 선고 2000다55904 판결, 대법원 2009. 10. 29. 선고 2009다47685 판결 등 참조).
양도금지특약을 위반하여 이루어진 채권양도는 원칙적으로 그 효력이 없다는 것이 통설이고 앞서 본 바와 같이 이와 견해를 같이하는 상당수의 대법원판결이 선고되어 재판실무가 안정적으로 운영되고 있다. 이러한 판례의 법리는 그대로 유지되어야 한다.
대법원 2019. 12. 19 선고 2016다24284 전원합의체 판결

다) 법률에 의한 양도금지

법률이 본래의 채권자에게 변제하게 할 목적으로 채권의 양도를 금지하는 경우가 있다.

부양청구권(제979조), 각종의 연금청구권(공무원연금법 제32조, 국민연금법 제58조, 기초연금법 제21조), 재해보상청구권(근로기준법 제86조), 국가배상청구권(국가배상법 제4조) 등이 이에 해당된다.

법률에 의해 양도가 금지되는 채권은 압류도 금지된다. 그러나 압류가 금지되는

채권은 반드시 양도까지 금지된다고 할 수는 없다.

나. 지명채권 양도의 대항요건[34)]

지명채권의 양도는 양도인이 채무자에게 통지하거나 채무자가 승낙하지 아니하면 채무자 기타 제3자에게 대항하지 못한다(제450조 1항).

양도인의 채무자에 대한 통지나 채무자의 승낙은 확정일자 있는 증서에 의하지 아니하면 채무자 이외의 제3자에게 대항하지 못한다(제450조 2항).

지명채권양도의 효력은 양도인과 양수인 사이에 채권양도계약의 체결(성립요건)로 발생하는 것이고 그 양도의 사실로 채무자 및 제3자에게 대항하기 위해 대항요건이 필요한 것이다.

채권양도가 있었지만 대항요건을 갖추지 못한 경우라면 채무자는 양수인에게 변제를 거절할 수 있고, 채무자가 양도인에게 변제 기타 면책행위를 하더라도 유효하며, 양도인이 채무자에게 행한 상계, 면제도 유효하다. 대항요건을 갖추지 못했어도 채권양도의 성립은 있었으므로 채무자가 채권양도의 효력을 인정하여 양수인에게 유효하게 변제할 수 있다.

> 채권양도는 구 채권자인 양도인과 신 채권자인 양수인 사이에 채권을 그 동일성을 유지하면서 전자로부터 후자에게로 이전시킬 것을 목적으로 하는 계약을 말한다 할 것이고, 채권양도에 의하여 채권은 그 동일성을 잃지 않고 양도인으로부터 양수인에게 이전되며, 이러한 법리는 채권양도의 대항요건을 갖추지 못하였다고 하더라도 마찬가지이다.
> 대항요건을 갖추지 못하여 채무자에게 대항하지 못한다고 하더라도 채권의 양수인이 채무자를 상대로 재판상의 청구를 하였다면 이는 소멸시효 중단사유인 재판상의 청구에 해당한다고 보아야 한다.
> 대법원 2005. 11. 10. 선고 2005다41818 판결

1) 채무자에 대한 대항요건

가) 양도통지

지명채권양도 사실로 채무자 및 제3자에게 대항하기 위해서는 양도인의 채무자에 대한 양도통지가 있어야 한다.

통지는 채권양도의 사실이 있었음을 알리는 행위로서 그 성격은 관념의 통지라고 할

34) 송덕수, 앞의 책, 1178~1187면.

수 있다.

채무자는 채권양도통지를 받은 후에 취득한 양도인에 대한 채권으로써 양수인에 대하여 상계로써 대항하지 못한다.

양도통지는 양도인이 채무자에 대하여 하여야 하는 것이므로 양수인의 통지만으로는 대항력이 생기지 않는다. 그러나 반드시 양도인이 직접 통지할 필요는 없고 대리인으로 하여금 하게 할 수도 있다. 그러므로 양수인이 양도인의 대리인으로서 양도인을 위해 양도통지를 하는 경우에는 대항력이 발생한다.

양도통지는 양도행위와 동시에 할 수도 있으나 양도 후에 하여도 무방하다. 그러나 양도행위 전에 하는 사전통지는 원칙적으로 양도통지로서의 효력이 없다고 할 것이다.

양도인이 채무자에게 양도사실을 통지한 후에 채무자에게 채권양도통지를 철회한다는 통지를 하였더라도 양수인이 양도인의 채권양도통지철회에 동의하지 않으면 채권양도통지철회는 효력이 없다.

양도인이 채무자에게 채권양도를 통지한 때에는 아직 양도하지 아니하였거나 그 양도가 무효인 경우에도 선의인 채무자는 양수인에게 대항할 수 있는 사유로 양도인에게 대항할 수 있다(제452조 1항).

> 채권양도의 통지를 양수인이 양도인을 대리하여 행할 수 있음은 일찍부터 인정되어 온 바이지만, 대리통지에 관하여 그 대리권이 적법하게 수여되었는지, 그리고 그 대리행위에서 현명(현명)의 요구가 준수되었는지 등을 판단함에 있어서는 양도인이 한 채권양도의 통지만이 대항요건으로서의 효력을 가지게 한 뜻이 훼손되지 아니하도록 채무자의 입장에서 양도인의 적법한 수권에 기하여 그러한 대리통지가 행하여졌음을 제반 사정에 비추어 커다란 노력 없이 확인할 수 있는지를 무겁게 고려하여야 한다. 특히 양수인에 의하여 행하여진 채권양도의 통지를 대리권의 '묵시적' 수여의 인정 및 현명원칙의 예외를 정하는 민법 제115조 단서의 적용이라는 이중의 우회로를 통하여 유효한 양도통지로 가공하여 탈바꿈시키는 것은 법의 왜곡으로서 경계하여야 한다. 채권양도의 통지가 양도인 또는 양수인 중 누구에 의하여서든 행하여지기만 하면 대항요건으로서 유효하게 되는 것은 채권양도의 통지를 양도인이 하도록 한 법의 취지를 무의미하게 할 우려가 있다.
> 대법원 2011. 2. 24. 선고 2010다96911 판결
>
> 채권양도가 있기 전에 미리 하는 채권양도통지는 채무자로 하여금 양도의 시기를 확정할 수 없는 불안한 상태에 있게 하는 결과가 되어 원칙으로 허용될 수 없다 할 것이지만 이는 채무자를 보호하기 위하여 요구되는 것이므로 사전통지가 있더라도 채무자에게 법적으로 아무런 불안정한 상황이 발생하지 않는 경우에까지 그 효력을 부인할 것은 아니라 할 것이다.

채권양도인의 확정일자부 채권양도통지와 채무자의 확정일자부 채권양도승낙이 모두 있은 후에 채권양도계약이 체결된 사안의 경우, 실제로 채권양도계약이 체결된 날 위 채권양도의 제3자에 대한 대항력이 발생한다고 보아야 한다.
대법원 2010. 2. 11. 선고 2009다90740 판결

채권양도인이 양수인에게 전대차계약상의 차임채권 중 일부를 양도하고 전차인인 채무자에게 위 양도사실을 통지한 후에 채무자에게 위 채권양도통지를 취소한다는 통지를 하였더라도 양수인이 양도인의 위 채권양도통지철회에 동의하였다고 볼 증거가 없다면 위 채권양도통지철회는 효력이 없다.
대법원 1993. 7. 13. 선고 92다4178 판결

나) 채무자 승낙

채무자가 채권양도에 대해 승낙을 하면 그 양도는 대항력을 갖추게 된다. 여기서의 승낙은 채권양도 사실에 대한 인식을 표명하는 행위로서 그 성격은 관념의 통지라고 할 수 있다.

승낙은 채무자가 하는 것으로서 그 상대방은 양도인과 양수인 중 누구라도 상관없고, 사전승낙도 유효하다고 할 것이다.

채무자가 이의를 보류하지 아니하고 승낙을 한 때에는 양도인에게 대항할 수 있는 사유로써 양수인에게 대항하지 못한다(제451조 1항). 여기서 대항하지 못하는 양수인은 선의의 양수인이어야 한다. 즉 양수인이 악의이거나 알지 못한데 대해 중과실인 경우에는 그 양수인에 대해 대항할 수 있다고 보아야 한다.

민법 제450조 소정의 채무자의 승낙은 채권양도의 사실을 채무자가 승인하는 뜻으로서 동조가 규정하는 채권양도의 대항요건을 구비하기 위하여서는 채무자가 양도의 사실을 양도인 또는 양수인에 대하여 승인함을 요한다.
대법원 1986. 2. 25. 선고 85다카1529 판결

지명채권의 양도를 승낙함에 있어서는 이의를 보류하고 할 수 있음은 물론이고 양도금지의 특약이 있는 채권양도를 승낙함에 있어 조건을 붙여서 할 수도 있으며 승낙의 성격이 관념의 통지라고 하여 조건을 붙일 수 없는 것은 아니다.
대법원 1989. 7. 11. 선고 88다카20866 판결

민법 제451조 제1항 본문은 "채무자가 이의를 보류하지 아니하고 전조의 승낙을 한 때에는 양도인에게 대항할 수 있는 사유로써 양수인에게 대항하지 못한다."라고 정하고 있다. 이 조항은 채무자의 이의를 보류하지 않은 승낙이라는 사실에 공신력을 주어 양수인을 보호하고 거래의 안전을 꾀하기 위한 것이다. 여기에서 양도인에게 대항할 수 있지만 양수인에게는 대항하지 못하는 사유는 협의의 항변권에 한정되지 않고 넓게 채권의 성립·존속·행사를 저지하거나 배척하는 사유를 포함한다.

채무자가 이 조항에 따른 이의를 보류하지 않은 승낙을 할 때에 명시적으로 항변사유를 포기한다거나 양도되는 채권에 대하여 이의가 없다는 뜻을 표시할 것까지 요구하지는 않는다. 그러나 이의를 보류하지 않은 승낙으로 말미암아 채무자가 양도인에 대하여 갖는 대항사유가 단절되는 점을 감안하면, 채무자가 이 조항에 따라 이의를 보류하지 않은 승낙을 했는지는 문제 되는 행위의 내용, 채무자가 행위에 이른 동기와 경위, 채무자가 행위로 달성하려고 하는 목적과 진정한 의도, 행위를 전후로 채무자가 보인 태도 등을 종합적으로 고려하여 양수인으로 하여금 양도된 채권에 대하여 대항사유가 없을 것을 신뢰하게 할 정도에 이르렀는지를 감안하여 판단해야 한다.
대법원 2019. 6. 27 선고 2017다222962 판결

민법 제451조 제1항이 이의를 보류하지 않은 승낙에 대하여 항변사유를 제한한 취지는 이의를 보류하지 않은 승낙이 이루어진 경우 양수인은 양수한 채권에 아무런 항변권도 부착되지 아니한 것으로 신뢰하는 것이 보통이므로 채무자의 '승낙'이라는 사실에 공신력을 주어 양수인의 신뢰를 보호하고 채권양도나 질권설정과 같은 거래의 안전을 꾀하기 위한 규정이라 할 것이므로, 채권의 양도나 질권의 설정에 대하여 이의를 보류하지 아니하고 승낙을 하였더라도 양수인 또는 질권자가 악의 또는 중과실의 경우에 해당하는 한 채무자의 승낙 당시까지 양도인 또는 질권설정자에 대하여 생긴 사유로써도 양수인 또는 질권자에게 대항할 수 있다.
대법원 2002. 3. 29. 선고 2000다13887 판결

채권양도에 있어서 채무자가 양도인에게 이의를 보류하지 아니하고 승낙을 하였다는 사정이 없거나 또는 이의를 보류하지 아니하고 승낙을 하였더라도 양수인이 악의 또는 중과실의 경우에 해당하는 한, 채무자의 승낙 당시까지 양도인에 대하여 생긴 사유로써 양수인에게 대항할 수 있다고 할 것인데, 승낙 당시 이미 상계를 할 수 있는 원인이 있었던 경우에는 아직 상계적상에 있지 아니하였다 하더라도 그 후에 상계적상이 생기면 채무자는 양수인에 대하여 상계로 대항할 수 있다.
대법원 1999. 8. 20. 선고 99다18039 판결

지명채권의 양도는 양도인이 채무자에게 통지하거나 채무자가 승낙하지 않으면 채무자에게 대항하지 못한다(민법 제450조 제1항). 채무자가 채권양도 통지를 받은 경우 채무자는 그때까지 양도인에 대하여 생긴 사유로써 양수인에게 대항할 수 있고(제451조 제2항), 당시 이미 상계할 수 있는 원인이 있었던 경우에는 아직 상계적상에 있지 않더라도 그 후에 상계적상에 이르면 채무자는 양수인에 대하여 상계로 대항할 수 있다.
대법원 2019. 6. 27 선고 2017다222962 판결

채권양도에 의하여 채권은 그 동일성을 유지하면서 양수인에게 이전되고, 채무자는 양도통지를 받은 때까지 양도인에 대하여 생긴 사유로써 양수인에게 대항할 수 있다(민법 제451조 제2항). 따라서 채무자의 채권양도인에 대한 자동채권이 발생하는 기초가 되는 원인이 양도 전에 이미 성립하여 존재하고 자동채권이 수동채권인 양도채권과 동시이행의 관계에 있는 경우에는, 양도통지가 채무자에게 도달하여 채권양도의 대항요건이 갖추어진 후에 자동채권이 발생하였다고 하더라도 채무자는 동시이행의 항변권을 주장할 수 있고, 따라서 그 채권에 의한 상계로 양수인에게 대항할 수 있다.
대법원 2015. 4. 9. 선고 2014다80945 판결

ex : 수동채권(양도채권) : 공사대금채권, 자동채권 : 하자보수금채권
수동채권(양도채권) : 공사대금채권, 자동채권 : 하자로 인한 손해배상채권

채무에 이행기의 정함이 없는 경우에는 채무자가 이행의 청구를 받은 다음 날부터 이행지체의 책임을 지는 것이나, 한편 지명채권이 양도된 경우 채무자에 대한 대항요건이 갖추어질 때까지 채권양수인은 채무자에게 대항할 수 없으므로, 이행기의 정함이 없는

> 채권을 양수한 채권양수인이 채무자를 상대로 그 이행을 구하는 소를 제기하고 소송 계속 중 채무자에 대한 채권양도통지가 이루어진 경우에는 특별한 사정이 없는 한 채무자는 채권양도통지가 도달된 다음 날부터 이행지체의 책임을 진다.
> 대법원 2014. 4. 10. 선고 2012다29557 판결

다) 양도가 실효된 경우의 대항력

채권양도가 있은 후 그 계약이 해제 또는 취소된 경우와 같이 채권양도가 실효된 경우, 양도인이 채무자에 대하여 그 양도의 실효를 가지고 대항하려면 양수인이 채무자에게 그 실효사실을 통지하여야 한다.

> 지명채권의 양도통지를 한 후 그 양도계약이 해제된 경우에, 양도인이 그 해제를 이유로 다시 원래의 채무자에 대하여 양도채권으로 대항하려면 양수인이 채무자에게 위와 같은 해제사실을 통지하여야 한다.
> 대법원 1993. 8. 27. 선고 93다17379 판결
>
> 민법 제452조는 '양도통지와 금반언'이라는 제목 아래 제1항에서 '양도인이 채무자에게 채권양도를 통지한 때에는 아직 양도하지 아니하였거나 그 양도가 무효인 경우에도 선의인 채무자는 양수인에게 대항할 수 있는 사유로 양도인에게 대항할 수 있다'고 하고, 제2항에서 '전항의 통지는 양수인의 동의가 없으면 철회하지 못한다'고 하여 채권양도가 불성립 또는 무효인 경우에 선의인 채무자를 보호하는 규정을 두고 있다. 이는 채권양도가 해제 또는 합의해제되어 소급적으로 무효가 되는 경우에도 유추적용 할 수 있다고 할 것이므로, 지명채권의 양도통지를 한 후 양도계약이 해제 또는 합의해제된 경우에 채권양도인이 해제 등을 이유로 다시 원래의 채무자에 대하여 양도채권으로 대항하려면 채권양도인이 채권양수인의 동의를 받거나 채권양수인이 채무자에게 위와 같은 해제 등 사실을 통지하여야 한다. 이 경우 위와 같은 대항요건이 갖추어질 때까지 양도계약의 해제 등을 알지 못한 선의인 채무자는 해제 등의 통지가 있은 다음에도 채권양수인에 대한 반대채권에 의한 상계로써 채권양도인에게 대항할 수 있다고 봄이 타당하다.
> 대법원 2012. 11. 29. 선고 2011다17953 판결

2) 제3자에 대한 대항요건

채권양도의 제3자에 대한 대항요건도 채무자에 대한 요건과 동일하다. 다만 제3자의 지위가 불안할 수 있으므로 제3자에게 대항하기 위해서는 통지 또는 승낙을 확정일자 있는 증서로써 하여야 한다.

통지나 승낙을 확정일자 있는 증서로 하라는 것은 통지행위나 승낙행위 자체를 확정일자 있는 증서로 하여야 한다는 의미이며, 통지나 승낙이 있었음을 확정일자 있는 증서로 증명하라는 것이 아니다.

여기서의 제3자는 채권양도의 당사자와 채무자를 제외한 모든 자를 의미하는 것이 아니라 '그 채권에 관하여 양수인의 지위와 양립할 수 없는 법률상의 지위를 취득한 자'만을 의미한다고 한다. 그러한 제3자의 예로는 2중 양수인, 채권 위의 질권자, 채권을 압류 또는 가압류한 양도인의 채권자 등을 들 수 있다.

제3자에게 대항한다는 의미는 동일한 채권에 관하여 양립할 수 없는 법률상의 지위를 취득한 자 사이에 있어서 우열을 정한다는 것이다.

O 채권이 2중으로 양도된 경우에, 제1양도에 관하여는 단순한 통지나 승낙이 있었고 제2양도에 관하여는 확정일자 있는 증서에 의한 통지나 승낙이 있었다면 제2의 양수인이 유일한 채권자이므로 채무자는 제2양수인에게만 변제의무를 부담한다.

O 2중양도에 있어서 제1양도, 제2양도 모두에 관하여 단순한 통지나 승낙만이 있었던 경우에는 먼저 통지나 승낙이 있었던 양수인이 우선 하므로 채무자는 제1양수인에게 채무를 변제할 의무를 부담한다.

O 2중양도에 있어서 제1양도, 제2양도 모두에 관하여 확정일자 있는 통지나 승낙이 있었던 경우라면 확정일자 선후에 의하여 우열을 정할 것이 아니라 양도통지가 도달한 일시 또는 승낙의 일시의 선후에 의하여 채권자가 결정된다고 볼 것이다.

> 지명채권의 양수인과 양립할 수 없는 지위에 있는 제3자가 존재하는 경우에, 만일 제3자가 그러한 지위를 취득하기 전에 채권양수인이 민법 제450조 제2항에서 정한 '확정일자 있는 증서에 의한 통지나 승낙'이라는 대항요건 모두를 먼저 구비하였다면 채권양수인은 채권양도를 제3자에게 대항할 수 있는데, 여기서 '확정일자 있는 증서에 의한 통지나 승낙'은 통지나 승낙행위 자체를 확정일자 있는 증서로 하여야 한다는 것을 의미한다. 민법이 이처럼 '확정일자 있는 증서에 의한' 통지나 승낙을 갖추도록 하고 있는 취지는 채권의 양도인, 양수인 및 채무자가 통모하여 통지일 또는 승낙일을 소급함으로써 제3자의 권리를 침해하는 것을 방지하기 위한 것이다.
> 대법원 2011. 7. 14. 선고 2009다49469 판결
>
> 지명채권양도에 있어서 확정일자 있는 증서에 의한 통지나 승낙은 제3자에 대한 대항요건에 불과하고 채권양도의 유효요건은 아니며, 여기서 채무자 이외의 제3자라 함은 당해 채권에 관하여 양수인의 지위와 양립할 수 없는 법률상 지위를 취득한 자를 말하는 것이다.
> 대법원 1983. 2. 22. 선고 81다134 판결
>
> 채권이 이중으로 양도된 경우 양수인 상호 간의 우열은 확정일자 있는 양도통지가 채무자에게 도달한 일시 또는 확정일자 있는 승낙의 일시의 선후에 의하여 결정하여야 하고, 확정일자 있는 증서에 의하지 아니한 통지나 승낙이 있는 채권양도의 양수인은 확정일자 있는 증서에 의한 통지나 승낙이 있는 채권양도의 양수인에게 대항할 수 없다.
> 대법원 2013. 6. 28. 선고 2011다83110 판결

채권양도의 통지나 승낙이 확정일자 있는 증서에 의한 것인가의 여부는 어디까지나 제3자에 대한 대항요건에 불과하므로 확정일자 있는 증서에 의하지 아니하였더라도 채무자가 일단 채권양도의 통지를 받고 그 양수인에게 변제할 것을 승낙하였다면 그 후에 채권이 이중양도되어 채무자가 다시 위 채권의 양도통지(확정일자 있는 증서에 의하지 아니한)를 받고 그 이중양수인에게 변제를 하였다고 하더라도, 채무자는 1차양수인에게 채무를 변제할 의무가 있다 할 것이다.
대법원 1971. 12. 28. 선고 71다2048 판결

채권이 이중으로 양도된 경우의 양수인 상호간의 우열은 통지 또는 승낙에 붙여진 확정일자의 선후에 의하여 결정할 것이 아니라, 채권양도에 대한 채무자의 인식, 즉 확정일자 있는 양도통지가 채무자에게 도달한 일시 또는 확정일자 있는 승낙의 일시의 선후에 의하여 결정하여야 할 것이고, 이러한 법리는 채권양수인과 동일 채권에 대하여 가압류명령을 집행한 자 사이의 우열을 결정하는 경우에 있어서도 마찬가지이므로, 확정일자 있는 채권양도 통지와 가압류결정 정본의 제3채무자(채권양도의 경우는 채무자)에 대한 도달의 선후에 의하여 그 우열을 결정하여야 한다.
채권양도 통지, 가압류 또는 압류명령 등이 제3채무자에 동시에 송달되어 그들 상호간에 우열이 없는 경우에도 그 채권양수인, 가압류 또는 압류채권자는 모두 제3채무자에 대하여 완전한 대항력을 갖추었다고 할 것이므로, 그 전액에 대하여 채권양수금, 압류전부금 또는 추심금의 이행청구를 하고 적법하게 이를 변제받을 수 있고, 제3채무자로서는 이들 중 누구에게라도 그 채무 전액을 변제하면 다른 채권자에 대한 관계에서도 유효하게 면책되는 것이며, 만약 양수채권액과 가압류 또는 압류된 채권액의 합계액이 제3채무자에 대한 채권액을 초과할 때에는 그들 상호간에는 법률상의 지위가 대등하므로 공평의 원칙상 각 채권액에 안분하여 이를 내부적으로 다시 정산할 의무가 있다.
채권양도 통지와 채권가압류결정 정본이 같은 날 도달되었는데 그 선후관계에 대하여 달리 입증이 없으면 동시에 도달된 것으로 추정한다.
대법원 1994. 4. 26. 선고 93다24223 전원합의체 판결

동산·채권 등의 담보에 관한 법률(이하 '동산채권담보법'이라 한다)에 의한 채권담보권자가 담보등기를 마친 후에서야 동일한 채권에 관한 채권양도가 이루어지고 확정일자 있는 증서에 의한 채권양도의 통지가 제3채무자에게 도달하였으나, 동산채권담보법 제35조 제2항에 따른 담보권설정의 통지는 제3채무자에게 도달하지 않은 상태에서는, 제3채무자에 대한 관계에서 채권양수인만이 대항요건을 갖추었으므로 제3채무자로서는 채권양수인에게 유효하게 채무를 변제할 수 있고 이로써 채권담보권자에 대하여도 면책된다. 다만 채권양수인은 채권담보권자에 대한 관계에서는 후순위로서, 채권담보권자의 우선변제적 지위를 침해하여 이익을 받은 것이 되므로, 채권담보권자는 채권양수인에게 부당이득으로서 변제받은 것의 반환을 청구할 수 있다.
그러나 그 후 동산채권담보법 제35조 제2항에 따른 담보권설정의 통지가 제3채무자에게 도달한 경우에는, 그 통지가 채권양도의 통지보다 늦게 제3채무자에게 도달하였더라도, 채권양수인에게 우선하는 채권담보권자가 제3채무자에 대한 대항요건까지 갖추었으므로 제3채무자로서는 채권담보권자에게 채무를 변제하여야 하고, 채권양수인에게 변제하였다면 특별한 사정이 없는 한 이로써 채권담보권자에게 대항할 수 없다.
민법 제472조는 불필요한 연쇄적 부당이득반환의 법률관계가 형성되는 것을 피하기 위하여 변제받을 권한 없는 자에 대한 변제의 경우에도 채권자가 이익을 받은 한도에서 효력이 있다고 규정하고 있는데, 여기에서 말하는 '채권자가 이익을 받은' 경우에는 변제의 수령자가 진정한 채권자에게 채무자의 변제로 받은 급부를 전달한 경우는 물론이고, 그렇지 않더라도 무권한자의 변제수령을 채권자가 사후에 추인한 때와 같이 무권한자의 변제수령을 채권자의 이익으로 돌릴 만한 실질적 관련성이 인정되는 경우도 포함된다. 그리고 무권한자의 변제수령을 채권자가 추인한 경우에 채권자는 무권한자에게 부당이득으로서 변제받은 것의 반환을 청구할 수 있다.

동산·채권 등의 담보에 관한 법률에 의한 채권담보권자가 채권양수인보다 우선하고 담보권설정의 통지가 제3채무자에게 도달하였는데도, 그 통지보다 채권양도의 통지가 먼저 도달하였다는 등의 이유로 제3채무자가 채권양수인에게 채무를 변제한 경우에 채권담보권자가 무권한자인 채권양수인의 변제수령을 추인하였다면, 추인에 의하여 제3채무자의 채권양수인에 대한 변제는 유효하게 되는 한편 채권담보권자는 채권양수인에게 부당이득으로서 변제받은 것의 반환을 청구할 수 있다.
대법원 2016. 7. 14. 선고 2015다71856 판결

3. 지시채권의 양도

가. 지시채권의 의의

지시채권은 특정인 또는 그가 지시(지정)한 자에게 변제하여야 하는 증권적 채권을 말한다 : 어음, 수표, 선하증권, 창고증권, 화물상환증

나. 지시채권의 양도방법

지시채권은 그 증서에 배서하여 양수인에게 교부하는 방식으로 양도한다(제508조). 증서의 배서 및 교부는 채권양도의 성립요건이지 대항요건이 아니다.

1) 배서

배서는 증서 또는 그 보충지에 그 뜻을 기재하고 배서인이 서명 또는 기명날인하는 방식으로 하는데(제510조 1항), 피배서인을 지정하는 것이 원칙이나 피배서인을 지정하지 않고 할 수 있으며 단순히 배서인의 서명이나 기명날인만으로 할 수도 있다(제510조 2항).

지시채권의 배서는 채권을 이전하게 되는 이전적 효력과 피배서인으로 되어 있는 자가 증서를 소지하고 있으면 채권자로서의 자격이 인정되는 자격수여적 효력이 있다.

2) 교부

교부는 증서에 대한 지배의 이전을 의미한다.

3) 양수인의 보호

가) 인적 항변의 제한

지시채권의 채무자는 소지인의 전자(前者)에 대한 인적 관계의 항변으로 소지인에게

대항하지 못한다(제515조).
예컨대, 매매계약을 원인으로 매수인 A가 매도인 B에게 매매대금의 지급을 위하여 지시채권증서를 발행 · 교부하였는데 그 매매계약이 무효가 된 경우, A는 매매계약이 무효라는 항변으로 그 지급을 거절할 수 있으나 B가 이 지시채권을 C에게 배서 · 교부한 때에는 A는 B에 대한 항변을 가지고 C에게 대항하지 못한다. 다만 C가 A를 해함을 알고 그 지시채권을 취득했다면 A는 B에 대한 항변사유로 C에게 대항할 수 있다(제515조 단서).

나) 선의 취득

소지인이 증서를 무권리자로부터 취득한 경우에도 그가 양도인이 권리 없음을 알지 못하고, 또 알지 못한 데에 중대한 과실이 없으면 그 증권상의 권리를 취득한다(제514조).

4) 채무자의 보호

채무자는 배서의 연속여부를 조사할 의무가 있으며 배서인의 서명 또는 날인의 진위나 소지인의 진위를 조사할 권리는 있으나 의무는 없다. 그러나 채무자가 변제하는 때에 소지인이 채권자 아님을 알았거나 중대한 과실로 알지 못한 때에는 그 변제는 무효로 한다(제518조).

4. 무기명채권의 양도

무기명채권은 특정의 채권자 이름을 기재하지 않고 그 증권의 정당한 소지인에게 변제하여야 하는 증권적 채권이다. 상품권, 승차권, 입장권 등이 이에 속한다.
무기명채권은 양수인에게 그 증서를 교부함으로써 양도의 효력이 생긴다(제523조).

II. 채무인수

1. 채무인수의 의의

채무인수는 채무의 동일성을 유지하면서 인수인에게 이전시키는 계약을 의미한다. 채무인수가 있게 되면 종래의 채무자는 채무를 면하게 되고 인수인이 새로이 채무자가 된다는 점에서 면책적 채무인수라고 칭하며, 제3자(인수인)가 종래의 채무자와 함께 그와 동일한 내용의 채무를 부담하게 되는 병존적 채무인수와는 구별된다.

2. 채무인수의 요건

채무인수가 되려면 채무가 이전할 수 있는 것이어야 한다.
채무 성질상 이전할 수 없는 것은 채무인수의 대상이 될 수 없다.

O 채권자 · 채무자 · 인수인이 당사자로 되는 경우
계약자유의 원칙상 세 당사자에 의한 채무인수는 유효하다.

O 채권자와 인수인이 당사자로 되는 경우
채무인수의 기본적 모습이다(제453조 1항).
채무자의 동의 또는 수익의 의사표시는 필요하지 않지만 이해관계 없는 제3자는 채무자의 의사에 반하여 채무를 인수하지 못한다 (제 453조 2항).

O 채무자와 인수인이 당사자가 되는 경우
채무인수는 채무자와 인수인 사이의 계약으로도 할 수 있지만 이 경우에는 채권자의 승낙이 있어야 효력이 생긴다(제454조 1항).
채무자의 변경은 책임재산의 변경을 가져오기 때문에 채권자의 승낙을 요구하는 것이다.
채권자의 승낙은 채무인수계약의 효력발생요건이라고 할 수 있다.

채무자와 인수인의 합의에 의한 중첩적 채무인수는 일종의 제3자를 위한 계약이라고 할 것이므로, 채권자는 인수인에 대하여 채무이행을 청구하거나 기타 채권자로서의 권리를 행사하는 방법으로 수익의 의사표시를 함으로써 인수인에 대하여 직접 청구할 권리를 갖게 된다. 이러한 점에서 채무자에 대한 채권을 상실시키는 효과가 있는 면책적 채무인수의 경우 채권자의 승낙을 계약의 효력발생요건으로 보아야 하는 것과는 달리, 채무자와 인수인의 합의에 의한 중첩적 채무인수의 경우 채권자의 수익의 의사표시는 그 계약의 성립요건이나 효력발생요건이 아니라 채권자가 인수인에 대하여 채권을 취득하기 위한 요건이다.
대법원 2013. 9. 13. 선고 2011다56033 판결

민법 제454조는 제3자가 채무자와 계약으로 채무를 인수하여 채무자의 채무를 면하게 하는 면책적 채무인수의 경우에 채권자 승낙이 있어야 채권자에 대하여 효력이 생긴다고 규정하고 있으므로, 채권자의 승낙이 없는 경우에는 채무자와 인수인 사이에서 면책적 채무인수 약정을 하더라도 이행인수 등으로서 효력밖에 갖지 못하며 채무자는 채무를 면하지 못한다.
대법원 2012. 5. 24. 선고 2009다88303 판결

채무인수의 효력이 생기기 위하여 채권자의 승낙을 요하는 것은 면책적 채무인수의 경우에 한하고, 채무인수가 면책적인가 중첩적인가 하는 것은 채무인수계약에 나타난 당사자 의사의 해석에 관한 문제이다.
채권자의 승낙에 의하여 채무인수의 효력이 생기는 경우, 채권자가 승낙을 거절하면 그 이후에는 채권자가 다시 승낙하여도 채무인수로서의 효력이 생기지 않는다.
대법원 1998. 11. 24. 선고 98다33765 판결

채무자와 제3자와 채무인수계약을 채권자가 승낙한 바 있다면 그 뒤 채무인수인이 위 채무인수계약을 적법하게 철회하려면 채권자의 승낙이 있다든가 채권자가 위 인수계약을 승낙할 때에 채무인수인의 철회권유보를 승낙하였다든가의 특수한 사정이 있어야 한다.
대법원 1962. 5. 17. 선고 62다161 판결

3. 채무인수의 효과[35)]

채무인수가 있으면 채무는 그 동일성을 유지하면서 채무자로부터 인수인에게 이전한다. 따라서 채무자는 채무를 면하게 된다.
채무가 이전되는 시기는 채무인수계약을 체결하는 때라고 할 것이다. 다만 채무인수가 채무자와 인수인 사이의 계약에 의해 이루어진 경우라면 채권자의 승낙이 있는 때에 채무가 이전한다고 할 것이다.

인수인은 전 채무자가 가지고 있던 항변으로 채권자에게 대항할 수 있다. 그러나

35) 지원림, 앞의 책, 976~977면.

인수된 채무의 발생원인이 되는 계약의 취소권이나 해제권과 같이 계약의 당사자만이 가질 수 있는 권리는 행사할 수 없다.
인수인은 전 채무자가 가지고 있던 채권으로 상계하지도 못한다.
인수인이 전 채무자에 대하여 가지는 항변사유로 채권자에게 대항할 수 없다.

채무인수가 있으면 위약금채무, 변제기가 되지 않은 이자채무 등의 종된 채무는 함께 이전한다.
법정담보물권은 채무인수에 영향을 받지 않으나 약정담보물권의 경우에는 담보제공자가 채무자인가, 아니면 제3자인가에 따라 달라진다. 제3자가 제공한 담보는 그것이 보증이든 물상보증이든 채무인수로 모두 소멸하는 것이 원칙이다(제459조 본문). 그러나 보증인이나 물상보증인이 채무인수에 동의하는 경우에는 소멸하지 않는다(제459조 단서). 채무자가 설정한 담보는 채권자 · 인수인 사이의 채무인수인 경우에는 소멸하고 다른 유형의 채무인수의 경우에는 존속한다고 보아야 할 것이다.

면책적 채무인수라 함은 채무의 동일성을 유지하면서 이를 종래의 채무자로부터 제3자인 인수인에게 이전하는 것을 목적으로 하는 계약으로서, 채무인수로 인하여 인수인은 종래의 채무자와 지위를 교체하여 새로이 당사자로서 채무관계에 들어서서 종래의 채무자와 동일한 채무를 부담하고 동시에 종래의 채무자는 채무관계에서 탈퇴하여 면책되는 것일 뿐이므로, 인수채무가 원래 5년의 상사시효의 적용을 받던 채무라면 그 후 면책적 채무인수에 따라 그 채무자의 지위가 인수인으로 교체되었다고 하더라도 그 소멸시효의 기간은 여전히 5년의 상사시효의 적용을 받는다 할 것이고, 이는 채무인수행위가 상행위나 보조적 상행위에 해당하지 아니한다고 하여 달리 볼 것이 아니다.
면책적 채무인수가 있은 경우, 인수채무의 소멸시효기간은 채무인수와 동시에 이루어진 소멸시효 중단사유, 즉 채무승인에 따라 채무인수일로부터 새로이 진행된다.
대법원 1999. 7. 9. 선고 99다12376 판결

채무인수계약은 구 채무자의 채무의 동일성을 유지하면서 신 채무자가 이를 부담하는 것이므로 특별한 의사표시가 없으면 채무인수자의 구 채무자에 대한 항변사유로서는 채권자에게 대항할 수는 없다고 해석된다.
대법원 1966. 11. 29. 선고 66다1861 판결

면책적 채무인수라 함은 채무의 동일성을 유지하면서 이를 종래의 채무자로부터 제3자인 인수인에게 이전하는 것을 목적으로 하는 계약을 말하는바, 채무인수로 인하여 인수인은 종래의 채무자와 지위를 교체하여 새로이 당사자로서 채무관계에 들어서서 종래의 채무자와 동일한 채무를 부담하고 동시에 종래의 채무자는 채무관계에서 탈퇴하여 면책되는 것일 뿐 종래의 채무가 소멸하는 것이 아니므로, 채무인수로 종래의 채무가 소멸하였으니 저당권의 부종성으로 인하여 당연히 소멸한 채무를 담보하는 저당권도 소멸한다는 법리는 성립하지 않는다.

민법 제459조 단서는 보증인이나 제3자가 채무인수에 동의한 경우에는 전 채무자의 채무에 대한 보증이나 제3자가 제공한 담보는 채무인수로 인하여 소멸하지 아니하는 것으로 규정하고 있는바, 위 조항에 규정된 채무인수에 대한 동의는 인수인을 위하여 새로운 담보를 설정하도록 하는 의사표시를 의미하는 것이 아니라 기존의 담보를 인수인을 위하여 계속시키는데 대한 의사표시를 의미하는 것이므로, 물상보증인이 채무인수에 동의함으로써 소멸하지 아니하는 담보는 당연히 기존의 담보와 동일한 내용을 갖는 것이다.
대법원 1996. 10. 11. 선고 96다27476 판결

구상권 취득의 요건인 '채무의 변제'라 함은 채무의 내용인 급부가 실현되고 이로써 채권이 그 목적을 달성하여 소멸하는 것을 의미하므로, 기존 채무가 동일성을 유지하면서 인수 당시의 상태로 종래의 채무자로부터 인수인에게 이전할 뿐 기존 채무를 소멸시키는 효력이 없는 면책적 채무인수는 설령 이로 인하여 기존 채무자가 채무를 면한다고 하더라도 이를 가리켜 채무가 변제된 경우에 해당한다고 할 수 없다.
대법원 2019. 2. 14. 선고 2017다274703 판결

4. 채무인수와 유사한 제도

가. 병존적 채무인수

1) 의의

병존적 채무인수는 인수인이 종래의 채무자와 함께 그와 동일한 내용의 채무를 부담하는 계약을 말하며 중첩적 채무인수라고도 한다. 병존적 채무인수는 엄격한 의미에서는 채무인수라고 할 수 없고 인적 담보제도라고 할 수 있다.
어떤 채무인수가 면책적 채무인수인지, 아니면 병존적 채무인수인지 불분명한 때에는 병존적 채무인수로 해석한다.

채무인수가 면책적인가 중첩적인가 하는 것은 채무인수계약에 나타난 당사자 의사의 해석에 관한 문제이고, 채무인수에 있어서 면책적 인수인지, 중첩적 인수인지가 분명하지 아니한 때에는 이를 중첩적으로 인수한 것으로 볼 것이다.
대법원 2002. 9. 24. 선고 2002다36228 판결

금전소비대차계약으로 인한 채무에 관하여 제3자가 채무자를 위하여 어음이나 수표를 발행하는 것은 특별한 사정이 없는 한 동일한 채무를 중첩적으로 인수한 것으로 봄이 타당하다.
제3자가 대여금 채무를 지급하기 위하여 발행한 당좌수표를 채권자가 교부받았다거나 그 당좌수표를 채권자에게 발행한 이후 제3자가 매월 이자를 채권자에게 지급하여 왔다는 사정 등만으로는 제3자가 대여금 채무를 면책적으로 인수하였다거나 채권자가 채무자와 제3자 사이의 면책적 채무인수의 약정을 묵시적으로 승낙한 것으로 볼 수는 없다고 한 사례.
대법원 1998. 3. 13. 선고 97다52493 판결

2) 요건

인수대상 채무는 제3자에 의해서도 이행될 수 있는 것이어야 한다.

O 채권자 · 채무자 · 인수인의 3면계약으로 할 수 있다.

O 채권자와 인수인 사이의 계약으로 할 수 있다 : 채무자의 의사에 반해서도 가능하다.

O 채무자와 인수인 사이의 계약으로도 할 수 있다 : 일종의 제3자를 위한 계약에 해당한다. 채권자의 수익의 의사표시가 있어야 한다 : 수익의 의사표시는 계약의 성립요건이나 효력발생요건은 아니고 채권자가 인수인에 대해 채권을 취득하기 위한 요건이다.

> 중첩적 채무인수는 채권자와 채무인수인과의 합의가 있는 이상 채무자의 의사에 반하여서도 이루어질 수 있다.
> 대법원 1988. 11. 22. 선고 87다카1836 판결
>
> 채무자와 인수인의 합의에 의한 중첩적 채무인수는 일종의 제3자를 위한 계약이라고 할 것이므로, 채권자는 인수인에 대하여 채무이행을 청구하거나 기타 채권자로서의 권리를 행사하는 방법으로 수익의 의사표시를 함으로써 인수인에 대하여 직접 청구할 권리를 갖게 된다. 이러한 점에서 채무자에 대한 채권을 상실시키는 효과가 있는 면책적 채무인수의 경우 채권자의 승낙을 계약의 효력발생요건으로 보아야 하는 것과는 달리, 채무자와 인수인의 합의에 의한 중첩적 채무인수의 경우 채권자의 수익의 의사표시는 그 계약의 성립요건이나 효력발생요건이 아니라 채권자가 인수인에 대하여 채권을 취득하기 위한 요건이다.
> 채무자와 인수인의 합의에 의한 중첩적 채무인수의 경우 채권자가 수익을 받지 않겠다는 의사표시를 하였다면 채권자는 인수인에 대하여 채권을 취득하지 못하고, 특별한 사정이 없는 한 사후에 이를 번복하고 다시 수익의 의사표시를 할 수는 없다고 할 것이지만, 인수인이 채권자에게 중첩적 채무인수라는 취지를 알리지 아니한 채 채무인수에 대한 승낙 여부만을 최고하여 채권자가 인수인으로부터 최고받은 채무인수가 채무자에 대한 채권을 상실하게 하는 면책적 채무인 것으로 잘못 알고 면책적 채무인수를 승낙하지 아니한다는 취지의 의사표시를 한 경우에는, 이는 중첩적 채무인수에 대하여 수익 거절의 의사표시를 한 것이라고 볼 수 없으므로, 채권자는 그 후 중첩적 채무인수 계약이 유효하게 존속하고 있는 한 수익의 의사표시를 하여 인수인에 대한 채권을 취득할 수 있다.
> 대법원 2013. 9. 13. 선고 2011다56033 판결

3) 효과

기존의 채무는 그대로 있는 채로 인수인이 별도로 같은 내용의 채무를 부담하게 된다. 두 채무 중 어느 하나가 변제되면 두 채무는 모두 소멸된다.
병존적 채무인수는 채무자와 인수인 사이의 주관적 공동관계가 인정될 수

있는 경우에는 연대채무로 될 것이나 그러한 관계가 인정될 수 없는 경우에는 부진정연대채무라고 할 것이다.

> 중첩적 채무인수에서 인수인이 채무자의 부탁 없이 채권자와의 계약으로 채무를 인수하는 것은 매우 드문 일이므로 채무자와 인수인은 원칙적으로 주관적 공동관계가 있는 연대채무관계에 있고, 인수인이 채무자의 부탁을 받지 아니하여 주관적 공동관계가 없는 경우에는 부진정연대관계에 있는 것으로 보아야 한다.
> 대법원 2009. 8. 20. 선고 2009다32409 판결
>
> 중첩적 채무인수에서 인수인이 채무자의 부탁으로 인수한 경우 채무자와 인수인은 주관적 공동관계가 있는 연대채무관계에 있는바, 보험자의 채무인수는 피보험자의 부탁(보험계약이나 공제계약)에 따라 이루어지는 것이므로 보험자의 손해배상채무와 피보험자의 손해배상채무는 연대채무관계에 있다.
> 대법원 2010. 10. 28. 선고 2010다53754 판결

나. 이행인수

이행인수는 인수인이 채무자에 대하여 그 채무를 이행할 것을 약정하는 채무자와 인수인 사이의 계약이다. 인수인이 직접 채권자에 대해 채무를 부담하는 것이 아니라 단지 채무자에 대해서만 변제의무를 부담할 뿐이다.

> 부동산의 매수인이 매매목적물에 관한 채무를 인수하는 한편 그 채무액을 매매대금에서 공제하기로 약정한 경우, 그 인수는 특별한 사정이 없는 한 매도인을 면책시키는 채무인수가 아니라 이행인수로 보아야 하고, 매수인은 매매계약시 인수한 채무를 현실적으로 변제할 의무를 부담하는 것은 아니며, 특별한 사정이 없는 한 매수인이 매매대금에서 그 채무액을 공제한 나머지를 지급함으로써 잔금지급의 의무를 다하였다 할 것이므로, 설사 매수인이 위 채무를 현실적으로 변제하지 아니하였다 하더라도 그와 같은 사정만으로는 매도인은 매매계약을 해제할 수 없는 것이지만, 매수인이 인수채무를 이행하지 아니함으로써 매매대금의 일부를 지급하지 아니한 것과 동일하다고 평가할 수 있는 특별한 사유가 있을 때에는 계약해제권이 발생한다. 그리고 위와 같은 '특별한 사정'이 있는지의 여부는, 매매계약의 당사자들이 그러한 내용의 매매계약에 이르게 된 경위, 매수인의 인수채무 불이행으로 인하여 매도인이 입게 되는 구체적인 불이익의 내용과 그 정도 등 제반 사정을 종합적으로 고려하여 '매매대금의 일부를 지급하지 아니한 것과 동일하다고 평가할 수 있는 경우'에 해당하는지 여부를 판단하여야 한다.
> 대법원 2007. 9. 21. 선고 2006다69479 판결
>
> 사업이나 부동산을 매수하는 사람이 근저당채무 등 그 부동산에 결부된 부담을 인수하고 그 채무액만큼 매매대금을 공제하기로 약정하는 경우에, 매수인의 그러한 채무부담의 약정은 채권자의 승낙이 없는 한 매도인 측을 면책시키는 이른바 면책적 채무인수라고는 볼 수 없다. 그러나 나아가 그러한 약정이 이행인수에 불과한지 아니면 병존적 채무인수 즉 제3자를 위한 계약인지를 구별함에 있어서 그 판별 기준은 계약 당사자에게 제3자 또는 채권자가 계약 당사자 일방 또는 채무인수인에 대하여 직접 채권을 취득케 할 의사가 있는지 여부에 달려 있다 할 것이고, 구체적으로는 계약 체결의 동기, 경위 및 목적,

계약에 있어서의 당사자의 지위, 당사자 사이 및 당사자와 제3자 사이의 이해관계, 거래 관행 등을 종합적으로 고려하여 그 의사를 해석하여야 하는 것인데, 인수의 대상으로 된 채무의 책임을 구성하는 권리관계도 함께 양도된 경우이거나 채무인수인이 그 채무부담에 상응하는 대가를 얻을 때에는 특별한 사정이 없는 한 원칙적으로 이행인수가 아닌 병존적 채무인수로 보아야 할 것이다.
대법원 2010. 5. 13. 선고 2009다105222 판결

다. 계약인수

계약인수는 계약당사자의 지위 승계를 목적으로 하는 계약이다. 계약인수가 있으면 종래 계약당사자 일방이 가지고 있던 권리 · 의무는 그대로 인수인에게 승계된다. 계약인수가 있으면 그 계약에서 이미 발생한 채권 · 채무뿐만 아니라 장래에 발생할 채권 · 채무도 이전되며 계약상의 취소권 · 해제권도 이전한다. 그리고 양도인은 계약관계에서 벗어나게 된다.

제8장 채권의 소멸

Ⅰ. 변제
- 1. 변제당사자
- 2. 변제목적물
- 3. 변제의 시기와 장소
- 4. 변제비용 및 증거
- 5. 변제의 제공
- 6. 변제의 충당
- 7. 변제자 대위

Ⅱ. 대물변제
- 1. 의의
- 2. 요건
- 3. 효과

Ⅲ. 공탁
- 1. 공탁의 의의
- 2. 공탁의 요건
- 3. 공탁의 효과
- 4. 공탁물의 회수

Ⅳ. 상계
- 1. 상계의 의의
- 2. 상계의 요건
- 3. 상계의 방법
- 4. 상계의 효과

Ⅴ. 기타

Ⅰ. 변제

변제는 채무자(경우에 따라서는 제3자)가 채무의 내용인 급부를 실현하는 것이고, 변제가 있게 되면 채권이 만족을 얻어 소멸하게 된다.

1. 변제 당사자

가. 변제자

1) 원칙

채무자는 변제의무를 부담할 뿐만 아니라 변제권한도 가지고 있다.

제3자도 변제를 할 수 있는데, 이 경우는 제3자가 채무자의 채무를 '자기의 이름으로', 그러나 '타인의 채무'로서[36] 변제하는 것이다.

제3자의 변제가 있으면 채무자의 변제가 있는 때와 마찬가지로 채권은 소멸한다 ; 변제한 제3자는 일정한 경우에 채권자의 권리를 대위(변제자대위)할 수 있다 : 이 경우에 채권은 변제자와 채무자 사이에 존속하게 된다.

> 민법 제469조에 정한 바에 따라 채무의 변제는 제3자도 할 수 있는 것인바, 제3자가 타인의 채무를 변제하여 그 채무를 소멸시키기 위하여는 제3자가 타인의 채무를 변제한다는 의사를 가지고 있었음을 요건으로 하고 이러한 의사는 타인의 채무변제임을 나타내는 변제지정을 통하여 표시되어야 할 것이지만, 채권자가 변제를 수령하면서 제3자가 타인의 채무를 변제하는 것이라는 사실을 인식하였다면 타인의 채무변제라는 지정이 있었다고 볼 수 있다.
> 대법원 2010. 2. 11. 선고 2009다71558 판결

2) 예외

- 채무의 성질이 제3자의 변제를 허용하지 않는 때에는 제3자가 변제할 수 없다(제469조 1항 단서).
- 당사자의 의사표시로서 제3자의 변제를 허용하지 않는 때에는 제3자가 변제할 수 없다(제469조 1항 단서).

---

36) 자기의 채무로서 변제하게 되면 비채변제가 된다.

- 이해관계 없는 제3자의 변제는 채무자의 의사에 반하여 행해질 수 없다(제469조 2항).

  연대채무자, 보증인, 물상보증인, 저당부동산의 제3취득자 등과 같이 법률상 변제에 이해관계가 있는 제3자는 채무자의 의사에 반해서도 변제할 수 있고 변제로 채무자에 대해 구상권을 행사할 수 있다.

> 민법 제469조 제2항은 이해관계 없는 제3자는 채무자의 의사에 반하여 변제하지 못한다고 규정하고, 민법 제481조는 변제할 정당한 이익이 있는 자는 변제로 당연히 채권자를 대위한다고 규정하고 있는바, 위 조항에서 말하는 '이해관계' 내지 '변제할 정당한 이익'이 있는 자는 변제를 하지 않으면 채권자로부터 집행을 받게 되거나 또는 채무자에 대한 자기의 권리를 잃게 되는 지위에 있기 때문에 변제함으로써 당연히 대위의 보호를 받아야 할 법률상 이익을 가지는 자를 말하고, 단지 사실상의 이해관계를 가진 자는 제외된다.
> 대법원 2009. 5. 28. 자 2008마109 결정
>
> 이해관계 있는 제3자는 채무자의 의사에 반하여도 변제할 수 있고, 변제로 채무자에 대하여 구상권을 행사할 수 있다.
> 대법원 2010. 3. 25. 선고 2009다29137 판결
>
> 부동산의 매수인은 그 권리실현에 장애가 되는 그 부동산에 대한 담보권 등의 권리를 소멸시키기 위하여 매도인의 채무를 대신 변제할 법률상 이해관계 있는 제3자라고 볼 것이다.
> 대법원 1995. 3. 24. 선고 94다44620 판결
>
> 공동저당의 목적인 물상보증인 소유의 부동산에 후순위로 소유권이전청구권 가등기가 설정되어 있는데 그 부동산에 대하여 먼저 경매가 실행되어 공동저당권자가 매각대금 전액을 배당받고 채무의 일부가 남은 경우에, 위 가등기권리자는 (물상보증인이 선순위저당권을 대위취득하고 그 가등기권리자는 이 선순위저당권에 대하여 물상대위 함으로써 우선변제를 받을 수 있으므로 사실상 이해관계만 가지게 된다) 채무자의 의사에 반하여 그 채무 잔액을 대위변제하거나 변제공탁 할 수 있는 '이해관계 있는 제3자' 또는 '변제할 정당한 이익이 있는 자'에 해당하지 않는다.
> 대법원 2009. 5. 28. 자 2008마109 결정
>
> 건물을 신축한 자가 건물을 매도함과 동시에 소유권이전등기 전까지 그 건물을 매수인에게 임대하기로 하였는데 그 건물의 건축공사수급인이 공사금 일부를 지급받지 못하였다는 이유로 건물의 매수인 겸 임차인의 입주를 저지하자 건물의 매수인 겸 임차인이 매도인에게 지급할 매매대금의 일부를 건축공사수급인에게 공사금채무 변제조로 지급한 경우, 건물의 매수인 겸 임차인은 그 권리실현에 장애가 되는 위 수급인의 건물에 대한 유치권 등의 권리를 소멸시키기 위하여 매도인의 공사금채무를 대신 변제할 법률상 이해관계 있는 제3자이자 변제할 정당한 이익이 있는 자라고 볼 것이므로 위 변제는 공사금채무의 범위 내에서는 매도인의 의사에 반하여도 효력이 있다.
> 대법원 1993. 10. 12. 선고 93다9903 판결

나. 변제수령자

1) 채권자

채권자는 원칙적으로 변제수령권한을 갖는다.

채권자임에도 불구하고 예외적으로 수령권한이 없는 경우가 있다.

- 채권이 압류 또는 가압류된 경우
  채권이 압류나 가압류된 경우 그 채권의 지급이 금지된다.
- 채권이 입질된 경우
  채권자가 채권을 입질하여 대항요건을 갖추면 제3채무자는 그의 채권자(질권설정자)에게 변제하여도 그 변제를 가지고 채권자에게 대항하지 못한다.
- 채권자가 파산선고를 받은 경우
  채권자가 파산선고를 받으면 채권자는 채권을 추심할 권한을 잃고 파산관재인이 변제수령권한을 갖는다.
- 회생절차가 개시된 후 관리인이 선임된 경우
  채권자에 대해 회생절차 개시결정이 내려지면 채권자는 추심을 하지 못하고 관리인이 변제수령권한을 갖게 된다.

2) 채권자 이외의 변제수령자

가) 수령권한 있는 자

채권자의 임의대리인, 부재자가 선임한 재산관리인, 채권의 추심을 위임받은 수임인, 제한능력자의 법정대리인, 대항요건을 갖춘 채권질권자, 파산관재인, 회생절차 관리인, 추심명령 또는 전부명령을 받은 압류채권자, 법원이 선임한 부재자 재산관리인, 채권자대위권자

나) 표현수령권자

O 채권의 준점유자(제470조)

채권의 준점유자에 대한 변제는 변제자가 선의이며 과실이 없는 때에 한하여 효력이 있다.

채권의 준점유자는 거래관념상 채권을 행사할 정당한 권한을 가진 것으로 믿을

만한 외관을 가진 자를 말한다 : 예금증서 기타의 채권증서와 인감을 소지한자, 표현상속인, 가압류로 인하여 채권의 추심 기타 처분행위에 제한을 받다가 가압류를 취소하는 가집행선고부 판결을 선고받아 다시 채권을 제한 없이 행사할 수 있을 듯한 외관을 가지게 된 채권자, 채권자라고 인정될 만한 외관을 갖춘 자로서 영수증을 제시하여 변제받은 자

채권의 준점유자에 대한 변제가 유효하려면 변제자가 선의·무과실이어야 한다. 여기서의 선의는 준점유자에게 변제수령권한이 없음을 알지 못한 것만으로는 부족하고 적극적으로 수령권한이 있다고 믿었어야 한다.

채권의 준점유자에 대한 변제가 변제자가 선의·무과실에 기한 변제인 경우 그 변제의 효과는 확정적이고, 따라서 변제자는 준점유자에 대하여 변제한 것의 반환을 청구하지 못한다.

민법 제470조에 정하여진 '채권의 준점유자'라 함은, 변제자의 입장에서 볼 때 일반의 거래관념상 채권을 행사할 정당한 권한을 가진 것으로 믿을 만한 외관을 가지는 사람을 말하고, 채권의 준점유자에 대한 변제는 변제자가 선의이며 과실이 없는 때에는 채권을 소멸시키는 효력이 있으므로 채무자는 그 채무를 면하게 된다.
대법원 2013. 12. 12. 선고 2013다54055 판결

가해자가 교통사고로 사망한 피해자의 호적부상 표현상속인과 손해배상채권 포기의 합의를 하고 합의금을 지급한 후 친생자관계부존재확인판결에 기하여 진정한 상속인이 등재된 경우, 호적부상 표현상속인과 합의를 하고 합의금을 지급할 당시에는 가해자로서는 망인의 진정한 상속인을 알지 못하여 호적부상 표현상속인을 진정한 상속인인 것으로 오인하였고 또 이와 같이 오인한 데는 정당한 사유가 있었다고 할 것이므로 가해자는 변제에 관한 한 선의이며 무과실이라고 할 것이고, 따라서 가해자의 변제는 준점유자에 대한 변제로서 유효하다.
대법원 1995. 3. 17. 선고 93다32996 판결

채권의 준점유자에 대한 변제는 변제자가 선의이며 과실이 없는 때에는 채권을 소멸시키는 효력이 있고, 여기서 채권의 준점유자라 함은 변제자의 입장에서 볼 때 일반의 거래관념상 채권을 행사할 정당한 권한을 가진 것으로 믿을 만한 외관을 가지는 자를 의미하는 것이며, 가압류로 인하여 채권의 추심 기타 처분행위에 제한을 받다가 가압류를 취소하는 가집행선고부 판결을 선고받아 다시 채권을 제한 없이 행사할 수 있을 듯한 외관을 가지게 된 채권자 또한 채권의 준점유자로 볼 수 있다.
대법원 2003. 7. 22. 선고 2003다24598 판결

다른 사람이 위조한 무효의 수표에 대한 은행의 변제가 유효로 되는 것은 특별법규, 면책약관 또는 상관습이 있는 경우에 한하고 이 경우 채권의 준점유자에 대한 변제의 법리는 적용되지 않는다.
대법원 1971. 3. 9. 선고 70다2895 판결

구 금융실명거래및비밀보장에관한긴급재정경제명령(1993. 8. 13. 대통령긴급재정경제명령 제16호, 폐지) 제3조 제1항은 "금융기관은 거래자의 실지명의에 의한 금융거래를 하여야 한다."고 규정하고 있으므로, 금융기관에 예금을 하고자 하는 자는 원칙적으로 직접 주민등록증과 인감을 지참하고 금융기관에 나가 자기 이름으로 예금을 하여야 하나, 대리인이 본인의 주민등록증과 인감을 가지고 가서 본인의 이름으로 예금하는 것이 허용된다고 하더라도, 이 경우 금융기관으로서는 자기가 주민등록증을 통하여 실명확인을 한 예금명의자를 위 재정명령 제3조에서 규정한 거래자로 보아 그와 예금계약을 체결할 의도를 가지고 있었다고 보아야 하므로, 예금명의자가 아니고 예금통장도 소지하지 않은 예금행위자에 불과한 자는 금융실명제가 시행된 후에는 극히 예외적인 특별한 사정이 인정되지 않는 한 예금채권을 준점유하는 자에 해당될 수가 없다.
대법원 2002. 6. 14. 선고 2000다38992 판결

무효인 채권압류 및 전부명령을 받은 자에 대한 변제라도 그 채권자가 피전부채권에 관하여 무권리자라는 사실을 알지 못하거나 과실 없이 그러한 사실을 알지 못하고 변제한 때에는 그 변제는 채권의 준점유자에 대한 변제로서 유효하다.
채무자(을)가 제3채무자(병)에 대하여 가지고 있던 채권에 관하여 제3자(정) 앞으로 대항력 있는 채권양도가 이루어진 후 을이 정의 승낙 없이 임의로 병에게 채권양도철회의 통지를 한 상태에서 을에 대한 채권자(갑)가 위 채권에 대하여 채권압류 및 전부명령을 받고 이어 갑이 제기한 전부금소송에서 병이 패소판결을 받고 갑에게 그 금원을 지급한 경우, 법률전문가가 아닌 병으로서는 을의 채권양도철회통지로 인하여 채권양도가 없었던 것과 같이 되었다고 믿을 수밖에 없었고, 더욱이 갑이 제기한 전부금청구의 소에서 전부명령의 효력을 적극 다투었다가 패소판결을 선고받았다면, 병이 갑이 유효하게 임대보증금반환채권을 전부받은 채권자인 것으로 오인한 데 대하여 과실이 있다고 볼 수 없고, 따라서 병의 갑에 대한 변제는 유효하다.
대법원 1997. 3. 11. 선고 96다44747 판결

민법 제470조에 정하여진 채권의 준점유자라 함은, 변제자의 입장에서 볼 때 일반의 거래관념상 채권을 행사할 정당한 권한을 가진 것으로 믿을 만한 외관을 가지는 사람을 말하므로 준점유자가 스스로 채권자라고 하여 채권을 행사하는 경우뿐만 아니라 채권자의 대리인이라고 하면서 채권을 행사하는 때에도 채권의 준점유자에 해당한다.
예금주의 대리인이라고 주장하는 자가 예금주의 통장과 인감을 소지하고 예금반환청구를 한 경우, 은행이 예금청구서에 나타난 인영과 비밀번호를 신고된 것과 대조 확인하는 외에 주민등록증을 통하여 예금주와 청구인의 호주가 동일인이라는 점까지 확인하여 예금을 지급하였다면 이는 채권의 준점유자에 대한 변제로서 유효하다.
대법원 2004. 4. 23. 선고 2004다5389 판결

채권압류가 경합된 경우에 그 압류채권자 중의 한 사람이 전부명령을 얻은 경우 그 전부명령은 무효이지만[37] 제3채무자가 선의·무과실로 그 전부 채권자에게 전부금을 변제하였다면 이는 채권의 준점유자에 대한 변제로서 유효하므로 제3채무자의 채무자에 대한 채무는 소멸되고 제3채무자는 압류채권자에 대하여 2중 변제의 의무를 부담하지 아니하며 전부채권자에 대하여 전부명령의 무효를 주장하여 부당이득반환청구도 할 수 없다.
대법원 1980. 9. 30. 선고 78다1292 판결

제1장 제2장 제3장 제4장 제5장 제6장 제7장 제8장 제9장 제10장

O 영수증 소지자(471조)

영수증을 소지한 자에 대한 변제는 그 소지자가 변제를 받을 권한이 없는 경우에도 효력이 있다. 그러나 변제자가 그 권한 없음을 알았거나 알 수 있었을 경우에는 그러하지 않다.

2. 변제목적물

가. 특정물의 현상인도

특정물의 인도가 채권의 목적인 때에는 채무자는 이행기의 현상대로 그 물건을 인도하여야 한다(제462조).

다른 물건으로 대체할 수 없는 것이므로 특정물만을 인도하여야 하는데, 실제로 이행하는 때의 현상대로 그 물건을 인도하면 족하다는 것이다.

나. 타인의 물건의 인도

채무의 변제로 타인의 물건을 인도한 채무자는 다시 유효한 변제를 하지 않으면 그 물건의 반환을 청구하지 못한다(제463조). 타인의 물건을 변제하는 것이 유효한 변제로 되지는 않으며 단지 그 반환청구권이 제한될 뿐이다. 특정물채권에는 적용되지 않는다.

채무자가 타인의 물건을 인도한 경우에 채권자가 변제로 받은 물건을 선의로 소비하거나 타인에게 양도한 경우에는 타인의 물건의 인도가 예외적으로 유효한 변제가 될 수 있다(제465조 1항).

---

37) 동일한 채권에 대하여 두 개 이상의 채권압류 및 전부명령이 발령되어 제3채무자에게 동시에 송달된 경우 당해 전부명령이 채권압류가 경합된 상태에서 발령된 것으로서 무효인지의 여부는 그 각 채권압류명령의 압류액을 합한 금액이 피압류채권액을 초과하는지를 기준으로 판단하여야 하므로 전자가 후자를 초과하는 경우에는 당해 전부명령은 모두 채권의 압류가 경합된 상태에서 발령된 것으로서 무효로 될 것이지만 그렇지 않은 경우에는 채권의 압류가 경합된 경우에 해당하지 아니하여 당해 전부명령은 모두 유효하게 된다고 할 것이다 ; 대법원 2002. 7. 26. 선고 2001다68839 판결.

채무의 변제로 타인의 물건을 인도한 채무자는 다시 유효한 변제를 하지 아니하면 그 물건의 반환을 청구하지 못한다는 민법 제463조는 채무자만이 그 물건의 반환을 청구할 수 없다는 것에 불과할 뿐 채무자가 아닌 다른 권리자까지 그 물건의 반환을 청구할 수 없다는 취지는 아니다.
대법원 1993. 6. 8. 선고 93다14998 판결

다. 양도능력 없는 소유자의 물건의 인도

제한능력자와 같이 양도할 능력이 없는 소유자가 채무의 변제로 물건을 인도한 경우에는 그 변제가 취소된 때에도 다시 유효한 변제를 하지 않으면 그 물건의 반환을 청구하지 못한다(제464조). 그러나 채권자가 변제로 받은 물건을 선의로 소비하거나 타인에게 양도한 때에는 그 변제는 유효하게 된다(제465조 1항).
특정물채권에는 적용되지 않는다.

3. 변제의 시기와 장소

가. 변제의 시기

변제의 시기는 채무를 이행하여야 하는 시기, 즉 이행기 또는 변제기를 말한다. 이행기는 당사자 사이의 약정 또는 법률의 규정 등에 의해 정해지는데 이행기의 정함이 없는 채권은 채권이 발생함과 동시에 이행기에 있게 된다고 해석된다.
채무자는 이행기에 변제를 하여야 하는데, 특별한 의사표시가 없는 한 채무자는 기한의 이익을 포기하여 변제기 전에 변제할 수 있다(제468조 본문). 다만 이러한 경우에 상대방의 손해는 배상하여야 한다(제468조 단서).
채무자가 변제기 전에 변제한 경우에 채무자는 그 반환을 청구하지 못한다(제743조 본문). 다만 채무자가 변제기를 잘못 알고 미리 변제한 때에는 채권자는 이로 인하여 얻은 이익을 반환하여야 한다(제743조 단서).
채무자가 이행기에 이행하지 않으면 이행지체가 되고 채권자가 수령하지 않으면 수령지체가 된다.
이행기가 되면 그 때부터 소멸시효가 진행한다(제166조).

나. 변제의 장소

채무의 성질 또는 당사자의 의사표시로 변제장소를 정하지 않은 때에는 특정물의 인도는 채권성립당시에 그 물건이 있던 장소에서 하여야 한다(제467조 1항).

특정물인도 이외의 채무변제는 채권자의 현주소에서 하여야 한다(제467조 2항). 즉 지참채무가 원칙이다.
변제의 제공은 변제의 장소에서 행해져야 하며 다른 곳에서의 제공은 채무의 내용에 좇은 것이 되지 못한다.

4. 변제비용 및 증거

변제비용은 다른 의사표시가 없으면 채무자가 부담한다(제473조 본문). 그러나 채권자의 주소 이전 기타의 행위로 인하여 변제비용이 증가된 때에는 그 증가액은 채권자가 부담한다(제473조 단서).

변제자는 변제를 받는 자에게 영수증의 교부를 청구할 수 있다(제474조).
채권증서가 있는 경우에 변제자가 채무 전부를 변제한 때에는 채권증서의 반환을 청구할 수 있다(제475조). 일부변제의 경우에는 적용되지 않는다.

5. 변제의 제공

가. 변제제공의 의미

변제의 제공은 채무의 이행에 채권자의 협력을 필요로 하는 채무에 있어서 채무자가 급부에 필요한 모든 준비를 다해서 채권자의 협력을 요구하는 것을 말하며 이행의 제공이라고도 한다.

나. 변제제공의 방법

1) 현실의 제공

변제제공은 채무의 내용에 좇은 현실제공으로 하여야 한다(제460조).
현실제공은 채무자로서 하여야 할 행위를 완료하여 채권자의 협력만 있으면 급부결과를 실현할 수 있는 상태를 만드는 것을 의미한다.
변제제공자는 변제자와 같으므로 본래의 채무자뿐만 아니라 제3자도 원칙적으로 변제제공을 할 수 있다.

채무의 일부 변제제공은 채무의 본지에 따른 이행의 제공이라 할 수 없고 이행제공의 효력이 발생할 수 없는 것이어서 그 채무의 일부를 공탁했다 하더라도 변제의 효력이 발생할 수 없다.
대법원 1984. 9. 11. 선고 84다카781 판결

근저당권설정등기 있는 부동산의 매매계약에 있어서는 매도인의 소유권이전등기 의무와 아울러 근저당권설정등기의 말소의무도 매수인의 대금지급의무와 동시이행 관계에 있는 바, 근저당권설정등기의 말소의무에 관한 이행제공은 그 근저당채무가 변제되었다는 것만으로는 부족하고, 근저당권설정등기의 말소에 필요한 서류까지도 준비함이 필요하다.
대법원 1979. 11. 13. 선고 79다1562 판결

등기의무자의 주소 등 표시가 등기후에 변경된 경우 그에 따른 등기명의인의 표시변경등기가 이루어지지 아니하는 한 새로운 소유권이전등기를 할 수 없고, 등기명의인의 표시변경등기는 등기명의인의 신청에 의하여 이루어지는 것이므로 등기 후 주소를 변경한 부동산의 소유자가 이를 매도하면서 매수인과의 사이에 소유권이전등기절차의 이행과 상환으로 매매잔대금을 지급받기로 약정한 경우에 있어서 매도인이 잔대금 지급을 최고함에 있어 그의 주소변경등기에 필요한 서류는 제공함이 없이 소유권이전등기에 관한 서류만을 매수인에게 제공하였다면 이는 위 약정에 따른 적법한 이행의 제공이라고 할 수 없다.
대법원 1987. 4. 14. 선고 86다카2605 판결

동시이행의 관계에 있는 쌍무계약에 있어서 상대방의 채무불이행을 이유로 계약을 해제하려고 하는 자는 동시이행관계에 있는 자기 채무의 이행을 제공하여야 하고, 그 채무를 이행함에 있어 상대방의 행위를 필요로 할 때에는 언제든지 현실로 이행을 할 수 있는 준비를 완료하고, 그 뜻을 상대방에게 통지하여 그 수령을 최고하여야만 상대방으로 하여금 이행지체에 빠지게 할 수 있는 것이며, 단순히 이행의 준비태세를 갖추고 있는 것만으로는 안된다.
대법원 1994. 10. 11. 선고 94다24565 판결

쌍무계약에 있어서 당사자의 채무에 관하여 이행의 제공을 엄격하게 요구하면 불성실한 상대당사자에게 구실을 주게 될 수도 있으므로 당사자가 하여야 할 제공의 정도는 그의 시기와 구체적인 상황에 따라 신의 성실의 원칙에 어긋나지 않게 합리적으로 정하여야 하는 것이며, 부동산매매계약에서 매도인의 소유권이전등기절차이행채무와 매수인의 매매잔대금 지급채무가 동시이행관계에 있는 한 쌍방이 이행을 제공하지 않는 상태에서는 이행지체로 되는 일이 없을 것인바, 매도인이 매수인을 이행지체로 되게 하기 위하여는 소유권이전등기에 필요한 서류 등을 현실적으로 제공하거나 그렇지 않더라도 이행장소에 그 서류 등을 준비하여 두고 매수인에게 그 뜻을 통지하고 수령하여 갈 것을 최고하면 되는 것이어서, 특별한 사정이 없으면 이행장소로 정한 법무사 사무실에 그 서류 등을 계속 보관시키면서 언제든지 잔대금과 상환으로 그 서류들을 수령할 수 있음을 통지하고 신의칙상 요구되는 상당한 시간 간격을 두고 거듭 수령을 최고하면 이행의 제공을 다한 것이 되고 그러한 상태가 계속된 기간 동안은 매수인이 이행지체로 된다 할 것이다.
대법원 2001. 5. 8. 선고 2001다6053 판결

2) 구두의 제공

채권자가 미리 변제받기를 거절하거나 채무의 이행에 채권자의 행위를 요하는 경우에는 변제준비의 완료를 통지하고 그 수령을 최고하면 된다(제460조 단서).

채권자가 정당한 이유 없이 수령을 거절한 경우에는 구두의 제공만으로 변제제공을 할 수 있다.
채무의 이행에 채권자의 행위를 요하는 경우에도 구두의 제공만 있으면 변제제공을 한 것이다. 채권자의 협력이 없으면 채무자가 이행에 착수할 수 없기 때문이다.

3) 구두제공도 필요 없는 경우

채권자가 변제를 수령하지 않을 의사가 명백하고 그것이 번복될 가능성이 없는 경우에는 구두의 제공도 필요하지 않다고 보아야 한다.

> 매수인이 잔대금 지급의무를 이행하고 소유권이전등기를 넘겨받을 의사가 없음을 미리 표시한 것으로 볼 수 있는 객관적인 명백한 사정이 있는 경우에는 당사자 일방이 자기의 채무의 이행을 제공을 하지 않더라도 상대방의 이행지체를 이유로 계약을 해제할 수 있는 것으로, 매수인이 이를 번복할 가능성이 있다고 볼 만한 다른 특별한 사정이 없는 한, 이러한 경우까지 매도인에게 매수인을 이행지체에 빠뜨리기 위하여 구두제공의 방법으로라도 자기의 반대채무를 이행제공 할 것을 요구할 것은 아니라고 볼 것이다.
> 대법원 1995. 4. 28. 선고 94다16083 판결

다. 변제제공의 효과

1) 채무불이행책임의 면제

변제제공이 있으면 채무자는 채무불이행책임을 면하게 된다(제461조). 따라서 채무불이행을 이유로 한 손해배상, 위약금, 담보권의 실행, 계약해제 등이 발생하지 않는다. 여기에서의 채무불이행책임은 이행지체책임을 의미한다.

2) 채권자지체의 발생 여부

변제제공만으로 채권자지체가 성립하지는 않고 채권자의 수령거절 또는 수령불능이 있어야 채권자지체가 성립될 수 있다.

3) 동시이행항변권 상실

쌍무계약에 있어서 당사자 일방의 변제제공이 있으면 상대방은 동시이행항변권을 상실한다. 그 결과 상대방은 자신이 이행의 제공을 하지 않으면 이행지체책임을 지게 된다. 상대방의 동시이행항변권을 상실시키려면 변제제공이 계속되어야 한다.

> 쌍무계약의 당사자 일방이 먼저 한 번 현실의 제공을 하고, 상대방을 수령지체에 빠지게 하였다고 하더라도 그 이행의 제공이 계속되지 않는 경우는 과거에 이행의 제공이 있었다는 사실만으로 상대방이 가지는 동시이행항변권이 소멸하는 것은 아니므로, 일시적으로 당사자 일방의 의무의 이행 제공이 있었으나 곧 그 이행의 제공이 중지되어 더 이상 그 제공이 계속되지 아니하는 기간동안에는 상대방의 의무가 이행지체 상태에 빠졌다고 할 수는 없다고 할 것이고, 따라서 그 이행의 제공이 중지된 이후에 상대방의 의무가 이행지체 되었음을 전제로 하는 손해배상청구도 할 수 없는 것이다.
> 대법원 1995. 3. 14. 선고 94다26646 판결

6. 변제의 충당[38)]

가. 의미

변제의 충당은 채무자가 동일한 채권자에 대하여, ①같은 종류의 목적을 가지는 복수의 채무를 부담하거나, ②1개의 채무의 변제로서 복수의 급부를 하여야 하거나, ③채무자가 1개 또는 복수의 채무에 관하여 원본 외에 비용 · 이자를 지급하여야 할 경우에, 변제로서 제공한 급부가 그 전부를 소멸하게 하는 데 부족한 때에 그 변제를 어느 채무에 충당할 것인지에 대하여 정한 것이다.

민법은 변제충당방법에 관하여 제476조 내지 479조를 두고 있는데 이들 규정은 임의규정이므로 당사자는 위 법규에 구애됨이 없이 합의에 의하여 충당방법을 정할 수 있다.

> 변제자(채무자)와 변제수령자(채권자)는 변제로 소멸한 채무에 관한 보증인 등 이해관계 있는 제3자의 이익을 해하지 않는 이상 이미 급부를 마친 뒤에도 기존의 충당방법을 배제하고 제공된 급부를 어느 채무에 어떤 방법으로 다시 충당할 것인가를 약정할 수 있다.
> 대법원 2013. 9. 12. 선고 2012다118044, 118051 판결
>
> 채무자가 동일한 채권자에 대하여 같은 종류를 목적으로 한 수개의 채무를 부담한 경우에 변제의 제공에 있어서 당사자가 변제에 충당할 채무를 지정하지 아니한 때에는 민법 제477조 의 규정에 따라 법정변제충당 되는 것이고 특히 민법 제477조 제4호 에 의하면 법정변제충당의 순위가 동일한 경우에는 각 채무액에 안분비례하여 각 채무의 변제에 충당되는 것이므로, 위 안분비례에 의한 법정변제충당과는 달리, 그 법정변제충당에 의하여 부여되는 법률효과 이상으로 자신에게 유리한 변제충당의 지정, 당사자 사이의 변제충당의 합의가 있다거나 또는 당해 채무가 법정변제충당에 있어 우선순위에 있어서 당해 채무에 전액 변제충당 되었다고 주장하는 자는 그 사실을 주장입증할 책임을 부담한다.
> 대법원 1994. 2. 22. 선고 93다49338 판결

38) 김준호, 앞의 책, 1297~1302면.

나. 약정충당

변제자와 변제수령자 사이의 합의에 의하여 민법의 규정과 달리 충당의 방법을 정할 수 있고 민법 제479조의 비용 · 이자 · 원본의 순서에 의한 충당의 규정도 달리 정할 수 있다.

> 채권자와 채무자 사이에 미리 변제충당에 관한 약정이 있고, 그 약정 내용이 변제가 채권자에 대한 모든 채무를 소멸시키기에 부족한 때에는 채권자가 적당하다고 인정하는 순서와 방법에 의하여 충당하기로 한 것이라면, 변제수령권자가 위 약정에 터잡아 스스로 적당하다고 인정하는 순서와 방법에 좇아 변제충당을 한 이상 그 충당은 효력이 있는 것이므로, 위와 같이 미리 변제충당에 관한 별도의 약정이 있는 경우에는 채무자가 변제를 하면서 위 약정과 달리 특정 채무의 변제에 우선적으로 충당한다고 지정하더라도, 그에 대하여 채권자가 명시적 또는 묵시적으로 동의하지 않는 한 그 지정은 효력이 없어 채무자가 지정한 채무가 변제되어 소멸하는 것은 아니다.
> 대법원 1999. 11. 26. 선고 98다27517 판결
>
> 변제충당 지정은 상대방에 대한 의사표시로서 하여야 하는 것이기는 하나, 변제충당에 관한 민법 제476조 내지 제479조의 규정은 임의규정이므로 변제자(채무자)와 변제수령자(채권자)는 약정에 의하여 위 각 규정을 배제하고 제공된 급부를 어느 채무에 어떤 방법으로 충당할 것인가를 결정할 수 있고, 이와 같이 채권자와 채무자 사이에 미리 변제충당에 관한 약정이 있으며, 그 약정 내용이, 변제가 채권자에 대한 모든 채무를 소멸시키기에 부족한 경우 채권자가 적당하다고 인정하는 순서와 방법에 의하여 충당하기로 한 것이라면, 채권자가 위 약정에 터잡아 스스로 적당하다고 인정하는 순서와 방법에 좇아 변제충당을 한 이상 채무자에 대한 의사표시와 관계없이 그 충당의 효력이 있고, 위와 같이 미리 변제충당에 관한 별도의 약정이 있는 경우에는 채무자가 변제를 하면서 위 약정과 달리 특정 채무의 변제에 우선적으로 충당한다고 지정하더라도 그에 대하여 채권자가 명시적 또는 묵시적으로 동의하지 않는 한 그 지정은 효력이 없어 채무자가 지정한 채무가 변제되어 소멸하는 것은 아니다.
> 대법원 2004. 3. 25. 선고 2001다53349 판결

다. 지정충당

지정충당은 변제의 충당이 지정자의 지정에 의해 이루어진다.

- 변제자의 지정

  지정충당에 있어 1차적 충당 지정권자는 변제자이다.

  변제자의 지정에 변제수령자의 동의는 필요하지 않고, 수령자가 이의를 제기할 수도 없다.

- 변제수령자의 지정

  변제자의 지정이 없으면 변제수령자가 지정할 수 있다.

  변제수령자의 지정에는 변제자가 이의를 제기할 수 있고, 이 경우에는 지정권이

변제자에게 이전하는 것이 아니라 법정충당을 하게 된다.

- 지정충당에 대한 제한

변제자는 물론 변제수령자라 할지라도 민법 제479조의 비용·이자·원본에 관한 변제충당의 순서와 다르게 일방적으로 충당의 순서를 지정 할 수 없다.

비용, 이자, 원본에 대한 변제충당의 순서는 민법 제479조에 법정되어 있으므로 당사자 사이에 그와 다른 특별한 합의가 있었다거나 일방의 지정에 대하여 상대방이 지체 없이 이의를 제기하지 아니함으로써 묵시적 합의가 되었다고 보여지는 경우 등 특단의 사정이 없는 한 위의 법정순서에 의하여 변제충당이 이루어져야 하는 것이며, 채무자는 물론 채권자라 할지라도 그와 다르게 일방적으로 충당의 순서를 지정할 수 없다.[39]
대법원 1990. 11. 9. 선고 90다카7262 판결

비용, 이자, 원본에 대한 변제충당에 있어서는 민법 제479조에 그 충당 순서가 법정되어 있고 지정 변제충당에 관한 민법 제476조는 준용되지 않으므로 원칙적으로 비용, 이자, 원본의 순서로 충당하여야 하고, 채무자는 물론 채권자라 할지라도 위 법정 순서와 다르게 일방적으로 충당의 순서를 지정할 수는 없다. 그러나 당사자 사이에 특별한 합의가 있는 경우이거나 당사자의 일방적인 지정에 대하여 상대방이 지체 없이 이의를 제기하지 아니함으로써 묵시적인 합의가 되었다고 보이는 경우에는 그 법정충당의 순서와는 달리 충당의 순서를 인정할 수 있다.
대법원 2009. 6. 11. 선고 2009다12399 판결

라. 법정충당

약정충당도 지정충당도 없는 경우에는 법률의 규정에 의하여 충당이 일어나게 되는데 이를 법정충당이라고 한다.

- 이행기가 도래한 채무

채무 중에 이행기가 도래한 것과 도래하지 아니한 것이 있으면 이행기가 도래한 채무의 변제에 충당한다(제477조 1호).

확정기한이 있는 채무는 그 기한에, 불확정기한의 경우에는 채무자가 기한의 도래를 알았는지 여부를 묻지 않고 그 기한이 객관적으로 도래한 때, 기한의 정함이 없는 경우에는 그 채무가 성립한 때에 각각 이행기가 도래한 것이 된다.

- 변제이익이 많은 채무

채무 전부의 이행기가 도래하였거나 도래하지 아니한 때에는 채무자에게

39) 합의가 있으면 가능하나 지정만으로는 불가하다.

변제이익이 많은 채무의 변제에 충당한다(제477조 2호).

변제이익은 변제자를 기준으로 판단하여야 한다.

무이자 채무보다는 이자부 채무, 저이율의 채무보다는 고이율의 채무, 무담보 채무보다는 담보부 채무, 변제자가 보증인으로서 부담하는 보증채무보다는 변제자 자신의 채무, 연대채무보다는 단순채무가 변제이익이 많다.

> 특별한 사정이 없는 한 변제자가 타인의 채무에 대한 보증인으로서 부담하는 보증채무(연대보증채무도 포함)는 변제자 자신의 채무에 비하여 변제자에게 그 변제의 이익이 적다고 보아야 한다.
> 대법원 2002. 7. 12. 선고 99다68652 판결
>
> 특별한 사정이 없는 한, 변제자가 타인의 채무에 대한 보증인으로서 부담하는 보증채무(연대보증채무도 포함)는 변제자 자신의 채무에 비하여, 연대채무는 단순채무에 비하여, 각각 변제자에게 그 변제의 이익이 적다.
> 대법원 1999. 7. 9. 선고 98다55543 판결
>
> 변제자가 주채무자인 경우 보증인이 있는 채무와 보증인이 없는 채무 사이에 전자가 후자에 비하여 변제이익이 더 많다고 볼 근거는 전혀 없으므로 양자는 변제이익의 점에서 차이가 없다고 보아야 한다. 마찬가지로 변제자가 채무자인 경우 물상보증인이 제공한 물적 담보가 있는 채무와 그러한 담보가 없는 채무 사이에도 변제이익의 점에서 차이가 없다.
> 대법원 2014. 4. 30. 선고 2013다8250 판결

- 이행기가 먼저 도래할 채무

채무자에게 변제이익이 같으면 이행기가 먼저 도래한 채무나 먼저 도래할 채무의 변제에 충당한다(제477조 3호).

기한이 정해져 있지 않은 채무는 채무 발생시에 이행기에 있게 되므로 그러한 채무 상호간에 있어서는 먼저 성립한 것에 충당하여야 한다.

- 이행기가 동시에 도래하고 변제이익이 같은 채무

채무액에 비례하여 각 채무의 변제에 충당한다(제477조 4호).

마. 충당의 순서

변제충당은 당사자 사이의 특별한 약정이 없으면 비용·이자·원본의 순서로 충당하여야 한다(제479조 1항).

비용에는 변제비용, 계약비용 외에 경매비용을 포함한다.

이자에는 지연이자도 포함되지만, 이자제한법의 제한[40]을 초과하는 이자는 포함되지 않는다.

채무자가 수개의 채무를 부담하면서 그 각각에 대하여 비용과 이자가 있는 경우뿐만 아니라 어느 채무에는 비용이 있고 또 다른 채무에는 이자가 있는 경우에도 먼저 모든 비용을, 그 다음에 모든 이자를, 그리고 잔액이 있는 경우에 원본에 충당하여야 한다.

> 비용, 이자, 원본에 대한 변제충당의 순서에 관한 민법 제479조는 변제뿐만 아니라 공탁, 상계 등 그 밖의 채무소멸원인에도 적용되고, 여기에서 우선 충당되는 비용에는 채권을 실행하는 데 소요된 소송비용 또는 집행비용으로서 소송비용액확정결정 또는 집행비용액확정결정을 받은 것이 포함된다.
> 대법원 2006. 10. 12. 선고 2004재다818 판결

7. 변제자 대위[41]

가. 의의

채무의 변제가 제3자[42]에 의해 행해진 경우에 변제자는 채무자에 대하여 구상권을 취득하게 되는데, 이 구상권을 확실하게 보장해주는 제도적인 장치로서 종래 채권자가 가지고 있던 채권에 관한 권리가 구상권의 범위 안에서 변제자에게 이전하도록 한 것을 변제자대위라고 한다.

변제에 의한 대위는 변제자대위 요건이 갖추어진 경우 채권자의 권리가 변제자에게 법률상 당연히 이전되는 것이다. 그러므로 약정에 의해 채권이 이전되는 채권양도와는 구별된다.

변제자대위는 변제한 제3자가 채권자의 권리를 취득하여 자신의 권리로서 행사한다는 점에서, 채권자가 자기의 채권을 보전하기 위하여 채무자의 권리를 대위하여 행사하는 채권자대위권과는 구별된다.

40) 연 24%.

41) 김준호, 앞의 책, 1303~1314면.

42) 연대채무자, 보증인 등을 들 수 있고 일반 제3자도 포함된다.

변제할 정당한 이익이 있는 자가 채무자를 위하여 채권의 일부를 대위변제할 경우에 대위변제자는 변제한 가액의 범위 내에서 종래의 채권자가 가지고 있던 채권 및 담보에 관한 권리를 취득하게 되고 따라서 채권자가 부동산에 대하여 저당권을 가지고 있는 경우에는 채권자는 대위변제자에게 일부 대위변제에 따른 저당권의 일부 이전의 부기등기를 해 주어야 할 의무가 있다.
대법원 1996. 12. 6. 선고 96다35774 판결

나. 요건

1) 변제 기타로 채권자에게 만족을 줄 것

변제자대위는 변제를 한 제3자가 가지는 구상권의 실현을 확실하게 보장해주기 위해 인정된 제도이므로 변제 기타로 채권자에게 채권만족을 주었을 것이 필요하다.
변제뿐만 아니라 대물변제, 공동채무자의 상계, 연대채무자 또는 연대보증인의 채권양수,[43] 물상보증인 또는 저당부동산의 제3취득자가 저당권 실행으로 인해 소유권을 잃은 경우에도 대위가 일어난다.

민법 제481조, 제482조에서 규정하고 있는 변제자대위는 제3자 또는 공동채무자의 한 사람이 채무자 또는 다른 공동채무자에 대하여 가지는 구상권의 실현을 목적으로 하는 제도이다. 이때 대위에 의한 원채권 및 담보권 행사의 범위는 구상권의 범위로 한정되는데 이는 위와 같은 제도적 취지를 반영한 것이다. 따라서 어느 부진정연대채무자를 위하여 보증인이 된 자가 채무를 이행한 경우에는 다른 부진정연대채무자에 대하여도 직접 구상권을 취득하게 되고, 그와 같은 구상권을 확보하기 위하여 채권자를 대위하여 채권자의 다른 부진정연대채무자에 대한 채권 및 그 담보에 관한 권리를 구상권의 범위 내에서 행사할 수 있다.
대법원 2010. 5. 27. 선고 2009다85861 판결

2) 변제자 등이 채무자에 대하여 구상권을 가질 것

변제대위제도가 변제자의 구상권 실현을 보장하기 위한 제도라는 점을 고려할 때 구상권이 없으면 대위는 일어나지 않는다고 보아야 한다.

43) 혼동으로 인해 채권이 소멸한다.

변제에 의한 대위 또는 대위변제는 제3자 또는 공동채무자의 한 사람이 채무자 또는 다른 공동채무자에 대하여 가지는 구상권의 실현을 확보하는 것을 목적으로 하는 제도이므로, 구상권이 없으면 대위는 성립하지 않는다고 할 것이고, 위와 같은 구상권 발생의 근거로는 먼저 불가분채무자, 연대채무자, 보증인, 물상보증인, 담보물의 제3취득자, 후순위 담보권자가 구상권을 가짐은 민법의 개별적 규정에 의하여 분명하고, 제3자가 채무자의 부탁으로 채무자를 위하여 변제하는 경우에는 민법 제688조 소정의 위임사무처리비용의 상환청구권에 의하여, 제3자가 사무관리에 의하여 채무자를 위하여 변제하는 경우에는 민법 제739조 소정의 사무관리비용의 상환청구권에 의하여 구상권을 취득하는 수가 있을 수 있다.
대법원 1994. 12. 9. 선고 94다38106 판결

민법 제481조, 제482조에서 규정하고 있는 변제자대위는 제3자 또는 공동채무자의 한 사람이 채무자 또는 다른 공동채무자에 대하여 가지는 구상권의 실현을 목적으로 하는 제도이다. 이때 대위에 의한 원채권 및 담보권 행사의 범위는 구상권의 범위로 한정되는데 이는 위와 같은 제도적 취지를 반영한 것이다. 따라서 어느 부진정연대채무자를 위하여 보증인이 된 자가 채무를 이행한 경우에는 다른 부진정연대채무자에 대하여도 직접 구상권을 취득하게 되고, 그와 같은 구상권을 확보하기 위하여 채권자를 대위하여 채권자의 다른 부진정연대채무자에 대한 채권 및 그 담보에 관한 권리를 구상권의 범위 내에서 행사할 수 있다.
대법원 2010. 5. 27. 선고 2009다85861 판결

민법 제481조, 제482조에서 규정하고 있는 변제자대위는 제3자 또는 공동채무자의 한 사람이 주채무를 변제함으로써 채무자 또는 다른 공동채무자에 대하여 갖게 된 구상권의 효력을 확보하기 위한 제도이므로, 대위에 의한 원채권 및 담보권의 행사 범위는 구상권의 범위로 한정된다.
대법원 2020. 2. 6. 선고 2019다270217 판결

3) 변제할 정당한 이익이 있거나(법정대위) 채권자의 승낙이 있을것(임의대위)

가) 법정대위

변제할 정당한 이익이 있는 자는 변제로 당연히 채권자를 대위한다(제481조). 채권자의 승낙은 필요하지 않다.

'변제할 정당한 이익이 있는 자'는 변제를 하지 않으면 채권자로부터 집행을 받게 되거나 또는 채무자에 대한 자기의 권리를 잃게 되는 지위에 있기 때문에 변제함으로써 당연히 대위의 보호를 받아야 할 법률상 이익을 가지는 자를 말한다. 사실상의 이해관계를 가지는 것만으로는 해당사항이 없다고 할 것이다.

불가분채무자, 연대채무자, 보증인, 물상보증인, 담보물의 제3취득자, 후순위담보권자, 이행인수인 등이 이에 해당한다.

민법 제469조 제2항은 이해관계 없는 제3자는 채무자의 의사에 반하여 변제하지 못한다고 규정하고, 민법 제481조는 변제할 정당한 이익이 있는 자는 변제로 당연히 채권자를 대위한다고 규정하고 있는바, 위 조항에서 말하는 '이해관계' 내지 '변제할 정당한 이익'이 있는 자는 변제를 하지 않으면 채권자로부터 집행을 받게 되거나 또는 채무자에 대한 자기의 권리를 잃게 되는 지위에 있기 때문에 변제함으로써 당연히 대위의 보호를 받아야 할 법률상 이익을 가지는 자를 말하고, 단지 사실상의 이해관계를 가진 자는 제외된다.
대법원 2009. 5. 28. 자 2008마109 결정

민법 제481조는 "변제할 정당한 이익이 있는 자는 변제로 당연히 채권자를 대위한다."라고 규정하고, 민법 제482조 제1항은 "전2조의 규정에 의하여 채권자를 대위한 자는 자기의 권리에 의하여 구상할 수 있는 범위에서 채권 및 그 담보에 관한 권리를 행사할 수 있다."라고 규정하며, 같은 조 제2항은 "전항의 권리행사는 다음 각 호의 규정에 의하여야 한다."라고 규정하고 있으나, 그 중 물상보증인과 제3취득자 사이의 변제자대위에 관하여는 명확한 규정이 없다.
그런데 보증인과 제3취득자 사이의 변제자대위에 관하여 민법 제482조 제2항 제1호는 "보증인은 미리 전세권이나 저당권의 등기에 그 대위를 부기하지 아니하면 전세물이나 저당물에 권리를 취득한 제3자에 대하여 채권자를 대위하지 못한다."라고 규정하고, 같은 항 제2호는 "제3취득자는 보증인에 대하여 채권자를 대위하지 못한다."라고 규정하고 있다. 한편 민법 제370조, 제341조에 의하면 물상보증인이 채무를 변제하거나 담보권의 실행으로 소유권을 잃은 때에는 '보증채무'에 관한 규정에 의하여 채무자에 대한 구상권을 가지고, 민법 제482조 제2항 제5호에 따르면 물상보증인과 보증인 상호 간에는 그 인원수에 비례하여 채권자를 대위하게 되어 있을 뿐 이들 사이의 우열은 인정하고 있지 아니하다.
위와 같은 규정 내용을 종합하여 보면, 물상보증인이 채무를 변제하거나 담보권의 실행으로 소유권을 잃은 때에는 보증채무를 이행한 보증인과 마찬가지로 채무자로부터 담보부동산을 취득한 제3자에 대하여 구상권의 범위 내에서 출재한 전액에 관하여 채권자를 대위할 수 있는 반면, 채무자로부터 담보부동산을 취득한 제3자는 채무를 변제하거나 담보권의 실행으로 소유권을 잃더라도 물상보증인에 대하여 채권자를 대위할 수 없다고 보아야 한다. 만일 물상보증인의 지위를 보증인과 다르게 보아서 물상보증인과 채무자로부터 담보부동산을 취득한 제3자 상호 간에는 각 부동산의 가액에 비례하여 채권자를 대위할 수 있다고 한다면, 본래 채무자에 대하여 출재한 전액에 관하여 대위할 수 있었던 물상보증인은 채무자가 담보부동산의 소유권을 제3자에게 이전하였다는 우연한 사정으로 이제는 각 부동산의 가액에 비례하여서만 대위하게 되는 반면, 당초 채무 전액에 대한 담보권의 부담을 각오하고 채무자로부터 담보부동산을 취득한 제3자는 그 범위에서 뜻하지 않은 이득을 얻게 되어 부당하다.
대법원 2014. 12. 18. 선고 2011다50233 전원합의체 판결

민법 제481조에 의하여 법정대위를 할 수 있는 '변제할 정당한 이익이 있는 자'라고 함은 변제함으로써 당연히 대위의 보호를 받아야 할 법률상의 이익을 가지는 자를 의미한다. 그런데 이행인수인이 채무자와의 이행인수약정에 따라 채권자에게 채무를 이행하기로 약정하였음에도 불구하고 이를 이행하지 아니하는 경우에는 채무자에 대하여 채무불이행의 책임을 지게 되어 특별한 법적 불이익을 입게 될 지위에 있다고 할 것이므로, 이행인수인은 그 변제를 할 정당한 이익이 있다고 할 것이다.
대법원 2012. 7. 16. 자 2009마461 결정

공동저당의 목적인 물상보증인 소유의 부동산에 후순위로 소유권이전청구권 가등기가 설정되어 있는데 그 부동산에 대하여 먼저 경매가 실행되어 공동저당권자가 매각대금 전액을 배당받고 채무의 일부가 남은 경우, 위 가등기권리자는 채무자의 의사에 반하여 그 채무 잔액을 대위변제하거나 변제공탁할 수 있는 '이해관계 있는 제3자' 또는 '변제할

정당한 이익이 있는 자'에 해당하지 않는다.[44]
대법원 2009. 5. 28. 자 2008마109 결정

나) 임의대위

변제할 정당한 이익이 없는 자는 채권자의 승낙이 있어야 채권자를 대위할 수 있다(제480조 1항). 대위는 법률의 규정에 의해 일어나되 임의대위에 있어 그것이 가능하려면 채권자에 의한 승낙의 의사표시가 있어야 하는 것이다.

다. 효과

1) 대위자와 채무자

채권자를 대위한 자는 채무자에게 구상할 수 있는 범위에서 채권 및 그 담보에 관한 권리를 행사할 수 있다(제482조 1항). 즉 채권 및 그 담보에 관한 권리가 법률상 당연히 변제자에게 이전한다.

채권에 관한 권리 : 이행청구권, 손해배상청구권, 채권자대위권, 채권자 취소권 등
담보에 관한 권리 : 질권이나 저당권과 같은 물적 담보, 보증인에 대한 권리와 같은 인적 담보 등

대위자는 그가 취득하는 권리를 구상권의 범위에서만 행사할 수 있다.
대위자가 가지는 구상권과 변제자대위권은 그 내용이 다른 별개의 권리이므로 대위변제자와 채무자 사이에 구상금에 관한 지연손해금 약정이 있었다고 하더라도 이 약정은 구상금을 청구하는 경우에만 적용될 뿐이고 변제자대위권을 행사하는 경우에는 적용될 수 없다.

변제자대위에서 말하는 '담보에 관한 권리'에는 질권, 저당권이나 보증인에 대한 권리 등과 같이 전형적인 물적·인적 담보뿐만 아니라, 채권자와 채무자 사이에 채무의 이행을 확보하기 위한 특약이 있는 경우에 그 특약에 기하여 채권자가 가지게 되는 권리도 포함된다.
대법원 1997. 11. 14. 선고 95다11009 판결

44) 물상보증인이 선순위저당권을 대위취득하고 그 가등기권리자는 이 선순위저당권에 대하여 물상대위함으로써 우선변제를 받을 수 있기 때문이다.

물상보증인이 채무자의 채무를 변제한 경우, 그는 민법 제370조에 의하여 준용되는 같은 법 제341조에 의하여 채무자에 대하여 구상권을 가짐과 동시에 민법 제481조에 의하여 당연히 채권자를 대위하고, 위 구상권과 변제자 대위권은 원본, 변제기, 이자, 지연손해금의 유무 등에 있어서 내용이 다른 별개의 권리로서, 물상보증인은 고유의 구상권을 행사하든 대위하여 채권자의 권리를 행사하든 자유이며, 다만 채권자를 대위하는 경우에는 같은 법 제482조 제1항에 의하여 고유의 구상권의 범위에서 채권 및 그 담보에 관한 권리를 행사할 수 있는 것이어서, 변제자 대위권은 고유의 구상권의 효력을 확보하는 역할을 한다.
대법원 1997. 5. 30. 선고 97다1556 판결

2) 대위자와 채권자

가) 일부대위의 경우

채권의 일부에 대하여 대위변제가 있는 때에는 대위자는 그 변제한 가액에 비례하여 채권자와 함께 그 권리를 행사한다(제483조 1항).
여기서 채권자와 함께 그 권리를 행사한다는 의미에 대해 논란이 있는데 판례는 일부대위자가 채권의 담보권을 단독으로 행사할 수 있는 것이 아니라 채권자가 담보권을 행사하는 경우에만 변제자가 함께 그 권리를 행사할 수 있고, 또 그때에도 변제에 관해서는 채권자가 우선하는 것으로 해석하여야 한다고 한다.

변제자대위는 채권의 일부가 변제된 경우에도 인정된다. 이 경우 채권자는 대위자에 우선하여 변제를 받게 된다.

채권의 일부에 대한 대위변제가 있는 때에는 채권자는 채권증서에 그 대위를 기입하고 자기가 점유한 담보물의 보존에 관하여 대위자의 감독을 받아야 한다(제484조 2항).

변제할 정당한 이익이 있는 자가 채무자를 위하여 채권의 일부를 대위변제할 경우에 대위변제자는 변제한 가액의 범위 내에서 종래 채권자가 가지고 있던 채권 및 담보에 관한 권리를 취득하게 되고 따라서 채권자가 부동산에 대하여 저당권을 가지고 있는 경우에는 채권자는 대위변제자에게 일부 대위변제에 따른 저당권의 일부이전의 부기등기를 경료해 주어야 할 의무가 있다 할 것이나 이 경우에도 채권자는 일부 대위변제자에 대하여 우선변제권을 가지고 있다.
대법원 1988. 9. 27. 선고 88다카1797 판결

변제할 정당한 이익이 있는 자가 채무자를 위하여 근저당권의 피담보채무의 일부를 대위변제한 경우에 대위변제자는 피담보채무의 일부대위변제를 원인으로 한 근저당권 일부이전의 부기등기의 경료 여부와 관계없이 변제한 가액의 범위 내에서 종래 채권자가 가지고 있던 채권 및 담보에 관한 권리를 법률상 당연히 취득하게 되는 것이나 이때에도

채권자는 대위변제자에 대하여 우선변제권을 가진다고 할 것인바, 이 경우에 채권자의 우선변제권은 피담보채권액을 한도로 특별한 사정이 없는 한 자기가 보유하고 있는 잔존 채권액 전액에 미친다고 할 것이고, 이러한 법리는 채권자와 후순위권리자 사이에서도 마찬가지라 할 것이므로 근저당권의 실행으로 인한 배당절차에서도 채권자는 특별한 사정이 없는 한 자기가 보유하고 있는 잔존 채권액 및 피담보채권액의 한도에서 후순위권리자에 우선해서 배당받을 수 있다.
대법원 2004. 6. 25. 선고 2001다2426 판결

나) 전부대위의 경우

제3자로부터 채권 전부의 변제를 받은 채권자는 그 채권에 관한 증서 및 점유한 담보물을 대위자에게 교부하여야 한다(제484조 1항). 채권자는 담보물이 부동산인 경우 대위의 부기등기에 협력하여야 한다.

다) 법정대위자의 면책

법정대위를 할 자가 있는 경우에 채권자의 고의나 과실로 담보가 상실되거나 감소된 때에는 대위할 자는 그 상실 또는 감소로 인하여 상환 받을 수 없는 한도에서 그 책임을 면한다(제485조).

면책되는 범위는 담보가 상실 또는 감소한 시점을 표준시점으로 하여 판단하여야 한다.

여기서의 담보는 물적 담보뿐만 아니라 인적 담보도 포함되고 장래 성립할 담보도 포함된다.

대위자가 채무자인 때에는 채무를 면하며 물상보증인이나 담보물의 제3취득자인 경우에는 그 책임의 소멸을 주장할 수 있다.

민법 제485조는 민법 제481조에 의한 법정대위를 할 자가 있는 경우에 채권자의 고의나 과실로 담보가 상실되거나 감소된 때에는 대위권자는 그 담보의 상실 또는 감소로 인하여 상환을 받을 수 없는 한도에서 자신의 변제책임을 면한다고 규정하고 있는바, 여기서의 '담보'라 함은 주된 채무를 담보하기 위한 인적 담보 또는 물적 담보를 말하며, 담보의 상실 또는 감소의 전형적 예는 채권자가 인적 담보인 보증인의 채무를 면제해 주거나 물적 담보인 담보물권을 포기하거나 순위를 불리하게 변경하거나 담보물을 훼손하거나 반환하는 행위 등을 들 수 있다.
대법원 2000. 12. 12. 선고 99다13669 판결

주채무자가 채권자에게 가등기담보권을 설정하기로 약정한 뒤 이를 이행하지 않고 있음에도 채권자가 그 약정에 기하여 가등기가처분 명령신청, 가등기설정등기 이행청구 등과 같은 담보권자로서의 지위를 보전·실행·집행하기 위한 조치를 취하지 아니하다가 당해 부동산을 제3자가 압류 또는 가압류함으로써 가등기담보권자로서의 권리를 제대로 확보하지 못한 경우도 담보가 상실되거나 감소된 경우에 해당한다.
대법원 2009. 10. 29. 선고 2009다60527 판결

변제할 정당한 이익이 있는 자가 채무자를 위하여 채권의 일부를 대위변제할 경우에 대위변제자는 변제한 가액의 범위 내에서 종래의 채권자가 가지고 있던 채권 및 담보에 관한 권리를 취득하게 되고 따라서 채권자가 부동산에 대하여 저당권을 가지고 있는 경우에는 채권자는 대위변제자에게 일부 대위변제에 따른 저당권의 일부 이전의 부기등기를 해 주어야 할 의무가 있다.
보증인은 피보증인의 채무를 변제할 정당한 이익이 있는 자로서 그 변제로 인하여 당연히 채권자를 대위할 법정대위권이 있는 것이므로 다른 특단의 사정이 없는 한 채권자가 고의나 과실로 담보를 상실하게 하거나 감소되게 한 때에는 보증인의 대위권을 침해한 것이 되어 보증인은 민법 제485조에 의하여 그 상실 또는 감소로 인하여 상환을 받을 수 없는 한도에서 그 면책주장을 할 수 있다.
채권자가 일부 대위변제자에게 그가 대위변제한 비율을 넘어 근저당권 전부를 이전하여 준 경우, 결국 채권자는 근저당권의 피담보채무 중 일부를 대위변제한 다른 보증인이 법정대위권을 행사할 수 있는 채권의 담보를 고의로 상실되게 한 것이므로, 다른 보증인은 그의 보증채무를 이행함으로써 채권자에 대한 법정대위권자로서 근저당권을 실행하여 배당받을 수 있었던 금액의 한도에서 보증의 책임을 면한다.
대법원 1996. 12. 6. 선고 96다35774 판결

민법 제485조는 제481조의 규정에 의하여 대위할 자가 있는 경우에 채권자의 고의나 과실로 담보가 상실되거나 감소된 때에는 대위할 자가 그 상실 또는 감소로 인하여 상환받을 수 없는 한도에서 그 책임을 면한다고 규정하고 있는바, 양도담보로 제공된 부동산에 대하여 양도담보권자의 채권자가 가압류나 가처분의 기입등기를 경료하였다고 하더라도 그러한 사실만으로는 양도담보권자가 고의 또는 과실로 그 담보를 상실하거나 감소케 한 것이라고는 볼 수 없다.
채권자가 채권액을 훨씬 초과하는 채무자의 부동산을 양도담보로 취득하였다가 그 채권액 이상의 양도담보를 상실하고 채권액에 미달하는 양도담보만을 갖게 되었을 경우 민법 제485조에 의하여 보증인이 책임을 면하는 범위는, 그 채권액 전부가 아니라 총 채권액에서 잔존 양도담보 부동산의 가액 상당을 뺀 나머지 금액 상당이다.
대법원 1997. 10. 28. 선고 97다28858 판결

채권자의 고의나 과실로 담보가 상실 또는 감소한 경우 민법 제485조에 의하여 법정대위자가 면책되는지 여부 및 면책되는 범위는 담보가 상실 또는 감소한 시점을 표준시점으로 하여 판단하여야 한다.
대법원 2008. 12. 11. 선고 2007다66590 판결

3) 법정대위자 상호간의 관계

가) 보증인과 제3취득자[45] 사이

O 보증인이 변제한 경우

보증인은 전세물, 저당물의 제3취득자에 대하여 전액에 관하여 채권자를 대위한다. 이 대위를 하려면 보증인의 변제 후 제3취득자의 취득 전에 전세권, 저당권등기에 대위의 부기등기를 하여야 한다(제 482조 2항 1호).

45) 후순위근저당권자는 포함되지 않음.

O 제3취득자가 변제한 경우

제3취득자는 보증인에 대하여 채권자를 대위하지 못한다(제482조 2항 2호). 제3취득자는 담보의 부담을 각오한 자이기 때문이다.

민법 제482조 제2항 제1호와 제2호에서 보증인에게 대위권을 인정하면서도 제3취득자는 보증인에 대하여 채권자를 대위할 수 없다고 규정한 까닭은, 제3취득자는 등기부상 담보권의 부담이 있음을 알고 권리를 취득한 자로서 그 담보권의 실행으로 인하여 예기치 못한 손해를 입을 염려가 없고, 또한 저당부동산에 대하여 소유권, 지상권 또는 전세권을 취득한 제3자는 저당권자에게 그 부동산으로 담보된 채권을 변제하고 저당권의 소멸을 청구할 수 있으며(민법 제364조), 저당물의 제3취득자가 그 부동산의 보존, 개량을 위하여 필요비 또는 유익비를 지출한 때에는 저당물의 경매대가에서 우선상환을 받을 수 있도록(민법 제367조) 하는 등 그 이익을 보호하는 규정도 마련되어 있으므로, 변제자대위와 관련해서는 제3취득자보다는 보증인을 보호할 필요가 있기 때문이다. 그러나 저당부동산에 대하여 후순위 근저당권을 취득한 제3자는 민법 제364조에서 정한 저당권소멸청구권을 행사할 수 있는 제3취득자에 해당하지 아니하고, 달리 선순위 근저당권의 실행으로부터 그의 이익을 보호하는 규정이 없으므로 변제자대위와 관련해서 후순위 근저당권자보다 보증인을 더 보호할 이유가 없으며, 나아가 선순위 근저당권의 피담보채무에 대하여 직접 보증책임을 지는 보증인과 달리 선순위 근저당권의 피담보채무에 대한 직접 변제책임을 지지 않는 후순위 근저당권자는 보증인에 대하여 채권자를 대위할 수 있다고 봄이 타당하므로, 민법 제482조 제2항 제2호의 제3취득자에 후순위 근저당권자는 포함되지 아니한다.
민법 제482조 제2항 제2호의 제3취득자에 후순위 근저당권자가 포함되지 않음에도 같은 항 제1호의 제3자에는 후순위 근저당권자가 포함된다고 하면, 후순위 근저당권자는 보증인에 대하여 항상 채권자를 대위할 수 있지만 보증인은 후순위 근저당권자에 대하여 채권자를 대위하기 위해서는 미리 대위의 부기등기를 하여야만 하므로 보증인보다 후순위 근저당권자를 더 보호하는 결과가 되는데, 이러한 결과는 법정대위자인 보증인과 후순위 근저당권자 간의 이해관계를 공평하고 합리적으로 조절하기 위한 민법 제482조 제2항 제1호와 제2호의 입법 취지에 부합하지 않을뿐더러 후순위 근저당권자는 통상 자신의 이익을 위하여 선순위 근저당권의 담보가치를 초과하는 담보가치만을 파악하여 담보권을 취득한 자에 불과하므로 변제자대위와 관련해서 후순위 근저당권자를 보증인보다 더 보호할 이유도 없다. 이러한 사정들과 민법 제482조 제2항 제1호와 제2호가 상호작용하에 법정대위자 중 보증인과 제3취득자의 이해관계를 조절하는 규정인 점 등을 종합하여 보면, 보증인은 미리 저당권의 등기에 그 대위를 부기하지 않고서도 저당물에 후순위 근저당권을 취득한 제3자에 대하여 채권자를 대위할 수 있다고 할 것이므로 민법 제482조 제2항 제1호의 제3자에 후순위 근저당권자는 포함되지 않는다.
대법원 2013. 2. 15. 선고 2012다48855 판결

나) 보증인과 물상보증인 사이

보증인과 물상보증인 사이에서는 그 인원수에 비례하여 채권자를 대위한다(제482조 2항 5호 본문). 만약 보증인이 물상보증인을 겸하는 때에는 1인으로 계산한다.
물상보증인이 수인인 경우에는 보증인의 부담부분을 공제하고 그 잔액에 대하여 각 자산의 가액에 비례하여 채권자를 대위한다(제482조 2항 5호 단서).
이 경우에 그 재산이 부동산인 때에는 미리 전세권이나 저당권의 등기에 그 대위를

부기하지 아니하면 전세물이나 저당물에 권리를 취득한 제3자에 대하여 채권자를 대위하지 못한다(제482조 2항 5호 말미).

(채무 600원)
A,B : 보증인 C : 400원 부동산 담보제공 D : 200원 부동산 담보제공 A가 600원 변제

A는 B에 대해 1/4 (인원수 4인 중 1인) = 600원 × 1/4 = 150원에 대해 대위하게 됨.
물상보증인 부담부분 300원 중 C에게는 200원{300원 × 400원 / (400원 + 200원)}, D에게는 100원{300원 × 200원 / (400원 + 200원) }대위하게 됨

(채무 90원)
A : 보증인, B : 60원 부동산 담보제공, C : 30원 부동산 담보제공
A가 90원 변제

A는 자신의 부담부분 30원 (90원 ×1/3(인원수 3인 중 1인)을 제하고, 나머지 60원에 대하여 B에게 40원{60원 × 60원 / (60원 + 30원)}, C에게 20원 {60원 × 30원 / (60원 + 30원)}을 대위할 수 있다.

민법 제482조 제2항 제4호, 제5호가 물상보증인 상호간에는 재산의 가액에 비례하여 부담 부분을 정하도록 하면서, 보증인과 물상보증인 상호간에는 보증인의 총 재산의 가액이나 자력 여부, 물상보증인이 담보로 제공한 재산의 가액 등을 일체 고려하지 아니한 채 형식적으로 인원수에 비례하여 평등하게 대위비율을 결정하도록 규정한 것은, 인적 무한책임을 부담하는 보증인과 물적 유한책임을 부담하는 물상보증인 사이에는 보증인 상호간이나 물상보증인 상호간과 같이 상호 이해조정을 위한 합리적인 기준을 정하는 것이 곤란하고, 당사자 간의 특약이 있다는 등의 특별한 사정이 없는 한 오히려 인원수에 따라 대위비율을 정하는 것이 공평하고 법률관계를 간명하게 처리할 수 있어 합리적이며 그것이 대위자의 통상의 의사 내지 기대에 부합하기 때문이다. 이러한 규정 취지는 동일한 채무에 대하여 보증인 또는 물상보증인이 여럿 있고, 이 중에서 보증인과 물상보증인의 지위를 겸하는 자가 포함되어 있는 경우에도 동일하게 참작되어야 하므로, 위와 같은 경우 민법 제482조 제2항 제4호, 제5호 전문에 의한 대위비율은 보증인과 물상보증인의 지위를 겸하는 자도 1인으로 보아 산정함이 상당하다.
대법원 2010. 6. 10. 선고 2007다61113 판결

타인의 채무를 변제하고 채권자를 대위하는 대위자 상호간의 관계를 규정한 민법 제482조 제2항 제5호 단서에서 대위의 부기등기에 관한 제1호의 규정을 준용하도록 규정한 취지는 자기의 재산을 타인의 채무의 담보로 제공한 물상보증인이 수인일 때 그중 일부의 물상보증인이 채무의 변제로 다른 물상보증인에 대하여 채권자를 대위하게 될 경우에 미리 대위의 부기등기를 하여 두지 아니하면 채무를 변제한 뒤에 그 저당물을 취득한 제3취득자에 대하여 채권자를 대위할 수 없도록 하려는 것이라고 해석되므로 자신들 소유의 부동산을 채무자의 채무의 담보로 제공한 물상보증인들이 채무를 변제한 뒤 다른 물상보증인 소유부동산에 설정된 근저당권설정등기에 관하여 대위의 부기등기를 하여 두지 아니하고 있는 동안에 제3취득자가 위 부동산을 취득하였다면, 대위변제한 물상보증인들은 제3취득자에 대하여 채권자를 대위할 수 없다.
대법원 1990. 11. 9. 선고 90다카10305 판결

민법 제482조 제2항 제5호는 동일한 채무에 대하여 인적 무한책임을 지는 보증인과 물적 유한책임을 지는 물상보증인이 여럿 있고 그 중 어느 1인이 먼저 대위변제를 하거나 경매를 통한 채무상환을 함으로써 다른 자에 대하여 채권자의 권리를 대위하게 되는 경우, 먼저 대위변제 등을 한 자가 부당하게 이익을 얻거나 대위가 계속 반복되는 것을 방지하고 대위관계를 공평하게 처리하기 위하여 대위자들 상호간의 대위의 순서와 분담비율을 규정하고 있는바, 위 규정에 의하면, 여러 보증인과 물상보증인 사이에서는 그 중 어느 1인에 의하여 주채무 전액이 상환되었을 것을 전제로 하여 그 주채무 전액에 민법 제482조 제2항 제5호에서 정한 대위비율을 곱하여 산정한 금액이 각자가 대위관계에서 분담하여야 할 부담 부분이다. 그런데 여러 보증인 또는 물상보증인 중 어느 1인이 위와 같은 방식으로 산정되는 자신의 부담 부분에 미달하는 대위변제 등을 한 경우 그 대위변제액 또는 경매에 의한 채무상환액에 위 규정에서 정한 대위비율을 곱하여 산출된 금액만큼 곧바로 다른 자를 상대로 채권자의 권리를 대위할 수 있도록 한다면, 먼저 대위변제 등을 한 자가 부당하게 이익을 얻거나 대위자들 상호간에 대위가 계속 반복되게 되고 대위관계를 공평하게 처리할 수도 없게 되므로, 민법 제482조 제2항 제5호의 규정 취지에 반하는 결과가 생기게 된다. 따라서 보증인과 물상보증인이 여럿 있는 경우 어느 누구라도 위와 같은 방식으로 산정한 각자의 부담 부분을 넘는 대위변제 등을 하지 않으면 다른 보증인과 물상보증인을 상대로 채권자의 권리를 대위할 수 없다.
대법원 2010. 6. 10. 선고 2007다61113 판결

다) 제3취득자들 사이

2인 이상의 제3취득자가 있고(예컨대 공동저당의 경우) 그들 중 1인이 변제하거나 담보권이 실행되어 소유권을 잃은 경우에, 그는 각 부동산의 가액에 비례하여 다른 제3취득자에 대하여 채권자를 대위한다(제482조 2항 3호).

라) 물상보증인들 사이

물상보증인들 사이의 대위는 제3취득자들에 있어서와 같다(제482조 2항 4호). 물상보증인 중 1인이 변제하거나 담보권이 실행되어 소유권을 잃은 경우, 그는 각 부동산의 가액에 비례하여 다른 물상보증인에 대하여 채권자를 대위한다.

마) 물상보증인과 제3취득자 사이

민법 제481조는 "변제할 정당한 이익이 있는 자는 변제로 당연히 채권자를 대위한다."라고 규정하고, 민법 제482조 제1항은 "전2조의 규정에 의하여 채권자를 대위한 자는 자기의 권리에 의하여 구상할 수 있는 범위에서 채권 및 그 담보에 관한 권리를 행사할 수 있다."라고 규정하며, 같은 조 제2항은 "전항의 권리행사는 다음 각 호의 규정에 의하여야 한다."라고 규정하고 있으나, 그중 물상보증인과 제3취득자 사이의 변제자대위에 관하여는 명확한 규정이 없다.
그런데 보증인과 제3취득자 사이의 변제자대위에 관하여 민법 제482조 제2항 제1호는 "보증인은 미리 전세권이나 저당권의 등기에 그 대위를 부기하지 아니하면 전세물이나 저당물에 권리를 취득한 제3자에 대하여 채권자를 대위하지 못한다."라고 규정하고, 같은 항 제2호는 "제3취득자는 보증인에 대하여 채권자를 대위하지 못한다."라고 규정하고

> 있다. 한편 민법 제370조, 제341조에 의하면 물상보증인이 채무를 변제하거나 담보권의 실행으로 소유권을 잃은 때에는 '보증채무'에 관한 규정에 의하여 채무자에 대한 구상권을 가지고, 민법 제482조 제2항 제5호에 따르면 물상보증인과 보증인 상호 간에는 그 인원수에 비례하여 채권자를 대위하게 되어 있을 뿐 이들 사이의 우열은 인정하고 있지 아니하다. 위와 같은 규정 내용을 종합하여 보면, 물상보증인이 채무를 변제하거나 담보권의 실행으로 소유권을 잃은 때에는 보증채무를 이행한 보증인과 마찬가지로 채무자로부터 담보부동산을 취득한 제3자에 대하여 구상권의 범위 내에서 출재한 전액에 관하여 채권자를 대위할 수 있는 반면, 채무자로부터 담보부동산을 취득한 제3자는 채무를 변제하거나 담보권의 실행으로 소유권을 잃더라도 물상보증인에 대하여 채권자를 대위할 수 없다고 보아야 한다. 만일 물상보증인의 지위를 보증인과 다르게 보아서 물상보증인과 채무자로부터 담보부동산을 취득한 제3자 상호 간에는 각 부동산의 가액에 비례하여 채권자를 대위할 수 있다고 한다면, 본래 채무자에 대하여 출재한 전액에 관하여 대위할 수 있었던 물상보증인은 채무자가 담보부동산의 소유권을 제3자에게 이전하였다는 우연한 사정으로 이제는 각 부동산의 가액에 비례하여서만 대위하게 되는 반면, 당초 채무 전액에 대한 담보권의 부담을 각오하고 채무자로부터 담보부동산을 취득한 제3자는 그 범위에서 뜻하지 않은 이득을 얻게 되어 부당하다.
> 대법원 2014. 12. 18. 선고 2011다50233 전원합의체 판결

4) 계약당사자의 지위

변제자대위에 의하여 취소권, 해제권, 해지권 등과 같이 계약당사자의 지위에 기한 권리는 이전되지 않는다.

변제자대위는 구상권의 확보를 위해 채권과 담보권을 이전하는 것이지 계약당사자의 지위를 이전하는 것이 아니기 때문이다.

II. 대물변제

1. 의의

대물변제는 본래의 급부에 갈음하여 다른 급부를 현실적으로 함으로써 채권을 소멸시키는 변제당사자 사이의 계약(요물계약)을 의미한다.

대물변제는 변제의 효력이 인정되므로 대물변제가 있게 되면 채권은 소멸한다.

대물변제는 경개와 유사하나, 본래의 급부와 다른 급부를 현실적으로 하여야 한다는 점에서(요물성) 단순히 새로운 채무를 부담하는데 불과한 경개와는 구별된다.

대물변제는 본래의 채무에 갈음하여 다른 급여를 현실적으로 하는 때에 성립되는 요물계약이므로, 다른 급여가 부동산의 소유권이전인 때에는 등기를 완료하여야만 대물변제가 성립되어 기존채무가 소멸되는 것이므로 대물변제계약이 효력을 발생하기 전에 채무의 본지에 따른 이행으로 기존채무가 소멸되고 난 뒤에는 대물변제예약 당사자 간에 예약된 대물변제 계약으로서는 부동산소유권이전등기청구를 할 수 없다.
대법원 1987. 10. 26. 선고 86다카1755 판결

2. 요건

가. 당사자 사이의 계약

대물변제는 변제와 같은 효력이 있으므로 그 당사자도 변제에 준한다고 볼 수 있다. 따라서 대물변제의 당사자는 원칙적으로 채권자와 변제자이다.

대물변제가 성립하려면 당사자 사이에 대물변제에 관한 약정이 있어야 한다. 민법 제466조 소정의 '채무자가 채권자의 승낙을 얻어'라는 규정의 의미는 당사자 사이의 약정을 말하는 것이다.

나. 채권이 존재할 것

대물변제가 가능하려면 당연히 채권이 존재하고 있어야 한다.

채권이 존재하지 않거나 무효 또는 취소로 인해 실효된 경우라면 대물변제 목적물의 소유권이전이 발생하지 않는다.

채무자가 채권자의 승낙을 얻어 본래의 채무이행에 갈음하여 부동산으로 대물변제를 하였으나 본래의 채무가 존재하지 않았던 경우에는, 당사자가 특별한 의사표시를 하지 않은 한 대물변제는 무효로서 부동산의 소유권이 이전되는 효과가 발생하지 않는다.
대법원 1991. 11. 12. 선고 91다9503 판결

다. 본래의 급부에 갈음하여 다른 급부가 행해질 것

대물변제가 성립하려면 본래의 급부와 다른 급부가 행해져야 한다. 다만 양도가 금지되어 있는 물건의 급부로 대물변제를 할 수는 없다.

대물변제는 요물계약이므로 그것이 성립하려면 본래의 급부와 다른 급부를 단순히 약속하는 것만으로는 부족하고 그 다른 급부를 현실적으로 하여야 한다 : 다른 급부가 부동산 소유권이전인 경우 당사자 사이의 의사표시 외에 등기까지도 마쳐져야 대물변제가 성립한다.

본래의 급부와 다른 급부가 동가치일 필요는 없다. 따라서 대물급부의 가치가 채무액보다 크더라도 초과액이 이자에 충당되지 않고 거기에 제607조, 608조가 적용되지도 않는다. 다만 대물급부와 본래의 급부 사이에 현저한 불균형이 있는 경우에 제104조의 불공정한 법률행위가 될 수는 있을 것이다.

대물변제가 성립하려면 다른 급부가 이행(변제)을 위하여가 아니라 이행에 갈음하여 행해져야 한다. 단순히 이행을 위하여 대물급부가 행해진 때에는 대물변제로 되지 못하여 채권은 소멸하지 않는다.
채무자가 금전채무의 이행으로 어음이나 수표를 교부한 경우 어음이나 수표의 교부는 변제를 위하여 교부된 것으로 보아야지 변제에 갈음하여 교부된 것으로 보아서는 아니 된다. 다만 신용 있는 은행이 발행한 자기앞수표를 교부한 것은 금전지급에 갈음한 것으로 이해해야 할 것이다.

> 대물변제가 채무소멸의 효력을 발생하려면 채무자가 본래의 이행에 갈음하여 행하는 다른 급여가 현실적인 것이어야 하며 그 경우 다른 급여가 부동산소유권의 이전인 때에는 당사자의 의사표시 또는 인감증명서의 교부만으로는 부족하고 그 부동산에 관한 물권변동의 효력이 발생하는 등기를 경료하여야 한다.
> 대법원 1984. 6. 26. 선고 82다카1758 판결
>
> 본래의 금전지급에 대신하여 부동산의 소유권을 이전하기로 한 후 그 부동산에 대한 인도만을 하고 아직 소유권이전등기를 하지 않은 경우에는 대물변제가 이루어졌다고 할 수 없다.
> 대법원 1965. 7. 20. 선고 65다1029 판결
>
> 채무자가 채권자 앞으로 차용물 아닌 다른 재산권을 이전한 경우에 있어 그 권리의 이전이 채무의 이행을 담보하기 위한 것이 아니고 그 채무에 갈음하여 상대방에게 완전히 그 권리를 이전하는 경우 즉 대물변제의 경우에는 가사 그 시가가 그 채무의 원리금을 초과한다고 하더라도 민법 제607조, 제608조가 적용되지 아니한다.
> 대법원 1992. 2. 28. 선고 91다25574 판결
>
> 채무자가 채권자에게 기존 채무의 이행에 관하여 어음이나 수표를 교부하는 경우 당사자의 의사는 별도의 약정이 있는 때에는 그에 따르되, 약정이 없는 경우에는 구체적 사안에 따라 '지급을 위하여' 또는 '지급확보를 위하여' 교부된 것으로 추정함이 상당하다.
> 대법원 2001. 7. 13. 선고 2000다57771 판결
>
> 기존채무에 관하여 채무자가 제3채무자에 대하여 가지고 있는 채권을 기존채무의 채권자에게 양도한 경우 그들 사이에 특별한 의사표시가 없는 이상 기존채무의 변제를 위하여 또는 그 담보조로 양도한 것이라고 추정하여야 한다.
> 대법원 1994. 2. 8. 선고 93다50291 판결

> 채무자가 채권자에게 채무변제와 관련하여 다른 채권을 양도하는 것은 특단의 사정이 없는 한 채무변제를 위한 담보 또는 변제의 방법으로 양도되는 것으로 추정할 것이지 채무변제에 갈음한 것으로 볼 것은 아니어서, 그 경우 채권양도만 있으면 바로 원래의 채권이 소멸한다고 볼 수는 없고 채권자가 양도받은 채권을 변제받은 때에 비로소 그 범위 내에서 채무자가 면책된다.
> 채무자가 채권자에게 채무변제에 '갈음하여' 다른 채권을 양도하기로 한 경우에는 특별한 사정이 없는 한 채권양도의 요건을 갖추어 대체급부가 이루어짐으로써 원래의 채무는 소멸하는 것이고 그 양수한 채권의 변제까지 이루어져야만 원래의 채무가 소멸한다고 할 것은 아니다. 이 경우 대체급부로서 채권을 양도한 양도인은 양도 당시 양도대상인 채권의 존재에 대해서는 담보책임을 지지만 당사자 사이에 별도의 약정이 있다는 등 특별한 사정이 없는 한 그 채무자의 변제자력까지 담보하는 것은 아니다.
> 대법원 2013. 5. 9. 선고 2012다40998 판결

3. 효과

대물변제는 변제와 같은 효력이 있으므로 대물변제가 있으면 채권이 소멸된다. 그리고 그 채권을 위한 담보권도 소멸한다.

Ⅲ. 공탁

1. 공탁의 의의

공탁은 금전 · 유가증권 기타의 물건을 공탁소에 임치하는 것인데, 변제(변제공탁)를 위하여 하는 것뿐만 아니라 담보(담보공탁, 제353조 3항), 집행(집행공탁, 민사집행법 제222조) 등을 위해서도 이용된다.

변제공탁이 있으면 채무자는 채무를 면한다.
채권이 가압류, 압류 되어있는 경우 제3채무자는 이행기가 도래하였어도 채무자에 대해 변제를 할 수가 없게 되므로 제3채무자 입장에서는 변제를 하지 못하는 입장이면서도 이행지체책임은 부담해야 하는 상황에 놓이게 된다. 이러한 경우, 제3채무자는 변제공탁을 함으로써 채무를 면하게 되고, 따라서 이행지체책임에서 자유로워질 수 있게 된다.

2. 공탁의 요건

가. 공탁의 당사자

공탁은 제3자를 위한 임치계약으로서 그 당사자는 공탁자와 공탁소이다. 피공탁자인 채권자는 당사자가 아니며 그는 제3자를 위한 계약에 의하여 채권을 취득할 뿐이다.

공탁자는 변제자이다.

공탁은 채무이행지의 공탁소에 하여야 한다.

공탁은 피공탁자를 특정하여야 하고, 피공탁자는 채권자가 된다.

피공탁자는 제3자를 위한 계약에 있어서의 제3자이지만 법률규정상 수익의 의사표시 없이 공탁소에 대하여 채권(공탁물인도청구권)을 취득한다고 할 것이다.

> 공탁제도는 공탁공무원의 형식적 심사권, 공탁 사무의 기계적, 형식적인 처리를 전제로 하여 운영되는 것이어서 피공탁자가 특정되어야 함이 원칙이고, 또한 피공탁자가 특정되었다고 하려면 피공탁자의 동일성에 대하여 공탁공무원의 판단이 개입할 여지가 없고 그 공탁통지서의 송달에 지장이 없는 정도에 이르러야 한다.
> 변제공탁제도는 채무자가 채무의 목적물을 공탁소에 공탁함으로써 채무를 면하게 하는 변제자를 위한 제도로서 그 공탁이 국가의 후견적 관여하에 이루어진다고 하더라도 본질적으로는 사인 간의 법률관계를 조정하기 위한 것이므로, 우리 공탁제도는 채무자(공탁자)가 공탁을 함에 있어서 채권자(피공탁자)를 지정할 의무를 지며 공탁공무원은 형식적 심사권만을 갖고 채무자가 지정해 준 채권자에게만 공탁금을 출급하는 등의 업무를 처리하는 것을 그 기본 원리로 삼고 있다.
> 대법원 1997. 10. 16. 선고 96다11747 전원합의체 판결

나. 공탁원인의 존재

1) 채권자가 변제를 받지 아니하거나 받을 수 없는 때

민법 제487조 1문은 '채권자가 변제를 받지 아니하거나 받을 수 없는 때에는 변제자는 채권자를 위하여 변제의 목적물을 공탁하여 그 채무를 면할 수 있다'고 규정하고 있다.

채권자가 미리 수령을 거절한 경우 또는 거절할 것이 명백한 경우에는 채무자는 구두의 제공 없이 곧바로 공탁할 수 있게 된다.

채권이 압류나 가압류된 경우도 '채권자가 변제받을 수 없는 때'에 해당하는 것으로 이해하여야 한다.

채권의 가압류는 제3채무자에 대하여 채무자에게 지급하는 것을 금지하는 데 그칠 뿐 채무 그 자체를 면하게 하는 것이 아니고, 가압류가 있다 하여도 그 채권의 이행기가 도래한 때에는 제3채무자는 그 지체책임을 면할 수 없다고 보아야 할 것이다.
가압류에 불구하고 제3채무자가 채무자에게 변제를 한 때에는 나중에 채권자에게 이중으로 변제하여야 할 위험을 부담하게 되므로 제3채무자로서는 민법 제487조의 규정에 의하여 공탁을 함으로써 이중변제의 위험에서 벗어나고 이행지체의 책임도 면할 수 있다고 보아야 할 것이다. 왜냐하면 민법상의 변제공탁은 채무를 변제할 의사와 능력이 있는 채무자로 하여금 채권자의 사정으로 채무관계에서 벗어나지 못하는 경우를 대비할 수 있도록 마련된 제도로서 그 제487조 소정의 변제공탁의 요건인 "채권자가 변제를 받을 수 없는 때"의 변제라 함은 채무자로 하여금 종국적으로 채무를 면하게 하는 효과를 가져다주는 변제를 의미하는 것이므로 채권이 가압류된 경우와 같이 형식적으로는 채권자가 변제를 받을 수 있다고 하더라도 채무자에게 여전히 이중변제의 위험부담이 남는 경우에는 마찬가지로 "채권자가 변제를 받을 수 없는 때"에 해당한다고 보아야 할 것이기 때문이다. 그리고 제3채무자가 이와 같이 채권의 가압류를 이유로 변제공탁을 한 때에는 그 가압류의 효력은 채무자의 공탁금출급청구권에 대하여 존속한다고 할 것이므로 그로 인하여 가압류 채권자에게 어떤 불이익이 있다고도 할 수 없다.
대법원 1994. 12. 13. 선고 93다951 판결

2) 변제자가 과실 없이 채권자를 알 수 없는 경우

객관적으로 채권자 또는 변제수령권자가 존재하고 있음은 명확하나 채무자가 선량한 관리자의 주의를 다하여도 채권자가 누구인지 알 수 없는 경우에는 변제자는 채무의 소멸을 위해 변제공탁 할 수 있다.

민법 제487조 후단의 '변제자가 과실 없이 채권자를 알 수 없는 경우'라 함은 객관적으로 채권자 또는 변제수령권자가 존재하고 있으나 채무자가 선량한 관리자의 주의를 다하여도 채권자가 누구인지를 알 수 없는 경우를 말한다.
대법원 2004. 11. 11. 선고 2004다37737 판결

동일한 채권에 대하여 채권양도와 전부명령이 경합되고 그 채권양도 행위자체를 확정일자 있는 증서로 하지 아니하고 단지 양도통지서에 공증인가 합동법률사무소의 확정일자를 받아 이를 등기우편으로 발송한 경우라면 과연 그 통지가 제3자인 전부채권자에 대항할 수 있는 통지에 해당하는가 하는 점에 대하여 법률상 의문이 제기될 여지가 있는 것이므로 채무자로서도 누가 위 채권의 진정한 채권자인지를 과실 없이 알 수 없는 경우에 해당한다고 봄이 상당하다.
대법원 1988. 12. 20. 선고 87다카3118 판결

채권양도금지특약에 반하여 채권양도가 이루어진 경우, 그 양수인이 양도금지특약이 있음을 알았거나 중대한 과실로 알지 못하였던 경우에는 채권양도는 효력이 없게 되고, 반대로 양수인이 중대한 과실 없이 양도금지특약의 존재를 알지 못하였다면 채권양도는 유효하게 되어 채무자로서는 양수인에게 양도금지특약을 가지고 그 채무이행을 거절할 수 없게 되어 양수인의 선의, 악의 등에 따라 양수채권의 채권자가 결정되는바, 이와 같이 양도금지의 특약이 붙은 채권이 양도된 경우에 양수인의 악의 또는 중과실에 관한 입증책임은 채무자가 부담하지만, 그러한 경우에도 채무자로서는 양수인의 선의 등의

여부를 알 수 없어 과연 채권이 적법하게 양도된 것인지에 관하여 의문이 제기될 여지가 충분히 있으므로 특별한 사정이 없는 한 민법 제487조 후단의 채권자 불확지를 원인으로 하여 변제공탁을 할 수 있다.
대법원 2000. 12. 22. 선고 2000다55904 판결

다. 공탁의 내용

1) 일부공탁

채무액의 일부공탁은 채무를 변제함에 있어서 일부의 제공이 유효한 제공이라고 인정될 수 있는 특별한 사정이 있는 경우를 제외하고는 채권자가 이를 수락하지 않는 한 변제의 효력이 발생하지 않는다.

공탁금액이 채무액에 비하여 아주 근소하게 부족한 경우라면 그 공탁은 신의칙상 유효하다고 볼 것이다.

변제공탁이 유효하려면 채무 전부에 대한 변제의 제공 및 채무 전액에 대한 공탁이 있어야 하고, 채무 전액이 아닌 일부에 대한 공탁은 그 부족액이 아주 근소하다는 등의 특별한 사정이 있는 경우를 제외하고는 채권자가 이를 수락하지 않는 한 그 공탁 부분에 관하여서도 채무소멸의 효과가 발생하지 않는바, 근저당권의 피담보채무에 관하여 전액이 아닌 일부에 대하여 공탁한 이상 그 피담보채무가 계속적인 금전거래에서 발생하는 다수의 채무의 집합체라고 하더라도 공탁금액에 상응하는 범위에서 채무소멸의 효과가 발생하는 것은 아니다.
대법원 1998. 10. 13. 선고 98다17046 판결

채무의 일부변제공탁은 그 채무를 변제함에 있어서 일부의 제공이 유효한 제공이라고 시인할 수 있는 특별한 사정이 있는 경우를 제외하고는 채권자가 이를 수락하지 아니하는 한 유효한 변제공탁이라고 할 수 없다.
대법원 1992. 7. 28. 선고 91다13380 판결

채무자가 채무액의 일부만을 변제공탁 하였으나 그 후 부족분을 추가로 공탁하였다면 그 때부터는 전 채무액에 대하여 유효한 공탁이 이루어진 것으로 볼 수 있는 것이다.
대법원 1991. 12. 27. 선고 91다35670 판결

채권자에 대한 변제자의 공탁금액이 채무의 총액에 비하여 아주 근소하게 부족한 경우에는 당해 변제공탁은 신의칙상 유효한 것이라고 보아야 한다.
대법원 2002. 5. 10. 선고 2002다12871 판결

2) 조건부 공탁

공탁이 채무의 내용에 좇은 것이라도, 채권자에게 반대급부 또는 기타의 조건의 이행의무가 없음에도 불구하고 채무자가 이를 조건으로 공탁한 때에는 채권자가 이를 수락하지 않는 한 그 공탁은 효력이 없다.

채권자가 선이행의무를 부담하거나 채무자에게 동시이행의 항변권이 있는 경우에는 채권자의 반대급부의 이행을 조건으로 하여 공탁할 수 있다. 채권담보의 목적으로 근저당권설정등기 또는 가등기가 된 경우에 채무자가 그 등기의 말소에 필요한 서류의 교부를 조건으로 하여 공탁을 하면 그것은 무효이다.[46)]

> 변제공탁에 있어서 채권자에게 반대급부 기타 조건의 이행의무가 없음에도 불구하고 채무자가 이를 조건으로 공탁한 때에는 채권자가 이를 수락하지 않는 한 그 변제공탁은 무효이다.
> 대법원 2002. 12. 6. 선고 2001다2846 판결
>
> 동시이행의 관계에 있는 반대급부를 조건으로 하는 변제공탁은 유효하다.
> 대법원 1992. 12. 22. 선고 92다8712 판결
>
> 채무담보를 위하여 근저당권설정등기, 가등기 등이 경료되어 있는 경우 그 채무의 변제의무는 그 등기의 말소의무보다 선행되는 것이며, 채무의 변제와 그 등기말소절차의 이행을 교환적으로 구할 수 없으므로, 그 등기의 각 말소등기절차이행에 소요되는 일체의 서류를 교부할 것을 반대급부로 하여 한 변제공탁은 채무의 본지에 따른 것이라 할 수 없다.
> 대법원 1991. 4. 12. 선고 90다9872 판결

3. 공탁의 효과

가. 채권의 소멸

공탁이 있으면 변제가 있었던 것처럼 채권은 소멸한다(제487조).
채권이 소멸하는 시기는 공탁관의 수탁처분과 공탁물 보관자의 공탁물수령이 있는 때라고 할 수 있다. 채권자가 출급청구를 하였는지 여부와는 관계없다.

공탁을 한 후에도 변제자는 일정한 시기까지 공탁물을 회수할 수 있는데(제489조), 이와 관련하여 채무는 공탁에 의하여 소멸하나 공탁물의 회수가 있는 때에는 채권은 소급하여 소멸하지 않았던 것이 된다(해제조건설)라고 이해함이 타당하다.

46) 채무변제가 근저당권설정등기 말소등기절차이행의무보다 선이행이기 때문이다.

> 변제공탁이 적법한 경우에는 채권자가 공탁물 출급청구를 하였는지 여부와는 관계없이 공탁을 한 때에 변제의 효력이 발생하나, 변제공탁자가 공탁물 회수권의 행사에 의하여 공탁물을 회수한 경우에는 공탁하지 아니한 것으로 보아 채권소멸의 효력은 소급하여 없어진다.
> 대법원 2014. 5. 29. 선고 2013다212295 판결

나. 채권자의 출급청구권

채권자는 공탁소에 대하여 공탁물 인도(출급)청구권을 취득한다. 공탁이 제3자를 위한 임치계약의 성격을 갖지만 채권자의 수익의 의사표시는 필요하지 않다.

본래의 급부청구권에 동시이행의 항변권이 붙어 있는 경우에는, 채권자는 반대급부를 하지 않으면 공탁물을 수령하지 못한다.

다. 공탁물의 소유권이전

- 공탁물이 금전인 경우
  공탁물의 소유권은 일단 공탁물 보관자에게 귀속하고 채권자가 공탁물 보관자로부터 금전을 수령한 때에 채권자가 그 소유권을 취득한다.
- 공탁물이 금전 이외의 소비물인 경우
  공탁물의 소유권은 일단 공탁소에 귀속하고 채권자가 공탁소로부터 동종, 동질, 동량의 물건을 수령하는 때에 채권자가 그 소유권을 취득한다.
- 공탁물이 특정물인 경우
  동산인 경우에는 공탁소로부터 채권자가 목적물을 취득한 때에, 부동산이면 등기를 한 때에 소유권이 공탁자로부터 채권자에게 이전된다.

4. 공탁물의 회수

채권자가 공탁을 승인하거나 공탁소에 대하여 공탁물 받기를 통고하거나 공탁유효의 판결이 확정되기까지는 변제자는 공탁물을 회수할 수 있다. 이 경우에는 공탁하지 아니한 것으로 본다(제489조).

여기서의 회수는 임치계약의 해지라고 할 수 있다.

공탁을 하면 채권은 소멸하므로 그것을 담보하던 담보물권도 소멸한다. 그런데 공탁물을 회수하면 담보물권이 다시 부활하여야 하는데, 그렇게 되면 제3자에게

예측하지 못한 손해를 줄 염려가 있으므로 민법 제489조 2항은 질권 또는 저당권이 공탁으로 인하여 소멸한 때에는 회수할 수 없는 것으로 규정하고 있다.

Ⅳ. 상계

1. 상계의 의의

상계는 채권자와 채무자가 서로 같은 종류를 목적으로 하는 채권 · 채무를 가지고 있는 경우에 그 채무를 대등액에서 소멸하게 하는 단독행위이다.
상계는 상대방의 승낙이 필요 없는 단독행위로서 채권소멸원인이 된다.

> 당사자 사이에 상계적상이 있는 채권이 병존하고 있는 경우에는 이를 상계할 수 있는 것이 원칙이고, 이러한 상계의 대상이 되는 채권은 상대방과 사이에서 직접 발생한 채권에 한하는 것이 아니라 제3자로부터 양수 등을 원인으로 하여 취득한 채권도 포함한다 할 것인바, 이러한 상계권자의 지위가 법률상 보호를 받는 것은 원래 상계제도가 서로 대립하는 채권, 채무를 간이한 방법에 의하여 결제함으로써 양자의 채권채무관계를 원활하고 공평하게 처리함을 목적으로 하고 있고 상계권을 행사하려고 하는 자에 대하여는 수동채권의 존재가 사실상 자동채권에 대한 담보로서의 기능을 하는 것이어서 그 담보적 기능에 대한 당사자의 합리적 기대가 법적으로 보호받을 만한 가치가 있음에 근거하는 것이다.
> 대법원 2003. 4. 11. 선고 2002다59481 판결

2. 상계의 요건

상계가 유효하려면 민법 제492조 1항에서 정한 요건을 갖추고, 채무의 성질이 상계를 금지하는 것이 아니어야 하는바, 이러한 요건을 구비한 상태를 상계적상이라고 한다.

가. 쌍방이 채권을 가지고 있을 것

상계를 하려면 당사자 쌍방이 각 상대방에 대한 채권을 가지고 있어야 한다. 상계를 하려는 자의 채권을 자동채권이라 하고, 상대방의 채권을 수동채권이라고 한다.

상계의 대상이 되는 채권은 상대방과의 사이에서 직접 발생한 채권에 한정되지 않으며 제3자로부터 양수 등을 원인으로 하여 취득한 채권도 포함된다.

1) 자동채권의 경우

O 원칙

자동채권은 상계자 자신이 피상계자에 대하여 가지는 채권이어야 한다.

O 예외

- 타인이 가지는 채권으로써 상계할 수 있다.

  상계할 채권이 있는 연대채무자가 상계하지 아니한 때에는 그 채무자의 부담부분에 한하여 다른 연대채무자가 상계할 수 있다(제418 조 2항).

  보증인은 주채무자가 채권자에 대해 가지는 채권으로써 상계할 수 있다(제434조).

- 타인에 대한 채권으로써 상계할 수 있다.

  어느 연대채무자가 사전통지 없이 면책행위를 한 후에 다른 연대채무자에게 구상하는 경우에 다른 연대채무자가 채권자에 대해 채권을 가지는 때에는 그 채권으로써 구상채무와 상계할 수 있다(제426 조 1항).

  보증인이 사전통지 없이 면책행위를 한 후에 주채무자에게 구상하는 경우에 주채무자가 채권자에 대해 채권을 가지는 때에는 그 채권으로써 구상채무와 상계할 수 있다(제445조 1항).

  채권양도 경우에 채무자는 양도인에 대한 채권으로써 양수인에 대한 채무와 상계할 수 있다(제451조 2항).

2) 수동채권의 경우

수동채권은 피상계자가 상계자에 대해 가지는 채권이어야 한다.

피상계자가 제3자에 대해 가지는 채권과는 상계하지 못한다.

변제의 경우와는 달리 제3자가 채무자를 위하여 상계하지는 못한다.

> 상계는 당사자 쌍방이 서로 같은 종류를 목적으로 한 채무를 부담한 경우에 서로 같은 종류의 급부를 현실로 이행하는 대신 어느 일방 당사자의 의사표시로 그 대등액에 관하여 채권과 채무를 동시에 소멸시키는 것이고, 이러한 상계제도의 취지는 서로 대립하는 두 당사자 사이의 채권·채무를 간이한 방법으로 원활하고 공평하게 처리하려는 데 있으므로, 수동채권으로 될 수 있는 채권은 상대방이 상계자에 대하여 가지는 채권이어야 하고,

상대방이 제3자에 대하여 가지는 채권과는 상계할 수 없다고 보아야 한다. 그렇지 않고 만약 상대방이 제3자에 대하여 가지는 채권을 수동채권으로 하여 상계할 수 있다고 한다면, 이는 상계의 당사자가 아닌 상대방과 제3자 사이의 채권채무관계에서 상대방이 제3자에게서 채무의 본지에 따른 현실급부를 받을 이익을 침해하게 될 뿐 아니라, 상대방의 채권자들 사이에서 상계자만 독점적인 만족을 얻게 되는 불합리한 결과를 초래하게 되므로, 상계의 담보적 기능과 관련하여 법적으로 보호받을 수 있는 당사자의 합리적 기대가 이러한 경우에까지 미친다고 볼 수는 없다.
유치권이 인정되는 아파트를 경락·취득한 자가 아파트 일부를 점유·사용하고 있는 유치권자에 대한 임료 상당의 부당이득금 반환채권을 자동채권으로 하고 유치권자의 종전 소유자에 대한 유익비상환채권을 수동채권으로 하여 상계의 의사표시를 한 경우, 상대방이 제3자에 대하여 가지는 채권을 수동채권으로 하여 상계하지는 못한다.
대법원 2011. 4. 28. 선고 2010다101394 판결

나. 두 채권이 동종의 목적을 가질 것

당사자 쌍방의 채권이 같은 종류를 목적으로 한 것이어야 한다(제492조 1항 본문). 따라서 종류채권이어야 하고, 그것이 같은 종류의 것이어야 한다. 일반적으로는 금전채권이 상계에 이용된다.

채권액이 동일할 필요도 없고 이행지가 같을 필요도 없다(제494조).

탈퇴한 동업자의 출자금반환청구에 있어서 그 탈퇴자가 공동영업사무집행중 동업체의 금원을 횡령하였다면 탈퇴자는 동업체에 이를 변상할 책임이 있다고 할 것이므로 동업체의 업무집행자는 위 손해배상채권을 자동채권으로 하여 탈퇴자의 출자금반환청구와 상계를 주장할 수 있다.
대법원 1983. 10. 11. 선고 83다카542 판결

소송비용상환청구권은 소송에서 패소하였다는 사실을 요건으로 소송상 발생하는 실체적 권리이기는 하나 그 성질은 사법상의 청구권이며 상계의 수동채권으로 될 수 있다.
대법원 1994. 5. 13. 선고 94다9856 판결

상계는 쌍방이 서로 상대방에 대하여 같은 종류의 급부를 목적으로 하는 채권을 가지고 자동채권의 변제기가 도래하였을 것을 그 요건으로 하는 것인데, 형벌의 일종인 벌금도 일정 금액으로 표시된 추상적 경제가치를 급부목적으로 하는 채권인 점에서는 다른 금전채권들과 본질적으로 다를 것이 없고, 다만 발생의 법적 근거가 공법관계라는 점에서만 차이가 있을 뿐이나 채권 발생의 법적 근거가 무엇인지는 급부의 동종성을 결정하는 데 영향이 없으며, 벌금형이 확정된 이상 벌금채권의 변제기는 도래한 것이므로 달리 이를 금하는 특별한 법률상 근거가 없는 이상 벌금채권은 적어도 상계의 자동채권이 되지 못할 아무런 이유가 없다.
대법원 2004. 4. 27. 선고 2003다37891 판결

다. 두 채권이 변제기에 있을 것

상방의 채권이 모두 이행기에 있을 것을 요구한다(제492조 1항). 그렇지 않으면

상대방은 기한의 이익을 상실하기 때문이다.

자동채권은 반드시 이행기가 도래하였어야 한다. 그러나 수동채권의 경우 상계자가 기한의 이익을 포기할 수 있으므로 기한의 이익을 포기하였다면 상계할 수 있다고 본다. 따라서 수동채권은 반드시 이행기에 있을 필요가 없다고 할 것이다.

> 국세징수법에 의한 채권압류에 있어 제3채무자는 그 압류명령이 송달되기 이전에 채무자에 대하여 상계적상에 있었던 반대채권을 가지고 있었다면 그 명령이 송달된 이후에도 상계로서 압류채권자에 대항할 수 있고, 이 경우에 채권압류통지 이전에 자동채권의 이행기가 도래한 이상 수동채권의 이행기가 도래하지 아니하였더라도 수동채권에 관한 기한의 이익을 포기하고 대등액에서 상계함으로써 압류채권자에 대항할 수 있다.
> 대법원 1979. 6. 12. 선고 79다662 판결

라. 채권의 성질이 상계를 허용하는 것일 것

부작위채무나 하는 채무의 경우에는 채권의 성질상 상계가 허용되지 않는다고 할 것이다.

자동채권에 항변권이 붙어 있는 경우에도 상계가 허용되지 않는다. 상계가 허용되면 상대방은 항변권을 잃게 되기 때문이다.

수동채권에 항변권이 붙어 있으면 채무자는 항변권을 포기하면서 상계할 수 있다.

> 항변권이 부착되어 있는 채권을 자동채권으로 하여 타의 채무와의 상계를 허용한다면 상계가 일방의 의사표시에 의하여 상대방의 항변권행사의 기회를 상실케 하는 결과가 되므로 이와 같은 상계는 그 성질상 허용할 수 없다.
> 대법원 1975. 10. 21. 선고 75다48 판결
>
> 항변권이 붙어 있는 채권을 자동채권으로 하여 다른 채무(수동채권)와의 상계를 허용한다면 상계자 일방의 의사표시에 의하여 상대방의 항변권 행사의 기회를 상실시키는 결과가 되므로 그러한 상계는 허용될 수 없고, 특히 수탁보증인이 주채무자에 대하여 가지는 민법 제442조의 사전구상권에는 민법 제443조 소정의 이른바 면책청구권이 항변권으로 부착되어 있는 만큼 이를 자동채권으로 하는 상계는 허용될 수 없다.
> 대법원 2001. 11. 13. 선고 2001다55222 판결; 대법원 2019. 2. 14. 선고 2017다274703 판결
>
> 상계제도는 서로 대립하는 채권 · 채무를 간이한 방법에 의하여 결제함으로써 양자의 채권 · 채무 관계를 원활하고 공평하게 처리함을 목적으로 하고 있으므로, 상계의 대상이 될 수 있는 자동채권과 수동채권이 동시이행관계에 있다고 하더라도 서로 현실적으로 이행하여야 할 필요가 없는 경우라면 상계로 인한 불이익이 발생할 우려가 없고 오히려 상계를 허용하는 것이 동시이행관계에 있는 채권 · 채무 관계를 간명하게 해소할 수 있으므로 특별한 사정이 없는 한 상계가 허용된다.

피고의 원고에 대한 부당이득반환의무와 원고의 피고에 대한 컴퓨터 사용이익 반환 등의 원상회복의무는 동일한 사실관계에 기인한 것으로서 서로 동시이행관계가 있다고 인정함이 공평의 원칙에 합치한다고 할 것이므로, 피고는 원고에 대한 컴퓨터 사용이익 반환 등의 금전적인 원상회복채권을 자동채권으로 하여 원고의 피고에 대한 부당이득반환채권과 상계할 수 있다고 할 것이다.
대법원 2006. 7. 28. 선고 2004다54633 판결

지명채권의 양도는 양도인이 채무자에게 통지하거나 채무자가 승낙하지 않으면 채무자에게 대항하지 못한다(민법 제450조 제1항). 채무자가 채권양도 통지를 받은 경우 채무자는 그때까지 양도인에 대하여 생긴 사유로써 양수인에게 대항할 수 있고(제451조 제2항), 당시 이미 상계할 수 있는 원인이 있었던 경우에는 아직 상계적상에 있지 않더라도 그 후에 상계적상에 이르면 채무자는 양수인에 대하여 상계로 대항할 수 있다.
대법원 2019. 6. 27 선고 2017다222962 판결

마. 상계가 금지되어 있지 않을 것

1) 당사자의 의사표시에 의한 금지

채권관계에 있는 당사자는 상계를 금지하는 특약을 할 수 있는데, 그런 경우에는 상계를 하지 못한다(제492조 2항). 그러나 이 상계금지는 선의의 제3자에게 대항하지 못한다(제492조 2항 단서).

2) 법률에 의한 금지

가) 고의의 불법행위로 인한 손해배상채권

채무가 고의의 불법행위로 인하여 발생한 경우에 그 채무자는 상계로 채권자에게 대항하지 못한다(제496조). 즉 고의로 불법행위를 한 자는 피해자의 손해배상청구권을 수동채권으로 하여 상계하지 못한다.
불법행위의 유발을 막고 불법행위의 피해자에게 현실의 변제를 받게 하려는 취지이다.
상계가 금지되는 것은 고의에 의한 경우만이며 과실의 불법행위로 인한 손해배상채권은 수동채권이 될 수 있다.
고의의 불법행위채권일지라도 수동채권이 아니고 자동채권인 경우에는 상계가 허용된다.

기망에 의한 불법행위로 인한 손해배상채무는 고의의 불법행위로 인한 것이므로 민법 제496조의 규정에 따라 이를 수동채권으로 하여서는 상계할 수는 없다.
대법원 1990. 12. 21. 선고 90다7586 판결

민법 제756조에 의한 사용자의 손해배상책임은 피용자의 배상책임에 대한 대체적 책임이고, 같은 조 제1항에서 사용자가 피용자의 선임 및 그 사무감독에 상당한 주의를 한 때 또는 상당한 주의를 하여도 손해가 있을 경우에는 책임을 면할 수 있도록 규정함으로써 사용자책임에서 사용자의 과실은 직접의 가해행위가 아닌 피용자의 선임·감독에 관련된 것으로 해석되는 점에 비추어 볼 때, 피용자의 고의의 불법행위로 인하여 사용자책임이 성립하는 경우에 민법 제496조의 적용을 배제하여야 할 이유가 없으므로 사용자책임이 성립하는 경우 사용자는 자신의 고의의 불법행위가 아니라는 이유로 민법 제496조의 적용을 면할 수는 없다.
대법원 2006. 10. 26. 선고 2004다63019 판결

피해자의 과실과 가해자의 과실이 경합하여 사고가 발생하였고 그 피해자의 과실이 상대방에 대한 주의의무위반으로 불법행위의 책임요건을 충족하는 것이라면 위 사고로 제3자가 입은 손해에 대하여 피해자 및 가해자는 각자 이를 배상할 책임이 있고 가해자가 그 손해를 배상하였을 때에는 각자의 과실비율에 따른 피해자의 부담부분에 대하여 피해자에게 구상권을 행사할 수 있으므로, 가해자는 이러한 구상권을 가지고 피해자의 가해자에 대한 손해배상청구권과 상계할 수 있다.
대법원 1991. 5. 14. 선고 91다513 판결

민법 제496조가 고의의 불법행위로 인한 손해배상채권에 대한 상계를 금지하는 입법취지는 고의의 불법행위에 인한 손해배상채권에 대하여 상계를 허용한다면 고의로 불법행위를 한 자가 상계권행사로 현실적으로 손해배상을 지급할 필요가 없게 됨으로써 보복적 불법행위를 유발하게 될 우려가 있고, 고의의 불법행위로 인한 피해자가 가해자의 상계권행사로 인하여 현실의 변제를 받을 수 없는 결과가 됨은 사회적 정의관념에 맞지 아니하므로 고의에 의한 불법행위의 발생을 방지함과 아울러 고의의 불법행위로 인한 피해자에게 현실의 변제를 받게 하려는 데 있는바, 이 같은 입법취지나 적용결과에 비추어 볼 때 고의의 불법행위에 인한 손해배상채권에 대한 상계금지를 중과실의 불법행위에 인한 손해배상채권에까지 유추 또는 확장적용하여야 할 필요성이 있다고 할 수 없다.
대법원 1994. 8. 12. 선고 93다52808 판결

탈퇴한 동업자의 출자금반환청구에 있어서 그 탈퇴자가 공동영업사무집행중 동업체의 금원을 횡령하였다면 탈퇴자는 동업체에 이를 변상할 책임이 있다고 할 것이므로 동업체의 업무집행자는 위 손해배상채권을 자동채권으로 하여 탈퇴자의 출자금반환청구와 상계를 주장할 수 있다.
대법원 1983. 10. 11. 선고 83다카542 판결

고의의 불법행위로 인한 손해배상채권을 수동채권으로 하는 상계는 허용되지 않는 것이며, 이는 그 자동채권이 동시에 행하여진 싸움에서 서로 상해를 가한 경우와 같이 동일한 사안에서 발생한 고의의 불법행위로 인한 손해배상채권인 경우에도 마찬가지이다.
대법원 1994. 2. 25. 선고 93다38444 판결

고의의 불법행위로 인한 손해배상채권의 채무자는 그 채권을 수동채권으로 한 상계로 채권자에게 대항하지 못하고(민법 제496조), 그 결과 채권이 양도된 경우에 양수인에게도 상계로 대항할 수 없게 되나(민법 제451조 제2항 참조), 채권양도가 사해행위에 해당하는 경우 불법행위로 인한 손해배상채권의 채무자가 채권양도인에 대한 별도의 채권자 지위에서 채권양수인에게 채권자취소권을 행사하여 채권양도의 취소를 구함과 아울러 취소에 따른 원상회복 방법으로 직접 자신 앞으로 가액배상의 지급을 구하는 것 자체는 민법 제496조에 반하지 않으므로 허용된다.
대법원 2011. 6. 10. 선고 2011다8980 판결

나) 압류가 금지된 채권

채권이 압류하지 못할 것인 때에는 그 채무자는 상계로 채권자에게 대항하지 못한다(제497조). 즉 압류금지채권을 수동채권으로 하여 상계하지 못한다. 상대방으로 하여금 현실의 변제를 받게 하려는 취지이다.

압류금지채권을 수동채권으로 하는 상계만 금지되므로 자동채권으로 하여서는 상계할 수 있다.

압류가 금지된 채권 : 임금채권의 2분의 1 상당액(민사집행법 제246조 1항 4호), 주택임대차보호법상의 소액보증금, 근로자의 재해보상청구권, 형사보상청구권 등.

근로기준법상 임금 및 퇴직금은 근로자에게 직접 전액을 지급하여야 하므로 특별한 사정이 없는 한 사용자가 근로자에 대해 가지는 채권으로써 근로자의 임금채권과 상계하는 것이 금지되는 것으로 이해해야 한다.

> 구 근로기준법(2005. 1. 27. 법률 제7379호로 개정되기 전의 것) 제42조 제1항 본문에 의하면 임금은 통화로 직접 근로자에게 그 전액을 지급하여야 하므로 사용자가 근로자에 대하여 가지는 채권으로써 근로자의 임금채권과 상계를 하지 못하는 것이 원칙이고, 이는 경제적·사회적 종속관계에 있는 근로자를 보호하기 위한 것인바, 근로자가 받을 퇴직금도 임금의 성질을 가지므로 역시 마찬가지이다. 다만 계산의 착오 등으로 임금을 초과 지급한 경우에, 근로자가 퇴직 후 그 재직 중 받지 못한 임금이나 퇴직금을 청구하거나, 근로자가 비록 재직 중에 임금을 청구하더라도 위 초과 지급한 시기와 상계권 행사의 시기가 임금의 정산, 조정의 실질을 잃지 않을 만큼 근접하여 있고 나아가 사용자가 상계의 금액과 방법을 미리 예고하는 등으로 근로자의 경제생활의 안정을 해할 염려가 없는 때에는, 사용자는 위 초과 지급한 임금의 반환청구권을 자동채권으로 하여 근로자의 임금채권이나 퇴직금채권과 상계할 수 있다. 그리고 이러한 법리는 사용자가 근로자에게 이미 퇴직금 명목의 금원을 지급하였으나 그것이 퇴직금 지급으로서의 효력이 없어 사용자가 같은 금원 상당의 부당이득반환채권을 갖게 된 경우에 이를 자동채권으로 하여 근로자의 퇴직금채권과 상계하는 때에도 적용된다. 한편 민사집행법 제246조 제1항 제5호는 근로자인 채무자의 생활보장이라는 공익적, 사회 정책적 이유에서 '퇴직금 그밖에 이와 비슷한 성질을 가진 급여채권의 2분의 1에 해당하는 금액'을 압류금지채권으로 규정하고 있고, 민법 제497조는 압류금지채권의 채무자는 상계로 채권자에게 대항하지 못한다고 규정하고 있으므로, 사용자가 근로자에게 퇴직금 명목으로 지급한 금원 상당의 부당이득반환채권을 자동채권으로 하여 근로자의 퇴직금채권을 상계하는 것은 퇴직금채권의 2분의 1을 초과하는 부분에 해당하는 금액에 관하여만 허용된다고 봄이 상당하다.
> 대법원 2010. 5. 20. 선고 2007다90760 전원합의체 판결

다) 지급이 금지된 채권

지급을 금지하는 명령을 받은 제3채무자는 그 후에 취득한 채권에 의한 상계로 그 명령을 신청한 채권자에게 대항하지 못한다(제498조).

지급금지명령을 받은 채권은 압류 또는 가압류된 채권을 말하는데, 그러한 채권의 채무자는 그 채권을 수동채권으로 하여 지급금지 후에 취득한 채권과 상계할 수 없다.

그러나 지급금지 전에 취득한 채권과는 상계할 수 있다.

압류 또는 가압류의 효력 발생 당시에 대립하는 양 채권이 상계적상에 있거나, 그 당시 반대채권(자동채권)의 변제기가 도래하지 아니한 경우에는 그것이 피압류채권(수동채권)의 변제기와 동시에 또는 그보다 먼저 도래한다면, 제3채무자는 상계로써 압류채권자에게 대항할 수 있다.

> 민법 제498조는 "지급을 금지하는 명령을 받은 제3채무자는 그 후에 취득한 채권에 의한 상계로 그 명령을 신청한 채권자에게 대항하지 못한다."라고 규정하고 있다. 위 규정의 취지, 상계제도의 목적 및 기능, 채무자의 채권이 압류된 경우 관련 당사자들의 이익상황 등에 비추어 보면, 채권압류명령 또는 채권가압류명령을 받은 제3채무자가 압류채무자에 대한 반대채권을 가지고 있는 경우에 상계로써 압류채권자에게 대항하기 위하여는, 압류의 효력 발생 당시에 대립하는 양 채권이 상계적상에 있거나, 그 당시 반대채권(자동채권)의 변제기가 도래하지 아니한 경우에는 그것이 피압류채권(수동채권)의 변제기와 동시에 또는 그보다 먼저 도래하여야 한다.
> 대법원 2012. 2. 16. 선고 2011다45521 전원합의체 판결
>
> 금전채권에 대한 압류 및 전부명령이 있는 때에는 압류된 채권은 동일성을 유지한 채로 압류채무자로부터 압류채권자에게 이전되고, 제3채무자는 채권이 압류되기 전에 압류채무자에게 대항할 수 있는 사유로써 압류채권자에게 대항할 수 있는 것이므로, 제3채무자의 압류채무자에 대한 자동채권이 수동채권인 피압류채권과 동시이행의 관계에 있는 경우에는, 압류명령이 제3채무자에게 송달되어 압류의 효력이 생긴 후에 자동채권이 발생하였다고 하더라도 제3채무자는 동시이행의 항변권을 주장할 수 있다. 이 경우에 자동채권이 발생한 기초가 되는 원인은 수동채권이 압류되기 전에 이미 성립하여 존재하고 있었던 것이므로, 그 자동채권은 민법 제498조의 '지급을 금지하는 명령을 받은 제3채무자가 그 후에 취득한 채권'에 해당하지 않는다고 봄이 상당하고, 제3채무자는 그 자동채권에 의한 상계로 압류채권자에게 대항할 수 있다.
> 대법원 2010. 3. 25. 선고 2007다35152 판결

라) 질권이 설정된 채권

질권이 설정된 채권은 질권의 효력에 의하여 지급금지 효력이 생기므로 지급금지명령을 받은 채권과 마찬가지로 취급하여야 한다.

따라서 그 채권의 채무자(제3채무자)는 입질채권을 수동채권으로 하여 질권설정의 통지 후에 채권자(질권설정자)에 대하여 취득한 채권과 상계하더라도 질권자에게 대항하지 못한다.

바. 상계적상의 현존

상계적상은 원칙적으로 상계의 의사표시를 할 당시에 현존하여야 한다. 따라서 두 채권 가운데 어느 하나가 부존재 또는 무효인 때에는 상계도 무효가 된다.

상계적상에 있었더라도 상계를 하지 않고 있는 동안에 변제 기타의 사유로 채권이

소멸한 때에는 상계를 할 수 없게 된다.

예외적으로 소멸시효가 완성된 채권이 그 완성 전에 상계할 수 있었던 것이면 그 채권자는 상계할 수 있다(제495조).

> 매도인이나 수급인의 담보책임을 기초로 한 손해배상채권의 제척기간이 지난 경우에도 제척기간이 지나기 전 상대방의 채권과 상계할 수 있었던 경우에는 매수인이나 도급인은 민법 제495조를 유추적용해서 위 손해배상채권을 자동채권으로 해서 상대방의 채권과 상계할 수 있다고 봄이 타당하다.
> 대법원 2019. 3. 14 선고 2018다255648 판결

3. 상계의 방법

상계는 상대방에 대한 의사표시가 있어야 한다. 그러므로 상계적상에 있어도 상계의 의사표시가 없으면 상계의 효력이 발생하지 않는다.

상계의 의사표시가 있으면 대등액에서 채권채무가 소멸한다. 상계는 단독행위로서 그 의사표시에는 조건이나 기한을 붙이지 못한다(제493조 1항 2문).

4. 상계의 효과

가. 채권의 소멸

상계가 있으면 당사자 쌍방의 채권은 대등액에서 소멸한다(제492조 1항). 수동채권이 여러 개이고 자동채권이 그 전부를 소멸하기에 부족한 때에는 변제충당에 관한 규정에 따라 상계충당된다(제499조). 따라서 원본 외에 지연손해금이 있으면 지연손해금 · 원본의 순서로 자동채권과 대등액에서 소멸한다.

> 상계의 의사표시가 있는 경우, 채무는 상계적상 시에 소급하여 대등액에서 소멸한 것으로 보게 되므로, 상계에 의한 양 채권의 차액 계산 또는 상계충당은 상계적상의 시점을 기준으로 하게 된다. 따라서 그 시점 이전에 수동채권의 변제기가 이미 도래하여 지체가 발생한 경우에는 상계적상 시점까지의 수동채권의 지연손해금을 계산한 다음 자동채권으로 그 지연손해금을 먼저 소각하고 잔액을 가지고 원본을 소각하여야 한다.
> 대법원 2013. 11. 14. 선고 2013다46023 판결

나. 상계의 소급효

상계가 있으면 각 채무가 상계할 수 있는 때에 대등액에 관하여 소멸한 것으로

본다(제493조 2항). 즉 상계에는 소급효가 있다. 여기서 '각 채무가 상계할 수 있는 때'란 양 채권이 모두 변제기에 도래한 경우(두 채권 중 나중에 이행기가 도래하는 채권의 이행기 시점이 상계적상이 된다)와 수동채권의 변제기가 도래하지 않았더라도 기한의 이익을 포기하는 경우를 의미한다.
상계적상이 생긴 뒤부터는 이자가 발생하지 않으며 이행지체도 발생하지 않는다.

V. 기타

1. 경개

경개는 채무의 중요한 부분을 변경함으로써 신채무를 성립시키는 동시에 구채무를 소멸시키는 계약이다.
대물변제와 유사하나 경개는 본래의 급부와 다른 급부가 현실적으로 행해지는 것이 아니라 단지 다른 급부를 목적으로 하는 새로운 채무가 성립하는 것이라는 점에서 대물변제와는 구별된다.

2. 면제

면제는 채권자가 채무자에 대해 갖고 있는 채권을 무상으로 소멸시키는 단독행위이다(제506조).
면제는 처분행위이므로 채권의 처분권한을 가지고 있는 자만이 할 수 있다. 따라서 채권이 압류되었거나 질권의 목적이 되어 있는 경우에는 처분권한이 제한되므로 면제로써 압류채권자나 질권자에게 대항하지 못한다.

3. 혼동

혼동은 채권과 채무가 동일인에게 귀속하는 사건인데, 혼동이 있게 되면 채권은 원칙적으로 소멸한다(제507조 본문). 그러나 채권의 존속을 인정하여야 할 정당한 이익이 있는 경우에는 채권을 존속시켜야 한다.

민법 제507조 본문에서 이른바 혼동에 의한 채권의 소멸을 인정하는 취지는 주로 채권·채무가 동일인에게 귀속되는 경우 권리의무 관계를 간소화하려는 것이므로, 채권과 채무가 동일한 주체에 귀속되더라도 그 채권의존속을 인정하여야 할 특별한 이유가 있는 때에는 그 채권은 혼동에 의하여 소멸되지 아니한다고 해석함이 상당하다.
대법원 1995. 7. 14. 선고 94다36698 판결

민법 제507조가 혼동을 채권의 소멸사유로 인정하고 있는 것은 채권과 채무가 동일한 주체에 귀속한 때에 채권과 채무의 존속을 인정하여서는 안 될 적극적인 이유가 있어서가 아니고 그러한 경우에 채권과 채무의 존속을 인정하는 것이 별다른 의미를 가지지 않기 때문에 채권·채무의 소멸을 인정함으로써 그 후의 권리의무 관계를 간소화하려는 데 그 목적이 있는 것이라고 여겨지므로, 채권과 채무가 동일한 주체에 귀속하게 되더라도 그 채권의 존속을 인정하여야 할 특별한 이유가 있는 때에는 그 채권은 혼동에 의하여 소멸되지 아니하고 그대로 존속한다고 봄이 상당함에 비추어, 채권과 채무가 동일인에게 귀속되는 경우라도 그 채권의 존재가 채권자 겸 채무자로 된 사람의 제3자에 대한 권리행사의 전제가 되는 관계로 채권의 존속을 인정하여야 할 정당한 이익이 있을 때에는 그 채권은 혼동에 의하여 소멸하는 것이 아니라고 봄이 상당하다.
자동차 운행 중 교통사고가 일어나 자동차의 운행자나 동승한 그의 친족이 사망하여 자동차손해배상보장법 제3조에 의한 손해배상채권과 채무가 상속으로 동일인에게 귀속하게 되는 때에, 교통사고를 일으킨 차량의 운행자가 자동차 손해배상 책임보험에 가입하였다면, 가해자가 피해자의 상속인이 되는 등의 특별한 경우를 제외하고는 생존한 교통사고 피해자나 사망자의 상속인에게 책임보험에 의한 보험의 혜택을 부여하여 이들을 보호할 사회적 필요성이 있는 점은 다른 교통사고와 다를 바 없고, 다른 한편 원래 자동차 손해배상 책임보험의 보험자는 상속에 의한 채권. 채무의 혼동 그 자체와는 무관한 제3자일 뿐 아니라 이미 자신의 보상의무에 대한 대가인 보험료까지 받고 있는 처지여서 교통사고의 가해자와 피해자 사이에 상속에 의한 혼동이 생긴다는 우연한 사정에 의하여 자기의 보상책임을 면할 만한 합리적인 이유가 없으므로, 자동차 책임보험의 약관에 의하여 피해자가 보험회사에 대하여 직접 보험금의 지급청구를 할 수 있는 이른바 직접청구권이 수반되는 경우에는 그 직접청구권의 전제가 되는 자동차손해배상보장법 제3조에 의한 피해자의 운행자에 대한 손해배상청구권은 상속에 의한 혼동에 의하여 소멸되지 아니한다고 보아야 한다.
대법원 1995. 5. 12. 선고 93다48373 판결

제9장 부당이득

Ⅰ. 기초관계

Ⅱ. 부당이득의 성립요건
- 1. 법률상 원인 없는 이득
- 2. 수익
- 3. 손해

Ⅲ. 부당이득의 효과
- 1. 201조와 748조의 관계
- 2. 가액반환의 모습
- 3. 수익자의 반환범위

Ⅳ. 부당이득반환청구가 부정되는 특례

Ⅰ. 기초관계

1. 의의

법률상 원인 없이 타인의 재산 또는 노무로 인하여 얻은 이익을 부당이득이라 하고, 부당이득으로 인하여 타인에게 손해를 입힌 경우에 그 부당이득자는 그 부당이득을 반환하여야 한다(제741조).

손해를 입은 자가 부당이득자에게 청구할 수 있는 부당이득반환청구권은 법정채권이다.

2. 다른 청구권과의 관계

가. 계약상의 이행청구권과의 관계

계약관계에 기한 이행청구권은 법률상 원인 있는 것이므로 부당이득반환청구권과는 구별된다.

매매계약이 있어 매수인이 매매대금을 지급하지 않는 경우에 매수인은 대금지급채무를 면하는 것이 아니므로 매도인은 매매대금지급채권과 채무불이행으로 인한 손해배상채권을 가지게 되므로 부당이득반환채권이 발생할 여지가 없다.

임대차계약에 따른 목적물반환의무는 부당이득반환의무가 아니다. 그러나 임대차계약종료 후에도 목적물을 사용, 수익하는 경우 그 사용이익은 부당이득에 해당하므로 그 부분에 대해 부당이득반환의무를 부담하게 된다.

나. 계약해제에 따른 원상회복청구권과의 관계

계약해제로 인한 원상회복의무를 규정한 민법 제548조 1항은 부당이득에 관한 특칙이다.

다. 물권적 청구권과의 관계

점유자와 회복자의 관계에서 점유자가 선의인 경우에는 민법 제201조 1항이 적용되고 민법 제748조 1항의 적용은 배제된다.

점유자와 회복자의 관계에서 점유자가 악의인 경우에는 민법 제201조 2항과 민법

제748조 2항을 같이 적용한다. 즉 제201조 2항은 반환의무가 있다는 내용이고 제748조 2항은 반환범위에 관한 규정이므로 같이 적용하여야 한다.

라. 불법행위로 인한 손해배상청구권과의 관계

불법행위와 부당이득에 관한 요건을 동시에 충족시키는 경우에 불법행위로 인한 손해배상청구권과 부당이득반환청구권의 경합이 인정된다.

II. 부당이득의 성립요건

1. 법률상 원인 없는 이득

가. 급부부당이득

당사자의 일방이 스스로의 의사에 의해 재산상의 손실을 입는 반면에 그로 말미암아 상대방에게 이익을 얻게 하는 것을 출연이라 함.
원인 없이 이루어진 출연을 급부부당이득이라 한다.

- 법률행위가 무효, 취소된 때
- 법률행위가 유동적 무효였다가 확정적으로 무효로 되었을 때
- 계약을 해제한 때(다만 부당이득에서의 현존이익 반환이 아니라 제 548조의 원상회복특칙이 적용)
- 채무가 없음에도 이를 알지 못하고 변제한 때(제742조)
- 쌍무계약의 당사자 일방의 채무가 당사자 쌍방의 책임 없는 사유로 이행할 수 없게 된 때에는 상대방의 채무도 소멸하므로 상대방이 이미 급부를 한 때에는 채무가 없음에도 급부를 한 것이다.
- 정지조건의 불성취나 해제조건의 성취 등이 있는 경우

국토이용관리법상의 규제구역 내의 토지에 대하여 관할도지사의 허가를 받기 전에 체결한 매매계약은 처음부터 위 허가를 배제하거나 잠탈하는 내용의 계약일 경우에는 확정적으로 무효로서 유효화 될 여지가 없으나 이와 달리 허가받을 것을 전제로 한 계약일 경우에는 허가를 받을 때까지는 법률상의 미완성의 법률행위로서 소유권 등 권리의 이전에 관한 계약의 효력이 전혀 발생하지 않음은 위의 확정적 무효의 경우와 다를 바 없지만, 일단 허가를 받으면 그 계약은 소급하여 유효한 계약이 되고 이와 달리 불허가가 된 때에는 무효로 확정되므로 허가를 받기까지는 유동적 무효의 상태에 있다고 보아야 할 것이며, 이러한 유동적 무효상태에 있는 계약을 체결한 당사자는 쌍방 그 계약이 효력 있는 것으로 완성될 수 있도록 서로 협력할 의무가 있다고 할 것이므로 위와 같이 허가를 배제하거나 잠탈하는 내용이 아닌 유동적 무효상태의 매매계약을 체결하고 매수인이 이에 기하여 임의로 지급한 계약금은 그 계약이 유동적 무효상태로 있는 한 이를 부당이득으로 반환을 구할 수는 없고 유동적 무효상태가 확정적으로 무효로 되었을 때 비로소 부당이득으로 그 반환을 구할 수 있다.
대법원 1993. 8. 14. 선고 91다41316 판결

토지의 매수인이 아직 소유권이전등기를 마치지 않았더라도 매매계약의 이행으로 토지를 인도받은 때에는 매매계약의 효력으로서 이를 점유·사용할 권리가 있으므로, 매도인이 매수인에 대하여 그 점유·사용을 법률상 원인이 없는 이익이라고 하여 부당이득반환청구를 할 수는 없다. 이러한 법리는 대물변제 약정 등에 의하여 매매와 같이 부동산의 소유권을 이전받게 되는 사람이 이미 부동산을 점유·사용하고 있는 경우에도 마찬가지로 적용된다.
대법원 2016. 7. 7. 선고 2014다2662 판결

나. 침해부당이득

수익자가 권원 없이 타인의 물건이나 권리로부터 이익을 얻는 것.
타인의 권리를 침해하는 모습 : 많은 경우 불법행위가 성립하기도 하지만 수익자의 귀책사유를 묻지 않는 점에서 불법행위와 구별된다.

- 타인 소유 부동산을 무단으로 사용, 수익하는 것
- 무권리자가 타인의 권리를 제3자에게 처분하였으나 선의인 제3자의 보호규정에 의하여 원래의 권리자가 권리를 상실하는 경우,[47] 그 권리자는 무권리자를 상대로 제3자로부터 그 처분의 대가로 수령한 것을 이른바 침해부당이득으로 보아 반환청구 할 수 있다.

  갑이 취득한 토지가 친일반민족행위자 재산의 국가귀속에 관한 특별법 제3조 제1항 전문에 의하여 취득 등 원인행위 시 국가에 귀속되었으나 이를 양수한 을, 병이 같은 법 제3조 제1항 후문에서 정한 선의의 제3자에 해당하여 토지 자체를 반환받을 수 없었던 사안임 (대법원 2011.06.10. 선고 2010다40239 판결).

47) 양자간 등기명의신탁의 경우가 이에 해당됨.

- 확정판결은 재심의 소 등으로 취소되지 않는 한 확정판결 당시에 채권이 존재하지 않았다는 이유로 부당이득이 성립하지는 않는다.
- 확정판결 후에 변제 등에 의해 채권이 소멸되었는데 집행을 하면 부당이득이 발생한다.
- 선순위 채권자가 우선변제 받아야 할 금액을 후순위 채권자가 배당받은 경우 선순위 채권자가 이의를 제기하였는지 여부를 불문하고 후순위 채권자는 부당이득반환의무가 발생한다.
  1) 다만 선순위 채권자가 채권계산서에 포함시키지 않아[48] 후순위 채권자에게 배당이 있는 경우에는 부당이득이 아님.
  2) 경매의 기초가 된 저당권이 존재하지 않은 경우 경락인은 소유권을 취득하지 못하므로 배당받은 채권자에 대해 부당이득반환 청구할 수 있음.
  3) 동산질권에서 질권이 무효라도 경락인은 선의취득에 의해 소유권을 취득할 수 있음. 질물의 진정 소유자가 배당받은 채권자에 대해 부당이득반환 청구할 수 있음.
- 배당요구(민사집행법 88조)가 필요한 배당요구채권자는[49] 당연히 배당을 받을 수 있는 채권자와는 달리 경락기일까지[50] 배당요구를 하여야 비로소 배당을 받을 수 있다(소액임차인의 소액보증금반환채권). 따라서 배당요구채권자가 배당요구를 하지 않아 그를 배당에서 제외한 경우 후순위채권자에게 배당되었다고 하여 부당이득이라고 할 수 없다.

48) 배당요구는 하지 않아도 되지만 채권계산서는 제출해야 함.

49) 집행력 있는 정본을 가진 채권자, 법률에 의하여 우선변제청구권이 있는 채권자.

50) 배당요구를 할 수 있는 종기를 첫 매각기일 이전으로 정하여야 하는데 이를 배당요구종기 결정이라 한다. 배당요구가 필요한 배당요구채권자는 배당요구종기까지 배당요구를 하여야 한다.

어느 하나의 물건으로부터 다른 채권자들에 우선하여 배당받을 권리가 있는 선순위 채권자가 배당을 받지 못하는 대신 후순위 채권자가 배당을 받은 경우에 선순위 채권자로서는 그 후순위 채권자를 상대로 배당이의나 부당이득반환청구를 할 수 있는 것이다.
대법원 2004. 2. 27. 선고 2003다17682 판결

배당요구를 하여야만 배당절차에 참여할 수 있는 채권자가 경락기일까지 배당요구를 하지 아니한 채권액에 대하여 경락기일 이후에 추가 또는 확장하여 배당요구를 하였으나 그 부분을 배당에서 배제하는 것으로 배당표가 작성·확정되고 그 확정된 배당표에 따라 배당이 실시되었다면, 그가 적법한 배당요구를 한 경우에 배당받을 수 있었던 금액 상당의 금원이 후순위 채권자에게 배당되었다고 하여 이를 법률상 원인이 없는 것이라고 할 수 없다.
대법원 2005. 8. 25. 선고 2005다14595 판결

부동산을 채권담보의 목적으로 양도한 경우 특별한 사정이 없는 한 목적부동산에 대한 사용수익권은 채무자인 양도담보설정자에게 있으므로, 양도담보권자는 사용수익할 수 있는 정당한 권한이 있는 채무자나 채무자로부터 그 사용수익할 수 있는 권한을 승계한 자에 대하여는 사용수익을 하지 못한 것을 이유로 임료 상당의 손해배상이나 부당이득반환청구를 할 수 없다.
대법원 2008. 2. 28. 선고 2007다37394 판결

채무자 이외의 자의 소유에 속하는 동산을 경매한 경매절차에서 그 동산을 경락받아 경락대금을 납부하고 이를 인도받은 경락인이 동산의 소유권을 선의취득 한 경우 그 동산의 매득금은 채무자의 것이 아니어서 채권자가 이를 배당을 받았다고 하더라도 채권은 소멸하지 않고 계속 존속하므로, 배당을 받은 채권자는 이로 인하여 법률상 원인 없는 이득을 얻고 소유자는 경매에 의하여 소유권을 상실하는 손해를 입게 되었다고 할 것이니 그 동산의 소유자는 배당을 받은 채권자에 대하여 부당이득으로서 배당받은 금원의 반환을 청구할 수 있다.
대법원 1998. 6. 12. 선고 98다6800 판결

다. 비용부당이득

비용부당이득은 법률상 원인 없이 급부 이외의 목적으로 타인 재산에 대해 이루어진 노무, 금전 등 비용지출로 인해 타인이 얻게 되는 재산증가를 말한다.

라. 구상부당이득

구상부당이득은 제3자가 채무자를 채권관계의 구속으로부터 해방시킨 경우에 제3자에 의하여 채무자가 얻은 이득을 말한다.

2. 수익

타인의 재산 또는 노무로 인하여 얻은 재산상 이익이 존재하여야 한다.
재산의 적극적 증가뿐만 아니라 재산의 소극적 증가도 포함된다.

- 부당이득에서의 이득은 실질적 이익을 의미하므로 법률상 원인 없이건물을 점유하고 있다고 하여도 이를 사용, 수익하지 못하였다면 실질적인 이득을 얻었다고 할 수 없다.
- 법률상 원인 없이 타인 소유의 건물을 점유하는 경우 반환하여야 할 차임상당액에는 건물의 차임은 물론이고 그 부지의 차임도 함께 계산되어야 한다.
- 점유자를 상대로 토지를 인도할 때까지 토지의 임료에 상당하는 부당이득반환청구를 하여 그 판결이 확정되었는데 점유자가 오랫동안 토지를 인도하지 않고 있는 사이에 토지의 가격이 현저히 오른 경우, 부당이득금의 일부만을 청구한 것으로 보아 토지소유자는 새로 소를 제기하여 전소판결에서 인용된 임료액과 적정한 임료액의 차액에 상당하는 부당이득금의 반환을 청구할 수 있다.
- 송금의뢰인과 수취인 사이에 계좌이체의 원인이 되는 법률관계가 존재하지 않음에도 불구하고 계좌이체에 의하여 수취인이 계좌이체금액 상당의 예금채권을 취득한 경우 송금의뢰인은 수취인에 대해 부당이득반환청구권을 가지게 되지만 수취은행은 이익을 얻은 것이 없으므로 수취은행에 대해서는 부당이득반환청구권을 갖지 못한다.

> 법률상 원인 없이 타인의 재산 또는 노무로 인하여 이익을 얻고 그로 인하여 타인에게 손해를 가하는 이른바 부당이득은 그 수익의 방법에 제한이 없음은 물론, 그 수익에 있어서도 그 어떠한 사실에 의하여 재산이 적극적으로 증가하는 재산의 적극적 증가나 그 어떠한 사실의 발생으로 당연히 발생하였을 손실을 보지 않게 되는 재산의 소극적 증가를 가리지 않는 것으로, 채권도 물권과 같이 재산의 하나이므로 그 취득도 당연히 이득이 되고 수익이 된다.
> 대법원 1996. 11. 22. 선고 96다34009 판결
>
> 임차인이 임대차계약 종료 이후에도 동시이행의 항변권을 행사하는 방법으로 목적물의 반환을 거부하기 위하여 임차건물 부분을 계속 점유하기는 하였으나 이를 본래의 임대차계약상의 목적에 따라 사용·수익하지 아니하여 실질적인 이득을 얻은 바 없는 경우에는 그로 인하여 임대인에게 손해가 발생하였다 하더라도 임차인의 부당이득반환의무는 성립되지 아니한다.
> 대법원 2003. 4. 11. 선고 2002다59481 판결

임대인이 국가 소유의 부동산을 임대하였는데 임차인의 차임 연체로 인하여 그 임대차계약이 해지되었다면, 특별한 사정이 없는 한 임차인은 임대인에게 그 부동산을 명도하고 해지로 인한 임대차 종료시까지의 연체차임 및 그 이후부터 명도 완료일까지 그 부동산을 점유·사용함에 따른 차임 상당의 부당이득금을 반환할 의무가 있다.
대법원 1996. 9. 6. 선고 94다54641 판결

3. 손해

수익으로 인해 타인에게 손해가 발생하여야 한다.
수익과 손해 사이에 인과관계가 있어야 한다.

Ⅲ. 부당이득의 효과

부당이득이 성립하면 수익자는 그 이익을 반환하여야 한다.
원물반환을 원칙으로 하고 그것이 불능일 때 가액반환을 하여야 한다.

748조 : 1항 : 선의의 수익자는 그 받은 이익이 현존한 한도에서 반환 책임이 있다.
2항 : 악의의 수익자는 그 받은 이익에 이자를 붙여 반환하고 손해가 있으면 이를 배상하여야 한다.

749조 : 1항 : 수익자가 이익을 받은 후 법률상 원인 없음을 안 때에는 그때부터 악의의 수익자로서 이익반환의 책임이 있다.
2항 : 선의의 수익자가 패소한 때에는 그 소를 제기한 때부터 악의의 수익자로 본다.

201조 : 1항 : 선의의 점유자는 점유물의 과실을 취득한다.
2항 : 악의의 점유자는 수취한 과실을 반환하여야 하며 소비하였거나 과실로 인하여 훼손 또는 수취하지 못한 경우에는 그 과실의 대가를 보상하여야 한다.

선의의 점유자라도 본권에 관한 소에 패소한 때에는 그 소가 제기된 때로부터 악의의 점유자로 본다(197조 2항).

1. 201조와 748조의 관계

타인 소유물을 권원 없이 점유함으로써 얻은 사용이익을 반환하는 경우 민법은 선의 점유자를 보호하기 위하여 제201조 제1항을 두어 선의 점유자에게 과실수취권을 인정함에 대하여, 이러한 보호의 필요성이 없는 악의 점유자에 관하여는 민법 제201조 제2항을 두어 과실수취권이 인정되지 않는다는 취지를 규정하는 것으로 해석되는바, 따라서 악의 수익자가 반환하여야 할 범위는 민법 제748조 제2항에 따라 정하여지는 결과 그는 받은 이익에 이자를 붙여 반환하여야 하며, 위 이자의 이행지체로 인한 지연손해금도 지급하여야 한다.

> 한국전력공사가 권원 없이 타인 소유 토지의 상공에 송전선을 설치함으로써 토지를 사용·수익한 경우, 구분지상권에 상응하는 임료 상당의 부당이득금에 대하여 점유일 이후의 법정이자 및 그 이자에 대한 지연손해금을 인정한 사례
> (대법원 2003.11.14. 선고 2001다61869 판결)

O 선의인 경우 : 201 제1항 적용(748조 제1항 배제)

O 악의인 경우 : 201조 제2항과 748조 제2항을 같이 적용
201조 제2항은 반환의무가 있다는 내용이고 748조 제 항은 반환범위에 관한 규정임.

2. 가액반환의 모습

수익자가 목적물을 반환할 수 없을 때에는 그 가액을 반환하여야 한다(747조 1항).

O 원물을 처분한 경우 : 처분당시의 대가가 가액이 된다.
그 후 물건 가격이 앙등하였다고 하여 앙등한 가격으로 계산한 금액이 부당이득이 되지 않는다.

O 이득이 손실보다 적은 때에는 이득만을 반환, 이득이 손실보다 큰 경우에는 손실을 한도로 반환한다.

O 양자간 등기명의신탁의 경우, 타인 소유의 부동산을 처분하여 매각대금을 수령한 경우 수익자는 그러한 처분행위가 없었다면 부동산 자체를 반환하여야 할 지위에

있던 사람이므로 자신의 처분행위로 인하여 발생한 양도소득세 기타 비용은 수익자가 이익 취득과 관련하여 지출한 비용에 해당한다고 할 수 없어 이를 반환하여야 할 이득에서 공제할 것은 아니다.

3. 수익자의 반환범위

선의 : 법률상 원인 없음을 모르고 이득한 경우
악의 : 법률상 원인 없음을 알면서 이득한 경우

제명통보를 받은 조합원이 동업약정에 따른 조합의 분양대금을 수령한 경우

매도인의 기망행위를 이유로 매매계약을 취소한 경우(매수인은 취소된 시점부터 악의로 된다)[51)]

농지법(위탁경영 금지 규정)에 위반하여 농지를 임대하고 임료를 받은 경우

수익자가 이익을 받은 후 법률상 원인 없음을 안 때에는 그 때부터 악의의 수익자로서 반환책임이 있다.

선의의 수익자가 패소한 때에는 그 소를 제기한 때부터 악의의 수익자로 본다.

> 민법 제749조 제2항에 의하면, 선의의 수익자가 패소한 때에는 그 소를 제기한 때부터 악의의 수익자로 본다고 규정하고 있는바 여기에 「그 소」라 함은 부당이득을 이유로 그 반환을 구하는 소를 가리킨다.
> 대법원 1974. 7. 16. 선고 74다525 판결
>
> 민법 제197조에 의하면, 점유자는 선의로 점유한 것으로 추정되지만(동조 제1항) 선의의 점유자라도 본권에 관한 소에서 패소한 때에는 그 소가 제기된 때로부터 악의의 점유자로 본다고 규정하고 있으므로(동조 제2항) 원고가 이 사건 토지는 원고의 소유이고 피고명의의 소유권이전등기는 원인무효의 등기라 하여 피고를 상대로 1979.9.8 이사건 토지에 관한 피고명의의 소유권이전등기의 말소청구소송을 제기한 끝에 그 소송사건이 피고의 패소로 확정되었다면 피고는 민법 제197조 제2항의 규정에 의하여 원고의 위의 소유권이전등기말소 청구소송제기시인 1979.9.8부터는 이 사건 토지에 대한 악의의 점유자로 간주된다 할 것이니 원심이 같은 취지에서 피고에 대하여 위 말소청구소송제기 및 이후로서 원고가 구하는 1980.7.1부터 이 사건 토지의 점유로 인한 부당이득의 반환을 명한 조처는 정당하고, 거기에 민법 제749조 제2항의 법리를 오해하였다거나 심리를 다하지 아니하여 판결에 영향을 미친 위법이 있다 할 수 없다.
> 대법원 1987.01.20. 선고 86다카1372 판결

51) 사용수익을 반환하게 된다.

민법 제201조 제1항에 의하면, 선의의 점유자는 점유물의 과실을 취득한다고 규정되어 있고, 민법 제197조 제1항에 의하면, 점유는 선의인 것으로 추정되도록 규정되어 있으나, 같은 조 제2항에는 선의의 점유자라도 본권에 관한 소에 패소한 때에는 그 소가 제기된 때로부터 악의의 점유자로 본다고 규정되어 있는바, 위 민법 제197조 제2항의 취지와 부당이득반환에 관한 민법 제749조 제2항의 취지 등에 비추어 볼 때, 여기서의 본권에 관한 소에는 소유권에 기하여 점유물의 인도나 명도를 구하는 소송은 물론 부당점유자를 상대로 점유로 인한 부당이득의 반환을 구하는 소송도 포함된다.
원고가 소유권에 기하여 피고를 상대로 부동산의 불법점유를 이유로 한 부동산반환청구 및 점유기간 동안의 부당이득반환청구를 한 경우, 부당이득반환청구에 민법 제201조 제1항, 제197조 제1항을 적용함에 있어서는 소유권에 기한 부동산반환청구가 변론종결 전에 소유권이 상실되었음을 이유로 배척된다고 하더라도, 법원으로서는 소유권 상실 이전 기간의 부당이득반환청구와 관련하여 원고의 소유권의 존부와 피고의 점유 권원의 유무 등을 가려서 그 청구의 당부를 판단하고, 원고의 부당이득 주장이 이유 있는 것으로 판단된다면 민법 제201조 제1항, 제197조 제1항에도 불구하고 적어도 그 소제기일부터는 피고의 점유를 악의로 의제하여 피고에 대하여 부당이득의 반환을 명하여야 한다.
대법원 2002.11.22. 선고 2001다6213 판결

가. 선의의 수익자의 반환범위

받은 이익이 현존한 한도에서 반환책임 있다.
그러나 선의의 점유자는 과실수취권이 있으므로 과실에 준하는 사용이익도 반환할 필요가 없다.
선의의 수익자는 금전을 부당이득한 경우 법정이자를 붙여 반환하여야 하는 것은 아니다.

쌍무계약이 취소된 경우 선의의 매수인에게 민법 제201조가 적용되어 과실취득권이 인정되는 이상 선의의 매도인에게도 민법 제587조의 유추적용에 의하여 대금의 운용이익 내지 법정이자의 반환을 부정함이 형평에 맞다(대법원 1993.05.14. 선고 92다45025 판결) : 취소 이후에는 악의의 수익자가 되어 현존이익에 법정이자를 가산하여 반환하여야 한다.

※ 계약이 해제된 경우 반환할 금전에는 그 받은 날로부터 이자를 기하여야 한다(548조 2항) : 수익자의 선의, 악의 불문임.

나. 악의의 수익자의 반환범위

받은 이익에 이자를 붙여 반환하고 손해가 있으면 이를 배상하여야 함.
악의의 수익자가 금전을 부당이득한 경우 법정이자를 붙여 반환하여야 함.

부당이득반환의무는 이행기한의 정함이 없는 채무이므로 그 채무자는 이행청구를 받은 때에 비로소 지체책임을 진다(대법원 2010.01.28. 선고 2009다24187 판결).

Ⅳ. 부당이득반환청구가 부정되는 특례

1. 비채변제

채무 없음을 알고 이를 변제한 때에는 그 반환을 청구하지 못한다(742조).
임의로 지급한 경우만 해당되고 변제를 강제당한 경우나, 그 변제가 자유로운 의사에 반하여 이루어진 것으로 볼 수 있는 경우에는 반환청구권이 상실되지 않는다.
채무 없음을 과실로 알지 못한 경우에는 반환청구권이 상실되지 않는다.
변제가 강제집행에 의해 이루어진 경우에는 비채변제가 성립할 여지가 없다.

2. 기한 전의 변제

변제기에 이르지 아니한 채무를 변제한 때에는 그 반환을 청구하지 못한다. 그러나 채무자가 착오로 인하여 변제한 때에는 채권자는 이로 인하여 얻은 이익을 반환하여야 한다(743조).
기한의 이익을 포기한 것임.

3. 도의관념에 적합한 비채변제

채무 없는 자가 착오로 인하여 변제한 경우에 그 변제가 도의관념에 적합한 때에는 그 반환을 청구하지 못한다(제744조).

4. 타인의 채무의 변제

채무자 아닌 자가 착오로 인하여 타인의 채무를 변제한 경우에 채권자가 선의로 증서를 훼손하거나 담보를 포기하거나 시효로 인하여 그 채권을 잃은 때에는 그 반환을 청구하지 못한다. 변제자는 채무자에 대하여 구상권을 행사할 수 있다(745조).

5. 불법원인급여

가. 불법원인급여

불법의 원인으로 인하여 재산을 급여하거나 노무를 제공한 때에는 그 이익의 반환을 청구하지 못한다. 그러나 그 불법원인이 수익자에게만 있는 경우에는 그러하지 아니하다(제746조).

O 민법 제746조는 단지 부당이득제도만을 제한하는 것이 아니라 동법 제103조와 함께 사법의 기본이념으로서, 결국 사회적 타당성이 없는 행위를 한 사람은 스스로 불법한 행위를 주장하여 복구를 그 형식 여하에 불구하고 소구할 수 없다는 이상을 표현한 것이므로, 급여를 한 사람은 그 원인행위가 법률상 무효라 하여 상대방에게 부당이득반환청구를 할 수 없음은 물론 급여한 물건의 소유권은 여전히 자기에게 있다고 하여 소유권에 기한 반환청구도 할 수 없고 따라서 급여한 물건의 소유권은 급여를 받은 상대방에게 귀속된다(대법원 1979.11.13. 선고 79다483 전원합의체 판결).

O 불법원인급여 후 급부를 이행받은 자가 급부의 원인행위와 별도의 약정으로 급부 그 자체 또는 그에 갈음한 대가물의 반환을 특약하는 것은 불법원인급여를 한 자가 그 부당이득의 반환을 청구하는 경우와는 달리 그 반환약정 자체가 사회질서에 반하여 무효가 되지 않는 한 유효하다(대법원 2010.05.27. 선고 2009다12580 판결).

O 부동산 소유자 A가 B에게 그 부동산을 매도하고 아직 그 등기가 B앞으로 되지 않은 상태에서 C가 부동산의 이중매매를 A에게 적극 권유하여 C앞으로 등기가 마쳐진 경우 판례는 A와 C사이의 이중매매는 103조에 의해 무효라고 한다. 따라서 그에 기한 급부는 746조 본문의 적용을 받는 불법원인급여에 해당하기 때문에 A는 C 앞으로 마쳐진 소유권이전등기의 말소를 청구할 수 없다. 그런데 판례는 제1매수인 B는 A에 대한 소유권이전등기청구권을 보전하기 위하여 채권자대위권의 행사로써 A를 대위하여 C에 대해 그 등기의 말소를 청구할 수 있다고 한다.

  A가 746조 본문에 의해 C에 대해 반환청구를 할 수 없어 소유권이전등기말소청구권을 갖지 못하는 이상 채권자 B도 이를 대위행사할 수 없다는 문제가 있다.

나. 적용효과

급부자는 그 이익의 반환을 청구하지 못한다. 따라서 반사적 효과로서 급부는 수익자에게 종국적으로 귀속한다.

불법원인이 수익자에게만 있는 때에는 급부자는 그 반환을 청구할 수 있다. 따라서 급부자에게 불법원인이 있으면 그 반환을 청구할 수 없는 것이 원칙이다.

ex : 104조의 폭리행위가 있는 경우
범죄행위를 하지 않는 조건으로 금전을 지급한 경우

급부자에게 불법원인이 있더라도 급부자의 불법성에 비해 수익자의 불법성이 현저히 큰 때에는 공평 및 신의칙상 제746조 단서를 적용하여 그 반환을 긍정한다.

> 민법 제746조에 의하면 급여가 불법원인급여에 해당하고 급여자에게 불법 원인이 있는 경우에는 수익자에게 불법 원인이 있는지의 여부나 수익자의 불법 원인의 정도 내지 불법성이 급여자의 그것보다 큰지의 여부를 막론하고 급여자는 그 불법원인급여의 반환을 구할 수 없는 것이 원칙이나, 수익자의 불법성이 급여자의 그것보다 현저히 크고 그에 비하면 급여자의 불법성은 미약한 경우에도 급여자의 반환 청구가 허용되지 않는다고 하는 것은 공평에 반하고 신의성실의 원칙에도 어긋나므로 이러한 경우에는 민법 제746조 본문의 적용이 배제되어 급여자의 반환 청구는 허용된다고 해석함이 상당하다.
> 급여자가 수익자에 대한 도박 채무의 변제를 위하여 급여자의 주택을 수익자에게 양도하기로 한 것이지만 내기바둑에의 계획적인 유인, 내기바둑에서의 사기적 행태, 도박자금 대여 및 회수 과정에서의 폭리성과 갈취성 등에서 드러나는 수익자의 불법성의 정도가 내기바둑에의 수동적인 가담, 도박 채무의 누증으로 인한 도박의 지속, 도박 채무 변제를 위한 유일한 재산인 주택의 양도 등으로 인한 급여자의 불법성보다 훨씬 크다고 보아 급여자로서는 그 주택의 반환을 구할 수 있다.
> 대법원 1997.10.24. 선고 95다49530 판결
>
> 선량한 풍속 기타 사회질서에 위반하여 무효인 부분의 이자 약정을 원인으로 차주가 대주에게 임의로 이자를 지급하는 것은 통상 불법의 원인으로 인한 재산 급여라고 볼 수 있을 것이나, 불법원인급여에 있어서도 그 불법원인이 수익자에게만 있는 경우이거나 수익자의 불법성이 급여자의 그것보다 현저히 커서 급여자의 반환청구를 허용하지 않는 것이 오히려 공평과 신의칙에 반하게 되는 경우에는 급여자의 반환청구가 허용되므로, 대주가 사회통념상 허용되는 한도를 초과하는 이율의 이자를 약정하여 지급받은 것은 그의 우월한 지위를 이용하여 부당한 이득을 얻고 차주에게는 과도한 반대급부 또는 기타의 부당한 부담을 지우는 것으로서 그 불법의 원인이 수익자인 대주에게만 있거나 또는 적어도 대주의 불법성이 차주의 불법성에 비하여 현저히 크다고 할 것이어서 차주는 그 이자의 반환을 청구할 수 있다.
> 대법원 2007.02.15. 선고 2004다50426 전원합의체 판결

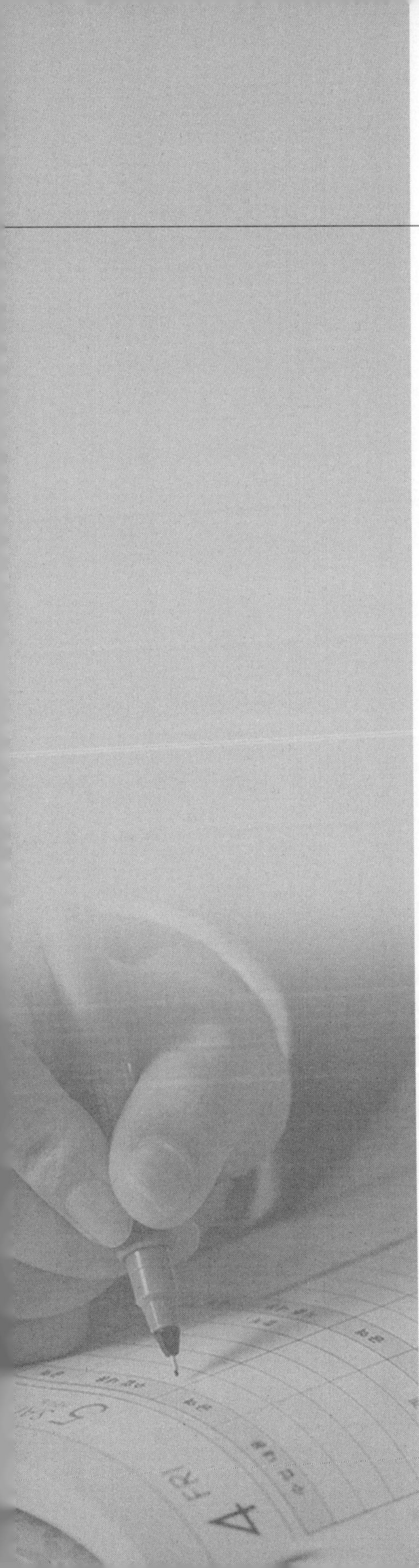

제10장 불법행위

Ⅰ.불법행위의 기초

Ⅱ. 일반불법행위

1. 가해자의 고의 또는 과실
2. 위법성
3. 손해의 발생 및 인과관계
4. 책임능력

Ⅲ.민법상의 특수불법행위

1. 특수불법행위의 의미
2. 타인의 행위에 대한 책임
3. 물건에 의한 특수책임
4. 공동불법행위 책임

Ⅳ. 특수유형 불법행위

1. 운행자책임
2. 환경침해 책임
3. 의료과오책임
4. 명예훼손과 사생활침해
5. 제조물책임
6. 산업재해책임
7. 국가배상책임

Ⅴ. 손해배상의 범위

1. 손해배상
2. 소극적 손해
3. 적극적 손해
4. 위자료
5. 손해배상액의 제한
6. 손해배상청구권의 소멸

Ⅰ. 불법행위의 기초

1. 불법행위의 의의

불법행위는 법의 목적과 질서에 어긋나는 행위로서 법이 이를 허용할 수 없는 것으로 평가하는 행위를 말한다.
불법행위는 고의 또는 과실로 타인에게 손해를 주는 위법행위로서 손해배상채무의 주요한 발생원인이다.

2. 불법행위책임과 다른 책임의 관계

가. 불법행위책임과 채무불이행책임

불법행위로 인한 손해배상책임과 채무불이행으로 인한 손해배상책임은 위법행위를 기초로 한 손해배상책임이라는 점에서 공통성을 가지고 있다. 그런 반면에 채무불이행책임이 계약관계에서 발생하는 급부의무의 위반에 기초하고 있는데 비해 불법행위책임은 계약관계라는 특별관계 및 그로부터 발생하는 특정의 의무와는 관계없이 발생한다는 점에서 차이점을 보인다.
채무불이행책임과 불법행위책임은 각각 요건과 효과를 달리하는 별개의 법률관계에서 발생하는 것이므로 하나의 행위가 계약상 채무불이행의 요건을 충족함과 동시에 불법행위의 요건도 충족하는 경우에는 두 개의 손해배상청구권이 경합하여 발생한다.
두 개의 손해배상청구권의 병존을 인정하여 권리자로 하여금 그 중 어느 하나를 선택하여 행사할 수 있게 하는 것이 피해자인 권리자를 두텁게 보호하는 길이다.

> 해상운송인이 운송도중 운송인이나 그 사용인 등의 고의 또는 과실로 인하여 운송물을 멸실 또는 훼손시킨 경우에 운송계약상의 운송물 인도청구권과 그 운송물의 소유권을 아울러 가지고 있는 선하증권 소지인은 운송인에 대하여 운송계약상의 채무불이행으로 인한 손해배상청구권과 아울러 소유권 침해의 불법행위로 인한 손해배상청구권을 취득하며 이 두 청구권은 서로 경합하여 병존하고, '운송계약상의 면책특약이나 상법상의 면책조항은 오로지 운송계약상의 채무불이행책임에만 적용될 뿐 당사자 사이에 명시적 또는 묵시적인 합의가 없는 한 불법행위로 인한 손해배상 책임에는 영향을 미치지 않는다. 본래 채무불이행책임과 불법행위책임은 각각 요건과 효과를 달리하는 별개의 법률관계에서 발생하는 것이므로 하나의 행위가 계약상 채무불이행의 요건을 충족함과 동시에

불법행위의 요건도 충족하는 경우에는 두 개의 손해배상청구권이 경합하여 발생한다고 보는 것이 당연할 뿐 아니라, 두 개의 청구권의 병존을 인정하여 권리자로 하여금 그중 어느 것이든 선택하여 행사할 수 있게 하는 것이 피해자인 권리자를 두텁게 보호하는 길이라고 할 것이다.
대법원 1983. 3. 22. 선고 82다카1533 전원합의체 판결

나. 불법행위책임과 부당이득반환청구권

불법행위와 부당이득은 사무관리와 더불어 법률행위에 의하여 채권채무관계를 발생시키는 것이 아니라 법률의 규정에 의하여 채권채무관계를 형성한다는 점에서 유사성을 보이기도 하지만 불법행위책임이 손해의 전보를 목적으로 함에 비해 부당이득반환책임은 수익자가 얻은 부당한 이득의 찬탈을 목적으로 한다는 점에서 차이를 보이기도 한다.

어떤 행위가 두 요건을 모두 충족시키는 경우에 불법행위로 인한 손해배상청구권과 부당이득으로 인한 부당이득반환청구권은 경합하여 병존하게 된다.

법률행위가 사기에 의한 것으로서 취소되는 경우에 그 법률행위가 동시에 불법행위를 구성하는 때에는 취소의 효과로 생기는 부당이득반환청구권과 불법행위로 인한 손해배상청구권은 경합하여 병존하는 것이므로, 채권자는 어느 것이라도 선택하여 행사할 수 있지만 중첩적으로 행사할 수는 없다.
대법원 1993. 4. 27. 선고 92다56087 판결

3. 불법행위책임의 기본원리[52)]

가. 과실책임주의

1) 기본원칙

과실책임의 원칙은 근대민법 3대원칙의 하나로서 '과실 없으면 책임 없다'는 전제하에 보통의 사회인으로서 필요한 주의의무만 다하면 자유로이 활동할 수 있도록 보장함으로써 자본주의 발달에 크게 기여한 바 있다.

고의 또는 과실에 의하여 타인에게 손해를 입힌 경우에만 가해자에게 손해배상책임을 부담하도록 하는 입법주의를 과실책임주의라고 한다.

민법 제750조는 일반불법행위책임이 과실책임 원칙에 기초하고 있음을 보여주고

52) 오지용, 불법행위의 법리, 진원사, 24~27면.

있다.

2) 과실책임주의의 수정

자본주의가 급속도로 발전하고 과학문명이 발달함에 따라 종래는 생각할 수 없는 위험이 창출되었다. 즉 기계설비에 의한 생산시설이 발달함에 따라 산업재해나 교통사고의 발생으로 인한 손해와 같은 각종 손해가 불가피하게 발생하게 되었다. 그런데 이런 손해는 아무리 사전에 세심한 주의를 기울여도 불가피하게 발생하는 경우가 있게 되었고, 종래의 과실책임주의에서는 이러한 경우에 있어 피해자가 구제를 받을 수 없게 되는 부당한 결과가 초래되었다.

과실책임주의의 맹점을 보정하기 위해 종래의 과실책임주의는 수정되었는데, 그 수정의 방법으로는 무과실책임을 적극 채용하는 방법과 과실의 증명책임을 피해자로부터 가해자에게로 전환시키는 방법 등이 고려되게 되었다.

나. 무과실책임주의

1) 무과실책임주의의 대두

철도, 자동차, 항공기 등과 같은 운송도구의 발달과 위험한 기계설비 등을 갖춘 기업의 발달은 새로운 위험을 만들어 내게 되었는데, 이러한 위험이 따르는 운송도구의 사용을 통해 이익을 얻거나 기업활동을 통해 이익을 얻으면서 타인에게 손해를 끼쳤다면, 가해자에게 과실이 없거나 설사 과실이 있더라도 증명할 수 없는 경우에도 피해자에 대해 배상책임을 부담한다는 무과실책임주의가 대두되었다.

2) 무과실책임의 원리

가) 보상책임의 원리

이익을 얻는 과정에서 타인에게 손해를 끼쳤다면 당연히 그 손해에 대하여 배상책임을 져야 한다는 것이다.

현대기업이 막대한 이윤을 얻고 있는 이상 그 기업활동으로 인하여 타인에게 끼치게 된 손해에 대해서는 과실의 유무를 막론하고 배상하는 것이 공평 및 정의의 관념에 합치된다는 것이다.

나) 위험책임의 원리

스스로 위험을 만든 주체는 그 위험으로 인해 타인이 손해를 입은 경우 비록 과실이 없는 경우라도 그 손해를 배상하여야 한다고 한다. 즉 타인에게 손해를 끼칠 개연성이 큰 위험원을 지배하는 자에게 장래 그 위험원으로부터 발생할 손해에 대해 과실유무를 불문하고 손해배상책임을 부담지우는 것은 공평의 이념에 부합한다는 것이다.

II. 일반불법행위[53)]

1. 가해자의 고의 또는 과실

불법행위가 성립하기 위해서는 가해자의 고의 또는 과실이 있어야 한다.
고의는 자기의 행위가 일정한 결과가 발생할 것이라는 점을 인식하면서도 그것을 의욕하는 심리상태를 말하고, 과실은 자기의 행위로 인해 일정한 결과가 발생할 것이라는 것을 인식(예견가능성)하거나 그러한 결과의 발생을 회피할 수 있어야(회피가능성) 함에도 불구하고 부주의로 인하여 이를 인식하지 못하거나 회피하지 못하고 그러한 결과를 발생케 하는 심리상태를 말한다.

불법행위책임에 있어 고의와 과실은 원칙적으로 같은 가치를 가진 것으로 평가된다.

불법행위의 성립요건으로서의 과실은 추상적 과실(구체적 과실과 대비됨), 경과실(중과실과 대비됨)을 의미하고, 그 증명책임은 불법행위의 성립을 주장하는 피해자(원고)에게 있다.
민법 제755조 내지 제759조상의 특수불법행위책임과 자동차손해배상보장법 제3조 소정의 운행자책임 등은 과실의 증명책임을 전환하여 피해자로 하여금 증명책임에서 벗어나게 함으로써 피해자를 보호하고 있다.

피해자가 가해행위로 인하여 손해가 발생하였음을 증명하면 가해자에게 과실이 있는

---

53) 오지용, 앞의 책, 28~34면.

것으로 추정하고 가해자가 그 추정력을 복멸시키기 위해 가해자 자신에게 과실이 없음을 증명하도록 하는 것을 과실의 추정(증명책임의 사실상 전환)이라고 하는데 과실의 추정은 과실책임주의를 유지하면서도 가해자에게 무과실책임을 지우는 것과 같은 효과를 나타낸다.

2. 위법성

불법행위가 성립하기 위해서는 가해행위가 위법하여야 한다. 위법성은 법질서에 어긋남으로써 용납될 수 없다는 가치판단을 받는 것을 의미한다.

가. 재산적 이익의 침해

1) 물권침해

소유권을 침해하는 행위는 원칙적으로 위법성이 있다. 다만 약정 또는 상린관계와 같은 법률의 규정에 의한 제약이 있는 경우 그 한도 내의 침해행위는 위법성이 없다. 기타 물권의 침해행위도 위법성이 있게 되는데, 용익물권의 침해행위는 현실적인 사용 · 수익을 침해하는 형태로, 담보물권의 침해는 담보목적물을 멸실시키거나 그 가치를 감소시키는 형태로 나타나고, 그러한 침해행위는 위법성이 있다고 할 것이다.

2) 채권침해

채권침해의 모습은 채무자에 의한 침해와 제3자에 의한 침해의 모습을 보이게 된다. 채무자에 의한 채권침해는 채무불이행의 문제로서 경우에 따라서는 불법행위책임과의 경합이 문제된다. 이에 비해 제3자에 의한 채권침해가 불법행위가 될 수 있는가에 대해서는 예외적으로 위법성이 있는 경우에만 불법행위가 될 수 있다고 보는 것이 상당하다.

> 제3자의 행위가 채권을 침해하는 것으로서 불법행위에 해당한다고 할 수 있으려면, 그 제3자가 채권자를 해한다는 사정을 알면서도 법규를 위반하거나 선량한 풍속 기타 사회질서를 위반하는 등 위법한 행위를 함으로써 채권자의 이익을 침해하였음이 인정되어야 하고, 이때 그 행위가 위법한 것인지 여부는 침해되는 채권의 내용, 침해행위의 태양, 침해자의 고의 내지 해의의 유무 등을 참작하여 구체적·개별적으로 판단하되, 거래자유 보장의 필요성, 경제·사회정책적 요인을 포함한 공공의 이익, 당사자 사이의 이익균형 등을 종합적으로 고려하여 판단하여야 한다.
> 대법원 2007. 9. 21. 선고 2006다9446 판결

제3자에 의한 채권의 침해가 불법행위를 구성할 수는 있으나, 제3자의 채권침해가 언제나 불법행위로 되는 것은 아니고 채권침해의 태양에 따라 그 성립 여부를 구체적으로 검토하여 정하여야 하는바, 제3자가 채무자의 책임재산을 감소시키는 행위를 함으로써 채권자로 하여금 채권의 실행과 만족을 불가능 내지 곤란하게 한 경우 채권의 침해에 해당한다고 할 수는 있겠지만, 그 제3자의 행위가 채권자에 대하여 불법행위를 구성한다고 하기 위하여는 단순히 채무자 재산의 감소행위에 관여하였다는 것만으로는 부족하고 제3자가 채무자에 대한 채권자의 존재 및 그 채권의 침해사실을 알면서 채무자와 적극 공모하였다거나 채권행사를 방해할 의도로 사회상규에 반하는 부정한 수단을 사용하였다는 등 채권침해의 고의·과실 및 위법성이 인정되는 경우라야만 할 것이며, 여기서 채권침해의 위법성은 침해되는 채권의 내용, 침해행위의 태양, 침해자의 고의 내지 해의의 유무 등을 참작하여 구체적, 개별적으로 판단하되, 거래의 자유 보장의 필요성, 경제·사회정책적 요인을 포함한 공공의 이익, 당사자 사이의 이익균형 등을 종합적으로 고려하여 신중히 판단하여야 한다.
강제집행면탈 목적을 가진 채무자가 제3자와 명의신탁약정을 맺고 채무자 소유의 부동산에 관하여 제3자 앞으로 소유권이전등기를 경료한 경우에, 제3자가 채권자에 대한 관계에서 직접 불법행위책임을 지기 위하여는 단지 그가 채무자와의 약정으로 당해 명의수탁등기를 마쳤다는 것만으로는 부족하고, 그 명의신탁으로써 채권자의 채권의 실현을 곤란하게 한다는 점을 알면서 채무자의 강제집행면탈행위에 공모 가담하였다는 등의 사정이 입증되어 그 채권침해에 대한 고의·과실 및 위법성이 인정되어야 한다.
대법원 2007. 9. 6. 선고 2005다25021 판결

나. 인격적 이익의 침해

생명, 신체, 자유, 명예의 침해, 정조, 초상, 성명과 같은 인격적 이익을 침해하는 행위는 위법성을 갖는다.

다. 침해의 모습

1) 형벌법규 위반

불법행위 성립요건으로서의 위법성은 형법에서의 범죄구성요건으로서의 위법성보다 그 범위가 넓다. 따라서 형법상의 범죄를 구성하는 모든 법익침해행위는 불법행위 성립요건으로서의 위법성이 있다고 할 수 있다.
그리고 형법상 범죄를 구성하지 않는 침해행위라고 하더라도 불법행위의 성립요건인 위법성을 갖추고 있는 경우는 얼마든지 있을 수 있다.

2) 단속법규 및 사회질서위반

단속법규를 위반하거나, 강행법규를 위반한 것은 아니더라도 널리 사회질서에 위반하는 행위라면 위법성이 있다고 할 수 있다.

건축법 등 관계 법령에 일조방해에 관한 직접적인 단속법규가 있다면 그 법규에 적합한지 여부가 사법상 위법성을 판단함에 있어서 중요한 판단자료가 될 것이지만, 이러한 공법적 규제에 의하여 확보하고자 하는 일조는 원래 사법상 보호되는 일조권을 공법적인 면에서도 가능한 한 보장하려는 것으로서 특별한 사정이 없는 한 일조권 보호를 위한 최소한도의 기준으로 봄이 상당하고, 구체적인 경우에 있어서는 어떠한 건물 신축이 건축 당시의 공법적 규제에 형식적으로 적합하다고 하더라도 현실적인 일조방해의 정도가 현저하게 커 사회통념상 수인한도를 넘은 경우에는 위법행위로 평가될 수 있다.
대법원 2004. 9. 13. 선고 2003다64602 판결

3) 권리남용 및 부작위

형식적으로는 정당한 권리의 행사라고 하더라도 실질적으로는 정당한 권리행사의 범위를 넘어서 권리남용에 이른 경우 그 권리의 행사는 위법성이 있다고 할 것이다.
작위뿐만 아니라 부작위도 불법행위에 해당될 수 있다. 다만 부작위의 경우는 작위의무 있는 자의 부작위만이 불법행위에 해당될 수 있다.

라. 위법성의 조각

통상의 경우 위법성이 있는 침해행위라고 하더라도 다음에서 보는 바와 같은 특별한 사정이 있는 경우에는 그 위법성이 조각되어 없어지게 된다.

○ 정당방위 : 타인의 불법행위에 대하여 자기 또는 제3자의 이익을 방위하기 위하여 부득이 타인에게 손해를 가하는 행위를 정당방위라고 한다.

○ 긴급피난 : 급박한 위난을 피하기 위하여 부득이 타인에게 손해를 가하는 것을 긴급피난이라 한다.

○ 피해자의 승낙 : 침해행위에 대하여 피해자가 승낙한 경우라면 그 침해행위의 위법성은 조각된다.

○ 정당행위 : 법익을 침해하는 가해행위라고 하더라도 법률의 규정에 의한, 또는 사회적 타당성이 있는 정당행위의 경우에는 위법성이 조각된다.

3. 손해의 발생 및 인과관계

가. 손해의 발생

가해행위가 불법행위가 되기 위해서는 현실적으로 손해가 발생하여야 한다. 여기서의

손해는 어떤 사실로 인하여 재산 또는 그 밖의 법익에 대하여 입은 불이익을 말하는 것으로서 가해행위가 없었다면 있어야 할 이익상태와 가해행위가 이미 발생한 시점당시의 이익상태의 차이가 손해의 범위라고 할 수 있다.

나. 인과관계

불법행위로 인한 손해배상책임이 발생하려면 가해행위와 손해 사이에 인과관계가 있어야 한다. 여기서의 인과관계는 상당인과관계를 의미한다.

인과관계에 대한 증명책임은 피해자인 원고가 부담하는 것이 원칙이다.

하지만 피해자의 보호측면에서 법률이 그 증명책임을 상대방에게 전환시키거나 완화시키기도 하고,[54] 피해자는 인과관계가 존재한다는 상당한 정도의 개연성만 증명하면 되고, 그러한 증명이 있는 경우 가해자가 인과관계가 없음을 증명하지 못하는 한 인과관계가 인정된다고 판단하는 경우도 있다.

4. 책임능력

책임능력은 자기의 행위에 대한 책임을 인식할 수 있는 정신능력을 말하며 이 책임능력이 있어야 비로소 불법행위책임을 부담하게 된다.

책임능력은 행위당시를 기준으로 구체적으로 판단되며 연령 등에 의하여 획일적으로 결정되지 않는다.

책임능력은 일반적으로 갖추고 있는 것이 원칙이므로 불법행위책임을 면하려는 가해자가 책임능력이 없었음을 증명하여야 한다.

○ 미성년자의 책임능력

민법 제753조는 '미성년자가 타인에게 손해를 가한 경우에 그 행위의 책임을 변식할 지능이 없는 때에는 배상의 책임이 없다'고 규정하고 있는데, 이는 미성년자라도 책임능력이 있으면 불법행위책임을 부담하게 된다는 것을 의미하는 것이다.

---

54) 민법 제756조 1항 단서 후단 및 제760조 2항을 예로 들 수 있다.

○ 심신상실자의 책임능력

민법 제754조 본문은 '심신상실 중에 타인에게 손해를 가한 자는 배상의 책임이 없다'고 규정하여 심신상실자는 책임능력이 없다고 하고있다. 여기서의 심신상실이란 행위의 책임을 변식할 수 없는 정신능력의 결여를 말하는 것이다.

○ 원인에 있어 자유로운 행위

민법 제754조 단서는 '그러나 고의 또는 과실로 인하여 심신상실을 초래한 때에는 그러하지 아니하다'고 규정하여 이른바 '원인에 있어 자유로운 행위'로 심신상실을 초래한 경우에는 손해배상책임에서 벗어나지 못하도록 하고 있다.

Ⅲ. 민법상의 특수불법행위

1. 특수불법행위의 의미

일반불법행위의 성립요건과 다른 특수한 요건이 정해져 있는 불법행위를 특수불법행위라고 하는데, 민법은 일반불법행위 규정인 제750조를 두면서도 제755조부터 제760조까지의 특수불법행위 규정을 두고 있다.

민법이 규정하고 있는 특수불법행위책임으로는 타인의 행위에 대해 책임을 지는 경우로서 책임무능력자의 감독자책임(제755조)과 사용자책임(제756조) 및 도급인의 책임(제757조 단서)이 있고, 물건으로 인하여 야기되는 손해에 대해 특수책임을 지게 되는 경우로서 공작물 등의 점유자 및 소유자책임(제758조), 동물의 점유자책임(제759조)이 있으며, 복수책임주체가 관여하고 있는 특수책임으로 공동불법행위자의 책임(제760조)이 있다.

2. 타인의 행위에 대한 책임

가. 책임무능력자의 감독의무자책임

1) 의의

민법 제753조, 제754조에 의하면 책임변식 능력이 없는 책임무능력자는 타인에게 가해행위를 하더라도 그 타인에 대해 손해배상책임을 부담하지 않는다. 이 규정들은 책임무능력자로 하여금 손해배상책임에서 벗어나게 함으로써 책임무능력자를 보호하는데 그 목적을 두고 있다.

민법 제755조는 책임무능력자가 책임능력이 없어 불법행위책임을 지지 않는 경우에 그 무능력자를 보호 · 감독할 법정의무 있는 자가 그 무능력자의 제3자에게 가한 손해를 배상할 책임이 있다는 취지의 규정을 두어 피해자를 보호하고 있다.

2) 책임의 성질

책임무능력자의 감독의무자가 책임무능력자의 가해행위에 대해 손해배상책임을 부담하는 것은 책임무능력자의 행위에 관한 일반적인 감독의무를 게을리 한 과실 때문이지 책임무능력자가 가해행위를 하는 것 자체에 관한 과실은 아니다.

감독의무자의 과실에 대한 증명책임은 피해자로부터 감독의무자에게로 전환되어 있다. 즉 감독의무자는 사실상 무과실책임을 부담하게 되고, 피해자는 감독의무자가 감독의무를 해태하지 않았다는 점을 증명하지 못하는 한 감독의무자로부터 손해배상을 받을 수 있게 된다. 일반적으로 감독의무자의 책임을 과실책임과 무과실책임의 중간적 책임이라고 할 수 있다.

> 민법 제755조의 책임무능력자의 법정감독의무자의 배상책임규정은 피해자 보호를 위하여 불법행위자에게 그 행위 당시에 책임능력이 있었느냐 여부에 불구하고 감독책임 자는 그 배상책임을 지는 것이며 감독의무자의 책임은 피감독자의 책임을 보충하는 것이 아니라 이와 병존하는 것으로 불법행위 자체에 관한 과실이 아니라 피감독자에 대한 일반적 감독 및 교육을 게을리 한 과실로서 위험책임과 같은 성질을 가지고 있다.
> 책임무능력자에 대한 감독의무자의 배상책임의 요건인 과실은 피감독자에 대한 일반적 감독 및 교육을 게을리 한 과실로서 추정되므로 감독의무자가 그 감독을 게을리 하지 않았다는 것을 증명하지 않는 한 배상책임을 면할 수 없다.
> 대법원 1984. 7. 10. 선고 84다카474 판결

3) 성립요건

○ 가해자의 가해행위가 다른 불법행위 성립요건은 모두 갖추었으나 가해자의 책임능력이 없는 경우이어야 한다.

○ 감독의무자가 책임무능력자의 가해행위에 대하여 손해배상책임을 지기 위해서는 감독의무를 게을리 하였어야 한다.

> 민법 제755조에 의하여 책임능력 없는 미성년자를 감독할 법정의 의무있는 자 또는 그에 갈음하여 무능력자를 감독하는 자가 지는 손해배상책임은 그 미성년자에게 책임이 없음을 전제로 하여 이를 보충하는 책임이고, 그 경우에 감독의무자 자신이 감독의무를 해태하지 아니하였음을 입증하지 아니하는 한 책임을 면할 수 없는 것이나, 반면에 미성년자가 책임능력이 있어 그 스스로 불법행위책임을 지는 경우에도 그 손해가 당해 미성년자의 감독의무자의 의무위반과 상당인과관계가 있으면 감독의무자는 일반불법행위자로서 손해배상책임이 있다.
> 대법원 1994. 8. 23. 선고 93다60588 판결

4) 배상책임자

배상책임을 부담하는 자는 책임무능력자를 감독할 법정 의무자(제755조 1항)와 그에 갈음하여 무능력자를 감독하는 자(제755조 2항)인데 전자를 법정 감독의무자라 하고 후자를 임의 감독의무자라 할 수 있다.

법정 감독의무자와 임의 감독의무자의 손해배상책임은 양립할 수 있고, 이 경우 양자의 책임은 부진정연대채무관계에 있게 된다.

> 민법 제755조에 의하여 책임능력 없는 미성년자를 감독할 친권자 등 법정감독의무자의 보호·감독책임은 미성년자의 생활 전반에 미치는 것이고, 법정감독의무자에 대신하여 보호·감독의무를 부담하는 교사 등의 보호·감독책임은 학교 내에서의 학생의 모든 생활관계에 미치는 것이 아니라 학교에서의 교육활동 및 이와 밀접 불가분의 관계에 있는 생활관계에 한하며, 이와 같은 대리감독자가 있다는 사실만 가지고 곧 친권자의 법정감독책임이 면탈된다고는 볼 수 없다.
> 지방자치단체가 설치·경영하는 학교의 교장이나 교사는 학생을 보호·감독할 의무를 지는데, 이러한 보호·감독의무는 교육법에 따라 학생들을 친권자 등 법정감독의무자에 대신하여 감독을 하여야 하는 의무로서 학교 내에서의 학생의 모든 생활관계에 미치는 것은 아니지만, 학교에서의 교육활동 및 이와 밀접 불가분의 관계에 있는 생활관계에 속하고, 교육활동의 때와 장소, 가해자의 분별능력, 가해자의 성행, 가해자와 피해자의 관계, 기타 여러 사정을 고려하여 사고가 학교생활에서 통상 발생할 수 있다고 하는 것이 예측되거나 또는 예측가능성(사고발생의 구체적 위험성)이 있는 경우에는 교장이나 교사는 보호·감독의무 위반에 대한 책임을 진다.
> 학교폭력 가해학생들의 부모의 과실과 담임교사, 교장의 과실이 경합하여 피해학생의 자살사건이 발생하였다면 부모들과 지방자치단체에게 공동불법행위자로서의 손해배상책임을 인정된다.
> 대법원 2007. 4. 26. 선고 2005다24318 판결

5) 책임능력 있는 미성년자의 불법행위에 대한 감독자의 책임

미성년자가 책임능력이 있어 그 스스로 불법행위책임을 지는 경우에도 그 손해가 당해 미성년자의 감독의무자의 의무위반과 상당인과관계가 있으면 감독의무자는 일반불법행위자로서 손해배상책임이 있고 이 경우에 그러한 감독의무위반사실 및 손해발생과의 상당인과관계의 존재는 이를 주장하는 자가 증명하여야 한다.[55]

감독의무자가 이와 같이 제750조 소정의 일반불법행위책임을 부담하더라도 책임능력자인 미성년자 역시 자신의 가해행위에 대하여 제750조 소정의 일반불법행위책임을 부담하게 되는데, 이 양립하는 채무는 부진정연대채무관계에 있는 것으로 이해할 수 있다.

나. 사용자책임[56]

1) 의의

사용자책임은 피용자가 사무집행에 관하여 제3자에게 가한 손해에 대하여 타인을 사용하여 어느 사무에 종사하게 한 사용자가 부담하게 되는 손해배상책임을 말한다(제756조).

피해자에게 직접 가해행위를 한 피용자는 사용자에 비해 변제능력이 떨어지는 경우가 많으므로 상대적으로 경제적 능력이 있는 사용자에게 손해배상책임을 부담하도록 하는 제도로서 그 근거법리를 보상책임의 원리에서 찾고 있다.

2) 책임의 성질

○ 중간적 책임

사용자책임은 피용자의 가해행위에 대해 책임을 진다는 점에서 타인의 행위에 대한 책임이라고 할 수 있는 반면에 피용자의 선임 및 감독에 관한 주의를 게을리 한 자신의 과실에 대한 책임이라는 측면도 갖고 있다.

사용자는 피용자의 선임 및 감독에 상당한 주의를 하였거나 상당한 주의를 하여도 손해가 있을 경우에는 손해배상책임을 벗어날 수 있다는 점에서 무과실책임은 아니지만 사용자의 과실에 대한 증명책임이 피해자로부터 사용자에게로 전환되어 있다는 점에서 사실상 무과실책임이라고 할 수 있다.

---

55) 대법원 1994. 2. 8. 선고 93다13605 판결.

56) 오지용, 앞의 책, 65~75면.

사용자책임은 과실책임과 무과실책임의 중간 영역에 위치하고 있는 중간적 책임이라고 할 수 있다.

○ 대위책임

사용자책임은 사용자 자신이 피용자의 선임 및 감독에 대한 주의의무를 게을리 하여 부담하게 되는 손해배상책임이므로 사용자 고유의 책임이라고 이해할 수 있는 측면이 있는 반면에 피용자의 불법행위책임에 대하여 피용자를 대위하여 손해배상책임을 부담하게 되는 대위책임이라는 측면이 있다.

위 두 가지 측면의 성격을 가지고 있지만 민법 제756조 3항이 피용자에 대한 사용자의 구상권을 인정하고 있다는 점을 고려할 때 그 대표적인 성격은 대위책임으로 이해하여야 할 것이다.

> 피용자와 제3자가 공동불법행위로 피해자에게 손해를 가하여 그 손해배상채무를 부담하는 경우에 피용자와 제3자는 공동불법행위자로서 서로 부진정연대관계에 있고, 한편 사용자의 손해배상책임은 피용자의 배상책임에 대한 대체적 책임이어서 사용자도 제3자와 부진정연대관계에 있다고 보아야 할 것이므로, 사용자가 피용자와 제3자의 책임비율에 의하여 정해진 피용자의 부담부분을 초과하여 피해자에게 손해를 배상한 경우에는 사용자는 제3자에 대하여도 구상권을 행사할 수 있으며, 그 구상의 범위는 제3자의 부담부분에 국한된다고 보는 것이 타당하다.
> 대법원 1992. 6. 23. 선고 91다33070 전원합의체 판결

3) 책임의 요건

○ 사용관계

사용자책임이 인정되기 위해서는 타인을 사용하여 어느 사무에 종사하게 하는 사용관계가 있어야 한다.

타인을 사용한다는 것은 사용자가 불법행위자를 실질적으로 지휘·감독하는 관계에 있음을 의미하므로, 사용관계는 고용관계나 근로계약관계보다 포괄적 개념이다.

> 민법 제756조 소정의 사용자와 피용자의 관계는 반드시 유효한 고용관계가 있는 경우에 한하는 것이 아니고, 사실상 어떤 사람이 다른 사람을 위하여 그 지휘·감독 아래 그 의사에 따라 사무를 집행하는 관계에 있으면 족한 것이며, 타인에게 위탁하여 계속적으로 사무를 처리하여 온 경우 객관적으로 보아 그 타인의 행위가 위탁자의 지휘·감독의 범위 내에 속한다고 보이는 경우 그 타인은 민법 제756조에 규정한 피용자에 해당한다.
> 대법원 1998. 8. 21. 선고 97다13702 판결

타인에게 어떤 사업에 관하여 자기의 명의를 사용할 것을 허용한 경우에 그 사업이 내부관계에 있어서는 타인의 사업이고 명의자의 고용인이 아니라 하더라도 외부에 대한 관계에 있어서는 그 사업이 명의자의 사업이고 또 그 타인은 명의자의 종업원임을 표명한 것과 다름이 없으므로, 명의사용을 허용받은 사람이 업무수행을 함에 있어 고의 또는 과실로 다른 사람에게 손해를 끼쳤다면 명의사용을 허용한 사람은 민법 제756조에 의하여 그 손해를 배상할 책임이 있고, 명의대여관계의 경우 민법 제756조가 규정하고 있는 사용자책임의 요건으로서의 사용관계가 있느냐 여부는 실제적으로 지휘·감독을 하였느냐의 여부에 관계없이 객관적·규범적으로 보아 사용자가 그 불법행위자를 지휘·감독해야 할 지위에 있었느냐의 여부를 기준으로 결정하여야 할 것이다.
대법원 2007. 6. 28. 선고 2007다26929 판결

○ 사무집행

사용자책임이 인정되기 위해서는 피용자가 그 사무집행에 관하여 제 3자에게 손해를 가하였어야 한다.

민법 제756조에 규정된 사용자책임의 요건인 '사무집행에 관하여'라는 뜻은 피용자의 불법행위가 외형상 객관적으로 사용자의 사업활동 내지 사무집행행위 또는 그와 관련된 것이라고 보여질 때에는 행위자의 주관적 사정을 고려함이 없이 이를 사무집행에 관하여 한 행위로 본다는 것이고, 여기에서 외형상 객관적으로 사용자의 사무집행에 관련된 것인지 여부는 피용자의 본래 직무와 불법행위와의 관련 정도 및 사용자에게 손해발생에 대한 위험창출과 방지조치 결여의 책임이 어느 정도 있는지를 고려하여 판단하여야 한다.[57]

피용자의 불법행위가 외관상 사무집행의 범위 내에 속하는 것으로 보이는 경우에 있어서도, 피용자의 행위가 사용자나 사용자에 갈음하여 그 사무를 감독하는 자의 사무집행 행위에 해당하지 않음을 피해자 자신이 알았거나 또는 중대한 과실로 인하여 알지 못한 경우에는 사용자책임을 물을 수 없고, 사용자책임이 면책되는 피해자의 중대한 과실이라 함은 거래의 상대방이 조금만 주의를 기울였더라면 피용자의 행위가 그 직무권한 내에서 적법하게 행하여진 것이 아니라는 사정을 알 수 있었음에도 만연히 이를 직무권한 내의 행위라고 믿음으로써 일반인에게 요구되는 주의의무에 현저히 위반하는 것으로 거의 고의에 가까운 정도의 주의를 결여하고, 공평의 관점에서 상대방을 구태여 보호할 필요가 없다고 봄이 상당하다고 인정되는 상태를 말한다.
대법원 2003. 2. 11. 선고 2002다62029 판결

○ 제3자에게 손해를 가할 것

사용자책임이 인정되기 위해서는 제3자에게 손해가 가해져야 한다.

57) 대법원 2008. 2. 1. 선고 2006다33418 판결.

여기서의 제3자는 사용자와 가해행위를 한 피용자를 제외한 그 밖의 권리주체를 의미한다.

○ 피용자의 가해행위가 불법행위의 요건을 갖출 것

사용자책임의 본질을 대위책임으로 이해하는 한, 피용자의 제3자에 대한 가해행위가 고의 또는 과실, 책임능력, 위법성, 손해의 발생 및 인과관계라는 불법행위 성립요건을 갖추어야 한다.

> 책임무능력자(초등학교 1학년생)의 대리감독자(담임교사)에게 민법 제755조 제2항에 의한 배상책임이 있다고 하여 위 대리감독자의 사용자 또는 사용자에 갈음한 감독자(위 학교를 설립 경영하는 지방자치단체)에게 당연히 민법 제756조에 의한 사용자책임이 있다고 볼 수는 없으며, 책임무능력자의 가해행위에 관하여 그 대리감독자에게 고의 또는 과실이 인정됨으로써 별도로 불법행위의 일반 요건을 충족한 때에만 위 대리감독자의 사용자 또는 사용자에 갈음한 감독자는 민법 제756조의 사용자책임을 지게 된다.
> 대법원 1981. 8. 11. 선고 81다298 판결

○ 사용자가 면책사유 없음을 증명하지 못할 것

사용자가 피용자의 선임 및 그 사무감독에 상당한 주의를 한 때 또는 상당한 주의를 하여도 손해가 있을 경우에는 사용자책임을 지지 않는다(제756조 1항 단서).

> 민법 제756조 제1항 및 제2항의 책임에 있어서 사용자나 그에 갈음하여 사무를 감독하는 자는 그 피용자의 선임과 사무감독에 상당한 주의를 하였거나 상당한 주의를 하여도 손해가 있을 경우에는 손해배상의 책임이 없으나, 이러한 사정은 사용자 등이 주장 및 입증을 하여야 한다.
> 대법원 1998. 5. 15. 선고 97다58538 판결

4) 배상책임

○ 배상책임자

피용자의 가해행위로 인한 손해에 대하여 사용자책임을 부담하는 자는 그 피용자의 사용자이다.

○ 피용자의 책임

사용자책임이 성립하는 경우라도 피용자는 여전히 민법 제750조 소정의

일반불법행위책임을 부담하게 된다.

피용자의 불법행위책임과 사용자책임은 부진정연대채무관계에 있다.

> 피용자의 사무집행중의 불법행위로 인한 사용자의 민법 756조의 규정에 의한 배상책임과 피용자 자신의 민법 750조의 규정에 의한 불법행위 책임은 전혀 별개의 것이고 다만 피해자가 어느 편으로 부터 배상에 의하여 일부 또는 전부의 만족을 얻었을 때에는 그 범위 내에서 타방의 배상책임이 소멸한다.
> 대법원 1975. 12. 23. 선고 75다1193 판결

○ 구상관계

사용자가 피해자에게 배상한 경우에 사용자는 피용자에 대하여 구상권을 행사할 수 있다.

> 사용자가 피용자의 업무수행과 관련하여 행하여진 불법행위로 인하여 피해자인 제3자에게 사용자로서의 손해배상책임을 부담한 결과로 손해를 입게 된 경우에 있어서, 사용자는 그 사업의 성격과 규모, 시설의 현황, 피용자의 업무내용과 근로조건 및 근무태도, 가해행위의 발생원인과 성격, 가해행위의 예방이나 손실의 분산에 관한 사용자의 배려의 정도, 기타 제반 사정에 비추어 손해의 공평한 분담이라는 견지에서 신의칙상 상당하다고 인정되는 한도 내에서만 피용자에 대하여 구상권을 행사할 수 있다.
> 대법원 1996. 4. 9. 선고 95다52611 판결

다. 도급인책임

민법 제757조는 본문에 '도급인은 수급인이 그 일에 관하여 제3자에게 가한 손해를 배상할 책임이 없다'고 규정하고, 그 단서에 '도급 또는 지시에 관하여 도급인에게 중대한 과실이 있는 때에는 그러하지 아니하다'고 규정하고 있다.

민법 제757조 본문의 규정은 도급인이 수급인의 행위에 대하여 사용자책임을 부담하지 않는다는 당연한 내용을 주의적으로 규정한 것이다.

한편, 민법 제757조 본문 규정은 사용자책임을 배제하는 것일 뿐이지 다른 책임의 성립까지를 배제하는 규정은 아니다.

도급인이 수급인에 대하여 특정한 행위를 지휘하거나 특정한 사업을 도급시키는 경우와 같은 이른바 노무도급의 경우에는 비록 도급인이라 하더라도 사용자로서의 배상책임이 있게 된다.

도급인의 면책을 규정한 민법 제757조 본문은, 수급인은 도급인으로부터 독립하여 사무를 처리하기 때문에 민법 제756조 소정의 피용자에 해당되지 아니하므로 예외적으로 도급인이 수급인의 일의 진행 및 방법에 관하여 구체적인 지휘·감독권을 유보한 경우가 아닌 한 도급인이 수급인의 행위에 대하여 사용자책임을 부담하지 않는다는 것을 주의적으로 규정한 것이고, 민법 제757조에 의한 도급인의 책임과 민법 제758조 제1항에 의한 공작물 점유자의 책임은 그 법률요건과 효과를 달리하는 것이어서 공작물의 점유자가 그 공작물의 설치 또는 보존의 하자로 인하여 타인에게 손해를 가한 경우 민법 제758조 제1항에 의한 손해배상책임을 인정하는 데 있어 위 민법 제757조 본문이 장애가 되는 것은 아니다.
대법원 2006. 4. 27. 선고 2006다4564 판결

도급인과 수급인 사이에는 지휘·감독의 관계가 없으므로 도급인은 수급인이나 수급인의 피용자의 불법행위에 대하여 사용자로서의 배상책임이 없는 것이지만, 도급인이 수급인에 대하여 특정한 행위를 지휘하거나 특정한 사업을 도급시키는 경우와 같은 이른바 노무도급의 경우에는 비록 도급인이라고 하더라도 사용자로서의 배상책임이 있다.
대법원 2005. 11. 10. 선고 2004다37676 판결

3. 물건에 의한 특수책임

가. 공작물책임[58]

1) 의의

공작물의 설치 또는 보존의 하자로 인하여 타인에게 손해를 가한 때에는 공작물 점유자 또는 소유자는 그 손해를 배상할 책임이 있다(제758조).

공작물의 점유자 또는 소유자가 부담하게 되는 책임을 공작물책임이라 하는데, 민법 제758조는 점유자가 1차적인 책임을 부담하고, 점유자가 책임에서 벗어나는 경우에 소유자가 2차적으로 책임을 부담하는 구조의 규정이다.

공작물의 점유자는 자신이 손해의 방지에 필요한 주의를 해태하지 않았음을 증명하게 되면 손해배상책임을 벗어날 수 있는데 비해 공작물의 소유자는 그러한 사유를 증명하더라도 손해배상책임을 벗어날 수 없다는 점에서 점유자의 공작물책임은 중간적 책임, 소유자의 공작물책임은 무과실책임이라 할 수 있다.

민법 제758조는 공작물의 설치·보존의 하자로 인하여 타인에게 손해를 가한 경우 그 점유자 또는 소유자에게 일반 불법행위와 달리 이른바 위험책임의 법리에 따라 책임을 가중시킨 규정일 뿐이고, 그 공작물 시공자가 그 시공상의 고의·과실로 인하여 피해자에게 가한

58) 오지용, 앞의 책, 77~82면.

손해를 민법 제750조에 의하여 직접 책임을 부담하게 되는 것을 배제하는 취지의 규정은 아니다.
대법원 1996. 11. 22. 선고 96다39219 판결

2) 성립요건

가) 공작물

공작물책임이 인정되기 위해서는 손해를 발생시킨 것이 공작물이어야 한다.
공작물은 인공적 작업에 의하여 만들어진 유체물을 말하는데, 국가배상법상의 영조물이 '행정주체에 의하여 공공의 목적에 공여된 공작물'이라고 정의할 수 있으므로 공작물의 범위는 영조물의 범위보다 넓다고 할 것이다.[59]

민법 제758조에서 말하는 공작물이라 함은 인공적 작업에 의하여 제작된 물건을 말하는 것으로서 전기 그 자체는 여기에서 말하는 공작물에 해당되지 않는다.
대법원 1993. 6. 29. 선고 93다11913 판결

나) 설치 · 보존의 하자

공작물책임이 인정되기 위해서는 공작물의 설치 · 보존의 하자가 있어야 한다.
하자는 공작물이 그 용도에 따라 통상 갖추어야 할 안전성을 갖추지 못한 상태에 있는 것을 말하는데 그 하자가 설치당시부터 있었던 원시적 하자였다면 설치상의 하자이고, 그 하자가 설치 이후에 발생된 후발적 하자라면 보존상의 하자라고 할 것이다.

민법 제758조 제1항에 규정된 공작물의 설치·보존상의 하자라 함은 공작물이 그 용도에 따라 통상 갖추어야 할 안전성을 갖추지 못한 상태에 있음을 말하는 것으로서, 이와 같은 안전성의 구비 여부를 판단함에 있어서는 당해 공작물의 설치·보존자가 그 공작물의 위험성에 비례하여 사회통념상 일반적으로 요구되는 정도의 방호조치 의무를 다하였는지의 여부를 기준으로 삼아야 할 것이다.
대법원 2006. 1. 26. 선고 2004다21053 판결

59) 영조물의 설치 또는 관리상의 하자로 인한 손해에 대해서는 국가배상법 제5조 규정이, 일반적인 공작물의 설치 또는 보존상의 하자로 인한 손해에 대해서는 민법 제758조 규정이 적용된다.

다) 공작물의 하자로 인한 손해의 발생

공작물의 하자로 인하여 타인에게 손해가 발생하여야 하고 공작물의 하자와 손해발생 사이에 인과관계가 있어야 한다.

3) 책임관계

손해배상책임은 1차적으로 공작물의 점유자가 부담하고, 점유자가 면책되는 경우에 2차적으로 공작물의 소유자가 부담하게 된다. 점유자의 책임은 과실책임인데 비해 소유자의 책임은 위험책임으로서의 무과실책임이다.

점유자 중에 간접점유자가 있는 경우에는 직접점유자가 먼저 책임을 지고 직접점유자에게 책임을 지울 수 없는 경우에 비로소 간접점유자가 책임을 지게 된다.

> 민법 제758조 제1항 소정의 공작물점유자라 함은 공작물을 사실상 지배하면서 그 설치 또는 보존상의 하자로 인하여 발생할 수 있는 각종 사고를 방지하기 위하여 공작물을 보수·관리할 권한 및 책임이 있는 자를 말한다.
> 대법원 2000. 4. 21. 선고 2000다386 판결
>
> 한국도로공사는 고속국도법 제6조 제1항의 규정에 의하여 건설부장관을 대행하여 경부고속도로를 관리하여 오고 있으므로 민법 제758조 제1항이 정하는 공작물의 점유자에 해당한다.
> 대법원 1996. 10. 11. 선고 95다56552 판결
>
> 공작물의 설치 또는 보존의 하자로 인하여 타인에게 손해를 가한 경우에 그 공작물의 점유가 대리점유 관계에 있을 때에는 직접점유자가 1차적인 배상책임을 지고, 직접점유자가 손해방지에 필요한 주의를 해태하지 아니한 때에 비로소 간접점유자에게 그 배상책임을 물을 수 있다.
> 대법원 1981. 7. 28. 선고 81다209 판결
>
> 공작물의 설치 또는 보존의 하자로 인하여 타인에게 손해를 가한 때에는 제1차적으로 공작물의 점유자가 손해를 배상할 책임이 있고 공작물의 소유자는 점유자가 손해의 방지에 필요한 주의를 해태하지 아니한 때에 비로소 제2차적으로 손해를 배상할 책임이 있는 것이지만, 공작물의 임차인인 직접점유자나 그와 같은 지위에 있는 것으로 볼 수 있는 사람이 공작물의 설치 또는 보존의 하자로 인하여 손해를 입은 경우에는 소유자가 그 손해를 배상할 책임이 있는 것이고, 이 경우에 공작물의 보존에 관하여 피해자에게 과실이 있다고 하더라도 과실상계의 사유가 될 뿐이다.
> 대법원 2008. 7. 24. 선고 2008다21082 판결

나. 동물점유자의 책임

동물점유자의 책임은 동물이 타인에게 손해를 가한 경우에 동물의 점유자 또는 보관자가 부담하게 되는 손해배상책임이다(제759조).

배상책임을 지는 자는 동물의 점유자(제759조 1항)와 점유자에 갈음하여 동물을

보관한 자(제759조 2항)이고, 동물의 점유자에 간접점유자는 포함되지 않는다.

4. 공동불법행위 책임[60)]

가. 의의 및 성질

민법 제760조는 3가지 경우의 공동불법행위 모습에 대해 규정하고 있고, 이들 유형의 공동불법행위자에 대해서는 연대하여 손해배상책임을 부담하도록 하고 있다. 여기서의 '연대하여'라는 의미는 부진정연대채무로 이해하여야 한다.

> 수인이 공동하여 타인에게 손해를 가하는 민법 제760조의 공동불법행위의 경우 행위자 상호간의 공모는 물론 공동의 인식을 필요로 하지 아니하고 객관적으로 그 공동행위가 관련공동되어 있으면 족하며, 그 관련공동성 있는 행위에 의하여 손해가 발생함으로써 공동불법행위가 성립하고, 같은 조 제3항의 방조라 함은 불법행위를 용이하게 하는 직접·간접의 모든 행위를 가리키는 것으로서 형법과 달리 손해의 전보를 목적으로 하여 과실을 원칙적으로 고의와 동일시하는 민법의 해석으로서는 과실에 의한 방조도 가능하다고 할 것이며, 이 경우의 과실의 내용은 불법행위에 도움을 주지 않아야 할 주의의무가 있음을 전제로 하여 이 의무에 위반하는 것을 말한다.
> 대법원 2003. 1. 10. 선고 2002다35850 판결

나. 공동불법행위의 모습

1) 협의의 공동불법행위

협의의 공동불법행위는 수인이 공동의 불법행위로 타인에게 손해를 가한 경우를 말한다(제760조 1항). 복수의 사람이 관련성 있는 행위를 공동으로 하고, 그 공동행위로 인해 손해를 발생시키는 것을 말한다.

○ 불법행위성

협의의 불법행위가 성립하기 위해서는 각각의 행위가 각각 독립해서 불법행위의 요건을 갖추어야 한다. 그러므로 각 가해자에게 고의 또는 과실이 있어야하고 책임능력이 있어야 한다.

60) 오지용, 앞의 책, 84~90면.

수인이 공동하여 타인에게 손해를 가하는 민법 제760조 제1항의 공동불법행위가 성립하려면 각 행위가 독립하여 불법행위의 요건을 갖추고 있으면서 객관적으로 관련되고 공동하여 위법하게 피해자에게 손해를 가한 것으로 인정되어야 한다.
대법원 1998. 2. 13. 선고 96다7854 판결

○ 관련공동성

협의의 공동불법행위가 성립하기 위해서는 각 행위자의 가해행위 사이에 관련공동성이 있어야 한다. 즉 각 행위자의 가해행위 사이에 불법행위로서의 공동성이 있어야 한다.

여기서의 공동성은 객관적으로 관련공동성이 있으면 족하므로 행위자들의 공모 내지 공동의 인식은 필요하지 않다고 본다.

수인이 공동하여 타인에게 손해를 가하는 민법 제760조의 공동불법행위에 있어서는 행위자 상호간의 공모는 물론 공동의 인식을 필요로 하지 아니하고, 다만 객관적으로 그 공동행위가 관련 공동되어 있으면 족하며 그 관련 공동성 있는 행위에 의하여 손해가 발생함으로써 이의 배상책임을 지는 공동불법행위가 성립한다.
대법원 2006. 1. 26. 선고 2005다47014 판결

2) 가해자 불명의 공동불법행위

가해자 불명의 공동불법행위란 공동 아닌 수인의 행위 중 어느 자의 행위가 그 손해를 가한 것인지를 알 수 없는 때에 성립하는 불법행위를 말한다(제760조 2항). 관련공동성이 없다는 점에서 협의의 공동불법행위와 구별된다.

각 행위자에게 고의 또는 과실이 있어야 하고 책임능력이 있어야 한다. 그리고 수인의 행위가 객관적 공동이 없는 개별적 행위로 증명되었으나 손해의 발생에 기인한 행위가 누구의 행위인지 불분명하여야 한다.

개별 행위자가 자기의 행위와 손해발생 사이에 인과관계가 존재하지 아니함을 증명하면 면책되고, 손해의 일부가 자신의 행위에서 비롯된 것이 아님을 증명하면 배상책임이 그 범위 내로 감축되게 된다.

> 다수의 의사가 의료행위에 관여한 경우 그 중 누구의 과실에 의하여 의료사고가 발생한 것인지 분명하게 특정할 수 없는 때에는 일련의 의료행위에 관여한 의사들 모두에 대하여 민법 제760조 제2항에 따라 공동불법행위책임을 물을 수 있다고 봄이 상당하다.
> 대법원 2005. 9. 30. 선고 2004다52576 판결
>
> 민법 제760조 제2항은 여러 사람의 행위가 경합하여 손해가 생긴 경우 중 같은 조 제1항에서 말하는 공동의 불법행위로 보기에 부족할 때, 입증책임을 덜어줌으로써 피해자를 보호하려는 입법정책상의 고려에 따라 각각의 행위와 손해 발생 사이의 인과관계를 법률상 추정한 것이므로, 이러한 경우 개별 행위자가 자기의 행위와 손해 발생 사이에 인과관계가 존재하지 아니함을 증명하면 면책되고, 손해의 일부가 자신의 행위에서 비롯된 것이 아님을 증명하면 배상책임이 그 범위로 감축된다.
> 대법원 2008. 4. 10. 선고 2007다76306 판결

3) 교사 · 방조행위에 의한 공동불법행위

타인의 불법행위에 대한 교사자와 방조자는 공동불법행위자로 간주된다(제760조 3항).

교사는 타인으로 하여금 불법행위의 의사결정을 하도록 하는 것을 의미하고, 방조란 타인의 불법행위를 보조하는 것으로서 불법행위를 용이하게 하는 모든 행위를 말하며 과실에 의한 방조도 포함된다.

> 민법 제760조 제3항은 교사자나 방조자는 공동행위자로 본다고 규정하여 교사자나 방조자에게 공동불법행위자로서 책임을 부담시키고 있는바, 방조라 함은 불법행위를 용이하게 하는 직접, 간접의 모든 행위를 가리키는 것으로서 작위에 의한 경우뿐만 아니라 작위의무 있는 자가 그것을 방지하여야 할 제반 조치를 취하지 아니하는 부작위로 인하여 불법행위자의 실행행위를 용이하게 하는 경우도 포함하고, 형법과 달리 손해의 전보를 목적으로 하여 과실을 원칙적으로 고의와 동일시하는 민법의 해석으로서는 과실에 의한 불법행위의 방조도 가능할 것이며, 이 경우의 과실의 내용은 불법행위에 도움을 주지 않아야 할 주의의무가 있음을 전제로 하여 이 의무에 위반하는 것을 말하고, 방조자에게 공동불법행위자로서의 책임을 지우기 위하여는 방조행위와 피방조자의 불법행위 사이에 상당인과관계가 있어야 한다.
> 대법원 2007. 5. 10. 선고 2005다55299 판결

다. 공동불법행위자의 책임

1) 부진정연대채무

공동불법행위자는 연대하여 피해자에게 그 손해를 배상할 책임이 있다(제760조 1항). 여기서의 '연대하여'는 부진정연대채무관계로 이해하여야 한다.

> 승용차 운전자인 갑과 을 회사 소유 화물차 운전자의 과실이 경합하여 병 회사의 버스 승객들이 상해를 입은 사고에서, 병 회사는 그 운전자의 과실이 없다고 하더라도 위 버스의 운행자로서 위 피해자들에 대하여 자동차손해배상보장법상의 배상책임을 부담하고, 한편 을 회사와 갑 역시 위 화물차 및 승용차의 운행자 또는 공동불법행위자로서 위 피해자들에 대하여 손해배상책임을 부담하며, 병 회사와 을 회사 및 갑의 위 각 책임은 부진정연대채무의 관계에 있다고 할 것이다.
> 대법원 1998. 12. 22. 선고 98다40466 판결

2) 구상관계

공동불법행위자들 내부관계에서는 일정한 부담 부분이 있고, 공동불법행위자 중 1인이 자기의 부담 부분 이상을 변제하여 공동의 면책을 얻게 하였을 때에는 다른 공동불법행위자에게 그 부담 부분의 비율에 따라 구상권을 행사할 수 있다.

공동불법행위자가 구상권을 갖기 위해서는 반드시 피해자의 손해 전부를 배상하여야 할 필요는 없으나, 자기의 부담 부분을 초과하여 배상을 하여야 한다.[61]

Ⅳ. 특수유형 불법행위

1. 운행자책임

가. 개관

민법상의 불법행위책임원리의 수정형식으로 출발한 자동차손해배상보장법은 민법 제750조나 제756조에 대한 특별규정이고, 자동차손해배상보장법 제3조에 기한 손해배상청구권과 민법 제750조 또는 제756조에 기한 손해배상청구권은 법조경합관계에 있다고 해석되므로 자동차손해배상보장법은 민법에 우선하여 적용된다.

자동차손해배상보장법의 핵심은 제3조에 있다고 할 수 있다. 즉 제3조는 '자기를 위하여 자동차를 운행하는 자는 그 운행으로 인하여 다른 사람을 사망하게 하거나 부상하게 한 때에는 그 손해를 배상할 책임을 진다'는 본문 규정과 '승객이 아닌 자가

61) 대법원 2006. 2. 9. 선고 2005다28426 판결.

사망하거나 부상한 경우에 있어서 자기와 운전자가 자동차의 운행에 관하여 주의를 게을리 하지 아니하고 피해자 또는 자기 및 운전자 이외의 제3자에게 고의 또는 과실이 있으며 자동차의 구조상의 결함 또는 기능에 장해가 없었다는 것을 증명한 때와, 승객이 사망하거나 부상한 경우에 있어서 그 사망 또는 부상이 그 승객의 고의나 자살행위로 인한 것인 때에는 예외로 한다'는 단서규정으로 이루어져 있다.

자동차손해배상보장법 제3조는 본문 규정에 따라 책임을 지는 자는 단서 규정상의 면책사유가 없는 한 손해배상책임을 부담하도록 하되 그 면책의 범위를 지극히 제한함으로써 거의 무과실책임에 기초한 손해배상책임을 부담하도록 하고 있다.

자동차손해배상보장법 제3조는 불법행위에 관한 민법 규정의 특별 규정이라고 할 것이므로 자동차 사고로 인하여 손해를 입은 자가 자동차손해배상보장법에 의하여 손해배상을 주장하지 않았다고 하더라도 법원은 민법에 우선하여 자동차손해배상보장법을 적용하여야 한다.
대법원 1997. 11. 28. 선고 95다29390 판결

나. 자동차손해배상보장법상의 운행

자동차손해배상보장법 제3조는 운행자가 그 운행으로 인하여 타인을 사상케 한 경우라면 피해자가 가해자의 고의 또는 과실 및 위법행위에 대한 증명을 하지 못하더라도 운행자가 손해배상책임을 부담하도록 하고 있으므로 운행자가 손해배상책임을 지기 위한 전제로서의 '운행'개념을 알아야 한다.

자동차손해배상보장법 제2조 2호는 '운행이라 함은 사람 또는 물건의 운송여부에 관계없이 자동차를 그 용법에 따라 사용 또는 관리하는 것'이라고 정의하고 있다.

자동차손해배상보장법상의 운행은 자동차가 차고에 있든지, 아니면 차고에서 벗어나 있든지 간에, 또 도로상에 있든지 아니면 도로를 벗어나 있든지 간에, 자동차의 장치를 조작하든지 아니든지 간에, 자동차를 운송도구로서의 용도에 따른 이용방법으로 사용 또는 관리하게 되면 운행 중이라고 해석하는 것이 타당하다고 본다.

자동차손해배상보장법 제3조 본문 및 제2조 제2호에 의하면, 자기를 위하여 자동차를 운행하는 자는 그 운행으로 인하여 다른 사람을 사망하게 하거나 부상하게 한 때에는 그 손해를 배상할 책임을 지고, 그 '운행'이라 함은 사람 또는 물건의 운송 여부에 관계없이 자동차를 그 용법에 따라 사용 또는 관리하는 것을 말한다고 규정되어 있는바, 여기서 '자동차를 그 용법에 따라 사용한다.'는 것은 자동차의 용도에 따라 그 구조상 설비되어 있는 각종의 장치를 각각의 장치목적에 따라 사용하는 것을 말하는 것으로서, 자동차가

반드시 주행 상태에 있지 않더라도 주행의 전후단계로서 주·정차 상태에서 문을 열고 닫는 등 각종 부수적인 장치를 사용하는 것도 포함하는 것이고, 한편 자동차의 용도에 따라 그 구조상 설비되어 있는 각종의 장치는 원칙적으로 당해 자동차에 계속적으로 고정되어 사용되는 것이지만 당해 자동차에서 분리하여야만 그 장치의 사용목적에 따른 사용이 가능한 경우에는, 그 장치가 평상시 당해 자동차에 고정되어 있는 것으로서 그 사용이 장치목적에 따른 것이고 당해 자동차의 운행목적을 달성하기 위한 필수적인 요소이며 시간적·공간적으로 당해 자동차의 사용에 밀접하게 관련된 것이라면 그 장치를 자동차에서 분리하여 사용하더라도 자동차를 그 용법에 따라 사용하는 것으로 볼 수 있다.
구급차로 환자를 병원에 후송한 후 구급차에 비치된 들것(간이침대)으로 환자를 하차시키던 도중 들것을 잘못 조작하여 환자를 땅에 떨어뜨려 상해를 입게 한 경우, 이는 자동차의 운행으로 인하여 발생한 사고에 해당한다.
대법원 2004. 7. 9. 선고 2004다20340 판결

골목길에 주차시킨 오토바이가 앞·뒤 바퀴에 바람이 빠져서 쓰러질 위험성이 높았음에도 오토바이 소유자가 그대로 방치하면서 매일 시동만 걸어준 경우, 위 오토바이 위에서 어린 아이가 놀다가 깔려 사망하였다면 자동차손해배상보장법 제3조 소정의 '운행으로 인한 사고'에 해당한다.
대법원 2003. 9. 23. 선고 2002다65936 판결

다. 운행자책임[62)]

1) 운행자의 개념

자동차손해배상보장법 제3조는 자동차사고와 관련한 손해배상책임의 주체를 '자기를 위하여 자동차를 운행하는 자'로 보고 있다. 여기서 자기를 위하여 자동차를 운행하는 자, 즉 운행자의 의미에 대해 자동차의 운행에 대한 지배권과 그것에 의한 이익을 갖고 있는 자라고 보고 있다.

운행자는 운행이익과 운행지배를 갖고 있는 자라고 이해하는데, 여기서의 운행이익은 자동차의 사용에 의한 이익이 자기에 귀속되는 것을 의미하는 것으로서 직접적인 경제적 이익뿐만 아니라 간접적인 경제이익과 정신적 만족감까지도 포함된다고 한다. 그리고 운행지배는 자동차의 사용에 관한 지배가 자기에게 속한다는 것을 의미하는데 여기서의 지배는 사실상의 지배 또는 현실적인 지배뿐만 아니라 관념상의 지배까지도 포함된다고 한다.

자동차를 운행하는 자라면 그 운행으로 인해 발생하는 모든 효과를 자신에게 귀속시킬 것이라는 내심의 의사를 갖고 있을 것이다. 이러한 내심의 의사를 '운행책임의식'이라고 하는데 이를 객관화하여, 객관화된 운행책임의식을 갖고 있는

62) 오지용, 앞의 책, 105~115면.

것으로 평가되는 자를 운행자로 인정할 수 있을 것이다.

> 자동차손해배상보장법 제3조에서 자동차 사고에 대한 손해배상책임을 지는 자로 규정하고 있는 '자기를 위하여 자동차를 운행하는 자'란 사회통념상 당해 자동차에 대한 운행을 지배하여 그 이익을 향수하는 책임주체로서의 지위에 있다고 할 수 있는 자를 말한다.
> 대법원 2000. 7. 6. 선고 2000다560 판결

2) 운행자책임의 개별유형 분석

자동차보유자가 직접 운전을 하거나 운전자로 하여금 운전을 하게 하다가 자동차사고를 야기한 경우에 그 자동차보유자에게 운행자책임을 부과하는데 대해서는 이론이 있을 수 없지만, 그 이외의 자가 운전을 하다가 자동차사고를 야기한 경우에 과연 운전에 가담하지 않은 자동차보유자에게 운행자책임을 부과해야 할 것인가에 대해 논란이 있을 수 있다.

가) 무단운전

무단운전이란 자동차보유자의 의사에 기하지 아니하고 자동차를 임의대로 운전하는 경우로서 통상 자동차보유자와 고용관계나 친척 또는 이와 유사한 관계 등의 인적관계에 있는 사람이 자동차보유자의 승낙 없이 자동차를 운전하는 모습을 일컫는다.

대법원은 '자동차의 소유자는 비록 제3자가 무단히 그 자동차를 운전하다가 사고를 내었다고 하더라도 그 운행에 있어 소유자의 운행지배와 운행이익이 완전히 상실되었다고 볼 특별한 사정이 없는 경우에는 그 사고에 대하여 자동차손해배상보장법 제3조 소정의 운행자로서의 책임을 부담하고, 그 운행지배와 운행이익의 상실 여부는 평소의 자동차나 그 열쇠의 보관 및 관리 상태, 소유자의 의사와 관계없이 운행이 가능하게 된 경위, 소유자와 운전자의 인적 관계, 운전자의 차량 반환의사의 유무, 무단운행 후 소유자의 사후승낙 가능성, 무단운전에 대한 피해자의 인식 유무 등 객관적이고 외형적인 여러 사정을 사회통념에 따라 종합적으로 평가하여 이를 판단하여야 한다'고 판시하고 있다.[63]

자동차보유자에게 운행자성이 인정되는 경우 그 무단운전자 역시 운행자성을

63) 대법원 2006. 7. 27. 선고 2005다56728 판결.

갖고 있으므로 자동차보유자와 무단운전자는 공동운행자로서 피해자에 대해 부진정연대채무를 부담하게 된다.

나) 절취운전

자동차보유자와 아무런 인적 관계도 없는 사람이 자동차보유자에게 차량을 되돌려 줄 의사 없이 자동차를 절취하여 운전하는 것을 절취운전이라고 하는데 절취운전자에게 운행자성을 인정하는 것에 대해서는 의문이 없는데 이런 경우에도 자동차보유자에게 운행자성을 인정할 것인지에 대해서는 논란이 있을 수 있다.

대법원은 '자동차 보유자와 아무런 인적 관계도 없는 사람이 자동차를 보유자에게 되돌려 줄 생각 없이 자동차를 절취하여 운전하는 이른바 절취운전의 경우에는 자동차 보유자는 원칙적으로 자동차를 절취당하였을 때에 운행지배와 운행이익을 잃어버렸다고 보아야 할 것이고, 다만 예외적으로 자동차 보유자의 차량이나 시동열쇠 관리상의 과실이 중대하여 객관적으로 볼 때에 자동차 보유자가 절취운전을 용인하였다고 평가할 수 있을 정도가 되고, 또한 절취운전 중 사고가 일어난 시간과 장소 등에 비추어 볼 때에 자동차 보유자의 운행지배와 운행이익이 잔존한다고 평가할 수 있는 경우에 한하여 자동차를 절취당한 자동차 보유자에게 운행자성을 인정할 수 있다고 할 것이다'라고 판시하고 있다.[64]

다) 명의대여 및 명의잔존

○ 명의대여자의 책임

공부상의 등록명의를 타인에게 대여하는 것을 명의대여라고 하는데 이 경우 공부상의 소유자와 실질적 소유자가 서로 다르므로 자동차 사고가 일어난 경우에 실질적인 소유자 이외에도 공부상의 소유자가 운행자책임을 부담하게 되는지 문제가 될 수 있다.

자동차등록원부상의 등록명의를 타인에게 유상 또는 무상으로 대여하는 명의대여의 경우 명의대여자가 운행자인지 여부를 판단함에 있어서는 대여자와 피대여자 사이의 실질적 관계, 명의대여를 하게 된 경위, 명의대여로 인하여 명의대여자가 경제적 이익을 얻는지 여부, 차량의 운행이나 관리에 관여할 수 있는 지위에 있는지 여부, 차량의 관리 및 운행의 실태 등을 종합적으로 고려하여

64) 대법원 2001. 4. 24. 선고 2001다3788 판결.

사회통념상 명의대여자가 당해 차량에 대한 운행지배, 운행이익을 가지고 있다고 인정되는 경우에 명의대여자에 대하여 운행자 책임을 인정할 수 있다고 한다.[65)]

○ 명의잔존자의 책임

자동차에 대한 실질적 소유권을 이전하였으면서도 공부상 소유명의이전절차가 이루어지지 않음으로써 공부상의 소유자와 실질적 소유자가 일치하지 않는 경우에 실질적인 소유자가 자동차를 운행하다 자동차사고를 야기하게 되면 실질적 소유자뿐만 아니라 공부상 소유자까지도 운행자책임을 지게 되는지 여부가 문제될 수 있다.

대법원은 '공부상 소유자가 자동차사고 당시에 자동차를 실질적 소유자에게 매도하고 계약금 수령과 동시에 자동차 및 검사증을 인도하였다고 하더라도 아직 잔대금을 받지 못하고 자동차등록명의이전 서류도 교부하지 아니한 이상 자동차가 공부상 소유자의 지배를 완전히 벗어났다고는 할 수 없으므로 공부상소유자는 자동차손해배상보장법 제3조의 손해배상책임이 있다'고 판시하고 있다.[66)]

라) 차량의 대차관계

자동차의 임차인 또는 차주는 특단의 사정이 없는 한, 임차인이 임차한 자동차 또는 차주가 빌린 자동차에 대하여 현실적으로 운행을 지배하여 그 운행이익을 향수하는 자에 해당하므로 운행자성을 인정할 수 있다.

자동차의 임대차 또는 사용대차의 경우 사용목적이 한정되고, 임차인이나 차주를 선별할 수 있으며, 임대차에 따른 경제적 이익과 사용대차에 따른 정신적 만족감을 얻게 되므로 자동차의 임대인 또는 대주는 운행이익과 운행지배를 상실시킬만한 특별한 사정이 없는 한 운행자책임을 지게 된다고 본다.

마) 대리운전

대리운전자는 대리운전의뢰자로부터 대가를 받는다는 측면에서 운행이익을 얻고 실제로 운행을 담당한다는 점에서 운행지배를 하는 것이므로 운행자책임을 부담한다고 한다.

대리운전의뢰자는 언제든지 대리운전을 중단시킬 수 있고 여전히 차량에 대한

65) 서울고법 2002. 4. 25. 선고 2001나47421 판결.

66) 대법원 1980. 6. 10. 선고 80다591 판결.

지배권을 가지고 있으므로 운행자로서의 지위를 계속 가지고 있다고 한다.

바) 자동차의 세차, 수리, 보관

대법원은 '세차를 의뢰하는 법률관계는 세차작업의 완료를 목적으로 하는 도급계약 관계이므로 세차작업 중의 차량의 지배권은 세차업자에게 있다할 것이니 특단의 사정이 없는 한 세차작업 중의 차량으로 인하여 야기된 사고에 의한 책임은 세차업자에게 있다'고 판시하고,[67]

'자동차의 수리를 위하여 이를 수리업자에게 인도한 경우에는 수리하는 동안의 자동차의 운행지배권은 특단의 사정이 없는 한 보유자에게 있는 것이 아니라 수리업자에게 있다'고 판시하고 있다.[68]

주차장이나 음식점, 호텔 등의 종업원에게 자동차와 시동열쇠를 맡겨 주차를 의뢰한 경우 시동열쇠를 반환받을 때까지 그 차량은 그 관리자가 보관하게 되므로 주차의뢰자의 차량에 대한 운행지배는 떠난 것으로 보는 것이 상당하다고 본다.

2. 환경침해 책임

가. 유지청구권[69]

1) 의의 및 법적 근거

환경침해는 계속적인 침해를 특질로 한다. 따라서 과거의 손해에 대한 배상책임 외에 장래에 환경침해가 계속되지 않도록 조치할 필요가 있게 된다.

유지청구는 피해자가 가해자를 상대로 피해자에게 손해를 주는 행위를 중지할 것을 법원에 청구하는 것으로서 방지설비의 설치나 오염시설의 철거를 구하는 것과 같은 일정한 작위를 청구하거나 오염시설의 설치를 금하거나 오폐수 배출의 금지를 구하는 것과 같은 부작위를 청구하는 것을 내용으로 한다.

대법원은 피해자가 가해자에 대해 유지청구를 할 수 있는 법적 근거로서 민법 제214조를 들고 있다. 즉 대법원은 '건물의 소유자 또는 점유자가 인근의 소음으로 인하여 정온하고 쾌적한 일상생활을 영유할 수 있는 생활이익이 침해되고 그 침해가

67) 대법원 1976. 10. 26. 선고 76다517 판결.

68) 대법원 1992. 9. 8. 선고 92다21487 판결.

69) 오지용, 앞의 책, 149~162면.

사회통념상 수인한도를 넘어서는 경우에 건물의 소유자 또는 점유자는 그 소유권 또는 점유권에 기하여 소음피해의 제거나 예방을 위한 유지청구를 할 수 있다고 판시하여,[70] 유지청구권의 법적 근거를 민법의 물권편 규정에서 찾고 있다.

2) 유지청구의 요건

가) 당사자

○ 청구권자

유지청구를 할 수 있는 자는 환경침해를 받은 피해자이다. 유지청구의 법적 근거를 물권적 청구권에서 찾는 이상, 유지청구의 주체는 원칙적으로 소유권이나 점유권 등의 물권을 가진 자, 물권화한 임차권자, 특별법상 물권으로 취급되는 광업권이나 어업권을 가진 자, 관습법상의 물권자가 될 것이다.

> 일조권 침해에 있어 객관적인 생활이익으로서 일조이익을 향유하는 '토지의 소유자 등'은 토지소유자, 건물소유자, 지상권자, 전세권자 또는 임차인 등의 거주자를 말하는 것으로서, 당해 토지·건물을 일시적으로 이용하는 것에 불과한 사람은 이러한 일조이익을 향유하는 주체가 될 수 없다.
> 초등학교 학생들은 공공시설인 학교시설을 방학기간이나 휴일을 제외한 개학기간 중, 그것도 학교에 머무르는 시간 동안 일시적으로 이용하는 지위에 있을 뿐이고, 학교를 점유하면서 지속적으로 거주하고 있다고 할 수 없어서 생활이익으로서의 일조권을 법적으로 보호받을 수 있는 지위에 있지 않다.
> 대법원 2008. 12. 24. 선고 2008다41499 판결

○ 피청구권자

위법한 환경침해에 대하여 방해제거 또는 방해예방을 청구할 수 있는 유지청구권은 방해자에 대해서만 행사될 수 있다. 방해행위를 직접 행사하지 않더라도 방해하는 사정을 지배하는 지위에 있는 자라면 유지청구권의 상대방이 될 수 있다. 따라서 환경침해적인 건축공사를 행하는 경우에 그 건축주와 시공자 모두 피청구권자가 될 수 있다.

유지청구의 성질상, 현재 환경침해행위를 하는 자만이 피청구권자가 될 수 있는 것이다.

70) 대법원 2007. 6. 15. 선고 2004다37904 판결.

나) 침해행위

○ 적극적 침해행위

가스, 증기, 냄새, 연기, 매연, 열, 진동, 소음과 같은 불가량물의 유입에 따른 생활방해 형태의 환경침해에 대해서 유지청구를 할 수 있음은 논란의 여지가 없다.

○ 소극적 침해행위

소극적 침해는 환경에 대한 자연적인 연결이 박탈되거나 자기의 토지 경계 안에서의 행동을 통해 다른 토지의 이익을 박탈하는 것을 말한다.

대법원은 일조차단에 따른 생활방해뿐만 아니라 경관 및 조망의 훼손으로 인한 생활방해에 대해서도 유지청구권을 행사할 수 있음을 명시적으로 인정하고 있다.[71)]

○ 관념적 침해행위

관념적 침해행위는 심리적이고 관념적인 생활방해 상태를 의미한다. 예컨대, 인접 토지에서 사창가, 장례식장 등을 운영함으로써 이웃 거주자에게 심리적, 정신적 불쾌감을 주는 심리적, 정신적 형태의 침해를 관념적 침해행위라고 한다.

대법원은 관념적 침해행위에 대해서도 유지청구권을 행사할 수 있음을 밝히고 있다.[72)]

다) 고의 · 과실 및 위법성

○ 고의 또는 과실

환경침해에 대한 유지청구권은 침해자의 고의 또는 과실을 성립요건으로 하지 않는다.

○ 위법성

환경침해행위에 대하여 그 제거 내지 예방을 구하는 유지청구권이 인정되려면 그 침해행위에 위법성이 있어야 한다.

유지청구권 성립요건으로서의 위법성은 손해배상청구권 성립요건으로서의 위법성에 비해 보다 엄격한 기준을 적용하게 된다.

위법성의 판단기준으로는 수인한도가 제시되는데, 사회통념상 수인한도를

71) 대법원 1997. 7. 27. 선고 98다47528 선고.

72) 대법원 1974. 12. 24. 선고 68다1489 판결.

넘었다고 인정되는 환경침해에 대해서는 위법성이 있다고 보는 반면에 사회통념상 수인한도를 벗어나지 않았다고 인정되는 환경침해행위에 대해서는 이를 위법하다고 보지 않고 있다.

유지청구권 성립요건으로서의 위법성에 대한 증명책임은 피해자인 원고에게 있다.

> 건물의 신축으로 인하여 그 이웃 토지 상의 거주자가 직사광선이 차단되는 불이익을 받은 경우에 그 신축행위가 정당한 권리행사로서의 범위를 벗어나 사법상 위법한 가해행위로 평가되기 위해서는 그 일조방해의 정도가 사회통념상 일반적으로 인용하는 수인한도를 넘어야 하고, 일조방해행위가 사회통념상 수인한도를 넘었는지 여부는 피해의 정도, 피해이익의 성질 및 그에 대한 사회적 평가, 가해 건물의 용도, 지역성, 토지이용의 선후관계, 가해 방지 및 피해 회피의 가능성, 공법적 규제의 위반 여부, 교섭 경과 등 모든 사정을 종합적으로 고려하여 판단하여야 한다.
> 대법원 2007. 9. 7. 선고 2005다72485 판결

3) 유지청구재판

가) 유지명령

유지청구권 행사의 내용은 작위청구와 부작위청구 중 어느 하나에 의한다. 즉 피해자는 일정한 환경침해방지공사, 재해방지시설의 설치, 오염시설의 철거를 구하는 형태의 작위청구나 일정 기준 이상의 소음, 매연을 배출하는 등의 환경침해행위를 하여서는 아니 된다는 형태의 부작위청구를 할 수 있고, 그 유지청구에 대하여 법원은 침해자의 작위 또는 부작위를 명하는 유지명령을 하게 된다.

나) 유지명령의 집행

특정 방지시설의 설치, 방해물의 제거 등과 같은 대체적 작위명령에 대하여는 대체집행이 가능하다. 그러나 건축금지, 일정량 이상의 소음배출금지 등과 같은 부대체적 작위명령 또는 부작위명령의 경우에는 이행강제금 부과와 같은 간접강제에 의할 수밖에 없다.

나. 손해배상청구

1) 의의

환경침해가 현재 진행 중이라면 유지청구를 할 수 있겠지만, 이미 발생한 환경침해로 인한 사후적 구제로는 민법 제750조에 기하여 불법행위를 원인으로 한 손해배상청구를 하는 것이 일반적이다. 그리고 특별한 성립요건을 갖추고 있다면 제758조 소정의 공작물책임이나 국가배상법상의 영조물책임을 기초로 한

손해배상청구도 가능하다.

2) 성립요건

가) 고의 또는 과실

환경정책기본법 제44조 1항은 '환경오염 또는 환경훼손으로 피해가 발생한 경우에는 해당 환경오염 또는 환경훼손의 원인자가 그 피해를 배상하여야 한다'고 규정하여 환경침해자에게 환경침해로 인한 손해배상책임에 대하여 무과실책임을 부담하도록 하고 있다.

환경정책기본법 제44조 규정은 민법 제750조 규정에 앞서 우선 적용되어야 한다. 따라서 환경침해자의 고의 또는 과실은 손해배상책임의 성립요건이 아니라고 할 것이다.

나) 위법성

환경침해행위가 불법행위로 평가를 받으려면 그 행위가 위법하다고 평가되어야 하는데, 그 위법성의 판단기준으로 수인한도론이 제시되고 있다.

위법성의 증명책임은 피해자에게 있으므로 피해자는 환경침해행위가 수인한도를 초과하였다는 점에 대해 증명하여야 한다.

> 건물의 신축으로 인하여 그 이웃 토지상의 거주자가 직사광선이 차단되는 불이익을 받은 경우에 그 신축행위가 정당한 권리행사로서의 범위를 벗어나 사법상 위법한 가해행위로 평가되기 위해서는 그 일조방해의 정도가 사회통념상 일반적으로 인용하는 수인한도를 넘어야 한다.
> 건축법 등 관계 법령에 일조방해에 관한 직접적인 단속법규가 있다면 그 법규에 적합한지 여부가 사법상 위법성을 판단함에 있어서 중요한 판단자료가 될 것이지만, 이러한 공법적 규제에 의하여 확보하고자 하는 일조는 원래 사법상 보호되는 일조권을 공법적인 면에서도 가능한 한 보장하려는 것으로서 특별한 사정이 없는 한 일조권 보호를 위한 최소한도의 기준으로 봄이 상당하고, 구체적인 경우에 있어서는 어떠한 건물 신축이 건축 당시의 공법적 규제에 형식적으로 적합하다고 하더라도 현실적인 일조방해의 정도가 현저하게 커 사회통념상 수인한도를 넘은 경우에는 위법행위로 평가될 수 있다.
> 대법원 2004. 9. 13. 선고 2003다64602 판결
>
> 매향리사격장이 평온한 농어촌지역에 충분한 완충지대를 갖추지 않고 설치된 점, 주거지역소음기준을 훨씬 초과하는 사격장 소음이 수년간 계속된 점, 그로 인하여 인근 주민들이 신체적·정신적 피해를 입고 일상생활에 여러 지장을 겪은 점 등 제반 사정에 비추어 볼 때, 그 소음 정도가 인근 주민들의 수인한도를 초과하므로 국가가 그 소음으로 인한 인근 주민들의 손해를 배상하여야 한다.
> 서울중앙지방법원 2006. 4. 25. 선고 2001가합48625 판결

다) 손해발생 및 인과관계

○ 손해의 발생

환경침해로 인한 손해가 발생하여야 한다. 손해는 생명, 신체, 건강의 침해로 인한 치료비 및 일실수익 상당의 손해가 발생할 수도 있고, 기르던 동 · 식물의 폐사나 고사, 생육불량 등의 피해가 발생한 경우에는 시가 상당액의 손해가 발생할 수도 있으며, 부동산 가치의 하락이나 고객 감소 또는 업무능력 저하 등의 피해를 입은 경우 감소된 이익 상당액의 손해가 발생할 수도 있다.

그리고 환경침해로 인해 정신적 고통을 입었다면 위자료 배상 문제가 발생하기도 한다.

○ 인과관계

인과관계에 대한 증명책임은 원칙적으로 피해자인 원고에게 있다. 환경침해로 인한 피해의 경우 소음, 진동, 일조 및 경관 방해 등과 같이 직접적인 경우에는 인과관계의 증명이 용이하나 대기, 물 등의 매개체를 통한 간접적인 경우에는 인과관계의 증명이 쉽지 않다.

대법원은 환경침해의 인과관계를 ①피해발생의 메커니즘과 원인물질, ②원인물질이 피해자에게 도달한 경로, ③가해공장에서 원인물질이 생성되어 배출되었다는 사실의 세 가지로 분석하여 유형화하고, 피해자가 세 가지 주요사실을 간접사실에 의해 증명하되 세 가지 사실을 모두 증명할 필요는 없고, 어느 두 가지만 증명한 경우에는 가해자가 다른 간접사실을 증명하여 인과관계를 존부불명의 상태로 만들지 못하는 한 인과관계의 존재를 인정할 수 있다는 입장을 보이고 있다.

> 수질오염으로 인한 손해배상을 구하는 이 사건에 있어서는 ㉠ 피고의 주행시험장 설치공사현장에서 농어 양식에 악영향을 줄 수 있는 황토와 폐수를 배출하고, ㉡ 그 황토 등 물질의 일부가 물을 통하여 이 사건 양식어장에 도달되었으며, ㉢ 그 후 양식 농어에 피해가 있었다는 사실이 각 모순 없이 증명되는 이상 피고의 위 황토와 폐수의 배출과 원고가 양식하는 농어가 폐사하여 입은 손해와 사이에 일응 인과관계의 증명이 있다고 보아야 할 것이다.
> 대법원 1997. 6. 27. 선고 95다2692 판결
>
> 공해로 인한 손해배상청구소송에 있어서는 가해행위와 손해발생 사이의 인과관계의 고리를 모두 자연과학적으로 증명하는 것은 곤란 내지 불가능한 경우가 대부분이고, 가해기업은 기술적·경제적으로 피해자보다 원인조사가 용이할 뿐 아니라 자신이 배출하는 물질이 유해하지 않다는 것을 입증할 사회적 의무를 부담한다고 할 것이므로, 가해기업이 배출한 어떤 물질이 피해 물건에 도달하여 손해가 발생하였다면 가해자 측에서 그

무해함을 입증하지 못하는 한 책임을 면할 수 없다고 봄이 사회 형평의 관념에 적합하다. 여천공단 내 공장들의 폐수 배출과 재첩 양식장에 발생한 손해 사이에 인과관계가 일응 증명되었으므로, 위 공장들이 반증으로 그 폐수 중에 재첩 양식장에 피해를 발생시킨 원인물질이 들어 있지 않거나 원인물질이 들어 있다고 하더라도 재첩 양식에 피해를 일으킬 정도의 농도가 아니라는 사실을 증명하거나, 또는 재첩 양식장의 피해가 전적으로 다른 원인에 의한 것임을 증명하지 못하는 한 그 책임을 면할 수 없다.
대법원 2004. 11. 26. 선고 2003다2123 판결

3) 책임의 제한

손해의 발생 또는 확대에 피해자의 과실이 기여한 바 있다면 당연히 과실상계법리에 따라 손해배상책임이 제한된다.

자연재해 등과 같은 자연력이 손해발생의 공동원인으로 작용하거나 손해의 확대에 기여한 경우에는 자연력이 기여하였다고 인정되는 부분을 공제한 나머지 부분으로 손해배상책임을 제한하여야 한다.

공해사건에서 피해자의 손해가 한파, 낙뢰와 같은 자연력과 가해자의 과실행위가 경합되어 발생된 경우 가해자의 배상의 범위는 손해의 공평한 부담이라는 견지에서 손해에 대한 자연력의 기여분을 제한 부분으로 제한하여야 한다.
대법원 1991. 7. 23. 선고 89다카1275 판결

소음 등을 포함한 공해 등의 위험지역으로 이주하여 들어가서 거주하는 경우와 같이 위험의 존재를 인식하면서 그로 인한 피해를 용인하며 접근한 것으로 볼 수 있는 경우에, 그 피해가 직접 생명이나 신체에 관련된 것이 아니라 정신적 고통이나 생활방해의 정도에 그치고 그 침해행위에 고도의 공공성이 인정되는 때에는, 위험에 접근한 후 실제로 입은 피해 정도가 위험에 접근할 당시에 인식하고 있었던 위험의 정도를 초과하는 것이거나 위험에 접근한 후에 그 위험이 특별히 증대하였다는 등의 특별한 사정이 없는 한 가해자의 면책을 인정하여야 하는 경우도 있을 수 있을 것이나, 일반인이 공해 등의 위험지역으로 이주하여 거주하는 경우라고 하더라도 위험에 접근할 당시에 그러한 위험이 존재하는 사실을 정확하게 알 수 없는 경우가 많고, 그밖에 위험에 접근하게 된 경위와 동기 등의 여러 가지 사정을 종합하여 그와 같은 위험의 존재를 인식하면서 굳이 위험으로 인한 피해를 용인하였다고 볼 수 없는 경우에는 손해배상액의 산정에 있어 형평의 원칙상 과실상계에 준하여 감액사유로 고려하는 것이 상당하다.
대법원 2005. 1. 27. 선고 2003다49566 판결

3. 의료과오책임

가. 개념

의료인은[73] 진단과 치료과정 또는 보건위생상 위해를 야기시킬 우려가 있는 행위를 함에 있어서는 평균수준의 의료인이라면 마땅히 기울여야 할 주의의무를 다하여야 하는데, 이러한 주의의무를 해태하게 되면 그로 인한 손해를 배상할 책임이 발생한다. 의료행위는 질병의 예방과 치료행위뿐만 아니라 의학적 전문지식이 있는 의료인이 행하지 않으면 사람의 생명, 신체나 공중위생에 위해를 발생시킬 우려가 있는 행위를 말하는데, 의료인이 의료행위를 함에 있어 주의의무를 해태하여 의료사고가 발생하는 경우에 그 의료인에게 의료과오책임을 물을 수 있다.

나. 의사의 과실

대표적인 의료과오책임의 성립요건으로서의 의사의 과실은 통상인의 과실이 아닌, 의료부분의 전문가인 의사의 과실이라는 점에 특색이 있다. 따라서 의사의 과실을 인정하기 위한 전제개념인 주의의무는 전문가에게 요구되는 높은 수준의 주의의무라고 할 것인데, 그 주의의무의 내용에는 결과예견의무와 결과회피의무가 포함된다고 한다. 그러므로 결과예견의무와 결과회피의무를 모두 위반한 경우뿐만 아니라 그 어느 한 쪽 의무를 위반한 경우에도 주의의무위반이 있게 된다.

대법원은 의사의 주의의무는 의료행위를 할 당시 의료기관 등 임상의학 분야에서 실천되고 있는 의료행위의 수준, 즉 진료당시의 임상의학의 실천에 의한 의료수준을 기준으로 하여 그 해태여부를 결정하여야 한다고 한다.

> 의료과오사건에 있어서 의사의 과실을 인정하려면 결과 발생을 예견할 수 있고 또 회피할 수 있었음에도 이를 하지 못한 점을 인정할 수 있어야 하고, 위 과실의 유무를 판단함에는 같은 업무와 직무에 종사하는 일반적 보통인의 주의 정도를 표준으로 하여야 하며, 이때 사고 당시의 일반적인 의학의 수준과 의료환경 및 조건, 의료행위의 특수성 등을 고려하여야 한다.
> 대법원 2008. 8. 11. 선고 2008도3090 판결

73) 의료법 제2조 1항은 "의료인"이란 보건복지부장관의 면허를 받은 의사·치과의사·한의사·조산사 및 간호사를 말한다고 규정하고 있다.

의사가 진찰 치료 등의 의료행위를 함에 있어서는 사람의 생명 신체 건강을 관리하는 업무의 성질에 비추어 환자의 구체적인 증상이나 상황에 따라 위험을 방지하기 위하여 요구되는 최선의 처치를 행하여야 할 주의의무가 있다고 할 것이나 의사의 이와 같은 주의의무는 의료행위를 할 당시 의료기관 등 임상의학분야에서 실천되고 있는 의료행위의 수준을 기준으로 판단하여야 할 것이므로, 의사가 행한 의료행위가 그 당시의 의료수준에 비추어 최선을 다한 것으로 인정되는 경우에는 의사에게 환자를 진료함에 있어서 요구되는 주의의무를 위반한 과실이 있다고 볼 수 없다.
대법원 1994. 4. 26. 선고 93다59304 판결

다. 의사의 설명의무[74)]

1) 의의

의사가 환자에게 인체에 위험을 가하는 행위를 함에 있어서는 그에 대한 승낙을 얻기 위한 전제로서 환자 본인 또는 그 가족에게 그 질병의 증상, 치료방법의 내용 및 필요성, 발생이 예상되는 위험 등에 관하여 당시의 의료수준에 비추어 상당하다고 생각되는 사항을 설명하여 그 환자가 필요성이나 위험성을 충분히 비교하여 그 의료행위를 받을 것인가의 여부를 선택할 수 있도록 하여야 한다.
의사에게 설명의무를 부과하는 것은 중대한 결과가 발생할 수도 있는 어떤 치료 또는 수술을 받는데 있어 환자에게 스스로 결정할 수 있는 자기결정권을 행사할 수 있도록 하기 위함이다.

2) 설명의무의 내용

환자에 대한 설명은 아무런 형식을 요하지 않는다. 다만 환자가 충분히 이해할 수 있도록 설명을 하여야 하고 양식서에 환자로부터 서명날인을 받았다는 것만으로 설명의무를 다하였다고는 할 수 없는 것이다.
설명의 대상이 되는 것은 예견가능 한 위험이라고 할 것이다. 예견가능성이 있는 경우라면 그 발생가능성이 희소하더라도 설명하여야 하고, 그러하지 아니하였다면 설명의무를 위반한 것이 된다.
의사의 설명의무위반 여부가 문제되는 것은 수술 등 침습을 과하는 과정 및 그 후에 나쁜 결과발생의 개연성이 있는 의료행위를 하는 경우 또는 사망 등의 중대한 결과발생이 예측되는 의료행위를 하는 경우 등과 같이 환자에게 자기결정에 의한 선택이 요구되는 경우만을 대상으로 한다고 할 것이다.

74) 오지용, 앞의 책, 231~239면.

다만, 긴급한 경우나 다른 특별한 사정이 있는 경우에 설명의무가 생략될 수 있다.[75]

> 의사의 환자에 대한 설명의무가 수술시에만 한하지 않고, 검사, 진단, 치료 등 진료의 모든 단계에서 각각 발생한다 하더라도 설명의무 위반에 대하여 의사에게 위자료 등의 지급의무를 부담시키는 것은 의사가 환자에게 제대로 설명하지 아니한 채 수술 등을 시행하여 환자에게 예기치 못한 중대한 결과가 발생하였을 경우에 의사가 그 행위에 앞서 환자에게 질병의 증상, 치료나 진단방법의 내용 및 필요성과 그로 인하여 발생이 예상되는 위험성 등을 설명하여 주었더라면 환자가 스스로 자기결정권을 행사하여 그 의료행위를 받을 것인지 여부를 선택함으로써 중대한 결과의 발생을 회피할 수 있었음에도 불구하고, 의사가 설명을 하지 아니하여 그 기회를 상실하게 된 데에 따른 정신적 고통을 위자하는 것이므로, 이러한 의미에서의 의사의 설명은 모든 의료과정 전반을 대상으로 하는 것이 아니라 수술 등 침습을 과하는 과정 및 그 후에 나쁜 결과 발생의 개연성이 있는 의료행위를 하는 경우 또는 사망 등의 중대한 결과발생이 예측되는 의료행위를 하는 경우 등과 같이 환자에게 자기결정에 의한 선택이 요구되는 경우만을 대상으로 하여야 하고, 따라서 환자에게 발생한 중대한 결과가 의사의 침습행위로 인한 것이 아니거나 또는 환자의 자기결정권이 문제되지 아니하는 사항에 관한 것은 위자료 지급대상으로서의 설명의무 위반이 문제될 여지는 없다고 봄이 상당하다.
> 대법원 1995. 4. 25. 선고 94다27151 판결

3) 설명의무위반의 효과

피해자가 위자료만을 청구하는 경우에는 의사의 설명의무결여 내지 부족으로 선택의 기회를 상실하였다는 사실만을 증명하면 족하지만, 결과로 인한 모든 손해배상을 청구하는 경우에는 그 중대한 결과와 의사의 설명의무 위반 내지 승낙취득 과정에서의 잘못과의 사이에 상당인과관계가 존재하여야하며, 그때의 의사의 설명의무 위반은 환자의 자기결정권 내지 치료행위에 대한 선택의 기회를 보호하기 위한 점에 비추어 환자의 생명, 신체에 대한 구체적 치료과정에서 요구되는 의사의 주의의무위반과 동일시 할 정도의 것이어야 한다.

> 의사가 설명의무를 위반한 채 수술 등을 하여 환자에게 사망 등의 중대한 결과가 발생한 경우에 있어서 환자 측에서 선택의 기회를 잃고 자기결정권을 행사할 수 없게 된 데 대한 위자료만을 청구하는 경우에는 의사의 설명결여 내지 부족으로 선택의 기회를 상실하였다는 사실만을 입증함으로써 족하고, 설명을 받았더라면 사망 등의 결과는 생기지 않았을 것이라는 관계까지 입증할 필요는 없으나, 그 결과로 인한 모든 손해를 청구하는 경우에는 그 중대한 결과와 의사의 설명의무 위반 내지 승낙취득과정에서의 잘못과의 사이에 상당인과관계가 존재하여야 하며, 그 경우 의사의 설명의무의 위반은 환자의

75) 설명의무가 면제되는 경우로서는, 환자가 설명청취를 포기하거나 응급환자에게 긴급의료행위를 하는 경우, 설명으로 인해 위험이 증가할 수 있는 경우, 환자의 승낙이 명백히 예상되는 경우 등을 들 수 있다.

자기결정권 내지 치료행위에 대한 선택의 기회를 보호하기 위한 점에 비추어 환자의 생명 신체에 대한 의료적 침습 과정에서 요구되는 의사의 주의의무 위반과 동일시 할 정도의 것이어야 한다.
대법원 1994. 4. 15. 선고 93다60953 판결

라. 증명책임

의료행위는 고도의 전문적 지식을 필요로 하는 분야로서 전문가가 아닌 일반인으로서는 의사의 의료행위의 과정에 주의의무 위반이 있는지의 여부나 그 주의의무 위반과 손해발생 사이에 인과관계가 있는지 여부를 밝혀내기가 극히 어려운 특수성이 있으므로 의료행위상의 주의의무 위반으로 인한 손해배상청구에서 피해자 측에서 일련의 의료행위 과정에 있어서 저질러진 일반인의 상식에 바탕을 둔 의료상의 과실 있는 행위를 증명하고 그 결과와 사이에 일련의 의료행위 외에 다른 원인이 개재될 수 없다는 점, 이를테면 환자에게 의료행위 이전에 그러한 결과의 원인이 될 만한 건강상의 결함이 없었다는 사정을 증명한 경우에는 의료상 과실과 결과 사이의 인과관계를 추정하여 손해배상책임을 지울 수 있도록 입증책임을 완화할 것이지만, 이 경우에도 일련의 의료행위 과정에 있어서 일반인의 상식에 바탕을 둔 의료상 과실의 존재는 환자 측에서 증명하여야 하는 것이지 의사에게 무과실의 입증책임을 지우는 것까지 허용되는 것은 아니다.[76]

4. 명예훼손과 사생활침해

가. 명예훼손책임[77]

사람의 품성, 덕행, 명성, 신용 등 인격적 가치에 대하여 사회로부터 받는 객관적인 평가를 침해하는 행위를 명예훼손이라고 한다.

1) 명예훼손 피해자

○ 자연인

자연인은 누구나 명예훼손의 피해자가 될 수 있다.

제한능력자 및 외국인도 피해자가 될 수 있다.

76) 대법원 2007. 5. 31. 선고 2005다41863 판결.

77) 오지용, 앞의 책, 245~256면.

명예훼손에 의한 불법행위가 성립하려면 피해자가 특정되어야 하지만 반드시 성명을 명시하여야 하는 것은 아니고 사람의 성명을 명시하지 않은 경우라도 여러 사정을 종합해 볼 때 그 표시가 누구를 지목하는가를 알아차릴 수 있을 정도이면 피해자가 특정되었다고 할 수 있다.

○ 법인

법인 또는 권리능력 없는 사단도 신용, 명성과 같은 사회적 평가를 가지므로 그 사회적 평가가 침해된 경우에는 명예훼손의 피해자가 될 수 있다.

○ 사자(死者)

사망한 자의 명예도 보호의 대상이 되므로 망인 역시 피해자가 될 수 있다. 다만 손해배상청구권은 상속인에 의해 행사된다.

2) 책임의 성립요건

가) 명예훼손행위

명예훼손이란 인격적 가치에 대하여 사회로부터 받는 객관적인 평가를 침해하는 행위를 말하는 것이므로 단순히 주관적인 명예감정이 침해되었다고 주장하는 것만으로는 명예훼손이 되지 않는다.

의견 또는 논평의 표명이 사실의 적시를 전제로 하지 않은 순수한 의견 또는 논평일 경우에는 명예훼손으로 인한 손해배상책임은 성립하지 않는다.

나) 고의 또는 과실 및 위법성

가해자의 고의 또는 과실이 있어야 하고 그 명예훼손행위가 위법하여야 한다. 명예훼손행위는 표현의 자유와 충돌할 수 있고 때로는 공공성을 갖기 때문에 그 과실 및 위법성의 판단은 보다 엄격하여야 한다.

다) 손해 및 인과관계

손해가 발생하고 명예훼손행위와 손해 사이에 인과관계가 있어야 한다. 다만 명예훼손행위로 인해 외부적 평판이 손상되었다는 손해발생 사실 및 그 인과관계를 증명하는 것은 매우 어려운 일이므로 피해자로서는 그 개연성을 증명하는 것으로서 증명책임을 다한 것으로 보아야 할 것이다.

3) 표현의 자유와의 충돌

가) 공공성

어떤 표현이 타인의 명예를 훼손하더라도 그 표현이 공공의 이해에 관한 사항으로서 그 목적이 오로지 공공의 이익을 위한 것일 때에는 그 내용이 진실한 사실이거나 행위자가 그것을 진실이라고 믿을 상당한 이유가 있는 경우에는 위법성이 없게 된다.

나) 진실성

어떤 표현이 타인의 명예를 훼손하더라도 그 표현이 공공의 이해에 관한 사항으로서 그 목적이 오로지 공공의 이익을 위한 것일 때에는 그 내용이 진실한 사실이거나 행위자가 그것을 진실이라고 믿을 상당한 이유가 있는 경우에는 위법성이 없게 된다. 진실성이나 상당한 이유의 증명책임은 가해자에게 있다.

> 어떤 표현이 타인의 명예를 훼손하더라도 그 표현이 공공의 이해에 관한 사항으로서 그 목적이 오로지 공공의 이익을 위한 것일 때에는 그 내용이 진실한 사실이거나 행위자가 그것을 진실이라고 믿을 상당한 이유가 있는 경우에는 위법성이 없다고 할 것인바, 여기서 '그 목적이 오로지 공공의 이익을 위한 것'이라 함은 적시된 사실이 객관적으로 보아 공공의 이익에 관한 것으로서 행위자도 공공의 이익을 위하여 그 사실을 적시한 것을 의미하는데, 행위자의 주요한 목적이나 동기가 공공의 이익을 위한 것이라면 부수적으로 다른 사익적 목적이나 동기가 내포되어 있더라도 무방하고, 여기서 '진실한 사실'이라 함은 그 내용 전체의 취지를 살펴볼 때 중요한 부분이 객관적 사실과 합치되는 사실이라는 의미로서 세부에 있어 진실과 약간 차이가 나거나 다소 과장된 표현이 있더라도 무방하다. 또한, 행위자가 보도내용이 진실이라고 믿을 만한 상당한 이유가 있는지의 여부는 적시된 사실의 내용, 진실이라고 믿게 된 근거나 자료의 확실성과 신빙성, 사실 확인의 용이성, 보도로 인한 피해자의 피해 정도 등 여러 사정을 종합하여 행위자가 보도 내용의 진위 여부를 확인하기 위하여 적절하고도 충분한 조사를 다하였는가, 그 진실성이 객관적이고도 합리적인 자료나 근거에 의하여 뒷받침되는가 하는 점에 비추어 판단하여야 한다.
> 한편, 언론·출판의 자유와 명예보호 사이의 한계를 설정함에 있어서는 표현된 내용이 사적 관계에 관한 것인가 공적 관계에 관한 것인가에 따라 차이가 있는바, 당해 표현으로 인한 피해자가 공적인 존재인지 사적인 존재인지, 그 표현이 공적인 관심 사안에 관한 것인지 순수한 사적인 영역에 속하는 사안에 관한 것인지 등에 따라 그 심사기준에 차이를 두어 공공적·사회적 의미가 있는 사안에 관한 표현의 경우에는 언론의 자유에 대한 제한이 완화되어야 한다.
> 대법원 2008. 2. 28. 선고 2005다28365 판결
>
> 민사상 타인에 대한 명예훼손은 사실을 적시하는 방법으로 행해질 수도 있고 의견을 표명하는 방법으로 행해질 수도 있는바, 사실의 적시를 전제로 하지 않은 순수한 의견 또는 논평의 경우에는 명예훼손으로 인한 손해배상책임은 성립되지 아니하고, 반면에 어떤 의견의 표현이 그 전제로서 사실을 직접적으로 표현한 경우이거나 간접적이고 우회적인 방법에 의하더라도 그 표현의 전체 취지에 비추어 어떤 사실의 존재를 암시하고 또 이로써 특정인의 사회적 가치 내지 평가를 침해할 가능성이 있으면 명예훼손으로 된다. 그리고 신문 등 언론매체의 어떤 기사가 타인의 명예를 훼손하는지의 여부는 일반 독자가 기사를 접하는 통상의 방법을 전제로 그 기사의 전체적인 취지와의 연관하에서 기사의 객관적

내용, 사용된 어휘의 통상적인 의미, 문구의 연결방법 등을 종합적으로 고려하여 그 기사가 독자에게 주는 전체적인 인상을 기준으로 판단하여야 하고, 여기에다가 당해 기사의 배경이 된 사회적 흐름 속에서 당해 표현이 가지는 의미를 함께 고려하여야 한다. 한편, 풍자만화나 시사만평의 경우에는 직설적인 언행과는 달리 풍자나 은유, 희화적 표현기법이 흔히 사용되고 일반 독자들도 그러한 속성을 감안하여 받아들이는 경향이 있는 만큼 어느 정도의 과장은 용인할 수 있다는 점도 고려해야 할 것이다.
그런데 어떤 표현이 타인의 명예를 훼손하더라도 그 표현이 공공의 이해에 관한 사항으로서 '그 목적이 오로지 공공의 이익을 위한 것'일 때에는 그 내용이 '진실한 사실'이거나 행위자가 그것을 '진실이라고 믿을 상당한 이유'가 있는 경우에는 위법성이 없다고 할 것이다. 여기서 '그 목적이 오로지 공공의 이익을 위한 것'이라 함은 적시된 사실이 객관적으로 보아 공공의 이익에 관한 것으로서 행위자도 공공의 이익을 위하여 그 사실을 적시한 것을 의미하는데, 행위자의 주요한 목적이나 동기가 공공의 이익을 위한 것이라면 부수적으로 다른 사익적 목적이나 동기가 내포되어 있더라도 무방하다. 그리고 '진실한 사실'이라 함은 그 내용 전체의 취지를 살펴볼 때 중요한 부분이 객관적 사실과 합치되는 사실이라는 의미로서 세부에 있어 진실과 약간 차이가 나거나 다소 과장된 표현이 있더라도 무방하다. 또한, 행위자가 보도 내용이 '진실이라고 믿을 만한 상당한 이유'가 있는지의 여부는 적시된 사실의 내용, 진실이라고 믿게 된 근거나 자료의 확실성과 신빙성, 사실 확인의 용이성, 보도로 인한 피해자의 피해 정도 등 여러 사정을 종합하여 행위자가 보도 내용의 진위 여부를 확인하기 위하여 적절하고도 충분한 조사를 다하였는가, 그 진실성이 객관적이고도 합리적인 자료나 근거에 의하여 뒷받침되는가 하는 점에 비추어 판단하여야 한다.
한편, 언론·출판의 자유와 명예보호 사이의 한계를 설정함에 있어서는 표현된 내용이 사적(사적) 관계에 관한 것인가 공적 관계에 관한 것인가에 따라 차이가 있는바, 당해 표현으로 인한 피해자가 공적인 존재인지 사적인 존재인지, 그 표현이 공적인 관심 사안에 관한 것인지 순수한 사적인 영역에 속하는 사안에 관한 것인지 등에 따라 그 심사기준에 차이를 두어 공공적·사회적 의미가 있는 사안에 관한 표현의 경우에는 언론의 자유에 대한 제한이 완화되어야 한다. 특히 당해 표현이 언론사에 대한 것인 경우에는, 언론사가 타인에 대한 비판자로서 언론의 자유를 누리는 범위가 넓은 만큼 그에 대한 비판의 수인범위 역시 넓어야 하고, 언론사는 스스로 반박할 수 있는 매체를 가지고 있어서 이를 통하여 잘못된 정보로 인한 왜곡된 여론의 형성을 막을 수 있으며, 일방 언론사의 인격권의 보장은 다른 한편 타방 언론사의 언론자유를 제약하는 결과가 된다는 점을 감안하면, 언론사에 대한 감시와 비판 기능은 그것이 악의적이거나 현저히 상당성을 잃은 공격이 아닌 한 쉽게 제한되어서는 아니 된다고 할 것이다.
대법원 2008. 2. 14. 선고 2005다75736 판결

4) 민사책임의 내용

가) 손해배상

명예훼손을 입은 피해자는 가해자에 대해 민법 제750조, 제731조 1항에 기초하여 그 손해배상청구권을 갖게 된다. 명예훼손에 의해 발생하는 손해는 통상 무형의 손해이므로 위자료를 청구하는 방식의 손해전보 방식을 강구하지만 구체적인 재산상 손해가 발생한 경우에는 이에 대한 배상청구가 가능하다고 할 것이다.

나) 침해배제 및 금지청구

명예훼손행위에 대해서는 인격권으로서의 명예권에 기초하여 가해자에게 현재

이루어지고 있는 침해행위를 배제하거나 장래에 생길 침해를 예방하기 위하여 침해행위의 금지를 구할 수도 있는 것이다.

다) 명예회복처분

피해자는 법원에 명예회복에 적당한 처분을 해줄 것을 청구할 수 있다(제764조). 명예회복에 필요한 처분으로서는 정정보도, 사실해명광고 등이 있을 수 있다. 다만 사죄광고는 그 처분에 포함되지 않는다.[78]

나. 사생활침해[79]

1) 사생활 보호의 필요 및 한계

개인의 사생활이 타인으로부터 침해받거나 사생활이 함부로 공개되지 아니할 소극적 권리는 물론이고, 고도로 정보화된 현대사회에서 자신에 대한 정보를 자율적으로 통제할 수 있는 적극적 권리까지도 보호받아야 하는데, 이러한 권리는 국가기관으로부터 침해받지 않아야 할뿐만 아니라 사인으로부터도 침해받지 않아야 한다.

사생활의 보호는 사생활침해의 의도가 없는 가벼운 정도의 침해에 대해서는 이를 수인하여야 할 것이므로 그 범위 내에서 제한될 수 있다.

2) 사생활 침해의 요건

가) 사적 영역에 관련된 사항일 것

사생활침해는 사적 영역에 관한 사항이어야 하므로 공공의 장소에서는 행해지지 않는 것이 원칙이다. 그러나 비록 공개된 장소에서 행하여졌다고 하더라도 그것이 사적 영역에 관련된 것이라면 이는 사생활침해에 해당한다.

나) 사생활침해에 공공성이 없을 것

영장에 의한 수색, 도청 등과 같은 정당한 행정업무의 수행과정에서, 또는 공익 목적의 업무수행과정에서 필요한 최소한의 사생활침해는 위법하지 않으므로 그 침해행위가 위법하기 위해서는 공공성을 결여하여야 한다.

---

78) 헌법재판소 1991. 4. 1. 결정 89헌마160 전원재판부결정.

79) 오지용, 앞의 책, 257~262면.

다) 수인한도를 초과할 것

일상생활을 하는 가운데 알게 모르게 타인의 사생활을 침해하는 경우가 있는데, 이러한 사생활침해라도 사회적으로 용납되는 정도를 넘지 않으면 위법하다고 할 수 없다.

> 사생활과 관련된 사항의 공개가 사생활의 비밀을 침해하는 것으로서 위법하다고 하기 위해서는 적어도 공표된 사항이 일반인의 감수성을 기준으로 하여 그 개인의 입장에 섰을 때 공개되기를 바라지 않을 것에 해당하고 아울러 일반인에게 아직 알려지지 않은 것으로서 그것이 공개됨으로써 그 개인이 불쾌감이나 불안감을 가질 사항 등에 해당하여야 한다.
> 대법원 2006. 12. 22. 선고 2006다15922 판결

라) 손해와 인과관계

사생활침해로 인해 발생하는 손해는 통상 무형의 손해이기 때문에 손해가 발생한 사실 및 인과관계를 증명하는 것은 매우 어려운 일이다. 따라서 피해자로서는 그 개연성을 증명하는 것으로서 증명책임을 다한 것으로 보아야 한다.

3) 민사책임

사생활침해를 받은 피해자는 가해자에 대해 민법 제750조, 제751조에 기하여 그 정신적 고통으로 인한 위자료를 청구할 수 있고, 현재 이루어지고 있는 침해행위를 배제하거나 장래에 생길 침해를 예방하기 위하여 침해행위의 금지를 구할 수도 있다.

5. 제조물책임[80]

가. 의의

제품이 생산, 유통, 소비되는 일련의 과정에서 결함으로 인하여 소비자나 이용자 또는 제3자에게 손해를 끼친 경우에 손해를 입은 피해자가 제조자나 판매자에게 직접적으로 손해배상책임을 묻는 것을 제조물책임이라고 한다.
제품의 결함으로 인해 손해를 입은 피해자는 제조업자 또는 판매업자에게 손해배상책임을 물음에 있어 제조업자 또는 판매업자의 과실을 증명할 필요가 없다. 즉 제조업자 또는 판매업자는 제품의 결함으로 인한 손해에 대하여 무과실책임을

80) 오지용, 앞의 책, 263~277면.

부담하게 되는 것이고, 이로 인해 소비자나 이용자의 보호에 충실을 기할 수 있는 것이다.

나. 제조물의 결함

1) 제조물의 개념

제조물은 다른 동산이나 부동산의 일부를 구성하는 경우를 포함한 제조 또는 가공된 동산을 말한다(제조물책임법 제2조 1호). 즉 제조물은 제조 또는 가공된 동산을 의미하는 것이다.

제조는 제조물의 설계, 가공, 검사, 표시를 포함하는 일련의 행위로서 일반적으로 원재료에 인공을 가하여 새로운 물품을 만드는 것으로서 2차산업과 관계되는 생산행위를 가리키는 것으로 이해하고 있다.

1차 생산품의 산출과 서비스제공은 제조의 개념에서 벗어나는 것이다.

가공은 원자재나 반제품을 인공적으로 처리하여 원재료의 본질은 유지하면서 새로운 속성을 가진 새로운 제품을 만들거나 제품의 질을 높이는 것을 말한다.

2) 결함의 의미

결함은 당해 제조물에 제조 · 설계 또는 표시상의 결함이나 기타 통상적으로 기대할 수 있는 안전성이 결여되어 있는 것을 말한다(제조물책임법 제2조 2호).

가) 제조상의 결함

제조상의 결함이란 제조업자의 제조물에 대한 제조 · 가공상의 주의의무의 이행여부에 불구하고 제조물이 원래 의도한 설계와 다르게 제조 · 가공됨으로써 안전하지 못하게 된 경우를 말한다.

제조자가 주의의무를 이행한 경우에도 제조물이 원래의 설계와 다르게 제조 · 가공됨으로써 안전하지 못하게 되면 제조상의 결함이 있는 것이다.

나) 설계상의 결함

설계상의 결함이란 제조업자가 대체설계를 채용했더라면 피해나 위험을 줄이거나 피할 수 있었음에도 대체설계를 채용하지 아니하여 당해 제조물이 안전하지 못하게 된 경우를 말한다.

다) 표시상의 결함

표시상의 결함이란 제조업자가 합리적인 설명, 지시, 경고 기타의 표시를 하였더라면 당해 제조물에 의하여 발생될 수 있는 피해나 위험을 줄이거나 피할 수 있었음에도 이를 하지 아니한 경우를 말한다.

라) 개발도상의 결함

어떤 제조물이 제조 당시의 과학수준에 의하면 완전한 것이었으나 그 후의 과학기술의 발달 또는 부작용의 발견 등으로 피해 발생시에는 결함이 있는 것으로 판정될 경우를 개발도상의 결함이라고 한다.

제조물책임법은 개발도상의 결함에 대해서는 면책함으로써 제조업자 등에게 제조물책임을 묻지 않는다(제조물책임법 제4조 1항 2호).

다. 제조물책임

1) 책임의 주체

○ 제조업자

제조물의 제조·가공 또는 수입을 업으로 하는 자는 제조물책임의 주체가 된다.

'업'으로 한다는 의미는 동종의 행위를 계속·반복적으로 행한다는 것을 의미하는 것으로서 영리를 목적으로 하고 있는지 여부는 불문한다.

수입업자도 제조물책임을 부담하도록 하고 있는데, 이는 피해자가 외국의 제조업자 등을 상대로 제조물책임을 묻는 것이 어렵다는 현실적인 이유가 반영된 결과라고 할 것이다.

제조물의 제조·가공 또는 수입한 바 없더라도 제조물에 성명, 상호, 상표 기타 식별 가능한 기호 등을 사용하여 자신을 제조물의 제조·가공 또는 수입을 업으로 하는 자로 표시하거나 그러한 자로 오인시킬 수 있는 표시를 한 자도 제조물책임의 주체가 될 수 있다.

표시상의 제조업자는 실제 제조자와 연대책임을 부담하게 된다(제조물책임법 제5조).

○ 제조물공급자

제조물의 제조업자를 알 수 없는 경우 제조물을 영리목적으로 판매·대여 등의 방법에 의하여 공급한 자는 제조물의 제조업자 또는 제조물을 자신에게 공급한 자를 알거나 알 수 있었음에도 불구하고 상당한 기간 내에 그 제조업자 또는 공급한 자를 피해자 또는 그 법정대리인에게 고지하지 아니한 때에는, 예비적으로 제조물책임을 부담한다(제조물책임법 제3조 2항).

2) 책임의 범위

제조물책임법 제3조는 '제조업자는 제조물의 결함으로 인하여 생명 · 신체 또는 재산에 손해를 입은 자에게 그 손해를 배상하여야 한다'고 규정하면서 '당해 제조물에 대해서만 발생한 손해를 제외한다'고 하여 제조물의 결함으로 인하여 확대손해가 발생한 경우에만 제조물책임이 인정됨을 명시하고 있다.

> 제조물책임이란 제조물에 통상적으로 기대되는 안전성을 결여한 결함으로 인하여 생명·신체나 제조물 그 자체 외의 다른 재산에 손해가 발생한 경우에 제조업자 등에게 지우는 손해배상책임이고, 제조물에 상품적합성이 결여되어 제조물 그 자체에 발생한 손해는 제조물책임의 적용 대상이 아니므로, 하자담보책임으로서 그 배상을 구하여야 한다.
> 대법원 2000. 7. 28. 선고 98다35525 판결
>
> 제조물책임에서 증명책임을 완화하는 것은 일반적으로 그 제품의 생산과정을 전문가인 제조업자만이 알 수 있어서 그 제품에 어떠한 결함이 존재하였는지, 그 결함으로 인하여 손해가 발생한 것인지 여부를 일반인으로서는 밝힐 수 없는 특수성이 있어서 소비자 측이 제품의 결함 및 그 결함과 손해의 발생과의 사이의 인과관계를 과학적·기술적으로 입증한다는 것은 지극히 어렵다는 정보의 편재 내지 불균형을 감안하여 손해의 공평·타당한 부담을 이루기 위한 것이므로, 특별한 사정이 없는 한 제조업자나 수입업자로부터 제품을 구매하여 이를 판매한 자가 그 매수인에 대하여 부담하는 민법 제580조 제1항의 하자담보책임에는 제조업자에 대한 제조물책임에서의 증명책임 완화의 법리가 유추적용된다고 할 수 없다.
> 대법원 2011. 10. 27. 선고 2010다72045 판결

3) 면책사유와 면책의 제한

가) 면책사유

제조물책임법은 제조업자 등이 부담하는 제조물책임이 무과실책임이라는 전제하에 네 가지 사유 중의 하나에 해당된다는 사실을 증명하면 제조물책임에서 면책되도록 정하고 있다(제조물책임법 제4조 1항).

○ 제조업자가 당해 제조물을 공급하지 않은 경우에 제조업자는 책임을 면한다(위 법 제4조 1항 1호).
도난이나 유실 등과 같이 제조업자의 의사에 의하지 않은 사유를 통 해 유통에 놓이게 된 경우를 예로 들 수 있다.

○ 제조업자가 당해 제조물을 공급한 때의 과학, 기술수준으로는 결함의 존재를 발견할 수 없었던 경우라면 제조업자는 개발도상의 결함에 대해 책임을 면한다(같은 항 2호).

○ 제조물의 결함이 제조업자가 당해 제조물을 공급할 당시의 법령이 정하는 기준을 준수함으로써 발생한 경우에 제조업자는 책임을 면한다(같은 항 3호).
다만, 법령이 정하는 기준이 안전성을 확보하기 위한 최소한의 기준이라면 이 기준을 준수하였음을 이유로 면책되지 않는다.

○ 원재료 또는 부품의 제조업자는 당해 원재료 또는 부품을 사용한 제조물 제조업자의 설계 또는 제작에 관한 지시로 인하여 결함이 발생한 경우 책임을 면한다(같은 항 4호).

나) 면책의 제한

제조물책임법 제 4조 2항은 '제3조의 규정에 의하여 손해배상책임을 지는 자가 제조물을 공급한 후에 당해 제조물에 결함이 존재한다는 사실을 알거나 알 수 있었음에도 그 결함에 의한 손해의 발생을 방지하기 위한 적절한 조치를 하지 아니한 때에는 면책을 주장할 수 없다'고 규정하여, 제조업자는 제조물을 공급한 후에도 제조물의 결함이 발견되면 즉시 리콜 등 피해예방조치를 취하거나 설계변경 등 안전조치를 취하여야 하고 그러하지 아니하였으면 면책될 수 없도록 하고 있다.

4) 증명책임

제조물책임은 무과실책임이므로 피해자는 제조업자의 고의 또는 과실을 증명할 필요는 없다. 그러나 피해자는 제조물에 결함이 있다는 사실과 손해의 발생 및 결함과 손해 사이에 인과관계가 있음을 증명하여야 하는데 피해자 입장에서 이를 증명하는 것이 쉬운 일이 아니므로 피해자보호 측면에서 그 증명책임의 완화책 모색이 필요하다.

가) 결함존재의 추정

제조물의 정상적인 이용 중 사고가 발생한 경우 그 사고가 제조업자의 배타적인 지배하에 있는 영역에서 발생한 것임이 증명되고 그러한 사고가 어떤 자의 과실 없이는 통상 발생하지 않는다고 하는 사정이 증명되면 제조물의 결함으로 인하여 사고가 발생하였다고 추정할 수 있다.

> 제품이 정상적으로 사용되는 상태에서 사고가 발생한 경우 그 제품의 결함을 이유로 제조업자에게 손해배상책임을 지우기 위해서는 달리 제조업자 측에서 그 사고가 제품의 결함이 아닌 다른 원인으로 말미암아 발생한 것임을 입증하지 못하는 이상 소비자 측에서 그 사고가 제조업자의 배타적 지배하에 있는 영역에서 발생하였다는 점과 그 사고가 어떤 자의 과실 없이는 통상 발생하지 않는다고 하는 사정을 증명하는 것으로서 충분하다.
> 대법원 2006. 3. 10. 선고 2005다31361 판결

나) 인과관계의 추정

피해자가 간접사실들을 증명하면 제조물의 결함과 손해 사이에 인과관계가 있다고 사실상 추정되고, 따라서 제조업자가 반증을 통해 그 사실상의 추정력을 복멸시키지 못하는 한 인과관계가 증명되었다고 할 수 있다.

> 고도의 기술이 집약되어 대량으로 생산되는 제품의 결함을 이유로 그 제조업자에게 손해배상책임을 지우는 경우 그 제품의 생산과정은 전문가인 제조업자만이 알 수 있어서 그 제품에 어떠한 결함이 존재하였는지, 그 결함으로 인하여 손해가 발생한 것인지 여부는 일반인으로서는 밝힐 수 없는 특수성이 있어서 소비자 측이 제품의 결함 및 그 결함과 손해의 발생과의 사이의 인과관계를 과학적·기술적으로 입증한다는 것은 지극히 어려우므로 그 제품이 정상적으로 사용되는 상태에서 사고가 발생한 경우 소비자 측에서 그 사고가 제조업자의 배타적 지배하에 있는 영역에서 발생하였다는 점과 그 사고가 어떤 자의 과실 없이는 통상 발생하지 않는다고 하는 사정을 증명하면, 제조업자 측에서 그 사고가 제품의 결함이 아닌 다른 원인으로 말미암아 발생한 것임을 입증하지 못하는 이상 그 제품에게 결함이 존재하며 그 결함으로 말미암아 사고가 발생하였다고 추정하여 손해배상책임을 지울 수 있도록 입증책임을 완화하는 것이 손해의 공평·타당한 부담을 그 지도원리로 하는 손해배상제도의 이상에 맞다.
> 대법원 2004. 3. 12. 선고 2003다16771 판결

6. 산업재해책임[81)]

가. 재해보상제도

근로기준법은 근로자가 업무상 재해를 입은 경우 사용자에 대해 무과실책임을 지우는 재해보상에 대한 규정을 두고 있다.

근로기준법은 근로자가 업무상 재해로 인해 사상을 당하게 되면 사용자는 요양보상, 휴업보상, 장해보상, 유족보상, 장의비지급을 하여야 한다고 규정하고 있고, 이 보상을 받을 권리는 양도나 압류되지 아니하도록 그 청구권을 보호하고 있으며,

81) 오지용, 앞의 책, 279~288면.

보상을 받게 될 자가 동일한 사유로 인하여 민법 기타 법령에 의하여 재해보상에 상당한 금품을 받을 경우에는 그 가액의 한도 내에서 사용자는 보상책임을 면하도록 하고 있다.

> 근로기준법상의 재해보상제도는 근로를 제공하는 근로자를 그 지배하에 두고 재해위험이 내재된 기업을 경영하는 사용자로 하여금 그 과실 유무를 묻지 아니하고 재해발생으로 근로자가 입은 손해를 보상케 하려는 데에 그 목적이 있으므로, 근로자의 업무상 부상 또는 질병이 사용자의 과실에 기한 것임을 요하지 않음은 물론, 근로자에게 과실이 있는 경우에도 이를 참작하여 그 보상 책임을 면하거나 보상의 범위를 제한하지 못하는 것이 원칙이라고 하겠으며, 이러한 점에서 과실책임의 원칙과 과실상계의 이론은 법률에서 특별히 규정한 경우를 제외하고는 위 재해보상 책임에는 적용되지 않는다고 보아야 할 것이다.
> 대법원 1981. 10. 13. 선고 81다카351 전원합의체판결

나. 산재보험제도

산업재해보상보험법에 기한 산재보험은 산업재해에 대하여 국가의 위탁을 받은 근로복지공단이 보험자로서 재해보상책임을 져야 할 각 사용자를 보험가입자로 하고 재해보상청구권자인 피재근로자를 수급권자로 하여 산재사고 발생시 사용자가 낸 보험료로 피재근로자에게 신속하고 확실하게 재해보상을 실시하는 보험제도의 일종이다.

보험급여의 종류는 요양급여, 휴업급여, 장해급여, 간병급여, 유족급여, 장의비 등이 있는데, 수급권자가 산업재해보상보험법에 따라 보험금을 받았거나 받을 수 있으면 보험가입자인 사용자는 동일한 사유에 대하여 근로기준법에 따른 재해보상책임이 면제되고, 수급권자가 동일한 사유에 대하여 산업재해보상보험법에 따른 보험급여를 받으면 보험가입자인 사용자는 그 금액의 한도 내에서 민법이나 그 밖의 법령에 따른 손해배상의 책임이 면제된다.

다. 청구권의 조정

1) 재해보상과 산재보험급여간의 조정

피재근로자의 사용자에 대한 재해보상청구와 근로복지공단에 대한 보험급여청구는 별개의 제도로서 피재근로자는 양자의 청구를 모두 할 수 있을 것이지만, 사용자가 산재보험에 가입되어 있는 경우에는 근로자로 하여금 산재보험급여를 우선 청구하도록 하고 근로자가 사용자를 상대로 재해보상을 먼저 청구하는 경우 사용자는 산재보험에 가입되어 있고 당해 사고가 산재보험급여를 받을 수 있는 사안임을

주장하여 면책될 수 있다.

> 산업재해보상보험법 제48조 제1항은 "수급권자가 이 법에 의하여 보험급여를 받았거나 받을 수 있는 경우에는 보험가입자는 동일한 사유에 대하여 근로기준법에 의한 재해보상책임이 면제된다."고 규정하고 있고, 이 규정의 취지는, 산업재해보상보험이 재해보상에 대한 책임보험적 성질을 가지고 있고, 근로자로 하여금 산업재해보상보험급여를 먼저 청구하도록 하는 것이 근로자에게 불리하지 아니하며, 사용자로서는 강제로 산업재해보상보험에 가입하여 보험료를 납부하여 왔는데도 다시 근로자에 대하여 재해보상을 선이행하여야 한다면 그 보험이익을 박탈당하는 불합리한 결과를 초래할 뿐만 아니라 재해보상을 한 사용자가 사후에 국가에 대하여 구상할 수 있다고 하더라도 그들 사이의 법률관계가 복잡하게 되는 점 등에 비추어 볼 때, 사용자가 산업재해보상보험에 가입하여 당해 사고에 대하여 마땅히 보험급여가 지급되어야 하는 경우라면 사용자로 하여금 근로기준법에 의한 재해보상책임을 면하게 하자는 것이다.
> 대법원 2001. 9. 18. 선고 2001다7834 판결

2) 민법상 불법행위책임과의 조정

피재근로자는 산업재해를 당하게 되면 무과실책임에 기초한 재해보상 또는 산재보험급여를 청구할 수 있으면서, 동시에 산업재해와 관련하여 사용자 또는 제3자에게 고의 또는 과실이 있으면 과실책임에 기초한 손해배상청구를 할 수 있게 된다.

근로기준법 제87조는 '보상을 받게 될 자가 동일한 사유에 대하여 「민법」이나 그 밖의 법령에 따라 이 법의 재해보상에 상당한 금품을 받으면 그 가액의 한도에서 사용자는 보상의 책임을 면한다'고 규정하고 있고, 산업재해보상보험법 제80조 2항은 '수급권자가 동일한 사유에 대하여 이 법에 따른 보험급여를 받으면 보험가입자는 그 금액의 한도 안에서 「민법」이나 그 밖의 법령에 따른 손해배상의 책임이 면제된다.'고 규정하고 있다.

근로기준법과 산업재해보상보험법은 이중배상을 허용하지 않는 것을 원칙으로 하여 보상과 배상간의 보완관계를 인정하고 있다.

다만, 재해보상금이나 보험급여가 손해배상금과 상호 보완관계에 있지 아니한 경우라면 민법상 손해배상청구를 하는데 있어 공제의 대상이 되지 않는다.

사용자의 불법행위로 인하여 재해를 입은 경우에 피해자가 근로기준법이나 산업재해보상보험법에 따라 휴업급여나 장해급여 등을 이미 지급받은 경우에 그 급여액을 일실이익의 배상액에서 공제하는 것은 그 손해의 성질이 동일하여 상호보완적 관계에 있는 것 사이에서만 이루어질 수 있으므로, 피해자가 수령한 휴업급여금이나 장애급여금이 법원에서 인정된 소극적 손해액을 초과하더라도 그 초과부분을 그 성질을 달리하는 손해의 배상액을 산정함에 있어서 공제할 것은 아니다.
대법원 1993. 12. 21. 선고 93다34091 판결

산업재해보상보험법에 의하여 지급되는 재해보상금은 재산상 손해를 배상하는 것이므로 피해자가 제3자인 가해자로부터 받은 위자료는 위 보험급여에서 공제되어서는 아니 된다.
대법원 1980. 10. 14. 선고 79다2260 판결

근로자가 업무상 재해로 사망함에 따라 근로복지공단이 유족급여를 수급권자에게 지급하였다 하더라도, 수급권자가 아닌 망인의 공동상속인들이 상속한 손해배상채권과 그 유족급여의 수급권은 그 귀속주체가 서로 상이하여 상호보완적 관계를 인정할 수 없으므로, 수급권자에 대한 유족급여의 지급으로써 그 수급권자가 아닌 다른 공동상속인들에 대한 보험가입자의 손해배상책임까지 당연히 소멸된다고 할 수는 없다.
근로자가 업무상 재해로 사망함에 따라 발생하는 망인의 일실수입 상당 손해배상채권은 모두가 그 공동상속인들에게 각자의 상속분 비율에 따라 공동상속되고, 수급권자에게 지급하는 유족급여는 당해 수급권자가 상속한 일실수입 상당 손해배상채권을 한도로 하여 그 손해배상채권에서만 공제하는 것으로 해석하여야 하고, 이와 달리 망인의 일실수입 상당 손해배상채권에서 유족급여를 먼저 공제한 후 그 나머지 손해배상채권을 공동상속인들이 각자의 상속분 비율에 따라 공동상속하는 것으로 해석할 것은 아니다.
대법원 2009. 5. 21. 선고 2008다13104 전원합의체 판결

라. 불법행위책임

1) 일반불법행위책임

산재사고를 당한 근로자는 그 산재사고와 관련하여 고의 또는 과실이 있는 사용자 또는 제3자에 대해 민법 제750조에 기초한 손해배상책임을 물을 수 있다.

2) 공작물책임

공사현장이나 공장 등에는 각종 위험한 설비가 비치되어 있으므로 이러한 설비로 인하여 산재사고가 발생하는 경우가 많다. 산재사고가 공작물에 의해 발생된 경우라면 민법 제758조 소정의 공작물책임을 주장할 수 있다.

3) 사용자책임

산업재해가 발생하고 피재근로자가 민사상의 불법행위책임에 기초하여 손해배상청구를 하는 경우, 민법 제756조 소정의 사용자책임이 가장 많이 거론된다. 산재사고를 입은 피재근로자는 산재사고를 야기한 다른 근로자의 사용자에 대해

사용자책임을 주장할 수 있다.

4) 운행자책임

산재사고가 자동차의 운행으로 인한 인신사고의 형태로 발생되면 민법 제750조나 제756조에 대한 특칙 규정인 자동차손해배상보장법 제3조가 우선 적용된다. 따라서 피재근로자는 운행자책임을 주장할 수 있다.

> 업무상 자동차종합보험약관 중 대인배상 Ⅱ에서 "배상책임 있는 피보험자의 피용자로서 산업재해보상보험법에 의한 재해보상을 받을 수 있는 사람에 대하여는 보상하지 아니한다."는 면책조항을 규정한 취지는, 사용자와 근로자의 노사관계에서 발생한 업무상 재해로 인한 손해에 대하여는 노사관계를 규율하는 근로기준법에서 사용자의 각종 보상책임을 규정하는 한편, 이러한 보상책임을 담보하기 위하여 산재보험법으로 산재보험제도를 설정하고 있으므로, 산재보험 대상인 업무상 자동차사고에 의한 피해 근로자의 손해에 대하여도 산재보험에 의하여 전보 받도록 하고, 이처럼 산재보험에 의한 전보가 가능한 범위에서는 제3자에 대한 배상책임을 전보하는 것을 목적으로 하는 자동차보험의 대인배상 범위에서 이를 제외하려는 데 있는 것으로 해석함이 상당하며, 그렇지 아니하고 업무상 자동차사고에 의한 피해 근로자의 손해가 산재보험법에 의한 보상범위를 넘어서는 경우에도 면책조항에 의하여 보험자가 면책된다고 한다면 자동차보험의 피보험자인 사업주의 피해 근로자에 대한 자동차손해배상보장법 또는 민법 등에 의한 손해배상책임이 남아 있음에도 불구하고 보험자의 면책을 인정하여 피보험자에게 실질적으로 손해배상책임을 부담하게 하는 것이 되는바, 이는 피보험자동차의 사고로 인하여 피보험자가 타인에 대하여 부담하는 손해배상책임을 담보하기 위한 자동차보험의 취지에 어긋나는 것으로서, 약관의규제에관한법률 제6조 제1항, 제2항 제1호 및 제7조 제2호 소정의, 고객인 보험계약자 및 피보험자에게 부당하게 불리할 뿐만 아니라, 사업자인 보험자가 부담하여야 할 위험을 고객에게 이전시키는 것이 되므로, "산재보험법에 의한 보상범위를 넘어서는 손해가 발생한 경우에도 보상하지 아니한다."는 면책조항의 '괄호 안 기재 부분'은 위 같은 법률의 각 조항에 의하여 효력이 없다.
> 대법원 2005. 3. 17. 선고 2003다2802 전원합의체 판결

7. 국가배상책임[82)]

가. 공무원의 불법행위로 인한 책임

1) 의의

국가배상법 제2조 1항은 '국가나 지방자치단체는 공무원 또는 공무를 위탁받은 사인이 직무를 집행하면서 고의 또는 과실로 법령을 위반하여 타인에게 손해를 입히거나, 「자동차손해배상보장법」에 따라 손해배상의 책임이 있을 때에는 이 법에

82) 오지용, 앞의 책, 289~303면.

따라 그 손해를 배상하여야 한다'고 규정하고 있는데, 이는 민법 제756조 소정의 사용자책임과 유사하지만 국가배상책임의 경우 선임, 감독상 주의를 다하였음을 이유로 한 면책이 허용되지 않는다는 점에서 사용자책임과 구별된다.
국가배상법 제2조 1항은 민법 제756조 규정의 특별규정이므로 국가배상법 제2조 1항이 적용되는 범위 내에서 민법 제756조 규정은 그 적용이 배제된다.

2) 성립요건

가) 직무행위

국가배상책임이 인정되기 위해서는 공무원의 불법행위가 있어야 한다.
공무원이 그 직무를 집행함에 당하여 불법행위를 하였어야 국가배상책임이 인정되는데, 여기서의 직무집행은 외형상 직무집행으로 판단되는 경우까지 포함하여 인정된다.

> 공무원의 직무행위가 구체적으로 직무집행에 관한 절차에 위배되었다 할지라도 객관적으로 직무의 범위 내에 속한 행위이거나 직무와 밀접히 관련될 행위로 인정되는 경우에는 이를 공무원의 직무행위라고 봄이 타당하다.
> 대법원 1960. 3. 3. 선고 4292민상510 판결
>
> 국가배상법 제2조 제1항 본문 및 제2항의 입법 취지는 공무원의 직무상 위법행위로 타인에게 손해를 끼친 경우에는 변제자력이 충분한 국가 등에게 선임감독상 과실 여부에 불구하고 손해배상책임을 부담시켜 국민의 재산권을 보장하되, 공무원이 직무를 수행함에 있어 경과실로 타인에게 손해를 입힌 경우에는 그 직무수행상 통상 예기할 수 있는 흠이 있는 것에 불과하므로, 이러한 공무원의 행위는 여전히 국가 등의 기관의 행위로 보아 그로 인하여 발생한 손해에 대한 배상책임도 전적으로 국가 등에만 귀속시키고 공무원 개인에게는 그로 인한 책임을 부담시키지 아니하여 공무원의 공무집행의 안정성을 확보하고, 반면에 공무원의 위법행위가 고의·중과실에 기한 경우에는 비록 그 행위가 그의 직무와 관련된 것이라고 하더라도 그와 같은 행위는 그 본질에 있어서 기관행위로서의 품격을 상실하여 국가 등에게 그 책임을 귀속시킬 수 없으므로 공무원 개인에게 불법행위로 인한 손해배상책임을 부담시키되, 다만 이러한 경우에도 그 행위의 외관을 객관적으로 관찰하여 공무원의 직무집행으로 보여질 때에는 피해자인 국민을 두텁게 보호하기 위하여 국가 등이 공무원 개인과 중첩적으로 배상책임을 부담하되 국가 등이 배상책임을 지는 경우에는 공무원 개인에게 구상할 수 있도록 함으로써 궁극적으로 그 책임이 공무원 개인에게 귀속되도록 하려는 것이라고 봄이 합당하다.
> 대법원 1996. 2. 15. 선고 95다38677 전원합의체 판결

나) 고의 또는 과실

국가배상책임이 인정되기 위해서는 공무원의 행위가 고의 또는 과실에 기인한 행위이어야 한다.

다) 법령위반

국가배상책임이 인정되기 위해서는 공무원의 법령위반행위가 있어야 한다. 여기서의 법령은 법률과 명령뿐만 아니라 불문법과 행정법의 일반원칙도 포함된다. 하지만 행정지침은 원칙적으로 법규범성을 갖지 않으므로 법령에 해당하지 않는다.

라) 손해의 발생 및 인과관계

국가배상책임이 인정되기 위한 손해는 가해행위로 인해 발생하는 일체의 손해를 의미한다.
공무원의 가해행위인 직무집행행위와 손해의 발생 사이에 상당인과관계가 있어야 한다.

3) 배상책임

가) 배상책임

국가 또는 지방자치단체가 부담하는 배상책임은 면책사유가 인정되지 않는 무과실책임의 성격을 갖는다.

나) 구상권

국가 등의 공무원에 대한 구상권은 공무원에게 고의 또는 중대한 과실이 있는 때에만 발생한다(국가배상법 제2조 2항). 따라서 경과실이 있는 피용자에 대해서도 구상권을 행사할 수 있는 사용자책임과는 구별된다.

다) 공무원 개인의 책임

공무원 개인에 대한 불법행위책임이 인정되는 것은 공무원에게 고의 또는 중과실이 있는 경우로 한정되고, 경과실이 있는 때에는 공무원 개인은 불법행위책임을 부담하지 않는다.

> 공무원이 직무수행 중 불법행위로 타인에게 손해를 입힌 경우에 국가 등이 국가배상책임을 부담하는 외에 공무원 개인도 고의 또는 중과실이 있는 경우에는 불법행위로 인한 손해배상책임을 진다고 할 것이지만, 공무원에게 경과실뿐인 경우에는 공무원 개인은 손해배상책임을 부담하지 아니한다고 해석하는 것이 헌법 제29조 제1항 본문과 단서 및 국가배상법 제2조의 입법취지에 조화되는 올바른 해석이다.
> 대법원 1996. 2. 15. 선고 95다38677 전원합의체 판결

나. 영조물하자로 인한 책임

1) 의의

국가배상법 제5조 1항은 '도로 · 하천, 그 밖의 공공의 영조물의 설치나 관리에 하자가 있기 때문에 타인에게 손해를 발생하게 하였을 때에는 국가나 지방자치단체는 그 손해를 배상하여야 한다'고 규정하여 국가 또는 지방자치단체에 공공시설의 하자로 인한 손해배상책임을 부담시키고 있는데, 이를 영조물책임이라고 한다.

영조물책임은 민법 제758조 소정의 공작물책임에 대한 특별규정 책임이다.

영조물책임은 영조물의 설치나 관리상의 하자가 있게 되면 국가 등에게 과실이 존재하지 않는 경우라도 국가 등에게 손해배상책임을 지운다는 점에서 그 성격은 무과실책임이라고 할 것이다.

2) 성립요건

가) 공공의 영조물일 것

공공의 영조물은 국가 또는 지방자치단체에 의하여 특정 공공의 목적에 공여된 유체물 내지 물적 설비를 말한다. 즉 영조물은 행정주체에 의하여 공공의 목적에 공여된 공작물이라고 정의할 수 있다.

나) 설치나 관리에 하자가 있을 것

영조물이 그 용도에 따라 통상 갖추어야 할 안전성을 갖추지 못한 상태에 있어야 하는데, 설치상의 하자는 원시적으로 안전성을 결하는 것으로서 설계상 또는 축조상의 하자가 이에 해당하고, 관리상의 하자는 후발적인 하자로서 영조물의 유지 또는 수선에 불완전성이 있는 경우가 이에 해당한다.

다) 손해의 발생과 인과관계

타인에게 손해가 발생하여야 하고 영조물의 하자와 손해발생 사이에 상당인과관계가 있어야 한다.

3) 배상책임

영조물책임은 국가 등의 면책주장이 인정되지 않으므로 국가 등은 그 손해에 대하여 무과실책임을 부담한다.

V. 손해배상의 범위

1. 손해배상

가. 손해배상의 특성

1) 과잉 · 과소배상의 금지

인신사고로 인한 손해배상의 경우 원상회복을 통한 완전한 배상이라는 것 자체가 불가능하므로 금전배상을 통해 손해를 전보할 수밖에 없게 되는데, 그 배상액을 정함에 있어 과잉배상이 되어 오히려 피해자가 불법행위로 인해 이익을 얻게 되는 결과를 야기하거나 과소배상이 되어 손해의 전보가 되지 못하는 결과의 야기를 방지하여야 한다.

2) 손해의 공평 · 타당한 분담

손해배상제도의 기본이념상 손해는 가해자와 피해자에게 각각 공평·타당하게 분담시켜야 한다. 손해의 발생 및 그 확대에 피해자가 어느 정도 기여한 바가 있다면 그 점을 고려하여 손해배상액을 정하여야 하는데, 이는 당사자 사이에서 손해의 공평·타당한 분배의 실현을 기하고 있는 것이다.

나. 손해배상의 유형

1) 전보적 손해배상

전보적 손해배상은 불법행위로 인해 발생한 손해의 전보(塡메울전補기울보)를 목적으로 하는 손해배상제도로서 손해배상의 원칙적인 모습이라고 할 수 있다.

2) 명목적 손해배상

명목적 손해배상은 가해자의 행위로 인해 피해자의 권리가 침해되었으나 손해가 발생하지 않은 경우, 또는 침해된 권리의 성질상 손해의 발생을 증명하기 어려운 경우에 가해자에 대해 1파운드, 혹은 1달러를 피해자에게 지급하도록 하는 것이다. 명목상 금원인 1파운드나 1달러를 피해자에게 지급하도록 함으로써 가해자의 행위가 불법행위에 해당한다는 점을 명확히 해주는 의미를 갖는 손해배상으로서 영미법계 국가에서 볼 수 있는 손해배상 유형이다. 고의에 의한 불법행위에 대해서는 광범위하게 인정되지만 과실에 의한 불법행위에 대해서는 인정되지 않는 것이 원칙이라고 한다.

3) 징벌적 손해배상

징벌적 손해배상은 가해자에 대한 처벌이나 제지를 목적으로 가해자로 하여금 피해자에게 배상금을 지급하도록 하는 제도를 말한다. 징벌적 손해배상은 기본적으로 전보적 손해배상의 요건을 충족하고, 여기에 '고의 또는 중과실'이라는 요건을 추가로 요구한다.

징벌적 손해배상제도의 도입과 관련하여 많은 논의가 있기는 하지만 피해자에게 과잉의 배상을 인정하는 것이 손해배상제도의 이념과 목적에 부합되지 않는다는 점 때문에 이를 전면적으로 도입하기는 어려워 보이고, 특정한 불법행위에 대하여 부분적으로 그 배상액을 제한하여 도입하는 경향이 증대될 것이라고 본다.

2. 소극적 손해

가. 일실수익[83)]

1) 의의

불법행위가 없었으면 피해자가 장래 얻을 수 있었는데 불법행위로 인해 이를 잃어버린 경우, 그 잃어버린 이익이라고 할 수 있는 일실수익은 소극적 손해로서 손해배상의 범위에 포함된다. 즉 생명침해를 입은 피해자의 경우는 그가 얻을 수 없게 된 순수익에 상당하는 손해를 입게 되고, 신체상해를 입은 피해자의 경우는 치료기간 중 업무를 계속할 수 없거나 후유장해가 남아 노동능력의 전부 또는 일부를 상실함으로써 수입이 상실되거나 감소되는 손해를 입게 되는데, 소극적 손해로서의 일실수익은 사고가 없었을 경우를 가정하여 피해자가 장래 얻을 수 있었다고 예측되는 수익 또는 소득을 말한다.

83) 오지용, 손해배상의 이론과 실무(개정판), 동방문화사, 45~48면.

2) 산정방식

> (피해자가 사망한 경우)
> 기초수입 × 정년까지의 호프만계수 × 2/3(생계비 공제 후 잔존비율)
>
> (피해자가 후유장해를 입은 경우)
> 기초수입 × 노동능력상실률 × 정년까지의 호프만계수

가) 기초수입

일실수익을 산정하기 위한 기초수입에는 노동능력의 발현에 의한 수입만이 포함되어야 한다. 그러므로 기초수입은 근로소득만 포함되는 것이고 자본수입 등은 포함될 수 없다.

○ 급여소득자

피해자가 불법행위로 인해 사상을 당할 당시 직장에 근무하면서 일정한 수입을 얻고 있었던 급여소득자인 경우라면 사고당시의 실제 수입을 기초수입으로 정하게 된다. 다만 수당의 경우 그 성격이 은혜적·개별적·일시적인 경우라면 기초수입에 포함될 수 없고 계속적·정기적·일률적인 경우에만 기초수입에 포함될 수 있다.

○ 개인사업자

개인사업자의 수입에는 사업자 본인의 근로의 대가로 얻어지는 수입뿐만 아니라 자산소득과 인적·물적 경비도 포함되므로 일실수입 산정의 기초수입을 정함에 있어 개인사업자가 얻고 있는 모든 수입을 포함하여서는 아니된다.

○ 일용노동자

일용노동자는 도시일용노동자, 농촌일용노동자, 기능직 일용노동자로 대별되는데 도시일용노동자는 도시일용노임(건설부분의 일용노동자 임금, 남녀구별이 없음) × 월가동일수, 농촌일용노동자는 농촌일용노임(농협조사월보상의 농촌일용노임, 남녀구별이 있음) × 월가동일수, 기능직 일용노동자는 기능직 일용노임(건설부분의 기능직 일용노동자의 임금, 남녀구별이 없음) × 월가동일수, 산식으로 기초수입을 산정한다.

○ 경제활동 미종사자

무직자나 주부, 학생 등과 같이 경제활동을 하지 않고 있던 중 불법행위를 당한 피해자의 경우 도시에서 거주하고 있었으면 도시일용노임을, 농촌에서 거주하고

있었으면 농촌일용노임을 기초로 하여 기초수입을 산정한다.

나) 노동능력상실률

노동능력상실은 신체기능의 영구적 장해 내지 훼손상태를 말하는 것으로서 피해자가 부상을 당하여 치료를 받은 결과 신체에 정신적 또는 육체적 훼손상태가 영구적으로 잔존하게 되어 생긴 노동능력의 감소를 말하는 것이다. 노동능력상실률은 치료가 종결되어도 더 이상의 호전을 기대할 수 없는 상태에서의 상실 정도를 기준으로 하여 정하게 된다.

다) 가동기간

○ 월가동기간

일용노동 종사자의 기초수입을 산정하는데 있어 일용노동자가 구체적으로 한 달에 며칠 가동하여 기초수입을 얻을 것인가가 문제된다.

실무상 도시일용노동자의 월가동일수는 22일, 농촌일용노동자의 월가동일수는 25일, 기능직 일용노동자의 월가동일수는 그 작업의 성격 내지 임금 정도를 고려하여 10일에서 20일 정도까지로 다양하게 인정하고 있다.

○ 가동연한

- 가동개시 연령

경제활동을 하여 수입을 얻을 수 있는 가동개시 연령은 원칙적으로 성년이 되는 19세부터라고 할 것이다. 다만 남자의 경우 성년이 된 후 군복무를 하게 되는 기간 동안은 가동기간에서 공제하고 있다.

- 가동종료 연령

공무원이나 회사원의 경우는 정년규정에서 정해진 바에 따라 정년인 연령에 도달하는 때를 가동종료 연령으로 보고, 급여소득자라도 정년규정이 없는 경우나 일용노동자 및 경제활동에 종사하지 않고 있는 자의 가동종료 연령은 60세로 본다.

라) 공제대상

○ 생계비 공제

피해자가 사망한 경우에는 피해자가 사망하지 않았으면 지출하게 될 생계비를 손해배상액에서 공제한다. 실무상 생계비는 수입의 3분의 1 정도로 정한다.

○ 세금공제

피해자의 일실수입을 산정하는데 있어 소득세 등과 같은 세금은 공제되지 않는다.

> 생명이나 신체에 대한 불법행위로 인하여 가동능력의 전부 또는 일부를 상실함으로써 일실하는 이익의 액은 그 피해자가 그로 인하여 상실하게 된 가동능력에 대한 총평가액으로서 소득세 등 제세금액을 공제하지 아니한 금액이라고 보아야 한다.
> 대법원 1979. 2. 13. 선고 78다1491 전원합의체 판결

마) 중간이자공제

일실수익에 대한 손해배상방식은 일시금배상과 정기금배상이 있는데 예외적인 특별한 사유가 없는 한 일시금배상 방식으로 이루어진다.

일시금배상의 경우 사고시부터 장래에 발생하게 될 손해배상금에 대하여 사고당시의 현가를 산출하기 위해서는 중간이자를 공제하여야 한다.

실무상 중간이자공제방식은 호프만식계산법에 따른다.

> 불법행위로 인한 손해 중 사고시부터 장래 상당한 기간에 걸쳐 계속적이고도 정기적으로 발생하는 손해의 경우에는, 중간이자를 공제함이 없이 사고일로부터 지연손해금의 배상을 명한다면 중간이자에 해당하는 부분은 실질적으로 과잉배상에 해당하여 부당하기 때문에, 그 손해금 및 이에 대한 손해발생일 이후부터의 지연손해금의 배상을 명함은 별론으로 하고, 이를 불법행위 당시를 표준으로 하여 일시금으로 산정하여 그 일시금 및 사고시부터의 지연손해금의 배상을 명하려면 그 일시금을 산정함에 있어서 중간이자를 공제하고 산정함이 상당하다.
> 대법원 1994. 9. 30. 선고 94다7300 판결

나. 일실퇴직금

피해자는 일정한 직장에서 일정 급여를 받으면서 사고가 없었더라면 계속 근무하여 일정액의 퇴직금을 받을 수 있었을 터인데 사고로 인하여 사망 또는 퇴직함으로써 퇴직금을 못 받게 되거나 적은 액수의 퇴직금밖에 받을 수 없게 된 경우 받지 못하게 된 퇴직금을 일실퇴직금으로 청구할 수 있는 것이다.

실무상 보편적으로 사용하는 일실퇴직금 산정방식은 [(예상 총퇴직금 × 사고당시로의 현가율 - 기근속퇴직금) × 노동능력상실률]이다.

3. 적극적 손해

가. 장례비

죽음은 누구라도 면할 수 없는 운명이라 하더라도 불법행위에 즈음하여 당해 유족이 어쩔 수 없이 비용을 지출하는 것은 오로지 불법행위에 의하여 생긴 사태라고 할 수 있으므로 장례비를 불법행위로 인한 손해배상의 대상으로 인정할 수 있다.

장례식의 절차와 규모에 관하여는 건전가정의례의 정착 및 지원에 관한 법률 및 건전가정의례준칙에, 묘지의 규격에 대해서는 장사 등에 관한 법률 및 그 시행령에 여러 가지 제한 규정을 두고 있음을 고려하여, 이에 위반되는 지출비용은 손해배상의 대상에서 제외된다.

나. 치료비

손해배상청구권자가 자기 수중으로부터 치료비를 직접 지급함으로써 손해가 현실적으로 발생한 때뿐만 아니라 치료비 지급채무를 부담하는 경우에도 현실적으로 손해의 발생이 있는 것이다. 따라서 피해자가 병원에 입원치료비 지급채무를 부담하고 있는 경우라면 가해자는 피해자에게 입원치료비에 대하여 불법행위일부터 지연손해금을 지급할 의무가 있다.

다. 개호비

피해자가 중상을 입어 그 치료기간 동안 타인의 조력을 받아야 하거나 치료종결 후에도 후유장해로 인하여 일정기간 동안 타인의 조력을 받아야 하는 경우가 있는데, 이러한 타인의 조력을 개호라 하고 그 개호에 소요되는 비용을 개호비라고 한다.

피해자는 개호가 필요한 기간 동안의 개호비를 손해배상의 범위에 포함시켜 청구할 수 있는데 실제로 타인의 개호를 받은 경우뿐만 아니라 가족의 개호를 받은 경우에도 개호비를 청구할 수 있다.

라. 물질손해에 대한 청구

불법행위로 인하여 물건이 훼손되었을 때의 손해액은 수리가 가능한 경우에는 그 수리비가 되고, 만일 수리가 불가능한 경우에는 교환가치의 감소액이 그 통상의 손해액이 되는 것이다.

수리를 한 후에도 일부 수리가 불가능한 부분이 남아 있는 경우에는 수리비 외에 수리불능으로 인한 교환가치의 감소액도 통상의 손해에 해당한다.
훼손된 물건이 기술적으로는 수리가 가능하더라도 그 수리에 소요되는 비용이 훼손된 물건의 사고 당시의 교환가격을 초과하는 경우에는 사고 당시의 교환가격으로부터 잔존물의 가격을 공제한 나머지 금액만을 손해배상으로 청구할 수 있다.

4. 위자료

가. 의의

민법 제751조 1항은 '타인의 신체, 자유 또는 명예를 해하거나 기타 정신상 고통을 가한 자는 재산이외의 손해에 대하여도 배상할 책임이 있다'고 규정하고, 제752조에서는 '타인의 생명을 해한 자는 피해자의 직계존속, 직계비속 및 배우자에 대하여는 재산상의 손해 없는 경우에도 손해배상의 책임이 있다'고 규정하여, 위자료 지급 근거를 명시하고 있다.
위자료는 재산상 손해가 아닌 손해로서, 정신적 고통을 위무하기 위한 배상금을 의미한다.
위자료 액수를 정함에 있어 참작하여야 할 사유에는 특별한 제한이 있는 것은 아니다. 그러므로 피해자 측의 모든 사정뿐만 아니라 가해자 측의 모든 사정까지도 고려하여 그 액수를 정하여야 한다.

나. 형사합의금 문제

가해자가 자신의 형벌을 감면받기 위해 피해자에게 지급하는 형사합의금은 위자료 명목으로 지급되었다는 점에 대한 증명이 없으면 재산상 손해배상금의 일부로 지급된 것으로 보아야 하므로 전체 손해배상액에서 지급받은 형사합의금을 전액 공제하여야 하는 것이 원칙이다. 그러나 피해자가 지급받은 형사합의금이 위로금 또는 위자료 명목으로 지급받은 것임이 명확하다면 이는 위자료를 산정함에 있어 참작하여야 하는 참작사유가 된다.

> 위자료의 산정은 법원이 사고의 경위와 결과, 피해자의 과실, 기타 변론종결시까지 나타난 피해자 측과 가해자 측의 제반사정을 참작하여 자유재량에 의하여 정하는 것이다.
> 대법원 1995. 9. 26. 선고 94다31259 판결
>
> 불법행위의 가해자에 대한 수사 과정이나 형사재판 과정에서 피해자가 가해자로부터 합의금 명목의 금원을 지급받고 가해자에 대한 처벌을 원치 않는다는 내용의 합의를 한 경우에, 그 합의 당시 지급받은 금원을 특히 위자료 명목으로 지급받는 것임을 명시하였다는 등의 사정이 없는 한 그 금원은 손해배상금의 일부로 지급되었다고 봄이 상당하다.
> 형사합의금을 수령하면서 작성한 합의서에 손해배상청구를 함은 별개로 하고 깊은 속죄의 뜻으로 형사합의금을 지급한다는 내용이 기재되어 있다면, 합의금원은 가해자의 형사책임을 완화하기 위하여 지급되었을 뿐 민사상의 손해배상금의 일부로 지급한 것은 아니므로 위 합의금원을 재산상 손해배상금에서 공제하지 않고 위자료액수의 산정에 있어서 참작하여야 한다.
> 대법원 2001. 2. 23. 선고 2000다46894 판결

5. 손해배상액의 제한

가. 과실상계[84)]

민법 제396조는 '채무불이행에 관하여 채권자에게 과실이 있는 때에는 법원은 손해배상의 책임 및 그 금액을 정함에 있어 이를 참작하여야 한다'고 규정하고 있고, 제763조는 불법행위로 인한 손해배상에 제396조를 준용하고 있다. 따라서 불법행위에 관하여 피해자에게 과실이 있는 때에는 손해배상의 책임 및 그 금액을 정함에 있어 이를 참작하여야 하는데, 이러한 법리를 과실상계라고 한다.

과실상계제도의 이념적 기초는 손해배상제도의 기본이념인 공평의 관념에서 찾을 수 있다.

불법행위책임 성립요소로서의 과실이라는 개념과 과실상계에서의 과실의 개념은 구분되어져야 한다. 즉 피해자가 불법행위의 성립에 요구되는 엄격한 의미의 주의의무를 위반한 경우뿐만 아니라 단순한 부주의로 인하여 손해가 발생, 확대되게 한 경우에도 피해자에게 과실이 있는 것으로 보아 과실상계를 할 수 있는 것이다.

피해자 측 과실이라 함은 불법행위 피해자 본인이 아니더라도 피해자와 동일시 할 수 있는 제3자의 과실이 있는 경우에는 그 제3자의 과실을 과실상계의 참작사유로 삼을 수 있다는 것인데, 피해자 본인의 과실이 아니더라도 과실상계의 사유가 될 수 있다는 점에서 과실상계제도는 탄력적으로 운용되고 있는 실정이다.

---

84) 오지용, 앞의 책, 255~256면.

불법행위에 있어서 가해자의 과실은 의무위반이라는 강력한 과실인 데 반하여 피해자의 과실을 따지는 과실상계에 있어서의 과실은 전자의 것과는 달리 사회통념상, 신의성실의 원칙상, 공동생활상 요구되는 약한 의미의 부주의를 가리키는 것으로 보아야 한다.
불법행위로 인한 손해배상의 책임 및 그 범위를 정함에 있어 피해자의 과실을 참작하는 이유는 불법행위로 인하여 발생한 손해를 가해자와 피해자 사이에 공평하게 분담시키고자 함에 있으므로, 피해자의 과실에는 피해자 본인의 과실뿐 아니라 그와 신분상 내지 사회생활상 일체를 이루는 관계에 있는 자의 과실도 피해자 측의 과실로서 참작되어야 하고, 어느 경우에 신분상 내지 사회생활상 일체를 이루는 관계라고 할 것인지는 구체적인 사정을 검토하여 피해자 측의 과실로 참작하는 것이 공평의 관념에서 타당한지에 따라 판단하여야 한다.
대법원 1999. 7. 23. 선고 98다31868 판결

피해자의 부주의를 이용하여 고의로 불법행위를 저지른 자가 바로 그 피해자의 부주의를 이유로 자신의 책임을 감하여 달라고 주장하는 것은 허용될 수 없다.
대법원 1995. 11. 14. 선고 95다30352 판결

나. 손익상계[85)]

1) 의의

재산상 손해액을 산정함에 있어서 당해 불법행위를 원인으로 하여 피해자에게 생긴 이익이 있다면 이를 공제하여야 하는데, 이러한 이득공제를 손익상계라고 한다. 이 경우 공제의 대상이 되는 이익은 손해를 발생시킨 원인사실로부터 발생한 것이어야 하고 그 이익은 불법행위와 상당인과관계가 있는 것에 한하게 된다. 그러므로 피해자가 사망한 경우 유족들이 받는 조의금과 같이 증여라는 별개의 원인에 의해 발생하는 이익은 손익상계의 대상이 되지 않는다.

2) 과실상계와의 관계

불법행위로 인한 손해발생으로 이득이 생기고 동시에 그 손해발생에 피해자에게도 과실이 있어 과실상계를 하여야 할 경우에는 먼저 산정된 손해액에서 과실상계를 한 다음에 위 이득을 공제하여야 한다.

불법행위로 인하여 손해가 발생하고 그 손해발생으로 이득이 생기고 동시에 그 손해발생에 피해자에게도 과실이 있어 과실상계를 하여야 할 경우에는 먼저 산정된 손해액에서 과실상계를 한 다음에 위 이득을 공제하여야 한다.
대법원 1989. 4. 25. 선고 88다카5041 판결

85) 오지용, 앞의 책, 291~292면.

3) 형사합의금 지급

형사합의금은 위로금 명목으로 지급된 것이라는 특별한 사정이 없는 한 재산상 손해배상금의 일부로 지급된 것이므로 손익상계의 대상이 되고, 따라서 이를 재산상 손해금에서 전액 공제하여야 한다.

4) 재해보상 및 산재보험급여

가) 공제여부

피해자가 산업재해로 인한 손해에 대하여 배상을 청구하는 경우에, 이미 근로기준법에 의한 재해보상금을 지급받거나 산업재해보상보험법에 따라 보험급여를 지급받았다면 상호보완적 관계에 있는 보상금 내지 보험급여는 전액 공제되어야 한다.

피해자가 일실수익에 대한 손해에 대하여 배상을 청구하는 경우에는 이미 지급받은 휴업급여(휴업보상), 장해급여(장해보상), 유족급여(유족보상)를 공제하고, 치료비 손해를 청구하는 경우에는 이미 지급받은 요양급여를 공제하며, 장례비 손해를 청구하는 경우에는 이미 지급받은 장의비를 각 공제하여야 한다.

소극적 손해만을 전보하는 휴업급여나 장해급여, 유족급여는 적극적 손해액에서 공제하여서는 아니 되고, 반대로 적극적 손해만을 전보하는 요양급여나 장의비를 소극적 손해액에서 공제하여서는 아니 된다.

피해자가 수령한 휴업급여금이나 장해급여금이 법원에서 인정된 소극적 손해액을 초과하더라도 그 초과부분을 성질을 달리하는 손해의 배상액을 산정함에 있어서 공제할 것은 아니다.

손해배상에서의 위자료는 재해보상과 상호보완적 관계에 있다고 할 수 없으므로 위자료에서 위 재해보상 등을 직접 공제하여서는 아니 된다.

> 손해배상은 손해의 전보를 목적으로 하는 것이므로 피해자가 근로기준법이나 산업재해보상보험법에 따라 휴업급여나 장해급여 등을 이미 지급받은 경우에 그 급여액을 일실수익의 배상액에서 공제하는 것은 그 손해의 성질이 동일하여 상호보완적 관계에 있는 것 사이에서만 이루어질 수 있고, 따라서 피해자가 수령한 휴업급여금이나 장해급여금이 법원에서 인정된 소극적 손해액을 초과하더라도 그 초과부분을 그 성질을 달리하는 손해의 배상액을 산정함에 있어서 공제할 것은 아니고, 같은 이치에서 휴업급여는 휴업기간 중의 일실수익에 대응하는 것이므로 휴업급여금은 그것이 지급된 휴업기간 중의 일실수익 상당의 손해액에서만 공제되어야 한다.
> 대법원 1995. 4. 25. 선고 93다61703 판결

나) 공제와 상속의 선후관계

재해보상 또는 재해로 인한 보험급여를 받을 자와 손해배상 청구권자가 동일한 경우에는 보상과 배상의 상호보완관계가 인정되어 손해전보를 넘어서는 중복수령을 인정할 수 없다는 점에서 논란의 소지가 없지만, 재해보상이나 재해로 인한 보험급여의 수급권자와 손해배상 청구권자가 서로 다른 경우에도 그럴 것인지에 대해서는 논란이 있을 수 있다.

근로기준법시행령 제48조 1항에 의하면 유족보상금의 수급권자는 근로자가 사망할 당시 그에 의해 부양되고 있던 배우자, 자녀, 부모, 손, 조부모 순이고 그 배우자에는 사실상 혼인관계에 있던 자도 포함되어 있다. 따라서 수급권자 순위 및 수급권의 범위가 상속순위 및 상속분과 다르다는 점 때문에 논란이 생기게 된다.

피해자가 사망함에 따라 발생되는 일실수입 상당의 손해배상채권은 모두가 그 공동상속인들에게 각자의 상속분 비율에 따라 공동상속되고, 수급권자에게 지급하는 유족급여는 당해 수급권자가 상속한 일실수입 상당의 손해배상채권을 한도로 하여 그 손해배상채권에서만 공제하여야 한다.

> 근로자가 업무상 재해로 사망함에 따라 근로복지공단이 산업재해보상보험법에 의한 유족급여를 수급권자에게 지급하였다 하더라도, 수급권자가 아닌 망인의 공동상속인들이 상속한 손해배상채권과 그 유족급여의 수급권은 그 귀속주체가 서로 상이하여 상호보완적 관계를 인정할 수 없으므로, 수급권자에 대한 유족급여의 지급으로써 그 수급권자가 아닌 다른 공동상속인들에 대한 보험가입자의 손해배상책임까지 같은 법 제48조 제2항에 의하여 당연히 소멸된다고 할 수는 없다.
> 근로자가 업무상 재해로 사망함에 따라 발생하는 망인의 일실수입 상당 손해배상채권은 모두가 그 공동상속인들에게 각자의 상속분 비율에 따라 공동상속되고, 근로복지공단이 산업재해보상보험법에 의하여 수급권자에게 지급하는 유족급여는 당해 수급권자가 상속한 일실수입 상당 손해배상채권을 한도로 하여 그 손해배상채권에서만 공제하는 것으로 해석하여야 하고, 이와 달리 망인의 일실수입 상당 손해배상채권에서 유족급여를 먼저 공제한 후 그 나머지 손해배상채권을 공동상속인들이 각자의 상속분 비율에 따라 공동상속하는 것으로 해석할 것은 아니다.
> 대법원 2009. 5. 21. 선고 2008다13104 전원합의체 판결

5) 생명보험금

생명보험금의 지급은 가해행위와는 별개인 개별보험계약에 기하여 이루어지는 것이고, 보험금은 가해행위의 발생 이전부터 이미 보험계약에 기하여 발생되어 있던 추상적인 보험금청구권이 보험사고 발생에 의하여 구체화된 것에 불과하고 가해행위 그 자체에 의하여 새로이 생긴 것이 아니므로 생명보험금은 손해배상금을 정하는데 있어 공제의 대상이 될 수 없다.

6. 손해배상청구권의 소멸[86)]

가. 민사상 합의

1) 합의의 효력

가해자와 피해자 사이에 민사상 합의를 함에 있어, 피해자가 가해자로부터 손해배상금을 지급받음과 동시에 통상 피해자의 가해자에 대한 모든 손해배상청구권을 포기한다는 취지의 권리포기 내용이 포함되고, 더 나아가 당사자가 소송을 제기하지 않겠다는 내용의 부제소합의까지 포함되는 경우가 많다. 부제소합의가 있는 경우 이에 위반하여 제기한 소는 권리보호의 이익이 없으므로 그 소를 각하하여야 하고, 권리포기합의가 있는 경우에는 그 청구를 기각하여야 한다.

2) 합의효력의 제한

손해배상과 관련한 합의를 할 당시에 당사자가 인식하지 못했던 손해라든가 합의 후 증대된 손해에 대해서는 권리포기약정 내지 부제소약정의 효력을 부정하고 법적 안정성을 해치지 않는 범위 안에서 피해자를 구제해 줄 필요성이 있게 된다.

실무상 권리포기약정을 제한적으로 해석하는 방법을 취하여 피해자의 보호를 도모하고 있다. 즉 법률행위의 해석은 신의성실의 원칙에 따라 행해져야 한다며 권리포기약정을 피해자에게 인식예견이 가능하였던 손해에 대한 청구권만 포기하는 것으로 제한해석 하는 방법을 통해 피해자를 보호하고 있다.

> 불법행위로 인한 손해배상에 관하여 가해자와 피해자 사이에 피해자가 일정한 금액을 지급받고 그 나머지 청구를 포기하기로 합의가 이루어진 때에는 그 후 그 이상의 손해가 발생하였다 하여 다시 그 배상을 청구할 수 없는 것이지만, 그 합의가 손해의 범위를 정확히 확인하기 어려운 상황에서 이루어진 것이고, 후발손해가 합의 당시의 사정으로 보아 예상이 불가능한 것으로서, 당사자가 후발손해를 예상하였더라면 사회통념상 그 합의금액으로는 화해하지 않았을 것이라고 보는 것이 상당할 만큼 그 손해가 중대한 것일 때에는 당사자의 의사가 이러한 손해에 대해서까지 그 배상청구권을 포기한 것이라고 볼 수 없으므로 다시 그 배상을 청구할 수 있다고 보아야 한다.
> 대법원 2001. 9. 14. 선고 99다42797 판결
>
> 불법행위로 인한 손해배상에 관하여 가해자와 피해자 사이에 피해자가 일정한 금액을 수령하고 그 나머지 청구를 포기하거나 향후 가해자를 상대로 민·형사상의 소송이나 이의를 제기하지 않기로 하는 권리포기 약정 또는 이른바 부제소합의가 이루어진 경우, 당사자 의사의 합리적 해석을 통하여 위 합의의 효력을 일부 제한함으로써 피해자가 그 합의

86) 오지용, 앞의 책, 317~343면.

이후 발생한 후발적 손해에 대하여 추가 배상을 청구할 수 있다고 하더라도, 위 합의 당시 인식하거나 예견할 수 있었던 범위 내의 손해에 관하여는 여전히 위 합의의 효력이 미친다 할 것이므로, 피해자가 추가로 지급을 구할 수 있는 손해의 범위는 합의 후 현재 나타난 최종적 내지 고정적 후유증상 등을 기초로 피해자가 입은 소극적 손해, 적극적 손해 및 위자료 등을 포함한 전체 손해 중에서 합의의 효력이 여전히 미치는 손해, 즉 합의 당시 인식하고 있었거나 예견할 수 있었던 손해 부분을 그 성질에 따라 해당 손해항목별로 공제하는 방식에 의하여 정하여야 한다.
대법원 1999. 6. 22. 선고 99다7046 판결

나. 소멸시효

1) 의의

불법행위로 인한 손해배상청구권은 피해자나 그 법정대리인이 그 손해 및 가해자를 안 날로부터 3년간 행사하지 않으면 시효로 인하여 소멸하는데, 그 소멸시효기간은 피해자가 '그 손해 및 가해자를 안 날'로부터 진행하는 것이고, 가해자에 대한 형사판결의 확정여부와는 아무런 관련이 없다.

그리고 불법행위로 인한 손해배상청구권은 불법행위를 한 날로부터 10년이 지나도 소멸하는데, 여기서의 10년이라는 기간은 소멸시효기간을 말하는 것이지 제척기간을 말하는 것이 아니므로 소멸시효의 중단이나 시효정지에 관한 민법 규정을 적용받게 된다.

2) 소멸시효의 기산점

가) '손해 및 가해자를 안다'는 의미

손해를 안 날이라 함은 손해의 발생, 위법한 가해행위의 존재, 가해행위와 손해의 발생과의 사이에 상당인과관계가 있다는 사실 등 불법행위의 요건사실에 대하여 현실적이고도 구체적으로 인식하였을 때를 의미한다고 할 것이고 손해의 액수나 정도를 구체적으로 알아야 할 필요는 없다고 할 것이다.

가해자를 안다는 것은 불법행위를 한 자를 알게 되는 것을 말하는 것이고 여기서의 가해자란 손해배상청구의 상대방이 되는 자를 의미한다.

불법행위로 인한 손해배상 청구권의 단기소멸시효의 기산점이 되는 민법 제766조 제1항 소정의 '손해 및 가해자를 안 날'이라 함은 손해의 발생사실과 손해가 가해자의 불법행위로 인하여 발생하였다는 것을 안 날을 의미하며, 이 경우 손해의 발생사실을 알았다고 하기 위하여는 손해의 액수나 정도를 구체적으로 알아야 할 필요까지는 없다고 하더라도 손해를 현실적이고도 구체적으로 인식하여야 하고 단순한 손해발생의 추정이나 의문만으로는 충분하지 않다.
대법원 1995. 11. 14. 선고 95다30352 판결

제1장 제2장 제3장 제4장 제5장 제6장 제7장 제8장 제9장 제10장

민법 제766조 소정의 손해 및 가해자를 안 날이라 함은 피해자나 그 법정대리인이 손해 및 가해자를 현실적이고도 구체적으로 인식하는 것을 뜻하고 손해발생의 추정이나 의문만으로는 충분하지 않다.
대법원 1991. 3. 22. 선고 90다8152 판결

수사기관이 사고경위에 대한 가해자의 허위진술을 받아들여 쌍방 과실을 전제로 하되 피해자의 과실이 더 큰 것으로 인정하여 피해자를 기소하고 재판 과정에서도 가해자가 위증을 한 경우, 사고경위가 가해자의 진술대로 인정된다면 피해자가 손해배상을 청구한다고 하더라도 자신의 과실이 가해자의 과실보다 더 큰 것으로 인정되어 전혀 손해배상을 받을 수 없거나 오히려 손해를 배상해 주어야 할 입장에 처할 수도 있게 될 것이어서 그와 같은 상황 아래서 피해자가 손해배상청구를 한다는 것은 전혀 실익이 없어 사실상 불가능하다고 보여지므로, 피해자의 손해배상청구는 가해자의 위증에 대한 유죄판결이 확정된 때에야 비로소 사실상 가능하게 되었다고 보아야 하고, 따라서 피해자의 손해배상청구권은 그 때로부터 시효가 진행된다.
대법원 1996. 8. 23. 선고 95다33450 판결

불법행위로 인하여 사람이 상해를 입고 사망한 경우에 피해자나 그 법정대리인이 그 손해를 안 날이라는 것은 위 사망 일시이다.
대법원 1970. 5. 26. 선고 70다452 판결

나) '불법행위를 한 날'의 의미

민법 제766조 2항에 의한 소멸시효의 기산점이 되는 '불법행위를 한 날'이란 가해행위가 있었던 날이 아니라 현실적으로 손해의 결과가 발생한 날을 의미한다.

가해행위와 이로 인한 현실적인 손해의 발생 사이에 시간적 간격이 있는 불법행위에 기한 손해배상채권의 경우, 소멸시효의 기산점이 되는 '불법행위를 한 날'의 의미는 단지 관념적이고 부동적인 상태에서 잠재적으로만 존재하고 있는 손해가 그 후 현실화되었다고 볼 수 있는 때, 다시 말하자면 손해의 결과 발생이 현실적인 것으로 되었다고 할 수 있는 때로 보아야 한다.
대법원 1998. 5. 8. 선고 97다36613 판결

가해행위와 이로 인한 현실적인 손해의 발생 사이에 시간적 간격이 있는 불법행위에 기한 손해배상채권의 경우, 소멸시효의 기산점이 되는 '불법행위를 한 날'의 의미는 단지 관념적이고 부동적인 상태에서 잠재적으로만 존재하고 있는 손해가 그 후 현실화되었다고 볼 수 있는 때, 즉 손해의 결과발생이 현실적인 것으로 되었다고 할 수 있을 때로 보아야 할 것인바, 무권리자가 위법한 방법으로 그의 명의로 부동산에 관한 소유권보존등기나 소유권이전등기를 마친 다음 제3자에게 이를 매도하여 제3자 명의로 소유권이전등기를 마쳐준 경우 제3자가 소유자의 등기말소 청구에 대하여 시효취득을 주장하는 때에는 제3자 명의의 등기의 말소 여부는 소송 등의 결과에 따라 결정되는 특별한 사정이 있으므로, 소유자의 소유권 상실이라는 손해는 소송 등의 결과가 나오기까지는 관념적이고 부동적인 상태에서 잠재적으로만 존재하고 있을 뿐 아직 현실화되었다고 볼 수 없고, 소유자가 제3자를 상대로 제기한 등기말소 청구 소송이 패소 확정될 때에 그 손해의 결과발생이 현실화된다고 볼 것이며, 그 등기말소 청구 소송에서 제3자의 등기부 시효취득이 인정된 결과 소유자가 패소하였다고 하더라도 그 등기부 취득시효 완성 당시에 이미 손해가 현실화되었다고 볼 것은 아니다.
대법원 2008. 6. 12. 선고 2007다36445 판결

다) 예상외의 손해가 발생한 경우

통상의 경우 상해의 피해자는 상해를 입었을 때 그 손해를 알았다고 보아야 하지만, 그 후 후유증으로 인하여 불법행위 당시에는 예견할 수 없었던 새로운 손해가 발생하였다거나 예상외로 손해가 확대된 경우에 있어서는 그러한 사유가 판명된 때에 새로이 발생 또는 확대된 손해를 알았다고 보아야 하고, 이와 같이 새로이 발생 또는 확대된 손해 부분에 대하여는 그러한 사유가 판명된 때로부터 민법 제766조 1항에 의한 소멸시효기간이 진행된다고 할 수 있는 것이다.

> 사고 당시 피해자는 만 2세 남짓한 유아로서 좌족부의 성장판을 다쳐 의학적으로 뼈가 성장을 멈추는 만 18세가 될 때까지는 위 좌족부가 어떻게 변형될지 모르는 상태였던 경우, 피해자가 고등학교 1학년 재학 중에 담당의사에게 진찰을 받은 결과 비로소 피해자의 좌족부 변형에 따른 후유장해의 잔존 및 그 정도 등을 가늠할 수 있게 되었다면 피해자의 법정대리인도 그때서야 현실화된 손해를 구체적으로 알았다고 보아 그 무렵을 기준으로 소멸시효의 기산점을 산정하여야 한다.
> 대법원 2001. 1. 19. 선고 2000다11836 판결

다. 상계 및 혼동

1) 상계

민법 제496조의 규정의 취지상, 고의의 불법행위로 인한 손해배상채권만 상계의 수동채권이 되지 못하는 것이지 과실의 불법행위로 인한 손해배상채권까지 상계의 수동채권이 되지 못하는 것은 아니다. 마찬가지로 중과실의 불법행위로 인한 손해배상채권에까지 상계금지규정이 유추적용되는 것은 아니다. 그리고 상계의 수동채권이 되지 못하는 것은 고의의 불법행위채권을 수동채권으로 하는 것이며 자동채권으로 하여 피해자가 상계하는 것은 상관없다. 그러나 동시에 행하여진 싸움에서 서로 상해를 가한 경우와 같이 그 자동채권과 수동채권이 동일한 사안에서 발생한 경우에도 고의의 불법행위로 인한 손해배상채권을 수동채권으로 하는 상계는 허용되지 않는다.

2) 혼동

혼동은 피해자가 가지고 있는 손해배상청구권을 가해자 측이 상속하는 경우 또는 피해자의 손해배상청구권과 가해자의 채무 쌍방을 상속하는 등의 경우에 발생하게 된다.

채권과 채무가 동일인에게 귀속되는 경우 원칙적으로 혼동에 의해 그 채권과 채무는

소멸하게 된다. 그러나 채권과 채무가 동일인에게 귀속되더라도 그 채권의 존속을 인정하여야 할 특별한 이유가 있는 때에는 그 채권은 혼동에 의하여 소멸되지 않는다고 해석함이 옳다고 할 수 있다.

> 민법 제507조가 혼동을 채권의 소멸사유로 인정하고 있는 것은 채권과 채무가 동일한 주체에 귀속한 때에 채권과 채무의 존속을 인정하여서는 안 될 적극적인 이유가 있어서가 아니고 그러한 경우에 채권과 채무의 존속을 인정하는 것이 별다른 의미를 가지지 않기 때문에 채권·채무의 소멸을 인정함으로써 그 후의 권리의무 관계를 간소화하려는 데 그 목적이 있는 것이라고 여겨지므로, 채권과 채무가 동일한 주체에 귀속하게 되더라도 그 채권의 존속을 인정하여야 할 특별한 이유가 있는 때에는 그 채권은 혼동에 의하여 소멸되지 아니하고 그대로 존속한다고 봄이 상당함에 비추어, 채권과 채무가 동일인에게 귀속되는 경우라도 그 채권의 존재가 채권자 겸 채무자로 된 사람의 제3자에 대한 권리행사의 전제가 되는 관계로 채권의 존속을 인정하여야 할 정당한 이익이 있을 때에는 그 채권은 혼동에 의하여 소멸하는 것이 아니라고 봄이 상당하다.
> 자동차 운행 중 교통사고가 일어나 자동차의 운행자나 동승한 그의 친족이 사망하여 자동차손해배상보장법 제3조에 의한 손해배상채권과 채무가 상속으로 동일인에게 귀속하게 되는 때에, 교통사고를 일으킨 차량의 운행자가 자동차 손해배상 책임보험에 가입하였다면, 가해자가 피해자의 상속인이 되는 등의 특별한 경우를 제외하고는 생존한 교통사고 피해자나 사망자의 상속인에게 책임보험에 의한 보험의 혜택을 부여하여 이들을 보호할 사회적 필요성이 있는 점은 다른 교통사고와 다를 바 없고, 다른 한편 원래 자동차 손해배상 책임보험의 보험자는 상속에 의한 채권. 채무의 혼동 그 자체와는 무관한 제3자일 뿐 아니라 이미 자신의 보상의무에 대한 대가인 보험료까지 받고 있는 처지여서 교통사고의 가해자와 피해자 사이에 상속에 의한 혼동이 생긴다는 우연한 사정에 의하여 자기의 보상책임을 면할 만한 합리적인 이유가 없으므로, 자동차 책임보험의 약관에 의하여 피해자가 보험회사에 대하여 직접 보험금의 지급청구를 할 수 있는 이른바 직접청구권이 수반되는 경우에는 그 직접청구권의 전제가 되는 자동차손해배상보장법 제3조에 의한 피해자의 운행자에 대한 손해배상청구권은 상속에 의한 혼동에 의하여 소멸되지 아니한다고 보아야 한다.
> 대법원 1995. 5. 12. 선고 93다48373 판결